現代の教育費をめぐる
政治と政策

橋野 晶寛

大学教育出版

現代の教育費をめぐる政治と政策

目　次

序　章　課題設定 ……………………………………………………… *1*

  1.　問題の所在と研究の目的　*1*

  2.　本書の意義　*6*

  3.　本書の構成　*12*

第1章　教育財政をめぐる政治的言説 ……………………………… *17*

  1.　過小支出論　*17*

    1.1　様々な教育支出指標　*18*

    1.2　既存指標の問題点　*19*

    1.3　代替指標による比較　*23*

    1.4　小括　*28*

  2.　教育投資論　*30*

    2.1　ミクロの人的資本論の理論・実証とその含意　*31*

    2.2　マクロレベルの人的資本論　*33*

  3.　教育財政の政治的・経済的分析に向けて　*42*

  A.　計量分析補論 ― 可変係数単一インデックスモデルのベイズ推定 ―　*43*

第2章　分析枠組み ………………………………………………… *51*

  1.　政策過程分析における分析枠組みと仮説　*51*

    1.1　現代の教育政策過程における民主性の所在　*51*

    1.2　先行研究の検討　*53*

    1.3　下位政府論の相対化　*59*

    1.4　政策過程分析の枠組み　*68*

  2.　政策分析における視角と分析枠組み　*73*

    2.1　効率性の概念史　*73*

    2.2　教育生産関数研究の文脈に照らした効率性　*81*

    2.3　効率性に関する既存研究の評価　*86*

    2.4　実証分析における作業課題　*92*

第３章　教育財政の拡充と抑制の政策過程 ………………………………… 103

1. 教育財政支出の趨勢　104

2. 事例分析Ⅰ：教員給与水準改善　107

   2.1　前史 ─ 教員給与水準のイシュー化 ─　108

   2.2　人材確保法の政策過程　110

   2.3　第２次・第３次改善　114

3. 事例分析Ⅱ：私立学校への経常費助成　117

   3.1　前史 ─ 私学団体によるアジェンダ設定 ─　117

   3.2　経常費助成の予算措置に関する政策過程　119

   3.3　私立学校振興助成法の政策過程 ─ 教育財政拡充の「失敗」─　123

4. 事例分析Ⅲ：教職員定数改善　126

   4.1　前史 ─ 義務教育費国庫負担法から第２次改善までの政策環境 ─　127

   4.2　第３次改善以降の状況 ─ 教育下位政府の要求と自治省・自治体の反発 ─

   130

   4.3　第５次改善計画をめぐる政策形成・決定過程　132

   4.4　第５次定数改善の実施と教育財政抑制の過程 ─ 大蔵・自治省との妥協 ─

   135

5. 下位政府論再考　136

   5.1　制度的要因　136

   5.2　執政中枢アクターによる統合　138

6. 考察　143

第４章　政治制度と教育財政をめぐる政策過程 ………………………………… 153

1. 教育財政支出変動における作為的要素　155

2. 教育財政支出に関する政党の政策選好　159

   2.1　教育財政支出に関する政策選好と他の政策領域との相関関係　160

   2.2　政策選好の時間的変動　164

3. 政治制度における権力の集中・分散と政策過程　164

   3.1　政治制度における権力の集中度 ─ 項目反応理論による情報縮約 ─　164

iv

    3.2　仮説検証　*169*

    3.3　小括　*177*

  4.　考察　*177*

  A.　計量分析補論　*183*

    A.1　個体ごとに異なる誤差分散を持つ階層線形モデルのベイズ推定　*183*

    A.2　項目反応理論のベイズ推定　*184*

第5章　地方政治と教育財政　………………………………………　*189*

  1.　2000年代以降の地方教育財政の文脈　*190*

    1.1　政策変更・制度改変　*191*

    1.2　地方財政危機と行政改革　*193*

    1.3　知事の制度的権力と政策選好　*197*

  2.　地方政治における教育政策の争点化　*199*

    2.1　データ・方法　*199*

    2.2　知事選公約における教育政策　*200*

    2.3　教育政策の公約採用の時間的変容　*202*

  3.　政策の実現手段　*205*

    3.1　公約と財政的現実　*206*

    3.2　知事の当選・再選戦略、社会経済的文脈と手段選択　*214*

  4.　考察　*217*

第6章　教育財政における生産性・効率性と組織経営　…………………　*223*

  1.　投入変数としての学級規模　*224*

    1.1　日本における学級規模効果に関連する先行研究について　*224*

    1.2　海外の学級規模効果に関連する先行研究の検討　*225*

    1.3　学級規模を投入変数とする教育生産関数研究の分析戦略　*231*

  2.　学校組織レベルの効率性と行政・経営規模　*232*

    2.1　データ　*232*

    2.2　効率性の規定要因としての組織経営規模 ── 学校規模と自治体規模 ──　*234*

目　次　v

　　2.3　分析モデル　*236*

　　2.4　内生性の問題　*240*

　　2.5　分析結果　*243*

3.　考察　*251*

A.　計量分析補論　*252*

　　A.1　線形モデルおよび非線形モデルを統合したメタアナリシス　*252*

　　A.2　セミパラメトリック確率的フロンティアモデル　*254*

　　A.3　不均一分散処置効果モデル　*254*

第 7 章　教育財政システムの生産性・効率性と制度・政策 ……………… *259*

1.　教育生産関数と効率性の推定　*260*

　　1.1　産出変数　*260*

　　1.2　確率的フロンティアモデル　*262*

　　1.3　分析結果　*264*

2.　国レベルの効率性と制度・政策　*273*

　　2.1　教員人件費配分に関わる政策的要因　*274*

　　2.2　アカウンタビリティシステム　*277*

3.　考察　*287*

A.　計量分析補論 ― セミパラメトリック確率的フロンティアモデルの推定 ―

291

終　章　教育財政における民主性と効率性 ……………………………… *295*

1.　本書の知見　*295*

　　1.1　民主性と効率性の評価とその条件　*295*

　　1.2　民主性と効率性の相補的関係　*302*

2.　本書の貢献　*303*

3.　今後の展望と課題　*305*

文　　献 ……………………………………………………………………… *311*

vi

あとがき ……………………………………………………… *335*

事項索引 ……………………………………………………… *341*

人物索引 ……………………………………………………… *351*

現代の教育費をめぐる政治と政策

序　章

課 題 設 定

1.　問題の所在と研究の目的

　教育財政支出は、様々な論拠に基づいてその維持・拡充が正当化されてきた。それは、直接的には教育条件の整備・拡充を目的とするものであり、日本国憲法 26 条の教育を受ける権利を保障し、教育基本法 4 条（旧 3 条）の教育の機会均等を促す基盤として理解されている。これらの法的規定に基づく義務論的な主張の一方で、帰結主義的に教育財政の拡充を正当化するレトリックも使い古されてきた。長期的な個人の経済的厚生や社会の発展・経済成長のための方策として教育財政支出の拡充を説く教育投資論はその端的な例である。また際限なく定義・提起され続ける「教育問題」の存在自体が財政支出およびそれを伴う条件整備への需要を紡ぎだしてきた。

　しかしながら、1970 年代初頭の高度経済成長の終息に伴う低成長経済への移行と財政収支の悪化は教育関係者や教育政策研究者を財政問題の現実と向き合わせることとなった。70 年代に刊行された教育財政についての学術文献である嘉治（1970）、市川他（1978）は、その点を明確に反映したものである。特に後者の前書きでは次のように述べられている[1]。

　　現在、国民総支出の一割近くが教育に投じられ、公財政支出の二割以上が文教費に向けられている。教育経済、教育財政の在り方は直接・間接に教育サービスの量と質を規定するし、教育行政も予算の裏付けなしには一切機能しない。した

がって、教育行政に携わる者にとってはむろんのこと、およそ教育に関係するすべての人達にとって、教育経済、教育財政は一大関心事の筈である。

　にもかかわらず、教育界のこの問題に対する認識は意外に乏しく、また、たとえ認識はあっても的確な理解を欠いていることが多い。といっても、関係者が教育費の問題について全然無関心というのではない。関心があるにはあるのだが、ただ目前の事態に追われた近視眼的な理解とこれに対する独善的な態度に終始し、問題の体系的な把握に至っていないように思われるのだ。教育費の不足とか、負担の過重を痛感してはいるが、それは文教予算が不十分であり、とくに国庫支出が足りないからであると考える。教育は他に比類のない尊い仕事であり、社会にとって大切な事業である以上、これに無条件で潤沢な予算をつけないのは、政府に教育尊重の気持がないからであり、ひいては国民に教育の重大さが分かっていないからだと決めつける。教育の重要性をもっと大声で叫び、より多勢を予算要求に動員し、いっそう巧みな駆引きを用いて折衝すれば、予算は必ず獲得できると信じて疑わない。といった行動様式に、それが表れている。

　これまではそれでもよかった。国民経済の高度成長に支えられて、常に不足を訴えられながらも、教育費は年々大幅に増加することができた。しかし、これからはそうはゆかない。経済成長の減速化とともに、教育費をめぐる状勢は今後一段と厳しくなることが予想されるからである。

　増大してやまない国民の教育要求にどう対処したらよいのか。限りある国民経済の枠の中から教育部門にどれだけの資源を配分すべきか。膨張し続ける教育費の財源をどこから捻出し、いかに確保するか。それを誰がいかなる方法で負担するのが公正か。教育物価の高騰によって相対的に乏しくなる教育資源を、どの教育分野にどんな割合で配分すべきか。最大の教育効果をあげるためには稀少な資源をどう使い、教育経営上いかなる工夫をしたらよいのか。等等。

(市川他 1978:4-5)

　この記述は、現時点から見ても経済成長の鈍化に伴って教育財政が直面する問題を的確に捉えている。しかし、実際には、歳入歳出ギャップを国債発行で賄うことが常態化した財政政策の下で、これらの問題への取り組みは等閑にされてきた。そのような財政運営は2000年代以降の低水準の国債金利に助けられて今日まで存続してきたのであり、到底持続可能なものではない。マクロ経済財政政策として、否応なく経済成長と財政再建という大きな課題に向き合わざるを得ない状況の中で、この十数年余りで、教育費を巡る問題自体は、「学

力問題」や子どもの貧困、「少子化問題」といった教育問題と三位一体改革や地方交付税削減などの財政問題という双方の文脈で先鋭化し、広く公衆の知るところとなった。

翻って、このような教育財政をめぐる現実と公衆の関心の高まりの中で、これまでの教育政策研究が公共の意思決定に資する知見を提供してきたのかと言えば、心許なさは否定できない。先述の市川他（1978）にある問題認識を現在の文脈の下で引き受けるならば、今後の教育政策研究に課せられた課題は、将来世代を財政的に搾取しないという制約条件を守りつつ、その将来世代の厚生に関わる教育政策について有効な意思決定・運営を考察・構想するということにある。無論、理論的・実証的根拠なしにそのための情報を生み出すことはあり得ないが、これまでの教育政策・財政に関する議論を振り返れば、対応する蓄積があったとは言い難い。

このことは既存研究の問題意識と方法に起因している。わが国の教育財政に関する研究の多くは、教育関係法規の当該条項における法解釈と法制史研究としてなされてきたが、それらは教育財政哀史ともいうべき内容と教育財政の飛躍的拡充に関する展望から成っており、民主主義政治および教育行財政の本質に照らして現実的含意を欠いていた。その本質とは民主主義政治が有限資源をめぐる配分過程であり、また予算制約の下で社会的厚生の最大化を図らなければならないという点、教育活動が労働集約的で技術革新によるコスト削減が困難であるという点にある。これらに照らせば、無限の教育要求に対する財源が有限である限り、そしてまた、遠くない将来において、増税・歳出削減あるいは高水準のインフレという国民に痛みを強いる調整が必然的に生じる限り、どれだけ教育予算の確保ができたかという分捕りの結果の評価やそのためのレトリックの追求ではなく、有限な資源をめぐる決定と運営に関するプロセスの考究が求められるはずである。

こうした教育財政に関わるプロセスの問題は本人・代理人論の枠組みから統一的に整理できる。すなわち、本人・代理人論の枠組みから見れば、自ら教育サービスを生産できない・しない有権者あるいは教育政策の受益者は本人であり、その本人が教育行財政を通じてサービスを享受するまでの過程において委

任すべき2種類の代理人とその委任に付随する手続き的価値が存在する。それらに照らして本書の教育財政に関わる研究課題も生起するのである。

第1の委任先となるアクターは選出部門たる政治家であり、付随する手続き的価値は、意思決定における民主性である。民主的であるということは、国民・住民の意思を間接民主主義を通じて政策出力に反映させるという自己決定が実現している状態に他ならない。また、それは1時点のものではなく、将来の意思決定者に理不尽な負担を押し付けない、選択の余地を狭めないという意味で長期的なものであり、持続可能性を暗黙の要件としている。教育財政支出の通時的・共時的な相違・変動は人口変動と経済的水準に強く規定されることは周知の事実であるが（Verner1979；市川・林1972）、作為的＝政治的要因が影響を及ぼす余地が存在する限り、政治的な意思決定過程として教育財政を考察する必要が生じる。政策過程分析に関する基本的な課題は、教育財政における政治的要因の所在とその値域を実証的に明らかにすることにあるが、それは単なる記述を超えて、教育財政の意思決定に関する過去の政策過程の理解・評価と、今後起こりうる政治環境の変化を与件とした際の教育財政の変容について理論的な予見を与えるものでなくてはならない。

第2の委任先となるアクターは、非選出部門たる教育の専門家（教員・行政職員）であり、運営における効率性という手続き的価値が付随する。効率的であるということは、さしあたり、政策目標に照らして投入資源に見合った成果が生み出されている状態と定義できよう。各政策分野で唱えられる財政拡充の要求に由来する「神々の闘争」は結局のところ政治的な優先順位の決定に服すが、そのための情報として財政支出の帰結の考察は不可欠である。それは投入水準の向上がどの程度望ましい産出をもたらしうるかという一般的関係としての生産性に関する問いを前提としつつ、投入資源を最大限に活用しているのかという効率性に関する評価が行われなければならない。政策分析に関する課題は、日本の教育財政の効率性に関する実証的な評価にあるが、それのみならず、効率性を規定する政策・制度・経営的要因を明らかにし、今後の教育行財政の構想に実効的な含意を与えることにある。

こうした2つの委任過程の議論は、市川（1976, 2010）が言う統制論と管理

論の両輪に対応しているが、本研究ではそれぞれ政策過程分析および政策分析として具現化し、低成長期における教育財政の決定・運営に関する考察を行うこととしたい。改めて本書の問いを整理するならば、その中心的な問いは、日本の教育費をめぐる政治・政策において民主性と効率性という手続き的価値は実現されているのか、という点にある。そしてこの問いは、より具体的に以下の３点に分節化される。

　まず、第１は、そもそも教育財政に関わってなぜ民主性と効率性が問われなければならないのか、という問いである。教育財政に関心を抱く者の中には、教育活動に投入される資源の有限性は問題ではなく、むしろ投入が結果的に後続の投入の原資を生みだすという自己生産性ゆえに、それが政治的・行政的プロセスに服す必要はないと考える向きもあるかもしれない。この第１の問いへの応答はこうした本書の議論の前提に関わるものである。

　第２は、日本の教育財政に関わる政治的意思決定は民主的であった・あるのか、という問いである。より具体的には、戦後の教育財政制度確立期以後の日本の教育財政をめぐる政治過程の全体像はどのようなものとして解釈でき、そして民主性という手続き的価値は実現されたと評価できるのか、という点である。そして、この問いの答えが否定的であるのならば、付随的に、教育財政に関する意思決定が民主的となる条件が重要な論点となる。すなわち、意思決定の与件たる政治環境の変化は民主性を高める方向に作用するのか否か、あるいは教育制度・政策の内外で何が補完的に整備されなければならないのか、という点である。

　第３は、日本の教育財政は効率的なのかという問いである。本書の実証研究上の文脈でより具体的に言い換えるならば、教育財政的投入における効率性の改善の余地は、その投入増加によってもたらされる成果の改善と比較して相対的に大きいのか、あるいは、他の国と比較して、日本は相対的にどの程度効率的であるのか、ということである。そして、この問いの答えが効率性改善の余地があるというものであれば、財政運営における効率性を高めるための操作可能な教育政策・制度・経営上の条件は何かという点が併せて問われる必要がある。

6

これらの3点の問いに対する実証的考察を統合した上で、民主的かつ効率的な教育財政のための方策を構想する。

2. 本書の意義

本書は政策過程分析、政策分析を通じて教育財政に関する考察を行うものであるが、次章以降の見通しを明らかにする意味でも、問題意識、課題設定および方法の点から、既存の教育財政研究と本研究の相違および本研究の意義を述べておく。

既存の教育財政に関する研究の多くは、規範論としても事実論としても関連立法や財政支出として実現した「結果」と立法・予算過程の「手続き」に関する2つの視点を有してきた。前者は国庫負担による教育財政支出の多寡や安定性を論じるものであり、その多くは現状の教育財政支出の水準がいかに不十分かを憲法や教育基本法の関連条項に照らして訴えるというものである。具体的には、義務教育財政における国庫負担率および抑制的規定、教職員定数改善や教職員給与改善、教育扶助・就学援助制度の不十分さ、施設整備における地方超過負担、私立学校・高等教育における私費負担などを批判の対象としてきた[2]。これらは憲法26条における学習権保障および教育機会均等論を根拠とした教育費の聖域論や優先確保論の様相を呈することになる。

一方、後者については教育財政支出に関わる民主主義や地方の自主性の欠如あるいは「政治主導」を批判する。すなわち、国民・住民およびその利害を代表すると想定する政治勢力の政策過程からの排除によって、その教育要求の反映が阻害されているというものである。それらは、戦後の義務教育費国庫負金制度復活およびそれに伴う基準法制に対する批判[3]や教職員給与における人事院勧告体制への批判[4]、あるいは1955年以後の自民党一党優位体制下における教育予算関係法案の政策過程に対する全般的な批判という形で展開されてきた。このような規範的な「手続き」論は、〈国民・住民は教育分野を最優先するような政策選好を有し、国民・住民の教育要求が反映されるような意思

決定の仕組みであれば、教育財政は充実するはずである〉という前提の下では「結果」論と一体となり、潜在的に多くの教育研究者・関係者の支持を集めてきた。

　そして、研究方法については、主に3つの方法が採られてきた。第1は制度史研究であり、多くは近代学校制度成立期から1950年代までの教育財政制度の変遷に関わるものである。特に、この期間を通じて地方財政の中心的な問題であった義務教育費に関する制度史について分析が行われてきた[5]。それ以降の時期の教育財政関係の法制については、個別の法律の成立過程の研究がなされるか、あるいは教育政策過程研究の中で部分的に言及されるにとどまっている。第2は教育条件法制に関する法解釈的研究である。日本国憲法および旧教育基本法の関連条文の進歩的な解釈を根拠として、その法規定と現状との乖離あるいは他の教育条件法制の抑制的条項、仕組みを批判するというものである[6]。第3は教育財政統計に基づく比較であり、統計指標に基づいて時系列的な趨勢や地域間・国間比較を行うというものである。このような比較分析は教育財政支出の地域間不均衡や他の先進国と比較しての過小支出を見いだすことにより法解釈的研究を補完してきた[7]。

　本書はこうした既存研究とは問題意識、方法・対象を異にするが、それは先述の教育財政の今日的状況に照らした課題設定、ならびに以下の既存研究に関する問題点の理解に基づいている。

　第1は、強い「結果」論の内在的矛盾である。財政支出に関わる意思決定が制約つき最適化の過程である限り、「単に教育費を増額できればよいといった予算分捕り的な考え方では、他の分野における同じような態度との絶えざる軋轢」を免れず、聖域論や優先確保論的な政策提言に現実味はない（日本経済調査協議会 1972:102-103）。また、これまでの「結果」論は持続可能な仕組みを構想するという長期的視点を欠いてきた。教育政策の受益者の多くは選挙権を持たない世代であり、持続可能な範囲内で財政運営されなければ、彼らと後続の世代における（教育）財政支出およびそれに関する意思決定を大幅に制約することになる。それゆえ、無条件の教育財政拡充論を説くロジックは内在的に破綻せざるをえない。

第 2 は、国民・住民の異質性の等閑視である。すなわち、既存研究における「手続き」論は、教育の専門家・利害関係者たる教育政策共同体と国民・住民の政策選好が一致することを暗黙に仮定してきた。「教育に対する財政支出は重要か（増額すべきか)」と問われれば、多くは首肯するだろう。しかし、市井の人々が教育の専門家・利害関係者と同様にそれを最優先事項と考えているかは自明ではない。有権者は多様な選好を持つ人々から構成されており、また、1980 年代以降先進国における「シルバー民主主義」論が学際的関心を集めたように、教育政策に高い優先順位を置かない有権者は今後増加する可能性が高く、有権者の集合的な政策選好は教育政策共同体の選好と乖離しうる。

第 3 は、政策過程に関する考察の看過である。法制史研究において、依存財源の中で如何に民意を反映させるのかという手続きの観点から考察がなされてきた。例えば、義務教育費法制研究では、依存財源の下で民主主義をどのように担保するかという問題が焦点となり、特定補助金か包括補助金かという制度の評価や構想もその関心と結びついている。その点に関する評価はともかくとして、法解釈・法制史研究の公約数的な見解は、1950 年代に確立した既存法制は財政補助基準が教育条件基準法制に対して優位しているという評価と、その従属関係を反転させるべく教育条件基準の決定過程を民主化し、財政当局にその運営を遵守させるという制度構想にある（兼子 1984；内沢 1984；小川 1991)。しかし、このような制度構想はそれが拠って立つ法制史研究の知見に立脚して考えるならば唐突さは否めない。というのも、法制史研究によって描出されたのは戦前・戦後を貫く省庁の割拠性の存在であり、教育財政制度が文部省、大蔵省、内務省 ─ 自治庁の妥協の上に成立したという経緯を考えれば、そもそも所望の制度を成立させる過程も割拠性の問題に服さざるをえないはずである。制度構想の当否はともかくとして、それが現実の政策過程において実現可能なのか、あるいは如何なる条件の下で可能となるのかという視点がなく、戦後法制確立期以後の政策過程に関する体系的な分析と理解が欠如している。

第 4 は、方法と対象の限定性である。既に述べたように日本における教育財政研究は方法的には法制史研究と法解釈研究が多くを占め、法制史研究の考

察は制度変革・確立期が主たる対象となっている。戦後制度の形成がその後の教育財政を規定したことは論を俟たないが、制度確立期以後の教育財政に関わる政策の全てを決したわけではない。その意味では制度史研究が明らかにした知見を継承した制度確立期以後の教育財政に関わる系統だった政策過程分析が必要となるが、その方向での研究はほとんどなされなかった。すなわち、制度史研究が明らかにした省庁・利益団体による政策分野間の競合は戦前・戦後を通じた教育政策過程に通底する性質であり（市川・林1972；小川1991；徳久2008）、それが政策決定の場で如何にして処理されたか（あるいは処理されなかったのか）という点の解明が過程分析の焦点としてありうべきである。しかし、政策過程に関わる研究は必ずしもそのように展開せず、自民党一党優位体制と集権的な行財政制度という要素によって政策過程に関する大方の説明がなされてきたのである。

　第5は、政策の帰結に関する分析的な視点の欠如である。政策過程分析と政策分析という実証研究の二分法を前提とするならば、後者の政策分析としての教育財政研究は日本では発展を見ることはなかった。研究上の視点として教育支出とその効果との関連性を問うものは存在していたが[8]、アメリカの『コールマン報告』（Coleman *et al.* 1966）以降の教育政策上の投入と産出の関係に関する学際的な実証研究の展開とは対照的に、その後の日本においては長らく実証分析として、あるいは問題意識のレベルですら議論の俎上に載ることはなかった[9]。強いて言えば、1960年代の教育投資論の興隆は、教育財政支出の帰結を実証的に明らかにし、最適支出のための政策の指針を考究するという契機が含まれていたが、さほどの展開を見せなかった。むしろ人的資本論の選択的受容ないし「伝言ゲーム」の結果としての教育投資論は、戦後制度改革によって教育財政の独立を成しえなかった文部省による政治的レトリックへと変質した（市川1963）。

　こうした既存研究の理解をふまえた上で本研究が目指すところは、端的に言えば、有限資源としての教育費に関する政治・経済の分析であり、具体的な課題設定、対象・方法、その意義は以下のように述べることができる。

　まず、政策過程分析に関して、戦後制度確立期以降の教育財政支出をめぐる

政策過程を中心的な対象として、教育財政支出の意思決定における民主性を評価し、その条件について考察する。この点に関する実証分析に際して、過去の教育財政に関わる政策過程の理解が出発点となるが、本書では、下位政府論ともいうべき国レベルの教育政策過程研究の通説を批判的検討の対象とする。下位政府論の大要は、政策分野ごとに自律した政・官・業のアクター群を政策過程の中心的アクターとして把握するものであり、教育政策に関していえば、70年代における教員給与・定数改善や私学経常費助成といった教育財政拡充を教育下位政府アクターの活動量や結束 —— とりわけ、自民党文教族議員の主導性 —— に帰するものである（パーク 1983）。本書では次の2つの観点から下位政府論を相対化し、教育財政支出の意思決定に関して異なる政策過程像を提示する。

第1は下位政府アクターの影響力の限界の評価である。戦前から戦後の制度確立期における法制史が研究明らかにしたように、教育財政に関わる立法は、文部省と大蔵省、地方行財政所管庁（内務省 — 自治庁）との競合・妥協の上に成立したのであり、このことは制度確立期以後の政策過程にも妥当するが、先行研究では教育下位政府の利益集約・表出の記述に偏っており、政策の統合の局面が看過されている。本書では教育財政の拡充と抑制への移行期であった1970年代と1980年代に焦点をあて、教育予算関連立法の事例分析によって政策過程におけるアクター間の力学について先行研究とは異なる解釈・評価を与える。

第2は制度論的な視点からの政策過程の解釈である。教育政策過程研究に限らず、教育財政関係法制の法制史研究は"N=1"の単一事例研究であり、その方法上の制約ゆえ、特定の政策出力の要因をアクターの選好・利害もしくは時間変動的な要因（自民党一党優位体制における議員の政策知識の蓄積など）に帰することになる。しかし、そもそも、どのアクターの選好がより反映されるか、あるいはどのアクターが意思決定にアクセスできるのか、という権力の所在に関わる要因が存在するのであり、議院内閣制という政治制度の枠組みに照らした構造的要因の考察が必要となる。本書では"large-N"の計量分析によって、単一の国を対象とした従来的な事例研究では明らかにしえない、非時変的

序　章　課題設定　*11*

な構造的要因の作用を浮き彫りにする。そして 90 年代以降の政治制度改革と社会経済的変化の相互作用が今後の教育政策に及ぼしうる影響について予見を得る。

　一方、政策分析では、ミクロデータの計量分析を通じて教育財政支出の運営における効率性を評価し、その条件を考察する。効率性の観点は、教育財政拡充が容易には達成されず、また、その政治的支持の要件として資源の有効な運用を要請している現状においては不可欠のものである（Duncombe *et al.* 2003）。日本の教育行財政研究において効率性に関する問題意識自体は古くから存在していたが[10]、今日に至るまで、観念の上ではともかく、効率性を操作可能な形で定義し、実証的に分析するという作業はなされてこなかった[11]。

　本書ではそうした空白を埋めるべく、教育財政の効率性に関する実証分析を行う。その試みは海外において膨大な蓄積を有する教育生産関数研究の延長上に位置づくが、それは海外の既往の実証研究に無批判に追従するものではなく、方法・実質上の吟味を行いつつ考察を行うものである。特に次の 2 点は本書の特色をなしている。1 つは、社会科学における効率性の概念史に立ち戻って効率性の概念・分析手法を検討し、教育分野への実証的適用上の問題を考慮しつつ、日本の教育財政システムの効率性の評価を行う点である。もう 1 つは、そうした効率性の計測の上で、効率性の規定要因を政策・制度・経営的要因に求め、それらの寄与を実証的に明らかにする点である。伝統的に提起されてきた行政・経営規模に加えて、教員人件費配分に関わる政策、アカウンタビリティシステムといった現代的な政策・制度改革を分析対象として念頭に置き、効率性改善策の実際的な含意を追求する。

　このようにして本書では、有限の資源をめぐる民主的決定と効率的運営という観点から、財政の持続可能性という制約条件の下で将来世代の厚生を最大化する手段としての教育財政の方途を考究する。

3. 本書の構成

　本書は第1章から第7章の本論および終章からなる。まず、第1章では、本書の鍵をなす民主性と効率性に関する考察の意義の提起として、過小支出論と教育投資論という教育財政に関わる2つの政治的主張を批判的に検討し、資源の有限性を前提とした決定の民主性と運営の効率性に関する議論が不可欠であることを示す。第2章では、後続の教育財政の実証分析のための概念と理論的枠組みの検討を行う。

　第3章から第5章までの政策過程分析では、戦後制度確立期以後の教育財政の変動に関わる政策過程の全体像を実証的に明らかにした上で、民主性の所在とその条件を考察する。

　第3章では、まず、先行研究の下位政府論とも言うべき戦後教育政策過程像について再考する。1970年代から80年代にかけての教育財政の拡充と抑制の政策過程を対象とし、執政中枢アクターによる総合調整の局面に着目することで、自民党文教族議員、文部省官僚、教育関係団体の利益表出を中心とした政策過程像を相対化する。こうして明らかにされた政策過程に、選出部門による統制の存在に民主性の部分的要素を見いだす一方で、不完全な権力の集中および不完全な政策の統合の結果として財政的規律の弛緩が生み出されたことを示す。

　第4章では、既存の単一事例分析では明らかにしえない制度的要因の寄与に着目することで下位政府論的な政策過程像を相対化するとともに、中央レベルの政治・行政制度の変動が教育財政の政策過程に与えうる影響を評価する。国レベルの時系列横断面データを用いた分析によって、議院内閣制における権力の集中・分散に関わる制度が、政権政党の教育財政に関する政策選好と政策出力の対応関係を左右していることを立証する。また日本の特質として、教育財政支出における政治的変動が小さいこと —— 潜在的には政権政党の政策選好が政策出力に反映される可能性が大きかったにもかかわらず —— を指摘する。

　第5章では、2000年代以降の地方教育財政の事例・計量分析を行い、中央・

地方間での教育財政の意思決定における複層化という制度変容の帰結について考察する。分権改革期以降、知事選挙での争点化に見るように地方教育財政に関わるイシューの一部は政治化された。それは地方政治というより身近な舞台で有権者に政策選択・自己決定の機会を与えたという意味では民主性を高めた一方で、情報の非対称性による政治アクターの機会主義を促したという意味では後退的側面があったことを示す。

　こうした一連の政策過程分析を通じて、アクターと制度の双方の視点から、下位政府論的な教育政策過程像について再考し、民主主義政治に内在する権力の集中と分散という作用のうち、教育財政の政策出力の変動は前者によってもたらされることを明らかにする。そして、民主的統制は制度的な権力集中とそれに基づく一貫した現実的な政策選択肢の提供、領域的専門家の専門性を反映した「見識に基づく民主主義」（"informed democracy"）（Henig 2008）を要件とすることを主張する。

　続く第6、第7章では、教育財政の効率性に関わる政策分析を行い、その評価と改善のための条件を考察する。

　第6章では、学校組織レベルの教育生産における効率性を評価し、その規定要因ないし改善条件としての教育経営規模について考察する。この章の分析では、財政的投入拡充（学級規模の縮減）の作用について学力水準以外の要素も産出として考慮した場合には従来よりも大きな効果が見いだせる一方で、その改善効果に比較して学校組織レベルの効率性の改善余地が相当程度存在することを示す。また日本の教育財政研究で伝統的に効率化の方策として考えられてきた経営規模の適正化について、規模の経済・優位性といった単調な関係は見いだせず、行政・学校の最適規模や標準についてはより弾力的理解・運用が必要であることを指摘する。

　第7章では、国レベルの教育生産の効率性について評価し、その規定要因あるいは改善条件としての政策・制度的要因を考察する。この章の分析では、教育財政拡充が教育成果の改善をもたらすものの、多くの国において教育財政システムの非効率性は小さくなく、日本もその例外でないことを示す。また後続の分析では非効率性の規定要因として、教員人件費配分に関する政策的要因

とアカウンタビリティに関する制度的要因に着目し、その寄与を明らかにする。特に重要な知見として、複数次元の産出を措定した場合の効率性改善に関して、教員人件費配分上の政策は斉一的に作用するのに対し、アカウンタビリティに関わる制度改革は、産出の要素で異なる方向に作用する点を指摘する。

　こうしたミクロとマクロの双方のレベルでの効率性に関する政策分析を通じて、日本の教育財政において効率性の改善の余地が少なからず存在することとともに、その改善の方策は単なる技術的次元の政策・制度工学的問題としてだけではなく、価値の選択という次元での決定を伴う民主主義政治上の問題としても定位され、整合性が問われることを示す。

　終章では、第7章までの議論を総括するとともに、その含意、民主性と効率性の相互関係を論じ、政策・制度構想の選択肢、今後の研究上の展望を述べる。

　最後に、改めて本書全体の企図を明示して序章を締めくくりたい。

　教育財政および付随する政策・法制が、機会均等保障をはじめとする諸価値の実現の制度的基盤を成すことは疑いない。しかし、それは実態を伴わない聖域論や錬金術の如き投資論の類の政治的レトリックによって正当化されない。またそうしたレトリックの効力は時間の経過とともに減衰し、その内在的破綻が白日の下に晒されることで、長期的には、教育政策研究のみならず教育政策共同体や教育政策自体に対する公衆の懐疑・不信を招くことになる。教育という営為に投入される有限な資源が、民主的な意思決定を経てかつ効率的に運営されているという公衆の認識・信頼こそが教育財政を通じた教育に関する諸価値の実現を支えるのであり、またそれこそが根本的な「制度」── 広義の意味での制度 ── なのである。本書の企図はこの「制度」的基盤を支えるための実証的知見を提示し、有限な資源をめぐる決定・運営としての教育財政に関する情報や見通しの共有を促し、議論を民主的かつ効率的にすることにある。

序　章　課題設定　*15*

注

1)　市川による同様の記述として、嘉治（1970：120-123）も参照。

2)　典型的なものとしては伊ヶ崎・三輪（1980）。

3)　三位一体改革における義務教育費国庫負担金の一般財源化をめぐる議論では、教育界は国庫負担制度堅持一色であったが、戦後の国庫負担制度復活時においては、教育学者は批判的であり、平衡交付金制度への評価が高かった。例えば、伊藤（1965）など。

4)　例えば、三輪（1970, 1974）、金子（1977）。

5)　相沢（1960）、市川・林（1972）、国立教育研究所（1974）、小川（1991）、井深（2002）など。義務教育費国庫負担金制度に関する戦前・戦後の文献は井深（2002：第1章）で紹介されている。

6)　内沢（1984）など。

7)　典型として先述の伊ヶ崎・三輪（1980）。

8)　例えば、伊藤（1956）はアメリカにおける実証分析を紹介した上で、「戦後の教育研究にはたくましい実証的方法がとり入れられてきており、かかる研究手法が教育財政の研究をも、従来のような観念操作の段階に満足せしめておかなくなってしまった」（伊藤 1956：283）と述べる。この背景には当時の新教育による「学力低下問題」があったことは否定しえないし、伊藤には明らかに教育費を確保するための主張の補強としようとする結論ありきの姿勢も見られるが、本来ならばこのような政策分析は恒常的な研究プログラムとなるべきものであったと言える。

9)　教職員定数改善計画策定にあたってその都度、学級規模縮小の効果について問われてきたが、参照できる実証分析の知見は乏しかった。教育財政研究の文脈での問題提起として市川（1981）など。

10)　例えば、五十嵐（1951）は「教育費が最終的に人民の所得から徴収した公共的資金である以上、その財務の公正にして能率的管理が重要である」（五十嵐 1951：414-5）と述べる。また教育財政支出の効果の実証分析の端緒である伊藤（1965）でも民主化のみならず効率化の重要性を指摘している。教育行財政研究の文献には、「効率性」という語とともに「能率性」という語が多く用いられるが、これらは共に"efficiency"の訳語であり、本来的には概念的な相違はない。「効率性」の概念については改めて第2章で検討する。

11)　教育委員会研究における効率性に関する研究として高木（1995）。ただし効率性の多義性や実証的な操作性の面での難点は否めない。

第 1 章
教育財政をめぐる政治的言説

　本書の研究課題は有限な資源をめぐる政治の存在を前提としている。しかし一方で、教育財政支出に関わる言説として、その政治を有利にすべく、あるいはその政治自体を回避すべく発せられる政治的言説が存在する。その主たるものは過小支出論と教育投資論である。前者は日本の教育財政支出が過小であるという現状認識に、後者は教育財政拡充がマクロな経済成長に寄与し、将来的に税収増をもたらすという自己生産性の論理に基づく。特に、後者は教育財政が予算制約に服す必要がないかの如き点を含意するゆえに強い訴求力を持つ。この章では本書の意義を明確にするために、本論展開の予備的作業としてこれらの主張の理論的・実証的な根拠を検討する。結論として、2つの主張の根拠は不十分であることを明らかにし、教育財政が、有限資源をめぐる政治・経済から免れることはできず、民主性と効率性という手続きにおける正当性が問われざるを得ないことを示す。

1. 過小支出論

　過小支出論は、日本の教育財政支出が他の先進国と比較して極端に低水準であることを主張するものである。その内容の当否にかかわらず、それが教育政策共同体を糾合する政治的役割を果たしていることは明白だが、そうした政治的局面を離れたとしても、教育支出水準の共時的・通時的比較は未解決の学術的課題として検討の余地がある。

1.1 様々な教育支出指標

　教育財政支出水準をめぐる議論の政治性は、どの指標を採用するかという点に見ることができる。例えば、教育関係者と財務省主計局との間では教育財政支出をめぐる現状認識に大きな乖離があり、双方が異なる教育支出指標に基づいた主張を展開してきたことは周知のとおりである。その典型例は、第1期「教育振興基本計画」(2008年7月閣議決定)の策定過程である。そこでは教育財政に関して最終的に目標設定における例示に留められたが、文部科学省および教育関係者は公教育費の過小支出の根拠として対GDP比という指標に固執し、拡充を訴えた[1]。一方で、財務省主計局および財政制度等審議会は、児童・生徒1人当たりの公教育費、義務教育費国庫負担金の名目額の時系列的な大幅な増加傾向を訴えるだけでなく、日本が少子化社会であること、政府支出規模自体が小さいことを理由に対GDP比という指標が不適切であり、現行の教育財政支出は他の先進国と遜色ないことを度々主張し、議論は平行線を辿った。

　このような政治過程におけるポジショントークから距離を置くにしても、学術的文脈においても、教育財政・教育経済学の文献において一貫しない様々な指標が用いられ、建設的な議論を妨げてきたことは事実である。教育財政支出に関する比較は大きく分ければ、1) 支出努力に関する指標、2) 集計的な支出額、3) 派生的な要素的指標によるものがある。

　1) については、戦後の邦語の教育財政関係の文献では、古くは内藤 (1949) において見いだすことができる。内藤が国および地方政府の一般財政支出に占める教育財政支出の割合、国民所得に占める教育財政支出の割合による比較について「各国の教育に対する理解と熱意を測定する方法」(内藤 1949:4) と述べるように、これらの指標は「教育支出にどれだけの割合を割いたか」という支出努力に関する指標と考えることができる。また研究書ではないが、教育投資論的な白書と知られる文部省調査局 (1962) では、同様にこの2つの指標、とりわけ教育財政支出の国民所得費を「教育投資」の量として取り上げている。以後、教育財政の関連邦語文献でもこの2つの指標によって日本の教育財政支出水準を位置づける記述が多く見られる。

　今日の教育関係者が国間の共時的比較においてもっぱら教育財政支出の対

第1章　教育財政をめぐる政治的言説　*19*

GDP 比という指標に固執するのもこのような慣行に基づくからとも言えるが、名目支出額を実質化する適当なデフレーターや購買力平価の統計が整備されていなかったという歴史的な要因もある。すなわち1人当たり教育財政支出額などの2）の指標については、地方自治体間の共時的比較のような用途に限定され、国レベルの共時的比較や通時的比較には用いられなかったのである[2]。3）の指標は投入に関する量的指標であり、教員数に関わる学級規模や生徒教員比に基づいた比較が該当する。特に、教育学研究者の間では、日本の学級規模や生徒教員比が他の先進諸国よりも大きい値であることをもって、過小支出を批判する根拠としてきた経緯がある（伊ケ崎・三輪 1980）。

　教育財政支出の水準の測定は単なる比較だけでなく、それを説明変数とした教育生産関数研究においても関連する。近年の国際的な学力調査データを用いた分析では、異なる指標が用いられているが[3]、その選択によって推定結果や政策的含意が異なるにもかかわらず、それぞれの研究においてなぜ特定の指標を用いるのか（用いないのか）という点についての言及・考察はなされていない。

　以上のように、目的が単なる支出の比較にあるにせよ、支出のもたらす効果の分析にあるにせよ、意味の異なる複数の指標が教育財政支出の水準を測る指標として用いられてきた経緯があり、比較方法や指標自体の分析的な議論が積み重ねられてきたとは言い難い。上述のとおり、1）の支出努力の高低と2）3）の投入の多寡とは明らかに意味が異なっており、少なくとも比較の目的によって使い分ける必要がある。在学者がどれだけの資源を享受しているかという文脈での議論であるならば、1）の支出努力に関する指標を積極的に用いる理由は存在しない[4]。

1.2　既存指標の問題点

　教育支出に関する議論において言及されることが多いのは、1）教育財政支出が国内総生産に占める割合、2）教育財政支出が一般政府支出に占める割合、3）在学者1人当たりの教育支出額、4）生徒教員比（学級規模）の4指標であるが、それらによって共時的・通時的な比較を行う場合、以下の問題がある。

まず第1の教育財政支出対GDP比は、中央政府と地方政府とを併せた教育財政支出のGDPに対する割合であり、OECDの統計では、教育支出は交通費や給食費などの費用も含まれている。利用可能な最新のデータである2012年時点の教育財政支出対GDP比は日本が3.66%、OECD加盟国平均が4.80%である。また、教育段階別に見ると、日本は初等中等教育で2.73%、高等教育で0.76%、OECD加盟国平均は3.48%、1.27%となっている（OECD 2015）。表1-1は日本の教育財政支出対GDP比の1970年以降の時系列的な変動を示したものである。初等中等教育に関しては1980年前後の10年間を除いて、日本の支出はOECD加盟国の平均を下回っており、80年代後半以降その差は拡大しているように見受けられる。また高等教育については、日本の水準は一貫して低調であり、OECD加盟国平均の約半分程度の水準である。このように教育財政支出のGDP比を見る限り、「日本の教育支出水準は低調である」という過小支出論を支持しているように見える。

しかし、この教育財政支出対GDP比は支出の対象である在学者人口の相違が反映されていないため、比較の指標としては不適切である。在学者人口比の

表1-1　教育財政支出のGDP比（%）

	1970	1975	1980	1985	1990	1995	2000	2005	2010
日本（初等中等）	2.9	4.1	4.2	3.7	2.9	2.8	2.7	2.6	2.8
OECD平均（初等中等）	3.7	4.0	3.8	3.6	3.4	3.5	3.5	3.5	3.7
日本（高等）	0.5	0.6	0.6	0.6	0.4	0.4	0.5	0.5	0.5
OECD平均（高等）	1.0	1.0	0.9	1.0	0.9	0.9	1.2	1.1	1.1

出典：OECD（1992）およびOECD, *Education at a Glance* 各年版

表1-2　在学者人口の全人口比（%）

	1970	1975	1980	1985	1990	1995	2000	2005	2010
日本（初等中等）	17.5	17.1	18.3	18.3	16.5	14.4	12.6	11.7	11.4
OECD平均（初等中等）	18.6	18.6	18.5	18.0	17.2	17.4	17.3	16.0	15.4
日本（高等）	1.7	2.0	2.1	1.9	2.3	3.1	3.1	3.2	3.0
OECD平均（高等）	1.2	1.6	1.9	2.2	2.6	3.3	3.6	4.1	4.4

出典：UNESCO Institute for Statistics データベース

推移を示した表 1-2 から明らかなように、日本の在学者人口の全人口に占める割合は、初等中等教育については 1980 年代半ば以降大きく減少に転じており、OECD 加盟国平均を大きく下回っている。このような在学者人口の変動を調整したとしても —— 例えば、指標を在学者人口比で除すという操作を行ったとしても ——、通時的な比較においては分母と分子にあたる数値が各時点の名目額であることから問題が残る。すなわち分母の GDP と分子の教育財政支出はその構成要素が異なるため、実質的な支出の伸び率がそれぞれ異なる可能性が高く、指標の値が時間的に変動しなかったとしても各時点で意味が異なる。

　第 2 の一般政府総支出比も GDP 比同様に支出努力にあたるものである。日本の教育財政支出の一般政府総支出比は 2012 年時点で約 8.8%であり、OECD 加盟国の平均の 11.6%を下回っている。かつて財務省主計局・財政審は、主張の整合性を保つために在学者人口比で調整する操作を行い、米英仏独と比較して遜色のない支出水準であることを主張していた[5]。しかし、この指標には在学者人口比の調整の有無にかかわらず次の点で問題がある。まず、この指標では教育支出と無関係な社会保障関係支出の多寡に左右され、「小さな政府」において教育財政支出水準が過大に評価される。また、先の教育財政支出対 GDP 比の指標と同様に、分母と分子が名目支出額であることから、実質的な支出の伸び率がそれぞれ異なる可能性が高く、各時点で意味が異なりうる。

　第 3 の在学者 1 人当たり教育支出額は、各国の各教育段階別のフルタイム換算の在学者 1 人当たり教育支出総額を、購買力平価を用いて変換することによって得られる。2012 年時点の日本の 1 人あたり支出額は、初等教育 8,595 ドル、中等教育 10,170 ドル、高等教育 16,872 ドルである。OECD 加盟国平均はそれぞれ、8,247 ドル、9,627 ドル、15,028 ドルとなっており、日本は平均を上回っている[6]。

　この指標は先の 2 指標と異なり、1 人当たり指標であるため、人口要因に基づく欠陥はないが、GDP の購買力平価を用いた換算を行っているため支出額は実質的な投入の差を反映していない[7]。教育サービスは GDP とは構成要素が異なり、人件費の割合が高いため[8]、国間の財政的投入の差を過大に評価す

ることになる。すなわち、教育サービスが非貿易財であり、国間の競争や初等中等教育教職員の労働移動が少ないため、教員人件費について、教員の質に関わる資格や能力、経験年数などの構成が同様であったとしても当該国のその他のセクターの生産性、経済的水準に依存する部分が大きく[9]、経済的水準の高い国では教員の調達コストも高まる。上記と同様のことは通時的比較を行う場合にも当てはまる。時系列の支出データの比較を行う際には適当なデフレーターを用いて名目支出額を実質化する必要があるが、物価水準に関する一般的なデフレーターである GDP デフレーターや消費者物価指数を用いることは投入の時間的な変動を過大評価することにつながる（市川・林 1972）。

　第 4 の教育財政支出から派生する要素指標に関しては、教員生徒比ないし学級規模が取り上げられることが多い。OECD（2014）による 2012 年時点のデータによれば、日本の公立学校における学級規模は初等教育で 27.7 人、前期中等教育では 32.6 人であり、OECD 加盟国のそれぞれの平均の 21.3 人、23.6 人よりも大きな値となっている。

　このような要素的指標による比較は、複数の要素間にトレードオフの関係がある場合、国間・時点間で総体としての投入の多寡を反映したものにならない。実際に、2012 年時点における OECD 加盟国の学級規模と教員給与水準（15 年経験教員給与／1 人当たり GDP）の相関係数は、初等教育で 0.463、前期中等教育で 0.547 であり、教員数が多い（生徒教員比が小さい）国では教員の給与水準が低いというように教員人件費について員数（＝「量」）と給与水準（＝「質」）の間にトレードオフの関係が成り立っている。日本の位置づけについて言えば、教員数では他の先進国にやや劣っているが、給与水準では初等中等教育ともに 1.36 であり、OECD 加盟国平均（初等教育 1.10、前期中等教育 1.14）を上回っており、教員の「質」を重視した人件費配分パターンに属す[10]。このことから、学級規模や児童生徒教員比という要素指標から、教育財政支出水準の多寡を論じることは不適切である。

1.3 代替指標による比較

　このように、既存指標に基づいて、投入としての教育財政支出水準を比較することには問題がある。では、問題点をふまえて、既存指標に代替する指標によって比較を行うならば現在の日本の支出水準はどのように位置づけられるであろうか。

1.3.1 共時的比較

　在学者1人当たり支出額という指標では、GDPに関する購買力平価を用いた変換が行われているため、実質の投入の量と乖離している可能性があることは先述のとおりである。ここでは、教育サービスの購買力平価によって変換した指標（指標1）とRam（1995）の回帰分析の残差を用いた代替指標（指標2）によって比較する。後者の方法は、下記のように支出関数を想定し、その予測額と実際の支出額との相違により比較を行うものである。

$$\ln(E_i) = \alpha + \beta\ln(Y_i) + \gamma\ln(RPE_i) + \epsilon_i \tag{1.1}$$

　Eは在学者1人当たり教育支出、Yは国民1人当たりGDP、RPEは教育の相対価格（教育サービスに関する購買力平価とGDPに関する購買力平価の比）である[11]。Ram（1995）は回帰式による予測額と実支出額との差を国間で比較しているが、このような差の形では支出水準の大小による順序尺度として意味を持つが、ある国が別の国に対して何倍になるかという比例尺度としての意味を持たない。各国の政策的支出の相違は$\exp(\epsilon_i)$の部分であり、回帰分析によるその推計値を指標2として採用する。2012年時点のデータを用いて推定した各国の値を表1-3に示している[12]。

　2つの指標の相関係数は初等教育で0.97、中等教育で0.87、高等教育で0.71と高い値を示している。指標1では、最小値と最大値の格差は、初等教育で1.6倍、中等教育で2倍、高等教育で7.8倍程度となっており、通常使われているGDPの購買力平価に基づく換算額での格差よりも小さく、現実的な値となっている。日本は初等中等教育では平均をやや上回る程度、高等教育は平均の6割程度となっている。指標2は直感的に解釈可能な数値と言い難いものの、比例尺度として各国間の相違を表している。指標2では高等教育の最低値と最大

表 1-3　代替指標による各国の値（2012 年時点）

	指標 1			指標 2		
	初等	中等	高等	初等	中等	高等
オーストラリア	8,966	11,829	10,699	0.787	0.859	0.625
オーストリア	10,009	14,449	16,159	0.914	1.148	1.241
ベルギー	11,248	14,118	16,994	1.022	1.117	1.267
カナダ	10,771	－	14,765	0.974	－	1.062
チリ	10,666	9,315	8,399	0.935	0.739	0.542
チェコ	9,637	15,225	18,327	0.843	1.156	1.110
デンマーク	13,093	12,709	－	1.177	0.975	－
エストニア	14,014	16,790	16,019	1.238	1.330	1.065
フィンランド	11,754	14,112	24,465	1.045	1.066	1.578
フランス	9,444	14,875	18,046	0.846	1.155	1.242
ドイツ	10,401	14,294	22,846	0.899	1.003	1.201
ギリシャ	－	－	－	－	－	－
ハンガリー	10,825	10,946	12,711	0.965	0.896	0.911
アイスランド	13,425	11,708	11,883	1.196	0.888	0.777
アイルランド	13,118	17,073	19,267	1.117	1.149	0.907
イスラエル	10,573	8,678	11,093	0.955	0.703	0.829
イタリア	12,135	13,438	10,656	1.083	1.041	0.720
日本	13,253	15,681	9,605	1.173	1.190	0.611
韓国	9,336	10,547	4,349	0.860	0.892	0.372
ルクセンブルク	12,945	13,331	20,607	1.124	0.858	0.999
メキシコ	12,391	14,154	32,145	1.015	0.987	1.342
オランダ	10,153	15,252	19,458	0.877	1.059	1.010
ニュージーランド	11,616	15,462	14,337	1.015	1.153	0.847
ノルウェー	－	－	23,204	－	－	1.270
ポーランド	14,188	13,806	17,434	1.293	1.189	1.455
ポルトガル	9,740	13,865	9,346	0.890	1.175	0.774
スロヴァキア	12,254	11,660	17,103	1.068	0.890	1.028
スロヴェニア	11,403	10,146	13,173	1.091	0.953	1.498
スペイン	9,629	12,377	13,782	0.880	1.025	1.115
スウェーデン	10,892	11,806	21,244	1.006	0.964	1.762
スイス	12,052	14,518	－	1.076	1.062	－
トルコ	11,934	13,446	33,931	0.973	0.918	1.348
イギリス	10,598	10,669	17,458	0.979	0.891	1.490
アメリカ	10,148	11,448	10,041	0.922	0.886	0.732
平均	11,332	13,153	16,437	1.007	1.010	1.056
標準偏差	1,428	2,079	6,411	0.123	0.143	0.326

注：指標 1 は教育サービスの購買力平価で実質化した在学者 1 人当
　　たり教育財政支出額である。
　　指標 2 は Ram（1995）の方法で推定した指標である。
　　－は必要なデータが欠けているため、推定できないことを示す。

値との格差は5倍弱となっており、指標1よりもさらに差が小さくなって表れている。日本の数値は初等・中等教育では平均を上回り、高等教育においては平均値の6割程度である。

　これらより、2つの代替指標に共通して過小支出論は高等教育にのみ該当すると結論づけられ、日本の初等中等段階における教育財政支出については、在学者数の変動（教員数を介した在学者数の変動）に応じた国庫負担金・補助金と地方交付税交付金に支えられているという基本的事実が改めて確認できるのである。

1.3.2　通時的比較

　通時的比較では、ある年を基準とした実質的な投入の時間的変動を見る。ここでは日本の初等中等教育に関して、在学者1人当たりの実質支出額を各期における学校教育の総合的な資源投入の指標として解釈し、要因分解によってその変動に対する構成要素の寄与分を明らかにする。

　共時的比較と同様に、時間を通じた比較においても在学者人口の変動と教育支出の特性である人件費の割合の高さを考慮する必要がある。市川・林（1972：第1章）や市川（1978, 1981）の指摘するとおり、人件費の占める割合の大きい教育支出において、構成種目およびそのウェイトの異なるGDPデフレーターや消費者物価指数によって実質化するという一般によく使われる手続きの適用には問題がある。市川・林（1972：第1章）は初等教育の在学児童1人当たりの名目額に関して、教員給与費については製造業の賃金指数で、施設費については非住宅建物建設物価指数で、維持運営費と設備備品費については消費者物価指数によってデフレートさせるという方法によって比較しており、明治中期と1960年代半ばとの初等教育における実質的な支出水準の差は2.3倍程度であると報告している（市川・林1972：28）。

　本書でもこの市川・林（1972）と同様に支出の構成要素別に異なるデフレーターにより、実質化し、総計するという方法で在学者1人当たりの実質支出額を推計する。1970年度以後5年ごとのデータを公立学校に対する公的財源による支出を対象とし、小学校、中学校、高等学校（全日制）の段階別に作業を行う。用いる支出データは各年度の『地方教育費（の）調査報告書』の学校教育

費の大・小項目別支出による。学校教育費の大項目は、消費的支出、資本的支出、債務償還費に分かれており、債務償還費を除く消費的支出と資本的支出を対象とした。またそれぞれの支出項目について国庫補助金、都道府県支出金、市町村支出金、地方債および公費に組み入れられた寄付金の総計を公的財源とする。小項目支出は、1995 年以降と以前では構成が異なるが、適用するデフレーターの都合上、1) 本務教員給与（給料、手当、その他の給与）、2) その他の人件費、3) 土地費、4) 建設費、5) それ以外の支出、の 5 種に分類した[13]。

表 1-4 は 2000 年を基準として実質化した総支出総額および公立学校在学者 1 人当たり教育支出を示している[14]。3、4 列は参考のために支出項目に関係なく消費者物価指数のみで実質化した支出額である。1970 年以降の数値を比較すると消費者物価指数のみで実質化した場合、時間的変動の過大評価につながることが確認できる。一方、4 つの指数で実質化した総支出（1 列目）について見ると、1970 年と 2010 年の水準を比較すると 1.3 倍程度になっていることが分かる。また 1 人当たりの実質支出額（2 列目）で比較すると、小中高ともに 40 年間で 1.8 倍程度に増大し、特に大きな変化は 1970 年からの 5 年間と、1985 年からの 10 年の間に起こったことが分かる。

次に 1 人当たりの実質支出額の変化に関して以下の式によって要因分解を行う。

$$\frac{E}{S} \equiv \frac{E}{W} \times \frac{W}{T} \times \frac{T}{S} \tag{1.2}$$

E は学校教育費の公的財源による実質総支出、S は公立学校在学者数、W は本務教員給与総額、T は本務教員数である。左辺は 1 人当たり支出額であり、右辺第 1 項は支出に占める本務教員給与の割合の逆数、第 2 項は本務教員 1 人当たりの給与、第 3 項は教員／児童・生徒比（児童・生徒 1 人当たりの本務教員数）となる。またこの両辺を式（1.3）のように対数化し差分をとると、時間 t の間隔が短い場合には、1 人当たり支出額の増減率は、3 つの項の増減率の和として解釈できる。

$$\Delta\ln\left(\frac{E}{S}\right)_t = \Delta\ln\left(\frac{E}{W}\right)_t + \Delta\ln\left(\frac{W}{T}\right)_t + \Delta\ln\left(\frac{T}{S}\right)_t \tag{1.3}$$

第1章 教育財政をめぐる政治的言説　*27*

表 1-4　実質教育支出額の推計結果

年	小学校				年	中学校			
	総支出 （億円）	1人当た り支出 （千·円）	総支出 （億円）*	1人当た り支出 （千·円）*		総支出 （億円）	1人当た り支出 （千·円）	総支出 （億円）*	1人当た り支出 （千·円）*
1955	－	－	8,341	68	1955	－	－	4,794	85
1960	－	－	11,971	96	1960	－	－	7,712	136
1965	－	－	19,313	200	1965	－	－	11,661	203
1970	47,820	509	32,550	347	1970	25,668	566	17,235	380
1975	63,156	616	53,284	519	1975	33,172	725	27,871	609
1980	69,928	597	62,943	537	1980	35,872	731	32,153	655
1985	59,948	546	54,709	498	1985	38,597	668	35,499	614
1990	62,558	675	62,355	673	1990	37,274	726	37,206	725
1995	62,789	761	63,490	769	1995	35,899	835	36,292	844
2000	60,912	840	60,912	840	2000	34,125	890	34,125	890
2005	61,151	864	60,703	857	2005	32,899	982	32,651	975
2010	62,420	909	60,144	876	2010	34,784	1,064	33,592	1,027

年	高等学校（全日制）			
	総支出 （億円）	1人当た り支出 （千·円）	総支出 （億円）*	1人当た り支出 （千·円）*
1955	－	－	2,167	105
1960	－	－	3,543	154
1965	－	－	7,699	227
1970	17,296	569	12,131	399
1975	23,259	746	19,782	634
1980	25,305	744	22,802	670
1985	26,621	701	24,324	641
1990	27,746	677	27,448	670
1995	28,553	868	28,794	876
2000	28,829	984	28,829	984
2005	25,522	1,010	25,361	1,003
2010	24,074	1,072	23,051	1,027

注：基準年＝2000年。*は消費者物価指数のみでデフレートさせた額である。

28

　表1-5の左側は小中高各段階における1人当たり実質支出の要因分解による各年度、各変数の値、右側は年平均変化率を分解した結果である。1列目の1人当たり支出額の1年度あたりの変化率（%）は、3つの要素の変化率（%）の和となっている。

　1970年から75年の5年間を見ると、1人当たりの教育支出額の増加は3つの要因の増加によって説明され、小中高に共通して教員給与の寄与は3分の1程度であることが分かる。次の1975年から1985年までの10年間では、1人当たり教育支出額は減少しており、その減少分の大部分は教員給与の減少によって説明できる。1985年以降は学校段階別に傾向が異なるものの、教員／児童・生徒比の増加が1人当たりの支出額の増加分の多くの部分を説明している。また教員給与の増加分も1人当たりの教育支出額の増加にある程度寄与しているとも言えるが、多くは本務教員の年齢構成の変化による影響によるものである[15]。

　以上の通時的な教育財政支出の比較の結果から、長期的には初等中等教育における実質的な投入は増加しており、1970年からの40年間で1.8倍程度、1990年からの20年間で1.3倍〜1.5倍程度となったが —— この趨勢は表1-1に示した教育財政支出の対GDP比のものと反対である —— 、それは財政支出総額の拡大ではなく、少子化に伴った自然減を教職員定数に反映させないことによっている。また教員給与改善による寄与分はその時期および大きさにおいても極めて限定的である。

1.4　小　括

　教育支出について投入の量として実質化するには、人口変動と労働集約的性格を同時に考慮しなければならないが、既存指標による比較はこれらを反映したものではない。それらの点をふまえて共時的、通時的な面で教育支出の実質化の作業を行うと、初等中等教育に関して言えば、日本の教育財政支出水準はOECD加盟国の中では平均程度であり、これは比較の対象をG5、G7に限定しても変わらない。この結果は、「日本の教育財政支出水準は極端に低い」あるいは「日本の学校教育・教員は最小の投入でトップクラスの成果（学力）を

第1章　教育財政をめぐる政治的言説　*29*

表1-5　要因分解の結果

小学校					年平均変化率（%）				
	E/S	*E/W*	*W/T*	*T/S*		*E/S*	*E/W*	*W/T*	*T/S*
1970	509	1.741	7,570	0.039	1970 − 1975	3.8	1.8	1.3	0.7
1975	616	1.902	8,082	0.040	1975 − 1980	− 0.6	2.7	− 3.1	− 0.3
1980	597	2.181	6,931	0.039	1980 − 1985	− 1.8	− 1.4	− 1.4	1.0
1985	546	2.030	6,477	0.041	1985 − 1990	4.3	1.2	0.5	2.6
1990	675	2.154	6,633	0.047	1990 − 1995	2.4	− 0.4	1.0	1.8
1995	761	2.113	6,975	0.052	1995 − 2000	2.0	− 0.8	1.4	1.5
2000	840	2.025	7,470	0.056	2000 − 2005	0.6	− 0.3	0.0	0.9
2005	864	1.994	7,452	0.058	2005 − 2010	1.0	1.6	− 1.3	0.7
2010	909	2.161	6,986	0.060					

中学校					年平均変化率（%）				
	E/S	*E/W*	*W/T*	*T/S*		*E/S*	*E/W*	*W/T*	*T/S*
1970	556	1.662	7,346	0.047	1970 − 1975	5.0	2.2	1.9	0.8
1975	725	1.809	8,093	0.050	1975 − 1980	0.1	2.6	− 2.3	− 0.1
1980	731	2.061	7,198	0.049	1980 − 1985	− 1.8	0.9	− 1.9	− 0.7
1985	668	2.152	6,534	0.048	1985 − 1990	1.7	− 0.8	0.2	2.2
1990	726	2.067	6,613	0.053	1990 − 1995	2.8	− 0.2	0.6	2.4
1995	835	2.042	6,817	0.060	1995 − 2000	1.3	− 1.1	1.2	1.2
2000	890	1.932	7,249	0.064	2000 − 2005	2.0	− 0.4	0.5	1.9
2005	982	1.897	7,418	0.070	2005 − 2010	1.6	1.9	− 0.9	0.5
2010	1,064	2.087	7,110	0.072					

高校（全日制）					年平均変化率（%）				
	E/S	*E/W*	*W/T*	*T/S*		*E/S*	*E/W*	*W/T*	*T/S*
1970	579	1.694	6,713	0.051	1970 − 1975	5.3	2.1	1.5	1.7
1975	757	1.884	7,247	0.055	1975 − 1980	− 0.1	1.2	− 1.4	0.0
1980	752	2.002	6,767	0.056	1980 − 1985	− 1.4	− 0.4	− 0.6	− 0.4
1985	702	1.965	6,556	0.055	1985 − 1990	− 0.8	− 0.7	0.2	− 0.3
1990	675	1.894	6,637	0.054	1990 − 1995	5.0	0.3	0.8	4.0
1995	867	1.920	6,898	0.065	1995 − 2000	2.5	0.3	0.8	1.5
2000	984	1.949	7,171	0.070	2000 − 2005	0.6	− 1.0	0.1	1.4
2005	1,012	1.857	7,210	0.076	2005 − 2010	1.2	0.5	1.0	− 0.3
2010	1,072	1.905	7,561	0.074					

注：*E/S*、*W/T* の単位は千円、基準年＝2000 年。

生み出してきた」[16) という教育財政支出水準に関わる評価が不適切であること
を示している。また日本の初等教育に対する実質的な支出は通時的には増加し
ている。この通時的な増加傾向は、70年代半ばの教員給与の改善と80年代以
降の児童・生徒教員比の縮小によるものである。高等教育に関しては、先進国
の中では著しく低い水準にある。OECD加盟国の中でも韓国に次ぐ低水準で
あり、これはどのような指標で見ても同様の結論が得られる。

　以上の本節の議論をふまえれば、過小支出論は高等教育段階でのみ妥当し、
初等中等教育段階に関しては不適当であるという結論に至る。

2. 教育投資論

　「教育は未来への先行投資」[17) といったフレーズに代表される政治的主張と
しての教育投資論が含意するところは、教育分野への財政支出が将来の経済成
長に寄与するのであるから ―― 将来の税収増によって取り返せるのだから ―
―、たとえ財政難であっても予算を優先的に拡充すべし、という点である[18)。
そして教育投資論は過小支出論同様に党派性に関係なく使い古されてきた論法
である[19)。一方で、学術的には教育の経済的収益に関する分析は、経済学（教
育経済学・労働経済学）において Becker（1964 = 1976）、Schultz（1963 =
1981）らのミクロ・マクロレベルの人的資本論を嚆矢として発展してきたが、
その理論的・実証的知見と政治的主張としての教育投資論との関係は不明確で
ある。

　以下では教育投資論の主張とミクロ・マクロの人的資本論の理論的・実証的
知見との対応関係を検討するが、先取り的に結論を述べれば、人的資本論に関
する理論的・実証的知見は、政治的主張としての教育投資論を支持するもので
はない。

2.1 ミクロの人的資本論の理論・実証とその含意

2.1.1 修学年数の効果

　労働経済学では、教育投資の私的収益率の推定が行われてきた。特に修学年数の効果について、Mincer（1958, 1974）に基づいたミンサー型賃金関数による実証分析が数多く行われ、その半対数線形モデルの賃金関数における修学年数の係数――修学年数1年増加によって増加する賃金の率――の回帰分析による推定値は、しばしば「内部収益率」として解釈される[20]。Psacharopoulos & Patrinos（2004）のレビューによれば、OECD加盟国における私的収益率の平均は7.5%であり、各国の私的収益率の値は概ね10%前後の範囲に収まっている[21]。

　しかし、このようにして既存研究において推定されてきた平均的な私的収益率自体に、財政拡充を導く政策的含意はない（Wolf2002; Pritchett2006; Goldberg & Smith 2008）。私的収益率が学校教育の付加価値を反映しているのか否かという根本的問題があるが、仮にその問題がクリアされ、学校教育の収益率が正値となること、あるいは他の資本収益率よりも高いことが示されたとしても、それは教育への投資が過小であることを示すにすぎず、その資金調達を財政支出を伴う補助によらなければならないことを含意しない。むしろ、資本投資というロジックに従うのであれば、その政策的含意は中等・高等教育の無償化や給付型奨学金などの財政拡大策に限定されない。また、人的資本投資に高いリスクが伴うことは経験的によく知られており、理論的文献においても言及されているが（Becker 1964 = 1976）、そうであったとしても、理論的には所得の一定率を返済するという所得連動返還型ローンによって低所得のリスクを埋め合わせればよく（Friedman 1962 = 2008）、必ずしも財政支出を伴う介入が論理的に導かれるわけではない[22]。借入制約がある場合は政府による融資や債務保証が必要となるが、依然として理論的には財政支出による無償化や給付型奨学金という政策に帰着しない。

　このように平均的な私的収益率が正値であること、相対的に高い値であること自体は、論理的なレベルで教育財政拡充を含意しない。すなわち、学校教育が個人の労働生産性の向上を通じて個人の稼得の伸長（とそれを通じたマクロ

な経済成長）を促したとしても、学校教育の便益が個人に帰属し、学校卒業後の期待所得増加をあてにした資金調達が可能ならば、財政を通じた政府の介入の必要性は小さいとさえ言える。

では、財政支出を伴った介入が正当化されるのは、どのようなケースであろうか。1つは、よく知られているように、人的資本投資の効果に外部性が存在するときである。すなわち、学校教育の便益が当事者である個人のみに帰属せず過小投資となるため、財政による学校教育支出が正当化される。もし、現実に外部効果が存在するならば、スピルオーバーが及ぶ範囲で集計した社会的収益率は私的収益率を上回るはずであり、実証分析の上ではその社会的収益率と私的収益率の大小関係が焦点となる。しかし、これまでの実証分析の結果では、追加的な教育財政支出を正当化するまでに外部性が大きいということは支持されていない[23]。

もう1つは、私的収益率が資金調達コストを下回る場合である。先行研究が示すように最小二乗法や操作変数法によって推定される私的収益率は10%前後となるが、個人間の異質性を考慮したモデルで推定するならば、非常に大きなレンジが得られる[24]。私的収益率が極端に低い者は、政府による補助金以外に資金調達を行うのが困難になるが、この場合はそもそも教育が投資として成立していないことになる。現にいる進学者に一定の割合で収益率が負となる者が存在する事実は、進学から得られる期待収益の大きさに応じて進路選択を行っているという実証的知見[25]と併せて考えるならば、実際の非進学者においては、さらにそれを上回る割合で進学が回収不能な投資となるであろうことを意味する。そしてそれらの者の進学費用を教育財政支出によって賄うということは、投資になるという理由ではなく、教育機会均等など別の根拠に基づくことになる。

2.1.2　教育条件の効果

学校教育の量的側面である修学年数の賃金への効果に関する膨大な数の実証分析に対し、質的側面である教育条件の効果を分析した研究は限られるが、近年のものとしては Card & Krueger（1992）、Dearden *et al.*（2002）、Krueger（2003）、Fredriksson *et al.*（2013）に見いだせる。

第1章 教育財政をめぐる政治的言説　*33*

　Card & Krueger（1992）は、アメリカの州レベルの初等中等教育の質に関する要因（生徒／教員比、教員の相対賃金、年間授業日数）と私的収益率との関係について分析し、生徒教員比10人減少につき、学校教育の私的収益率は1%前後上昇し、また教員給与10%上昇によって、収益率は0.1%上昇すると報告している。Dearden *et al.*（2002）はイギリスのデータを用いて、初等中等教育における生徒教員比と賃金との関係を分析しており、中等教育の生徒教員比の減少は低い能力の女子に対して就業後の賃金を引き上げ、1人縮減につき1.2～1.5%程度の上昇であることを示した。Krueger（2003）は、テネシー州の大規模実験による少人数学級研究の結果から、間接的に少人数学級の収益率を推計し、22人の通常学級から15人に学級規模を縮減した際の収益率は6%程度であると報告している。Fredriksson *et al.*（2013）はスウェーデンの小学校のデータの分析から、学級規模1人縮減につき、就業後賃金を0.63%改善し、学級規模が25人から20人となった場合はその内部収益率は17.8%になると推計している。

　これらの研究は、学級規模等の学校教育の条件の改善が労働生産性を高めることを主張するものであるが、その知見は頑健とは言い難い[26]。また、これらは誘導型あるいは局所的プログラムの分析であり、一般均衡効果は考慮されておらず、社会的な政策的効果を考える上で適切な情報を与えていない。すなわち、特定の政策・施策によって労働力の質の改善を通じて賃金上昇が起こるとしても、それが「処置」を受けなかった者の就業や賃金上昇の機会を奪うことによって実現するならば、あるいはスキルの価格の下落を伴うならば、社会全体での効果は限定的となる。

2.2　マクロレベルの人的資本論

　通俗的な教育投資論は、個人レベルで観察された学歴と所得の関係をマクロのレベルに飛躍させたものであり、その主張内容から言えば、直接的な対応関係を持つのはマクロレベルの人的資本論である。マクロレベルの人的資本論の実証分析は、主にクロスカントリーデータの回帰分析＝「成長回帰」（growth regression）によって行われてきた[27]。

2.2.1　成長回帰の知見と含意

　成長回帰による実証分析は、経済成長論における理論的展開およびデータの
整備によって 1990 年代以降盛んに行われるようになった。理論面では、1980
年代および 1990 年代初頭に経済成長論の分野において、内生的成長論とそれ
に対する（ソローモデルに基づく）新古典派経済学理論とで改めて人的資本へ
の着目がなされたという背景がある。従来のソローモデルでは、1 人当たりの
所得水準は、資本投資比率、人口増加率、技術進歩率によって決まると想定さ
れていたが（Solow 1956, 1957）、資本の生産性は逓減的であり、また技術は
公共財的な性質ゆえその水準は国間で大差なく、人口増加率もそれほど変わら
ないことから、現実に存在する所得水準の国間の相違を十分に説明できない。
そうした理論と現実のギャップを埋めるべく人的資本が理論の中に導入された
のである[28]。

　こうして学校教育の長期的成長に与える作用についての実証分析が多くな
されたが、その知見は教育の成長への寄与を支持するものと否定するものと
が混在しており、必ずしも理論的想定を支持していない[29][30]。また、既存
の実証分析に関わる根本的問題として、人的資本の蓄積ないし水準向上と成
長との間に正の相関関係が見いだせたとして、それは前者から後者への因果
関係とみなせるのかという問題がある。経済成長によって家計・政府に財政
的余裕ができたため、教育の質・量の拡大が起こるという因果関係は常識的
には十分考えられる。あるいは合理的主体を仮定するならば、将来の収益増
の機会が予想されるがゆえに人々は教育投資をするという論理も成り立つ。
Bils & Klenow（1999）はカリブレーションによる既存研究の推定値の再現に
よって、Yildirim *et al.*（2011）は時系列データ分析によってこのような「教
育 → 経済成長」と「経済成長 → 教育」の双方の経路の効果の大きさを検証し
ており、「経済成長 →教育」の効果の方が大きいと報告している。このことは
通常の成長回帰には同時性バイアスが存在し、諸々の実証分析が人的資本の成
長に対する効果を過大推定しているという注意を喚起することになる。

　さらに知見の含意という点で、成長回帰による既存研究の多くは、理論的関
心に基づいたものであり、それらの分析は人的資本に関するパラメータが正値

第1章　教育財政をめぐる政治的言説　*35*

か否かという点に焦点が当てられており、明確な政策的含意に乏しい。このことは、人的資本変数の選択と、パラメータの解釈、モデルの定式化とも関連している。

　まず、人的資本として用いられる変数について言えば、教育財政支出水準、中等教育就学率や平均修学年数、国際学力テストの平均スコア、私的収益率から求められた労働力の質など様々な変数が用いられている。これらの人的資本変数の中で、教育政策・財政へ直接的に関係するのは教育財政支出変数を用いた場合であるが、結果は頑健ではない（Easterly & Reblo 1993；外谷1998）[31]。中等教育就学率、平均修学年数や国際学力テストのスコアは学校教育の量・質に関する産出とも言うべき指標であるが、これらが成長率と正の関係にあることが判明したとしても教育財政への含意という点では間接的に留まる。なぜならば、追加的な教育財政支出はそれらを向上させる必要条件とは言えないからである。修学年数に関して言えば、労働力人口における平均修学年数の向上は、先進国においては高等教育機会の拡大を意味し、先述のように投資という論理で政府による教育財政支出を正当化するには外部性の存在が条件となるが、その存在は立証されていない[32]。

　また、モデルの定式化に関して、私的収益率の分析同様に、多くの既存研究で仮定されている人的資本変数のパラメータが一定であるという仮定は非現実的であり、推定結果によっては誤った含意を導く。人的資本変数の効果の異質性および非線形性に関して、Krueger & Lindahl（2001）は、従来の研究における平均修学年数の効果の線形性の仮定を批判している。すなわち、平均修学年数が後続の時期の経済成長にプラスに影響するのは平均修学年数が低い途上国に限られていると指摘する。また、Kalaitzidakis *et al.*（2001）はセミパラメトリックな部分線形モデルによる推定から様々な人的資本変数の効果の非線形性を明らかにしている。Durlauf *et al.*（2001）および Durlauf *et al.*（2005）は、Mankiw *et al.*（1992）のモデルのパラメータが異質性を持つことを示し、各変数の係数が期首の所得水準に依存する可変係数モデルを用いた分析では、人的資本の効果には異質性があり、期首の経済的水準の低い国に限って人的資本変数の効果が成長に寄与するという結果を得ている。これらは学校教育の長期

的成長に対する効果が先進国では見られないか、もしくは、小さいことを意味する。

2.2.2　初等中等教育への含意

　教育と長期的成長に関するマクロの人的資本論の実証分析におけるいまひとつの大きな問題は、先進国の初等中等教育政策・財政に対する含意がない点である。このことは、政治的主張たる教育投資論が初等中等教育に関しても喧伝されることを鑑みれば奇異である。初等中等教育への含意の欠如は従来のミクロ・マクロの人的資本論の実証分析で用いられてきた学校教育変数として、個人レベルの修学年数、労働人口における中等教育就学率や平均修学年数が用いられてきたことに起因する。

　以下では、人的資本効果の異質性に関する先行研究の提起もふまえて、筆者自身の分析によって、初等中等教育財政支出の寄与の所在を検討しておく。検討の対象となるのはマクロレベルのミンサー型モデルによる定式化である。ミンサー型モデルを扱うのは、実証分析で最もよく用いられる定式化であり、また数々の人的資本変数の中で平均修学年数が資本ストックとしての性質を有しているからである。マクロミンサーモデルでは労働力人口の平均修学年数を人的資本変数としているが、それは教育機会という量的側面のみを扱っているにすぎず、質的側面としての教育条件も問われる必要がある。教員生徒比や教員給与水準、施設・設備、個人補助などの初等中等教育の条件整備が教育財政支出の所産であるならば、教育支出の寄与に関する分析は教育投資の質的側面からの評価ということになる。

2.2.2.1　モデル

　式（1.4）は分析に用いるマクロミンサーモデルである。y, k, s はそれぞれ1人当たり GDP、1人当たり物的資本ストック、平均修学年数であり、i, t は国、時期を表す添字である。τ は差分のインターバルであり、$\Delta y_{it} = y_{it} - y_{it-\tau}$ と表記する。

$$\Delta \ln y_{it} = \alpha + \beta \Delta \ln k_{it} + \gamma \Delta s_{it} + v_i + \epsilon_{it} \qquad (1.4)$$

$$v_i \sim N(0, \sigma_v^2)$$

$$\epsilon_{it} \sim N(0, \sigma_\epsilon^2)$$

ただし、「社会的収益率」のパラメータ γ に異質性があること、すなわち教育投資の量的な拡大の効果が一様でないことは先行研究が示唆するとおりである。本項の分析では質的側面における教育投資が異質性にどのように関係しているのかを明らかにするために式（1.5）の可変係数単一インデックスモデル（Varying Coefficient Single Index Model）を考える。このモデルでは、各パラメータは期首の所得水準 $y_{it-\tau}$ と初等中等教育の教育条件 $q_{it-\tau}$ の関数となっている。平均修学年数を労働力人口が享受した教育投資の量的な側面として、初等中等教育支出水準をその教育投資の質的な側面として捉え、その相互作用を明らかにする。特に、教育条件整備に関わる教育財政支出が社会的収益率を向上させるのか否かが焦点となる。

$$\Delta \ln y_{it} = \alpha_{it} + \beta_{it} \Delta \ln k_{it} + \gamma_{it} \Delta s_{it} + v_i + \epsilon_{it} \tag{1.5}$$

$$\alpha_{it} = f_0(\mathbf{z}_{it}\boldsymbol{\theta}_0) = f_0(\theta_{01}\ln y_{it-\tau} + \theta_{02}q_{it-\tau})$$
$$\beta_{it} = f_1(\mathbf{z}_{it}\boldsymbol{\theta}_1) = f_1(\theta_{11}\ln y_{it-\tau} + \theta_{12}q_{it-\tau})$$
$$\gamma_{it} = f_2(\mathbf{z}_{it}\boldsymbol{\theta}_2) = f_2(\theta_{21}\ln y_{it-\tau} + \theta_{22}q_{it-\tau})$$
$$v_i \sim N(0, \sigma_v^2)$$
$$\epsilon_{it} \sim N(0, \sigma_\epsilon^2)$$

データについては、1人当たり GDP については Penn World Table 7.02 のデータを、平均修学年数については Cohen & Soto（2007）による推計値を、資本ストックについては Cohen & Soto（2007）のデータおよび Penn World Table 7.02 の物的資本投資のフローデータから恒久棚卸法によって推計した値を用いた。初等中等教育の教育条件に関する変数として教育支出水準および教員／児童・生徒比（児童・生徒1人当たり教員数）を用いる。教育支出水準に関しては、在学者1人当たり教育財政支出額／1人当たり GDP という指標を用いる [33]。教育条件に関する変数の記述統計量は表 1-6 のとおりである。なお分析の際には $\mathbf{z}$ にあたる期首の所得水準、教育条件に関する変数は標準化し

表 1-6　記述統計量

	平均値	標準偏差	最小値	最大値
$\Delta \ln y$	0.160	0.227	-0.857	0.972
$\Delta \ln k$	0.286	0.358	-0.642	1.663
Δs	0.812	0.465	-0.922	2.759
$\ln y_{t-10}$	9.161	1.122	6.728	11.114
教育財政支出水準	0.200	0.138	0.015	0.881
教員／児童・生徒比	0.035	0.016	0.010	0.104

て用いる。対象となる期間を 1960 年から 2010 年までとし、$\tau=10$ とした。可変係数単一インデックスモデルの推定はマルコフ連鎖モンテカルロ法（以下 MCMC 法）によって行い、2 万組のパラメータを発生させた上で、後半の 1 万組を保存し、事後分布統計量を計算した。

2.2.2.2　分析結果

　表 1-7 は、量的な人的資本（平均修学年数）の効果について国間・時期間で同一かつ線形であることを仮定した式（1.4）のモデルの推定結果である[34]。平均修学年数の 1 年増加によって 1 人当たり GDP は、2.2%増加するという結果が得られているが、一般的に言って、この値は平均私的収益率を大きく下回る。

　一方、異質性を仮定した式（1.5）のモデルによる分析結果については、教育条件の変数として教育支出水準を用いたものを表 1-8 および図 1-1 に、教員／児童・生徒比を用いたものを表 1-9 および図 1-2 に示している。表はパラメータ θ および σ の推定値を、図は関数 $\gamma = f_2(z\theta_2)$ の区間推定値を示して

表 1-7　線形モデルの推定結果

	事後平均	標準誤差	90% CI 下限	90% CI 上限	$Pr(\theta>0|D)$
α	0.030	0.024	-0.009	0.070	0.900
β	0.366	0.026	0.323	0.408	1.000
γ	0.022	0.022	-0.013	0.058	0.841
σ_ε	0.181	0.007	0.170	0.193	1.000
σ_v	0.083	0.010	0.067	0.100	1.000

国数=82、観測数=383

表1-8 可変係数単一インデックスモデルの推定結果
（教育条件＝教育財政支出）

	事後平均	標準誤差	90% CI 下限	90% CI 上限	$Pr(\theta>0|D)$
θ_{01}	−0.656	0.255	−0.992	−0.222	0.000
θ_{02}	0.317	0.635	−0.725	0.973	0.619
θ_{11}	−0.672	0.339	−0.998	−0.073	0.000
θ_{12}	−0.211	0.624	−0.992	0.983	0.350
θ_{21}	−0.880	0.198	−1.000	−0.362	0.000
θ_{22}	−0.039	0.430	−0.585	0.857	0.372
σ_ε	0.166	0.008	0.153	0.180	1.000
σ_v	0.087	0.012	0.069	0.108	1.000

国数=79、観測数=260

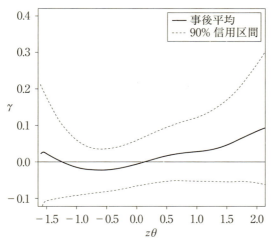

図1-1 社会的収益率の区間推定
（教育条件＝教育財政支出）

いる。分析結果から、双方の分析に共通して以下の3点が指摘できる。第1に、社会的収益率は、国間・時期間で大きく異なっている。このことは図より明らかである。第2に、その異質性は、期首の経済的水準に大きく規定されており、期首の経済的水準が低い国ほど社会的収益率は高くなる。第3に、限定的

表1-9 可変係数単一インデックスモデルの推定結果
(教育条件＝教員／児童・生徒比)

	事後平均	標準誤差	90% CI 下限	90% CI 上限	$Pr(\theta>0|D)$
θ_{01}	-0.430	0.303	-0.965	-0.030	0.000
θ_{02}	-0.094	0.845	-0.998	0.998	0.420
θ_{11}	-0.695	0.258	-0.989	-0.125	0.000
θ_{12}	-0.140	0.656	-0.975	0.955	0.413
θ_{21}	-0.903	0.107	-0.997	-0.760	0.000
θ_{22}	0.328	0.257	-0.187	0.636	0.912
σ_ε	0.167	0.007	0.155	0.179	1.000
σ_υ	0.082	0.010	0.066	0.100	1.000

国数=81、観測数=326

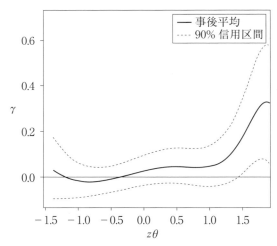

図1-2 社会的収益率の区間推定
(教育条件＝教員／児童・生徒比)

な状況（途上国における教員／児童・生徒比の改善）においてのみ、初等中等教育の教育条件の相違が社会的収益率を左右する。第2、第3の点は次のことから判断できる。まず、図に着目すると、図の横軸は $z\theta_2=\theta_{21}\ln y_{it-\tau}+\theta_{22}q_{it-\tau}$ であり、社会的収益率はこの $z\theta_2$ の増加関数となっている。また表中におけるパ

ラメータ θ_{21} の推定値は負の値（－0.9 程度）となっており、期首の経済的水準（$\ln y_{it-\tau}$）と社会的収益率が負の関係にあることが理解できる。θ_{21} の推定値の大きさを勘案すると、$z\theta_2$ の多くが $\theta_{21}\ln y_{it-\tau}$ によって説明されると言える。一方でパラメータ θ_{22} の推定値は教育財政支出水準を用いた場合では点推定値は 0 に近く、区間推定値は正負に大きく跨っている。教員／児童・生徒比を用いた場合には正値（0.33）となっており、$\gamma = f_2(z\theta_2)$ が増加関数となっていることから、定性的には教員生徒比が高くなるほど社会的収益率は高くなる関係にあると言える。しかし、図 1-2 から明らかなように、それは $z\theta_2$ の値が大きい状況、すなわち、経済的水準の低い途上国のみに該当し、先進国においては当てはまらず、財政支出を伴う教育条件整備の効果は限定的である。

2.2.3 小 括

　政治的文脈において教育投資論は教育財政拡充論の論拠の 1 つであり続けてきた。ただし、これまで、学術的な人的資本論に関する実証分析と政治的な文脈における教育投資論の主張の対応関係に十分な注意が払われてきたとは言い難い。この節ではミクロおよびマクロの人的資本論に関する実証分析の知見の整理と筆者自身の分析によって、政治的主張として教育投資論の対応関係とを検討した。その内容は次の 3 点にまとめられる。

　第 1 に、既存のマクロの人的資本論に関する実証分析は、理論的関心に由来した仮説検証に焦点が当てられており、問題設定の上で政策的な含意、特に日本を含めた先進国の初等中等教育政策への含意に乏しい。第 2 に、既存のミクロ・マクロの人的資本に関する実証研究の知見は、必ずしも包括的な教育財政の拡充を導くような含意を有してはいない。第 3 に、ミクロ・マクロの実証分析に共通して、因果効果の識別、異質性という問題が教育政策／財政への含意において決定的に重要である。

　理論・実証研究としての人的資本論の到達点と政治的な文脈における教育投資論の主張の間には少なからぬ距離があるというのが本節の結論であり、特に、日本を含めた先進国に関して、政治的言説としての教育投資論の期待するような知見は導かれない。

3. 教育財政の政治的・経済的分析に向けて

　過小支出による「危機」や「国家戦略」「成長戦略」としての投資を唱え、特定政策分野に対する優先的な予算確保論を訴えるという予算政治上の戦術は、教育政策に限って見られるものではない。かつては社会資本整備で、近年では社会保障を含む広範な分野においても見られるようになった。無論、これらのロジックが依拠する実証的根拠の所在が公衆に示されることは有限資源の配分をめぐる民主主義政治の必要条件である。

　特に「先行投資」と称して唱えられる優先支出論ないし聖域論は、対応する政策科学の実証的知見に照らして精査される必要がある。政治的主張としての教育投資論が強い訴求力を持つのは、将来的に回収可能な投資であるという前提に立って、現時点での歳出拡大、場合によっては、歳入不相応の財政支出を許容するかのような含みがあるからである。しかし、将来の経済成長・税収増をあてにした根拠のない錬金術を承認することはできない。あるいは、長期の成長への寄与について確たる実証的根拠がない事実を知っておきながら、そうであるかのように主張し、選挙権を持たない世代に負担を転嫁することはできない。そもそも、教育に対する財政支出が正当化されるのはそのすべてが投資だからではなく、投資ではないから、財政の介在なしに公教育が成立しないからである。また、機会の平等や市民性の涵養などの論理で教育財政拡充の必要があるのならば、安定性の高い恒久的財源を有権者に対して明示化し、有権者の同意する範囲で財政支出水準を自己決定するという正攻法を採るのが本筋である。

　本章では、本書の意義を明確にすべく、現状の教育財政にまつわる政治的言説の論拠となっている過小支出論と教育投資論を検討した。過小支出論に関しては高等教育分野のみに妥当する限定的なものであり、教育投資論に関しては論理的・実証的な根拠はなく、2つの主張の妥当性については懐疑的にならざるを得ない。そうである以上、教育財政に関する意思決定は、現状の歳入水準を起点とした政治・経済に服すのであり、民主性と効率性という手続き上の正

当性は不可欠となる。次章以降の本論では、民主性と効率性という手続き的価値の面から教育財政に関する考察を進めていく。

A. 計量分析補論 ── 可変係数単一インデックスモデルのベイズ推定 ──

式（1.A.1）の可変係数単一インデックスモデル（Varying Coefficient Single Index Model）は、単一インデックスモデルを拡張したものである。

$$y_{it} = f_0(z_{it}\theta_0) + f_1(z_{it}\theta_1)x_{1it} \cdots + f_k(z_{it}\theta_k)x_{kit} + \upsilon_i + \epsilon_{it} \tag{1.A.1}$$

$$\epsilon \sim \mathcal{N}(0, \sigma^2)$$

$$\upsilon \sim \mathcal{N}(0, \tau^2)$$

パラメータおよび関数の推定については、以下のようにマルコフ連鎖モンテカルロ法（MCMC 法）によって行う。

θ_0, θ_1, $\cdots$, θ_k が与えられている時、$f_0(\cdot)$, $f_1(\cdot)$, $\cdots$, $f_k(\cdot)$ の部分を B スプライン関数で近似すれば、式（1.A.2）のように通常の線形変量効果モデルに帰せられるため、ギブズサンプラーによってパラメータβ、σ^2、τ^2 を発生させることができる。

$$y_{it} = \mathbf{B}_{0it}\beta_0 + x_{1it}\mathbf{B}_{1it}\beta_1 \cdots + x_{kit}\mathbf{B}_{kit}\beta_k + \upsilon_i + \epsilon_{it} \tag{1.A.2}$$

ただし、$\mathbf{B}$ は B スプライン基底関数である。

パラメータ θ については、事前分布に以下のフォンミーゼス分布を仮定する。

$$\theta_j \sim \mathcal{FM}(\phi, \underline{\theta}) \tag{1.A.3}$$

θ_j の事後密度関数は既知の確率分布ではないため、メトロポリス・ヘイスティングス法を用いて乱数を発生させる。この部分の詳細は単一インデックスモデルのベイズ推定に関する Antoniadis *et al.*（2004）を参照されたい。

注

1) 第1期教育振興基本計画特別部会ではGDP比のようなマクロ指標だけでなく、必要額を積み上げるべき旨の発言も一部の委員からなされたが、結局2008年4月の答申においては日本の教育財政支出が対GDP比でOECD加盟国平均よりも劣っていることを根拠に教育投資の拡充を訴えることになった。また教育再生懇談会においても教育振興基本計画策定に関わる緊急提言を5月に行い、数値目標の設定として対GDP比5%（OECD加盟国平均）が例示された。

2) その中でも市川・林（1972：第1章）は例外的なものであり、時系列比較の詳細な検討がなされている。

3) 主に在学者1人当たり教育支出額（USドル換算）と教育財政支出の対GDP比が用いられている。前者の指標を用いている例としてWößmann（2003a）、Fuchs & Wößmann（2007）があり、OECD（2007：263-265）では6歳から15歳までの累積の生徒1人あたり教育支出額を用いている。後者の例としてはBaker *et al.*（2001）がある。Hanushek & Kimko（2000）は双方の指標を用いている。

4) 高等教育財政に関する比較において市川（2000a：第3章）では、GDP比と一般政府支出比を「支出規模」、1人当たり支出額、および1人当たり支出額／1人当たりGDPを「支出水準」という区分をしている。

5) 『朝日新聞』2008年6月3日。

6) *Education at a Glance* 記載のこの指標は公的支出と家計による授業料負担などの私的支出を含んでおり、教育財政支出の指標とはいえない。特に高等教育や一部の国での中等教育では私的支出の割合が比較的高い場合があり、このような場合には実際の在学者1人当たりの教育財政支出額と開きがあり、注意を要する。

7) 例えばOECD加盟国内でも初等教育では、最大値のルクセンブルクと最小値のトルコの間では数字の上では8倍以上もの格差があることになる。

8) 2012年時点データで、OECD平均で初等教育の政府支出に占める経常費の割合が93%、その経常費のうちの教員および非教員スタッフの人件費は78.6%（教員人件費62.4%、非教員スタッフ人件費15.3%）である（OECD 2015）。

9) 試みに2012年時点でのクロスセクションデータを用いて、対数化した各国の教員給与額を対数化した1人当たりGDPに回帰させて弾力性を推定すると、初等教育、前期中等教育、後期中等教育ではそれぞれ1.145、1.140、1.223という値をとる。すなわち、1人当たりGDPが増加するに従って給与額が比例的に増加する。

10) 日本の教員人件費の配分が員数よりも給与水準を重視するパターンになっていることの歴史的背景自体は本書での考察の範囲を超えるため詳述は控えるが、教員も含めて日本の公務員の人件費の配分は、員数よりも給与水準を重視したものとなっている。この点に関する重要な研究として前田（2014）を参照。

第1章　教育財政をめぐる政治的言説　*45*

11)　Ram（1995）はこの回帰式を需要関数として定式化している。説明変数に1人当たり GDP を加えることに、経済的水準の高い国であるほど教育サービスに対する需要が高いという理由づけが与えられている。しかし、むしろ国ごとの教職員の調達コストが反映されたものとして考えた方が自然であるように思われる。つまり、教職員の生産性が同様であっても所得水準に応じて教職員給与は異なる。

12)　在学者1人当たり教育支出額は、OECD（2015）のデータにより、公財政負担による部分を用いている。また、指標1と指標2の双方の算出において相対価格を用いたが、教育サービスと GDP の購買力平価に関するデータは OECD Stat の 2011 PPP Benchmark results の 2011 年時点のものによる。

13)　「その他の人件費」について、1995 年以降では、兼務教員給与、事務職員給与、その他の職員給与、共済組合等負担金、恩給費、退職死傷手当が該当する。それ以前では、兼務教員給与、事務職員給与、その他の職員給与、宿日直手当・学校警備費、施設維持職員の給与（用人の給与）、補助活動職員の給与、共済組合等負担金、恩給費、退職・死傷手当が該当する。1)、2) については『毎月勤労統計調査』における名目賃金指数（現金給与、事業所規模30人以上、調査産業計合計）、3) については市街地価格指数（全国、住宅地）、4) については建設工事費デフレーター（非木造非住宅総合）、5) については消費者物価指数（持家の帰属家賃および生鮮食品を除く総合指数）によって実質化した。ただしこれらのデフレーターの数値がすべて揃う年度が 1970 年度以降であるため、参考としてすべてを消費者物価指数でデフレートさせた値も推計した。

14)　在学者数のデータは『学校基本調査』によった。

15)　1990 年からの 20 年間で小中学校の本務教員1人当たり実質給与は12%、高校のそれは8%上昇しているが、平均勤続年数も小学校で3年、中学校、高校で4年程度上昇している。『学校教員統計調査』（2010 年）によれば、公立学校の本務教員の平均勤続年数は 1992 年から 2010 年までの間に、小学校では 16.2 年から 19.6 年へ、中学校では 15.2 年から 19.3 年へ、高校では 16.7 年から 20.3 年へ上昇している。このような「高齢化」に応じた実質給与の増分を投入の増大とみなすか否かは判断が難しい。児童・生徒が享受する投入の増加と看做さないならば、教員が経験を積むことによって職能を発展させていないということを仮定することになる。

16)　例えば、佐久間（2007:9）など。

17)　この「教育は未来への先行投資」という政治的なフレーズについては、いつ頃から用いられたかは定かではない。国会審議の上では、最初にこの表現が使われたのは、1994 年5月10 日の羽田孜首相の所信表明演説である。文部科学省の政策文書では、2003 年の中教審答申「新しい時代にふさわしい教育基本法と教育振興基本計画のあり方について」など。第1期教育振興基本計画では削除されたが、策定段階の素案ではこのフレーズは盛り込まれていた。

18) 近年の例としては、下村（2016：第4章）、2015年7月に示された教育再生実行会議「教育立国実現のための教育投資・教育財源の在り方について」（第8次提言）、下村博文前文部科学大臣が在任中に示した「教育立国のグランドデザイン」（『朝日新聞』2014年7月23日）など。

19) 日本の政策的文脈における教育投資論としては、文部省調査局（1962）がよく知られているが、市川・林（1972）が指摘するように、戦後改革期におけるアメリカ教育使節団報告書にも素朴・抽象的なレベルでの教育投資論に基づく教育財政拡充の勧告の記述を見ることができる。

20) 実際には、半対数線形モデルにおける修学年数の係数を内部収益率として解釈するには、修学年数と就業年数の効果が分離できる、修学年数の対数化賃金に対する効果が線形である、授業料および税を無視できる、という仮定が必要となる。これらの仮定は多くの場合満たされない（Heckman *et al.* 2006）。

21) 日本のミクロレベルデータを用いてミンサー型賃金関数を推定した研究としては、安井＆佐野（2009）など。

22) 人的資本論における理論的貢献者であるG. ベッカーが人的資本投資を促す仕組みとして、授業料無償化や補助金ではなく、所得連動返還型ローンを主張したことによっても示唆される（Becker & Becker 1997＝1998）。むしろ、この方式が進学を選択しない者にとっても公平な仕組みとさえも言える（Jencks 1972＝1978）。

23) Acemoglu & Angrist（2000）は、個人レベルの賃金関数に、修学年数の平均を説明変数として加え、操作変数法によって外部効果を推計するという方法を採っているが、外部効果の寄与分は1%程度であると報告している。Heckman & Klenow（1998）、Pritchett（2006）は、クロスカントリーデータによって社会的収益率を推計し、私的収益率の数値との比較を行っているが、それらの研究は外部効果の確たる存在を立証していない。Acemoglu *et al.*（2014）はマクロレベルの修学年数の経済成長への寄与は、既存研究では省略変数と測定誤差によって過大推定されており、適切な操作変数を用いて推定を行うと個人レベルの賃金関数における修学年数の推定値に一致することを示している。Ciccone & Peri（2006）は、ミンサー型賃金関数に基づくアプローチについて批判を加えており、労働供給による賃金への影響を考慮しないため外部性は過大推定されることを実証している。

24) 因子構造を持つ一般化Royモデルによって推定したCarneiro *et al.*（2003）、変量係数モデルによって推定を行ったLi & Tobas（2011）やカーネル回帰を行ったHenderson *et al.*（2011）では、学校教育の収益率のレンジは負値にまで及んでいる。

25) Moffit（2008）、Carneiro *et al.*（2011）、Li & Tobias（2011）、Eisenhauer *et al.*（2015）など。

26) Card & Krueger（1992）の分析結果に対しては、Betts（1996）およびHeckman *et al.*

第1章 教育財政をめぐる政治的言説　*47*

（1996）の再分析に基づく批判があり、財政支出と関連した初等中等教育の教育条件と収益率との関係に関する知見は頑健とは言えない。Krueger（2003）の推計は、少人数学級による数学と読解のスコア上昇の効果が独立しており、加法的に賃金に影響を与えているという非現実的な想定に基づき、便益を過大に推計している。

27)　マクロの人的資本論に関する初期の実証分析としては、1960年代のSchultz（1960）やDenison（1964）などによる成長会計（growth accounting）によるものがある。

28)　実証分析において人的資本変数は主に3つの方法で導入されている。第1はソローモデルを前提とした投入要素としての定式化であり、Mankiw *et al.*（1992）はそのベンチマークとなっている。Mankiw *et al.*（1992）は、ソローモデルに投入要素として人的資本変数の導入によって物的資本の係数の推定値が理論的な値（配分率）に近いものとなり、ソローの理論と実際のデータのフィットが改善されることを示した。人的資本分配率は1/3であり、人的資本の蓄積が経済成長を促し、またその相違が各国の経済成長の相違をよく説明するという結論に至っている。第2は生産性を規定する要因としての定式化である。Benhabib & Spiegel（1994）は、人的資本が全要素生産性の変化を左右するNelson & Phelps（1966）から導かれるモデルをもとに実証分析を行い、人的資本の水準が技術のキャッチアップにおいて作用していると報告している。第3は、ミクロレベルの賃金関数のアナロジーとしての定式化である。すなわち、先に見たミクロレベルのミンサー型賃金関数をマクロレベルに敷衍し、1人当たりGDPを被説明変数、物的資本ストック、労働人口における平均修学年数を説明変数として用いるのである。実証分析ではその係数を個人レベルの私的収益率に対比させて「社会的収益率」として解釈している。本章での分析もその慣例に従う。

29)　例えば、Mankiw *et al.*（1992）同様に投入要素としての学校教育の作用を分析した研究は数多くなされており、学校教育による成長への寄与を示す分析が数多くある一方で、それらに対する批判や懐疑を呈しているものも少なくない。Caselli *et al.*（1996）、Islam（1995）はMankiw *et al.*（1992）と同タイプのモデルをパネルデータGMMによって計量分析を行い、人的資本の効果を否定している。Pritchett（2001）は平均修学年数の増加による所得への寄与分を人的資本変数とした分析を行い、学校教育は成長率にも全要素生産性の成長にも寄与していないという結果を得ている。またKrueger & Lindahl（1999）はミンサー型の定式化において、平均修学年数の取り扱い――期首の平均修学年数と平均修学年数の階差の双方を投入するか、後者のみを投入するか、階差をとる場合、その期間は何年か――、物的資本の係数に制約を課すか否かによって分析結果が大きく変動することを示している。このように実証分析の知見は、モデルの定式化や人的資本に関するデータの取り扱いに左右され、脆弱である。

30)　人的資本の効果の実証分析では複雑な推定方法を用いたものが多いが、Pritchett（2006）

48

は5点の極めて基本的な事実に基づいて、教育（修学年数の伸長）の成長への寄与を否定
する。1）先進国に関して100年間を通じて成長率は一定であるのに対し、修学年数は伸び
続けている。すなわち、時間的に一定のものをトレンドがあるものによって説明できない。
2）所得水準は国間でばらつきがあるのに対し、修学年数の相違は収束している。すなわち、
ばらつきがあるものを収束しているものによって説明できない。3）1970年代以降、途上
国において成長は減速しているのに対し、修学年数は速い速度で伸び続けている。すなわち、
下落し続けるものを伸び続けているものによって説明できない。4）途上国においては中長
期的な成長率は変動があるのに対し、修学年数は少ない変動によってスムーズに伸び続け
ている。つまり変動のあるものを、変動のないものによって説明できない。5）途上国を対
象とした成長会計において、教育変数の導入は負の「残差」に関するパズル（成長率から
実物資本の寄与分を差し引いた値、あるいは通常のソロー残差が負の値になる）を解決し
ない。

31) 外谷（1995, 1998）によれば初等中等教育財政支出（対GDP比）と高等教育財政支出
（対GDP比）とに分けた場合、後者は成長に寄与していないものの、前者は寄与している
という。Blankenau & Tomljanovivh（2007）によれば、説明変数に所得税率を加えた分
析では教育財政支出対GDP比は成長に正の効果を与えている。一方で、Kalaitzidakis *et
al.*（2001 : Fig9）のセミパラメトリックな部分線形モデルでは、教育財政支出は成長に対し
て負の関係となっている。

32) 外部性が存在するならば社会的収益が私的収益率を上回るはずである。この点に関して
Topel（1999）は複数のモデルの推定から社会的収益率は私的収益率を下回らないと報告して
いる。一方で、Heckman & Klenow（1998）、Acemoglu & Angrist（2000）、Psacharo-
poulous & Patrinos（2004）、Pritchett（2006）、Ciccone & Peri（2006）ではそのような関係
は見いだされていない。

33) 1. の議論では、在学者1人当たり教育支出額を1人当たりGDPと教育サービスの相対
価格（教育サービスにおける購買力平価／GDPにおける購買力平価）で調整した指標を共
時的比較における妥当な2つの代替指標として指摘した。ただし、1985年以前の教育サー
ビスの購買力平価に関するデータが存在しないため、これらの指標を算出することはできな
い。1. で見たように近年のOECD加盟国のデータをフィットさせると、対数化1人当たり
GDPと対数化相対価格のパラメータはそれぞれ、1、0に近い値を得る。2つの変数のパラ
メータを1、0と仮定すると、exp(ε)は在学者1人当たり教育支出／1人当たりGDPに比
例する。実際の分析で用いる支出水準変数は、初等中等教育における教育財政支出対GDP
比を在学者人口の全人口比で除して算出する。この指標の算出にはUNESCOの *Statistical
Yearbook* の各年のデータを用いた。

34) 本書の統計分析の出力では、各パラメータの点推定値として事後平均を、区間推定とし
て信用区間（credible interval）、パラメータが正値となる事後確率 $Pr(\theta > 0 | D)$ を示して

いる。これらはベイズ推定における事後分布から得られる統計量であり、頻度主義統計学における点推定値、信頼区間（confidence interval）、有意確率（p値）とは概念的に異なり、同様の解釈はできないことに留意されたい。

第 2 章

分析枠組み

　この章では、教育財政における民主性と効率性に関する後続の実証分析のための枠組みを示す。1. では民主性に関わる教育財政の政策過程についての分析枠組みを検討する。教育政策過程・教育財政に関する既存研究を概観し、既存の政策過程像を相対化すべく、アクターと制度の2つの方向からの分析戦略を提示する。2. では、効率性に関わる教育財政支出の政策分析における分析枠組みを検討する。教育生産関数に関する既存研究を検討した上で実証分析の論点を整理し、効率性測定における視点および効率性を規定する政策・制度・経営に関する仮説的要因を提示する。

1.　政策過程分析における分析枠組みと仮説

1.1　現代の教育政策過程における民主性の所在

　本書での教育財政の政策過程に関する評価は、手続き的な民主性の有無という観点からなされるが、この民主性という概念は非常に抽象的であり、一定の限定なしに議論を進めることはできない。以下、本書で如何なる視点で限定するのかをあらかじめ示しておきたい。

　財政学における規範原理としての財政民主主義は、「国の財政を処理する権限は、国会の議決に基いて、これを行使しなければならない」という憲法83条をはじめとする関連条文に求められる。これらは、代議制民主主義を通じて国民の意思が財政規模・負担とその配分に反映されるべきことを宣言した

ものだが、その具体的内実に関して合意があるわけではない。例えば、内山（2006）は財政民主主義の現代的諸原則のうち、手続き・ルールの3原則として、1）財政処理の議会優位と国民の多数意思尊重の原則、2）財政全般の情報公開と説明責任、3）財政過程への参加と直接請求の原則を掲げ、財政民主主義の構成要素を子細に列挙しているが、それでもなお、抽象性は否めない。

　ひとまず、こうした財政民主主義を民主性の基準として受容するとしても、現実の財政過程の実証分析を行うための操作的定義には遠く、明示化すべき要素が残されている。とりわけ、本書の課題意識に照らして、利害を反映させるべき対象の範囲、民主性の制度・過程における参照点については、十分な特定化が必要である。

　第1の点は、将来世代の利害の代表性と財政規律に関わる。現時点で選挙権を持つ世代の多数派が持続不可能な財政拡大を支持し、政治アクターがその政策需要に忠実に行動した場合、公債費増大という形で選挙権を持たない世代の厚生水準や政策選択の自由を著しく損なうことになるが、このような場合でも民主的な決定が行われたと言えるのかという問題である。すなわち、民主主義の根本たる自己決定の「自己」は現在世代だけを含むのか。

　この点に関して、本書では否という立場で民主性を評価する。制度の上では選挙権を持たない世代は明示的に代理人を擁することはできないが、財政の持続可能性という制約が守られずに政策選択が行われ、その結果として将来世代の政策選択の機会が奪われたのならば、民主性の基準に反すると考える。

　第2の点は、分権的自治制度を民主性の要件とするのかという問題である。戦後日本の教育行財政研究において、アメリカの制度およびその下での教育自治が参照点とされてきたことは多くの研究者が同意するであろう。すなわち、学区という一般行政から独立した住民に身近な自治体において、特定・自主財源たる地方財産税を課し、教育サービスの水準、税率、学校債起債を自己決定するという制度・過程である（塙2012）。こうしたアメリカの分権的制度を規範的参照点とするならば、教育財政の民主性は、財政的分権の程度、特定・自主財源の有無、直接民主主義（住民投票）の機会の有無という制度次元の問題

第2章 分析枠組み　*53*

に回収されるのであり、日本の教育財政における民主性の評価は、日本の法制度がこうした参照点から如何に乖離しているかという記述・制度批判によってなされることになる。

　しかし、本書ではこうした方針を採らない。それは日米間で教育財政の仕組みの歴史的背景が異なるというだけではなく、そうした民主性の基準が政治・行財政の現代的位相を反映していないと考えるからである。かつてのアメリカのように教育財政が基礎自治体の特定・自主財源による運営で完結することは不可能である。現実的には対人的行政サービスの実施において集権的な財政調整は不可欠であり、それに関する上位政府レベルでの意思決定を排除できない[1]。こうした現実を鑑みれば、政治的・財政的分権は民主性の規範的要件ではなく、それ自体が民主性を向上させうるか否かを問うべき対象となる。また、行政の専門化・高度化、責任領域の肥大化は、必然的に非選出部門たる領域的専門家の役割を増大させるのであり、間接民主主義の過程における委任の連鎖の作動の評価こそが民主性の評価の焦点となる。こうした政治・行財政の趨勢の理解に立脚するならば、分権的自治制度は民主性の程度を左右しうる説明変数に過ぎず、民主性の評価は制度の次元ではなく、過程の次元でなされるのである。

1.2　先行研究の検討

　教育財政をめぐる政策過程の民主性を評価するにあたり、戦後日本の教育財政に関わる政策過程の全体像を理論的・実証的に把握する必要がある。序章に述べたように、既存の教育財政制度史研究は立法過程に関する記述を含むという点では教育財政の政策過程を対象とした研究と考えることができる。しかし、戦後制度確立期以降の時期を対象とした研究は少なく、政策過程分析としての教育財政研究は非常に限られる。ここでは先行研究の対象を幅広く設定し、教育政策過程分析、および政治学などにおける理論的研究をも検討の対象としながら、本書の視点と分析枠組みを提示することとしたい。

1.2.1　セクショナリズム

　斎藤（1984, 1990）は教育財政に関する政策過程を体系的に扱った最初の研究である。その記述は、Campbell（1977=1984）などの一般的な予算政治に

関する研究と軌を一にしており、文教予算編成の政策過程を、前年度比較主義（漸変主義）、ボトムアップ、セクショナリズムの３点によって特徴づけている。

　本書との関わりで言えば、特に、第３のセクショナリズムの指摘が重要である。斎藤はこのセクショナリズムの帰結として、行政の総合性が欠如すること、所管があいまいな対象については予算に反映されないこと、各省個別事項についての徹底した責任体制がとられること、予算政策の専門的水準が向上すること、の４点を挙げている。各省個別の事項についての責任体制については、「義務教育諸学校の教育職員の人材確保の例に見られるように、文教部会＝文部省の『文教』のためのセクショナリズムが主張されなければ、大幅な財政負担や他の公務員等との均衡上、教員の給与の特別措置等を講じることはまったく不可能なことであった」、また予算政策の専門的水準の向上に関して、「戦前の内務官僚等と異なる各省個別事項の専門家集団の育成が我が国経済社会の高度化と原因、結果の交互関係を持ちながらその発展に果たした役割は極めて大きい」と述べている（斎藤1990:43）。セクショナリズムに関する指摘の枢要は、政策分野ごとの省庁・自民党族議員・関係団体の結びつきの強さと政策過程への影響力の評価にある。

　もっとも、斎藤自身が断るとおり、この記述は予算過程のうちの概算要求作成の過程に焦点化しているものの（斎藤1984:10）、セクショナリズムは戦後の教育政策過程の形容として広く用いられてきた。このようなセクショナリズムの存在自体は、日本の教育政策過程研究の先鞭をつけた熊谷（1973, 1974, 1975, 1983）によって早くから示されており、特に熊谷（1974）では自民党文教関係議員の構成および文教関係議員と文部省の機能的依存関係が明らかにされている [2]。熊谷の研究は、70年代までの教育政策過程をふまえて自民党文教族議員と文部省のパートナーシップを認めたものであり、以後の教育政策過程研究においてもこの事実認識は共有されている。

　そして、この族議員現象の考察は、80年代以降の政治学・行政学において、従来の官僚優位論に対する批判という文脈で浮上する。官僚優位論に対する批判の嚆矢たる村松（1981）は調査データの結果を基に、官僚は「活動量」の

第2章 分析枠組み　*55*

面では大きいものの、政治的意思に服し、「自律性」の面では弱いと論じた。村松（1981）は、この政治優位の根源を日本国憲法において築かれた政治体制に求めているが、この時期の官僚優位論への批判は70年代に顕在化した族議員現象に負うところが大きい。

　自民党研究の古典である佐藤・松崎（1986）は、自民党の結党以後の政策決定の仕組みについて、自民党と官庁の相互依存・相互浸透が進み、政策決定単位が派閥から族へ移行したという認識の下で、現代日本の政治システムを多元主義とコーポラティズムの間に位置する政治システムとして「仕切られた多元主義」と規定している。また、自民党の族議員自体を対象とした研究である岩井・井口（1987）は、かつて官僚優位論が妥当したことを認めつつも、族議員による政党主導に移行し、その要因については官僚、政治家の双方にあったことを指摘する。すなわち、官僚に関しては、低成長経済期以降に省庁間対立が激化し、その調整を自民党に依存せざるをえなかった点、一方で政治家に関しては、自民党が官僚出身者を議員として取り込むことにより、官僚をコントロールするノウハウを得て、60年代を通じての自民党の長期低落傾向が議員を選挙区へ利益誘導すべく、党内部会活動へ促した点を挙げる。

　これらは官僚に対する議員の影響力拡大ないし族議員という現象を、自民党長期政権下での議員の専門知識の蓄積や与野党伯仲といった時変的要因によって説明したものであるが、一方で、非時変的な制度要因によって自民党の分権的性質あるいは族議員現象を説明する試みもなされている。建林（2005）は選挙制度に着目し、党組織の分権的性質との関連を説明している。すなわち、1994年以前の中選挙区制の下では自民党は同一選挙区内で複数候補を立てた上で選挙に勝利しなければならず、そのため候補者本位の選挙が行われ、局所的な利益誘導政治および総花的政策代表に帰結したと指摘する。そして、一方で政策分野間の仕切られた意思決定という分権的性質を持ちながらも、部会間で互いに干渉せず、互いの決定を尊重するというログローリング型の水平的な調整様式によって一体性（政府提出法案への全党的賛成）がもたらされてきたと解釈する。

1.2.2　下位政府／サブシステム論

　上述の熊谷の研究および政治学における族議員への着目は、教育政策過程におけるサブシステムの考察に道を開くものであった。一般的には、サブシステムへの焦点化は政治における専門分化現象に対応したものであり、政治学では、「鉄の三角形」、「下位政府」、「政策ネットワーク」、「唱導連合」など様々なサブスシステム概念が生み出されてきた。また、これらのサブシステム概念は日本の教育政策過程研究においてもしばしば用いられてきた。

　教育政策過程研究において、熊谷以降の後続の研究で自民党文教族議員と文部省を中心的な政策アクターとして把握するものとしては、パーク（1983）、Park（1986）、Schoppa（1991＝2005）などがあり、いずれの事例分析も文部省と自民党文教族議員から成るアクター群に政策形成の主体を見いだしている。パーク（1983）はまさに教育政策過程の主体を自民党文教族議員と文部官僚に置いたものである。パーク（1983）、Park（1986）は当時の日本政治に関する通説であった官僚優位論への批判を企図したものであり、教育政策過程がシニアパートナーの自民党文教族議員とジュニアパートナーの文部省官僚によって形成され、長期的な自民党政権の下で族議員が経験と専門性のみならず、官僚人事への介入を通じて官僚に対する優位を確立したと指摘する。また教育財政に関わって、70年代における人材確保法による教員給与水準改善、「40人学級」実現のための教職員定数改善、私学への経常費助成は文教族議員のイニシアティブで進められ、大蔵省との交渉力を背景に文教族議員の文部省への優位が強まったと述べる。

　一方で、臨時教育審議会までの戦後教育政策過程を体系的に分析したSchoppa（1991＝2005）は、パークのように自民党文教族議員と文部官僚との間の明確な優越関係を前提とせずに、政策分野ごとの自民党族議員と官僚との結びつきに着目して「下位政府（sub-government）」[3]概念を用いて教育政策過程を論じている。Schoppa（1991＝2005）の主題は、占領期に確立された教育システムの変革——単線型教育システムの変革や教育基本法改正、教育の自由化など——に関するイモビリズムにあるが、1970年代の教育費政策の記述は基本的にはパークの研究の記述を踏襲しており、首相主導の行財政改革が

行われた1980年代においては、文教族らの影響力は弱体化したことを指摘する。「下位政府」概念を使用することで新たな事実・解釈が得られたかはともかく、それを政策過程に関する現象のラベルと割り切るならば、政策過程の記述は、自民党議員および官僚が政策分野別に仕切られた領域の中で政策形成に強い影響力を発揮し、族議員および官庁セクショナリズムとして現象したことを述べたものと言えよう。

　上記の下位政府概念を1つの類型として包摂するサブシステム概念として「政策ネットワーク」がある。政策ネットワーク論には様々なものがあるが、端的には、資源の依存関係によって結びついた非選出部門のセクターネットワークを政策形成・決定・執行の中心と把握するものと言える[4]。Marsh (1998) の整理によれば、政策ネットワークのアイディアの源泉は、アメリカにおける下位政府論の他にイギリス、ドイツ、オランダなどのヨーロッパのネットワーク論にあるとしている。アメリカの下位政府論はキーとなるアクターの個人間関係を強調するのに対し、ヨーロッパのネットワーク論は機関間の構造的関係を扱うものであるとされる。ネットワークには参加者数や統合度によって複数の類型があり、一方の極には統合度が低い「イシューネットワーク」が、もう一方の極には統合度が高い「政策共同体」が位置づけられ、政策共同体は下位政府に対応している。政策ネットワーク論は教育政策・行財政研究においても受容され、小川 (2002) および韓 (2004) は、政策領域の特性を描き出す上で有効な枠組みであるとして政策ネットワーク論の導入を提起している。また政策ネットワークないし類似の概念を用いた実証研究も、韓 (2005)、二宮 (2006)、Ball (2008) などにおいて見いだすことができる。

　このような政策ネットワーク論自体の底流には社会・国家の趨勢に関する2つの共通理解がある。1つは政治のインフォーマル化、すなわち、選出部門たる政治家が政策過程において周辺化し、非選出部門である利益団体や官庁などの当該分野の専門家に強く依存するようになるというものである。もう1つは政策過程のセクター化、政治的争点が複雑化することにより、政策分野に特化した専門知識が要求されることにより、非選出部門の専門家の立場が有利になるとともに、そのネットワークが制度化・閉鎖化する傾向であり、これらの帰

結として、政策決定が漸進主義的ないし停滞的になるというものである（中野2003）。

1.2.3　サブシステム概念に基づく政策過程研究の問題点

　このように「領域の学」としての性質を反映して、教育政策過程研究では教育サブシステムに着目した分析がなされてきた。しかし、筆者が判断するに、サブシステム概念を用いた研究自体には、少なくとも以下の3点において問題がある。

　第1に、多くのサブシステムに基づく「理論」に説明変数と被説明変数の区分がなく（Dowding 1995:141）、何を説明しようとしているのかが不明確である[5]。現時点で教育政策過程研究におけるサブシステム概念の使用は、特定の政策セクターを「政策共同体」あるいは「イシューネットワーク」であると同定する比喩やラベル貼りにすぎず、新たな事実・解釈を提示しているわけではない。強いて言えば、一般行財政ないし教育行財政の中央地方関係において、通説に反して、権力的な強制を伴う主従関係でなく、相互依存関係ないし共通の利害や信念で取り結ばれた関係の存在を表現する際に便利なラベルになりうるかもしれない。しかし、そうであったとしも「下位政府」や「政策共同体」というラベルが新しい知見を生むわけではない[6]。

　無論、被説明変数＝政策過程のパターン、説明変数＝サブシステムの特質というように設定する途もありえよう[7]。しかし、一応は説明されるべき対象＝政策過程のパターンを設定したとしても、第2の問題として、サブシステムの区分における尺度の測定可能性、操作性について問題が残る。政策ネットワーク論を用いるならば、ネットワークの統合度などの特性には操作的概念に基づいた測定可能な尺度が与えられなければならないが、この基準を満たした実証研究はない。こうした明確な座標軸の欠如は政策コミュニティ／イシューネットワークの区分を結論に合わせて恣意的なものにする可能性がある。また教育政策過程研究に限らず、政策ネットワーク論を枠組みとした研究の多くは単一事例の研究であり、ネットワークの特性と政策過程・政策的帰結との因果関係を立証していない。

　第3に、実証分析における最も重要な問題として、サブシステム概念に基づ

いた議論は対象の限定を伴い、その結果として政策過程の全体像として政治における遠心化作用を強調しすぎるという点がある。サブシステムへの焦点化は政策形成・決定の専門分化という政策過程の遠心化現象に対応したものであるが、一方でその反作用としての統合という局面あるいはその担い手のアクターを遠景に置くことになる。社会・サブシステムアクターの専門性・自律性を強調する議論は、政策過程において国家・執政中枢アクターを受動的アクターないし諸要求の中立的裁定者としてのみ把握するが、このような位置づけは現実に照らして限定的である。政策過程において時間的・予算的制約を伴い、議会が最終的な意思決定機関である限り、統合アクターが関与することは不可避であり、その関与において政策選好を反映させようとする契機が存在する点が過小評価されている。

　この第3の点は本書の政策過程分析に照らして具体的に次のように言えよう。すなわち、本書の政策過程分析の主題たる教育財政に関して、既存制度内での予算拡充策であれ、新規政策であれ、その政策過程を政治の遠心化作用の帰結と解釈するのは不十分である。1980年代までの日本の教育政策過程を分析したSchoppaは、自民党内部で1970年代に文教族の役割が増大したのと同時に自民党幹部の役割も増大したことを指摘したが（Schoppa 1991=2005：89-90）、具体的には1980年代の第2次臨時行政調査会で歳出削減策、臨時教育審議会による教育改革を指摘するのみである。それ以前の時期、特に70年代の教育財政拡充期において、文教族議員などの教育下位政府の利益表出に際して首相をはじめとする政府・党幹部がどのような役割を果たしたのかは明らかにされていない。1980年代以降に多くの分野で歳出抑制策が採られ、教育財政支出もその例外でなかったことは周知のとおりであるが、それ以前の教育条件整備策が政治・行政の専門分化によってもたらされたのかは、実証的な検討を要する。

1.3　下位政府論の相対化

　下位政府論・政策ネットワーク論は、目に見える利益集約・表出の過程から専門分化・組織化されたボトムアップ型の政策過程を見いだし、それをもって

非選出部門の影響力の増大＝民主的統制の弱体化を指摘する。しかし、先行研究の実質・方法の両面において問題があることは上述のとおりであり、下位政府論を政策過程の全体像とするのは首肯し難い。以下では、アクターと制度という２つの面から先行研究で示された政策過程の相対化のための視点を提示する。

1.3.1　アクターの視点からの相対化 ― 本人・代理人論 ―

　下位政府論に属す議論は族議員と官僚との優越関係について異なる主張を含んでいるが、共通して政策過程における下位政府の強さ、内閣や党のリーダーシップに基づく統治の不在を主張する。それに対し、党の議員に対する統治が存在していたことを主張し、日本の政策過程における官僚優位論、下位政府論の解釈に異を唱えるのが本人・代理人論を枠組みとした一連の政治過程分析である。本人・代理人論とは、政治過程を様々なアクター間の委任関係と捉える。一般的に委任関係が生じるのは、本人に時間などの資源的な制約がある場合、代理人が知識・技能の点で本人よりも優位にある場合、集合行為問題が存在する場合であり（Strøm *et al.* 2003）、代議制による政治過程はまさにこの委任関係に該当する。

　本人・代理人論を用いて日本政治を解釈した代表的な研究として Ramseyer & Rosenbluth（1993=1995）がある。Ramseyer & Rosenbluth（1993=1995）では、政策過程における委任の連鎖が一般議員 → 党幹部 → 官僚と想定されており、自民党幹部が集合行為問題を解決する主体として設定される。すなわち議員個人による利益誘導政治は短期的には選挙における勝利をもたらすが、長期的には党の評判を失墜させ、自滅に追いやってしまう。党の評判という集合財を供給する主体が党幹部であり、議員個人は党幹部へ権限を委任するという形で自らの行動に制約を課し、長期的な利益を達成しているというのである。かつての中選挙区制の下では選挙に勝利するために、自民党幹部は局所的な利益と公共的な利益の配分を最適に調整しており、通常、一般議員はそれに満足しているが、不満を持つ場合には政策形成に関与する。

　この解釈は、活発な族議員や官僚、利益誘導政治という現象に筋の通った説明を与えるとともに、それまでの通説とは異なった政策過程の解釈を提示

している。すなわち、戦後初期に自民党が政権の座につくことによって、政府の資源（財政的資源や官僚機構）を有利に用い、経路依存的に一党優位を維持してきた。また、政策形成は官僚主導でも下位政府の主導でもなく、基本的には党・内閣主導であり、一般議員の関与はそれに対して不満を抱く時にのみ1970年代のように顕在化する。すなわち、下位政府論の言うように、自民党長期政権により自民党族議員の政策能力が向上したゆえに族議員が政策過程に関与するようになったのではなく、中選挙区制の下で集権的な自民党が勝利するために最適な行動をとった結果として族議員現象が観察されるというのである。

　McCubbins & Noble（1995a）も同様に本人・代理人論による政官関係、党執行部‐議員関係の解釈を示している。政官関係の文脈で本人を政治家、代理人を官僚と定位した場合、あるいは党内過程において本人を自民党総裁（内閣総理大臣）、代理人を族議員と定位した場合[8]、官僚優位論と「鉄の三角形」論（下位政府論）はともに本人の権力の放棄（abdication）という解釈で共通するが、これらは誤りであるというのがその主張の内容である。権力の放棄が成立するためには、代理人が「隠された知識」（本人がアクセスできない専門知識）を持ち、アジェンダのコントロールができるという双方の条件が満たされることが前提となる。しかし、実際には本人は代理人の提案を拒否・修正でき、監視によって隠れた知識を明るみにすることができ、代理人の活動はあくまでも本人の選好に沿うようにコントロールされる委任（delegation）関係にあると解釈される。日本の予算過程の分析を試みた結果、Campbell（1977=1984）の描写する予算政治における「鉄の三角形」論（下位政府論）の特質である、「公平なシェア」（通時的な各省庁の予算シェアの安定性）、「インクリメンタリズム」、「既得予算の保持」という3点が、戦後のデータではいずれも満たされないことを明らかにした。

　これらの研究はいずれも政府と与党の融合という理念的な議院内閣制の側面を強調したもので、その主張に批判がないわけではないが[9]、少なくとも日本の政策過程一般を議院内閣制の文脈に位置づけた上で論じたという点は重要である。理念形的な議院内閣制の様式で選出部門が非選出部門をコントロール

するという民主主義のプロセスが機能していたことを示唆する本人・代理人論による解釈は、下位政府論の相対化という点で意義があり、改めて政策過程における首相や党幹部などの政策選好や政策の統合の在り方に着目する必要性を提起する。

前項で触れた教育予算あるいは教育政策過程に関する研究は、本人・代理人論が登場する以前に行われたものであり、政策分野ごとに仕切られた族議員の活動に焦点を当て、官僚優位論への批判に力点が置かれている。パーク（1983）、Park（1986）は政治家優位論を、Schoppa（1991=2005）は政官融合論や野党勢力の影響を下位政府論の範囲内で論じたのである。それらの研究以外にも1970年代の教育財政関係の諸立法を含む重要立法成立を専ら活動的な文教族議員に帰する議論は存在する（日本経済新聞社1983；山田1979；荒井2006；荒井2007；丸山2007）。しかし、族議員、官僚、関係団体といった下位政府アクターが政策過程でなしうるのはアジェンダ提起とそれらに基づく利益集約・表出の局面だけでしかなく、その活動量をもって政策決定の中心とみなすことは下位政府アクターの過大評価につながる。自民党一党優位期の予算や重要立法が、国会、あるいはそれ以前に自民党総務会という関門を通過しなければならなかった以上、教育下位政府外のアクターの関与を無視することはできない。とりわけ、与党内過程における首相や党幹部といった執政中枢アクターの関与に目を向けるならば、教育政策過程で問題となるのは、教育下位政府の相対的な結束の強さや活動量の大きさといった利益集約・表出の側面だけではなく、政策の統合機能の側面であり、その双方の側面を併せた上での政策過程の全体像の記述・理解が必要となる。

1.3.2　制度の視点からの相対化 ― 比較政治制度論 ―

下位政府論や政策ネットワーク論によって描かれる遠心的な政策過程像は、民主主義政治における普遍的な現象なのか、それとも局所的現象なのか。単一の国・時期における事例分析からこの点を明らかにすることは不可能であり、現象を相対化する視点が必要となる。あるいは、漸増・漸変主義や選出部門勢力からの非選出部門の自律と見える現象が共通して観察されたとしても、その程度には国間での相違があり[10]、程度の比較に基づく位置づけと、その程度

を規定する構造的要因が明らかにされる必要がある。

　本書の政策過程分析ではそのような構造的制約として政治制度を考える。こうした政策過程の構造的制約を考察するうえで、近年の政治学における比較政治制度論の議論は本書の政策過程分析の関心に関わって有益な鳥瞰図を与えるものである。代議制民主主義では様々な政治的・非政治的アクターの政策形成・決定の場におけるアクセスの可否や程度は一様ではない。執政府の長が政策過程の中心的なアクターであるとしてもその政策選好が政策出力として反映するまでには多くの過程があり、その反映度あるいは他のアクター（野党、官僚、与党内の議員）などの関与の機会は政治制度に応じて様々な制約を受けることになる。すなわち、政策過程の多様性は構造的制約たる政治制度の相違によってもたらされると想定される。

1.3.2.1　比較政治制度論における理論枠組み

　こうした比較政治制度論の議論において、Lijphart（1984, 1999＝2005, 2012）、Tsebelis（2002＝2009）、Strøm *et al.*（2003）は総論的な枠組みとして非常に有益である。

　Lijphart（1984, 1999＝2005, 2012）は、権力の中心であるアクターに対して、他のアクターがどの程度抑制的勢力として関与を及ぼすかという点から、民主主義の類型化と各国の民主主義制度の位置づけを行っている。すなわち、民主主義制度のモデルを「多数主義的民主主義」（majoritarian democracy）と「合意主義的民主主義」（consensus democracy）とに分け、この2つの理念型の極の間に各国を位置づける。多数主義的民主主義とは執政府が、野党、利益団体、司法府、地方政府の干渉を受けることなく、政策決定を行うことを可能にする、権力の集中を促す民主主義制度であり、小選挙区制、二大政党制、安定した最小勝利連合内閣、一院制（あるいは非対称な二院制）、集権的な中央地方関係、競争的な利益団体、不活発な司法審査、低い憲法改正要件などの制度によって具現される。反対に合意主義的民主主義とは権力の制限および多くの参加者による権力の共有を促す民主主義制度であり、比例代表制、多党制、連立政権、二院制、分権的な中央地方関係、コーポラティズム、活発な司法審査、高い憲法改正要件などによって具現される。

Lijphart（1999＝2005, 2012）は選挙制度や議会制度、中央地方関係など10の政治制度変数に関する因子分析を行うことによって、執政府 ― 政党に関する次元と単一国家 ― 連邦制に関する次元という2つの次元を析出し、民主主義を位置づけた。その結果によれば、日本は2つの次元において権力が分有されている象限にあり、合意主義的民主主義に位置づけられる。また、Lijphart（1999＝2005, 2012）では、多数主義的民主主義と合意主義的民主主義の相違によってもたらされる帰結 ―― マクロ経済的パフォーマンス、民主主義政治の質、様々な社会政策の産出 ―― を分析し、合意主義的民主主義の優位性を主張している。政治変数の選択の根拠や個別の指標、因子分析の解釈について疑問なしとしないが、Lijphart（1984, 1999＝2005, 2012）は民主主義政治制度を鳥瞰する見取り図を与えた比較政治学のブレークスルーである。

Tsebelis（2002＝2009）は、政策転換の際に同意が必要とされる個人または集合的アクターである「拒否権プレーヤー」（veto player）に着目した制度論である。Tsebelis（2002＝2009）は、従来の政治制度研究が、体制（議院内閣制／大統領制）、政党システム（二大政党制／多党制）というように要素ごとの比較を行っているため、各要素の相互作用について考慮していない点を問題としており、拒否権プレーヤーの観点から政治制度の比較、政策過程における帰結の説明を試みている。言い換えれば、拒否権プレーヤー論は、先述のLijphart（1999＝2005）の制度の因子分析とは異なった形で民主主義政治制度の情報を縮約し、各国の政治制度の相違を拒否権プレーヤーの配置に翻訳するものである。

Tsebelis（2002＝2009）の拒否権プレーヤー論は、政策の安定性（現状の変更の難しさ）を説明の対象とするものであり、拒否権プレーヤーの配置によってこの政策安定性が規定されることを理論化している。言いかえれば、特定の政策の変化の方向性 ―― 例えば、特定の政策領域に対する予算が増えるか減るか ―― という点に関しては言及しておらず、あくまでも新たに選択した政策の現状からの乖離の程度を問題としている。

Strøm（2000）、Strøm *et al.*（2003）は本人・代理人論による民主主義政治制度の理解の包括的枠組みであり、一貫して民主主義政治の過程を委任の連

鎖の過程として把握するものである[11]。制度的な相違は本人が代理人を統制するメカニズムの相違として解釈され、制度のもたらす帰結はアカウンタビリティの観点から考察される。

Strøm（2000）、Strøm *et al.*（2003）によれば、本人が代理人を統制するメカニズムは事前的なものと事後的なものとに大別される。事前的メカニズムとは、代理人との契約あるいは代理人の選抜・選択によって、違背的選好や無能といった代理人に関する「隠された情報」に対処し、逆選択を抑止するメカニズムであり、政治制度においては選挙が該当する。事後的メカニズムとは、代理人が行動の監視、チェックによって、代理人の違背行動など「隠された行動」を矯正し、モラルハザードを抑止するメカニズムである。Strøm *et al.*（2003：Ch3）は、事後的メカニズムをさらに「分割」と「チェック」の2つの形態に区別しており、前者には連邦制やコーポラティズムなどが、後者には司法による違憲審査、大統領による拒否権やレファレンダムなどの議会外の制度などが該当する[12]。

民主主義政治制度の相違のもたらす帰結については、過程としてのアカウンタビリティと結果としてのアカウンタビリティの観点から理論的な予測を与えている（Strøm *et al.* 2003：Ch3, 23）。過程としてのアカウンタビリティに関して、事前的メカニズムは、効率性、政策の一貫性の点で長けているが、透明性に欠け、事後的メカニズムはこの事前的メカニズムと表裏の関係にある。結果としてのアカウンタビリティに関して、事前的メカニズム（凝集的な政党による競争）、事後的メカニズム（議会外の制度的制約）はともに一般的にエージェンシーロスを抑制する。後者に比較して前者は、代理人の不作為や政策間の矛盾・非一貫性という点でのエージェンシーロスを小さくするが、一方で本人の選好と代理人によって達成された政策の差、代理人の違背による私益追求が大きくなるという点でのエージェンシーロスが生じる。

これらの理論的内実は互いに排他的ではなく、相互に重なり合う部分は小さくない[13]。共通するのは、ウェストミンスターモデルあるいはそれに最も近いイギリスを1つのベンチマークとしている点である。すなわち、Lijphart（1984, 1999＝2005, 2012）における多数主義的民主主義、Tsebelis（2002＝

2009）における拒否権プレーヤー数および拒否権プレーヤー間の選好の相違が最も小さい状態、Strøm *et al.*（2003）における議院内閣制の理念型（凝集性の高い政党の事前的統制によるアカウンタビリティシステム）として、ウェストミンスターモデルが想定されている。そして、それぞれの理論において、権力融合型のイギリスを一方の極に、権力分立型のアメリカをその対極に置き、各民主主義政体はその間に位置づけられている。

　3つの理論の相違は視点と帰結の予測に現れる。Lijphart（1999＝2005）の多数主義／合意主義という区分、あるいは後者の前者に対する優越という規範的主張は、主として、どれだけ多様な利害を反映しているかという代表性を問題としている。すなわち、合意主義の方が様々な政策過程の段階で異なる利害を持つアクターが関与する機会が多く、与野党関係、政府議会関係、中央地方関係などにおいて執政府の権力を抑制するという点で、代表性が高く、またこの代表性の高さゆえに一般的な国民の厚生に結びつくと予測する。これに対して Strøm *et al.*（2003）は、政治過程を資源や能力の制約がある本人が専門性の高い代理人に委任する過程として把握し、このアカウンタビリティ（委任関係におけるエージェンシーロスの少なさ）を問題にする。アカウンタビリティシステムとしては凝集性の高い政党間の競争によるもの（事前的メカニズム）と議会内外における権力分散やチェックによるもの（事後的メカニズム）があり、この2つのメカニズムの配分として各民主主義政体の制度配置の情報を縮約し、アカウンタビリティに関する帰結を予測する[14]。Tsebelis（2002＝2009）の拒否権プレーヤー論では、民主主義政治制度に関する情報は拒否権プレーヤー間の政策選好の相違として翻訳され、政策変化（政策の現状維持の程度）が予測の対象となる点で Lijphart（1999＝2005）のような政策の方向性の予測と性質を異にしている。

1.3.2.2　比較政治制度論における実証分析

　これらの理論に関わって、Lijphart（1984, 1999＝2005, 2012）の多数主義と合意主義という分類に沿って、その帰結について実証分析を行ったものとして Tavits（2004）がある。Tavits（2004）は、合意主義的民主主義では社会的弱者や多様な利益団体の利害を代表しやすいがゆえ、政府支出の規模は多数

主義的民主主義よりも大きくなる点を立証している。Tsebelis（2002＝2009）の拒否権プレーヤー論に関する実証分析としては、先進国の予算構成の変動について分析した Tsebelis & Chang（2004）、労働政策における新規立法について分析した Tsebelis（1999）、医療費削減について分析した井戸（2004）などがあり、いずれも拒否権プレーヤー論の予測を支持している。

　特定の政治制度に焦点を当てた実証分析については、財政的な帰結を説明の対象としたものに限ってもかなりの数が存在する。説明変数として扱われている変数は、体制（大統領制／議員内閣制）、選挙制度、権力分散的制度（二院制や地方分権、司法の違憲審査など）などであり、被説明変数として議論となることが多いのは、政府規模および財政赤字、社会福祉支出である（Bawn & Rosenbluth 2006; Crepaz 1998, 2002; Crepaz & Moser 2004; Franzese 2002; Huber *et al.* 1993; Iversen 2005; Iversen & Soskice 2006; Kontopoulos & Perotti 1999; Milesi-Feretti *et al.* 2002; Perotti & Kontopoulos 2002; Persson & Tabellini 2003; Swank 2002; Woo 2003）。

　財政や社会保障政策などの領域と比較すれば、比較政治制度論の文脈で教育政策を対象とした研究は非常に限られるが、近年では少ないながらも実証分析が見られるようになった。Busemeyer（2007）は、先進国のパネルデータを用いて、拒否権構造および財政的分権の政治的制度と教育財政支出（対 GDP比）との関係を分析し、拒否権構造は教育財政支出水準に対して負の影響を、財政的分権は正の影響を及ぼしていることを明らかにしている。Ansell（2010）は、選挙制度に焦点を当て教育財政支出への作用を分析し、比例的選挙制度の下では政権の党派性の影響が緩和されることを示した。

　これらの実証分析における政治制度の考察の焦点は、主として、政策出力の変動に対する主効果にあり、代表性と拒否権プレーヤー論の視点から制度変数に関する仮説が立てられる傾向がある。理論と実証におけるモデルの対応関係が曖昧である、実証分析の結果の解釈がアドホックである、説明変数としての政治制度変数が網羅的ではない、という難点があるものの、制度の空間的・時間的相違から政策過程の相違を説明するという論理および分析戦略は、事例分析によって得られた政策過程分析の知見を "large-N" の視点から相対化する

という点で極めて有用である。

1.4　政策過程分析の枠組み

　以上の先行研究の検討をふまえて、政策過程分析を行う際の枠組みと仮説について明らかにしておく。

1.4.1　民主性における二面性

　比較政治制度論の理論をふまえるならば、1項で言及した民主性にはさらなる限定が必要となる。比較政治制度論が理論的に予測するように、民主主義政治制度には権力集中型と権力分散型という原理を異にする民主主義が併存し、それぞれ応答性と代表性の要素に長じている。すなわち、権力集中型は選出された安定的な権力の核を作り出すことで非選出部門への統制を円滑にし、選出部門の意思を貫徹させるという応答性の面において民主的であろう。また一方で、権力分散型では権力の核となるアクターの政治的意思を抑制し、多様な集団の利害を反映させるという代表性の面で民主的であろう。そして有権者集団が同質的でない限り、それぞれが長じる応答性と民主性はトレードオフの関係にある。

　このような制度に具現された民主主義観の相違から民主性の二面性が生じるが、本書では選出部門の政治的意思が財政に反映される要素を重視したい。というのも、戦後日本の教育政策過程の事例分析および下位政府論・政策ネットワーク論が描き出したのは、政治・行政の機能分化に伴う非選出部門の自律（に見える）現象であったからである。その現象を民主主義政治の問題として捉えるならば、選出部門による非選出部門の統制の有無が民主性の焦点となる。

　そして、この点に関わって改めて強調すべきは、本書で言及する民主性は、それが手続き的なものであり、教育政策に特段の利害をもつ教育政策共同体あるいは教育政策研究者自身の政策選好を有権者に投影したものではないという点である。広範囲の政策に関心を持つ有権者の政策選好と特定政策領域の専門家の政策選好は同一ではなく、また、後者は前者から正統に委任を受けた代理人ではない。本書で言及する民主性とは、将来世代の自己決定の余地の確保

第2章 分析枠組み　*69*

（財政の持続性）という制約以外に特定の結果を期待するものではない。

1.4.2　分析の視角と仮説

　政策過程に関する実証分析の焦点は、下位政府論を相対化し、戦後制度確立期以後の教育財政の政策過程の全体像を理解することにあり、そのために、アクターと政治制度という2点に着目した分析を試みる。

　第1のアクターに着目した分析は虫瞰的な事例分析である。既に述べたように、教育予算をめぐる政策過程あるいは教育政策過程に関する事例研究はいくつか存在するが、それらは、教育政策における政策出力が下位政府アクターの結束および活動量に依存しているとする下位政府論とも言うべき解釈を採用している。とりわけ、1970年代の教育予算をめぐる自民党文教族議員の寄与を指摘するものが多く、人材確保法による教員給与改善、私立学校に対する経常費助成はその典型とされる。しかし、これらの教育政策過程研究は各々の政策・立法過程について詳細な情報を提供しているが、記述的な、ともすれば属人的な議論となり、理論的な含意に乏しい。また文教族議員と文部官僚のパートナーシップや文教族議員、教育関係団体など教育下位政府アクターの精力的な活動は、利益集約・表出という政策過程の一側面にすぎず、それらを政策過程の全体像として描くことは教育下位政府の影響力を過大評価し、あるいは現在の政策過程に対して誤った含意を導くことになる。一方で、Ramseyer & Rosenbluth（1993＝1995）など政治学における本人・代理人論に基づく解釈は、下位政府論的な政策過程像に異を唱えるものであり、議院内閣制および中選挙区制の下で政権を維持する上で自民党が最適戦略を採ったという極端な後付の論理とも言えるが、統合を担う首相や党幹部の役割への着目という点で、下位政府論を相対化する上では有益な視点を提供している。

　戦後改革期までの教育財政制度を扱った制度史研究が明らかにしたように、教育財政をめぐる政策過程は文部省、大蔵省、地方行財政所管官庁という省庁間の競合を背景としている。戦後の自民党一党優位体制は政策分野間での議員間の競合関係を付加することで、官庁セクショナリズムと族議員という現象が顕在化したのである。教育下位政府アクターが具体的な政策立案を行ったとしても、それは各省協議、内閣法制局審査、自民党総務会および国会という関門

を通過しなければならず、各所に異なる選好を持ち、拒否権を行使しうるアクターが存在する。その点をふまえれば、記述されるべきは顕在化した自民党文教族議員などの利益集約・表出行動だけではなく、その行動が展開される場の構造あるいは下位政府間競合に対する統合の局面であり、民主性への含意として明らかにされるべきは、その当時の統合作用の限界である。第3章では、下位政府論的な政策過程像が対象としていた教育財政拡充期の1970年代の政策過程を分析の俎上に載せ、執政中枢アクターの統合作用の局面を描くことで下位政府論的政策過程像を再考する。

　第2の制度の視点からの分析では、鳥瞰・虫瞰双方のアプローチを採る。既存の教育財政に関わる政策過程分析は、制度史研究を除けば、多くは自民党一党優位期を対象としたものであったが、単一事例の分析では、観察された現象が国・時期を超えてどこまで敷衍できるのか、どのような条件の下で生じたものかという位置づけを与えることはできない。こうした相対化の試みのためには、政策過程の態様を規定する制度の変容を扱うべく、分析対象の時空間を拡大する必要がある。教育財政の政策環境に関して、1990年代以降、中央レベルの政治・行政における権力集中と中央地方関係における権力分散という2つの方向性を伴う制度改革が行われた。前者は、1994年の衆議院における小選挙区制導入、政治資金規正法改正、および2001年の内閣府創設などによる内閣機能強化であり、首相＝政権党党首への権力の集中による政治主導が企図された。後者は地方分権改革期に展開した、義務教育教員人件費に関わる地方レベルの裁量拡大である。呼応して、第4章と第5章では、これらの2つの方向での制度改変が教育財政の政策過程に及ぼした（及ぼしうる）インパクトを考察する。

　こうした制度の作用を検証する上で最も直接的なアプローチは、鳥瞰的な計量的実証分析である。すなわち、時系列横断面データを用いた計量分析によって、政治制度の空間的変動が政策過程に及ぼす作用を考察する。このような実証分析は先に検討した比較政治制度論の実証分析で広く行われてきたが、本書では、比較政治制度論に基づく様々な政策における既存研究とは異なる焦点、異なるモデルの定式化の下で分析を行う。

第2章　分析枠組み　*71*

　既存の政治制度の政策的帰結に関する実証分析では、主に制度の主効果——制度が直接的に政策出力の水準の高低を左右するか否か——が問題にされており、その解釈は必ずしも理論と整合的ではなく、アドホックな仮説設定や解釈がなされている。しかし、理論的に考えれば、制度に規定される権力集中度と政策の方向性との関係について論理的な説明を見いだすことは難しい[15]。政治制度における権力の集中・分散に着目する時、権力の核として想定されているのは執政府の長である。理念型としての議院内閣制の政策過程では、単独の凝集的な政党が政権を掌握し官僚を忠実な代理人とすることで与党と内閣が一体となり、与党内の一般議員、野党といった異なる政策選好を持ちうるアクターの影響が排除され、与党＝内閣に政策決定の権力が集中する。論理的に考えれば、この結果として、特定の方向への政策の変化ではなく、与党の政策選好が政策出力に反映され、通時的に政策変化が大きくなるといった現象の顕在化が予想される。そしてこの理念型から乖離することは、与党＝内閣の政策選好の貫徹を妨げ、政策が現状維持的になることに帰結する。つまり、政策出力が政権政党の選好の関数であるとすると、その対応関係は政治制度の権力集中度によって強められ、一方で過去の実績との対応関係（安定性・継続性）は弱められるという予測が導かれる。

　分析では、教育財政支出を規定する要因としての漸変主義および政治的意思の貫徹の程度の異質性を明らかにした上で、これらの仮説を検証し、政治制度が及ぼす作用の大きさを定量的に明らかにする。この分析によって、権力分散あるいは機能・専門分化としての下位政府論は民主主義政治の普遍的な現象ではなく、制度的要因に依存した局所的な政策過程像であることを示す。これらの作業を第4章で行う。

　続く第5章では、2000年代以降の地方分権改革後の教育財政の政策過程の変容について、虫瞰的な視点から計量・事例分析を行う。下位政府論は国政という舞台を暗黙の前提としてきたが、2000年代には下位政府論の埒外であった地方政治の舞台でも、教育財政に関わる意思決定が行われることとなった。すなわち、初等中等教育財政における国庫負担の範囲・率および標準設定に関しては依然として中央政治の領分に属す一方で、人件費配分および標準法を超

える教員雇用については地方政治のイシューとなる意思決定の複層構造が生じたのである。また、このことは単に地方において教育財政に関わる政治的意思決定が行われたというだけでなく、中央とは異なる議会制度の下で意思決定が行われたということを意味する。

　地方分権と教育財政の関係は、わが国における教育財政研究の古くから存在する大きな論点でもあったが、分権化の帰結についての理論的説明と現実の地方教育財政における展開とは少なからぬ距離がある。分権化の帰結としての支出水準に関する理論的予測 —— 教育財政支出が増えるか否か —— はともかくとして、より根本的な問題として考察すべきは、教育財政をめぐる意思決定の複層化が、住民の健全な自己決定を促進したのか（しうるのか）という点である。この問いについて、具体的には、2000年代の都道府県レベルの地方政治を題材として、次の点に焦点をあてて民主的統制の態様を明らかにする。すなわち、教育財政および新規財源を要する教育政策が地方政治の争点となったのか、第1の地方政治アクターである知事には教育政策を公約に掲げるに際してどのような誘引構造があったのか、知事は教育財政・政策に関わる公約に関して現実的な実現手段を持ちえていたのか、有権者と知事の間に委任・応答関係が成立していたのか、という点である。

　そして、これらに答えるにあたり、国政とは異なる議会制度 —— 非対称な二元代表制および政党を基盤としない執政府 —— の帰結としての政策過程を解釈する。2000年代に標準法を下回る規模の少人数学級実施・適用拡大が地方政治の争点となったこともあり、そうした自己決定の契機をもって、地方分権化によって教育財政に関する民主的統制が促進されたと解することができるのかもしれない。しかし、その政策過程をつぶさに観察するならば、情報の非対称性と不確実性の増幅ゆえに、政治過程における委任過程は不全だったのであり、むしろ、意思決定の複層化の帰結として民主的統制は潜在化したことを示す。

　以上の下位政府論が射程としていた1960〜80年代の政策過程の再解釈（第3章）、比較制度論からの日本の教育政策過程の位置づけ（第4章）、下位政府論の射程外の地方政治における教育政策過程の描出（第5章）、という一連の

第2章　分析枠組み　*73*

実証的作業を通じて、日本の教育財政の政策過程の全体像の把握・解釈を行い、その上で民主的統制の所在を評価し、そのための条件を考察する。

2. 政策分析における視角と分析枠組み

　教育財政の政策分析における主眼は効率性にある。序章で述べたようにその問題意識は決して新しいものではなく、特にアメリカ教育行財政研究においてはその創生期から効率性は鍵概念をなしてきた。米欧を中心とした効率性に関する先行研究の到達点を十全に把握するためには、効率性について、その概念史とともに膨大な教育生産関数研究の展開における位置づけの面からも理解される必要がある。そうした作業の上で既存研究を検討し、本書における実証分析の視角と分析枠組みを提示する。

2.1　効率性の概念史

　効率性の考察において、まずもって問題となるのは概念の多義性である。効率性は教育行財政における行政管理論に限定される論点ではなく、また学術的にも行政学や経済学など社会科学一般において鍵となる概念である。そのような学術的に実務的にも幅広い領域で重要な概念であるゆえに多義的となることは免れない。以下では、議論の上での混乱を避けるために、本書で言及する効率性概念が何であるのか、あるいは何でないのかという点を概念史的考察に基づいて論及しておく。

2.1.1　効率性概念の類型

　序章で述べたように、日本の教育行財政研究において効率性に関する問題意識自体は古くから存在し、例えば五十嵐（1951）や伊藤（1956）といった戦後早期の教育行財政に関する文献において、"efficiency"の訳語である「能率」という語および問題意識を確認できる。また、教育行政における行政管理論的研究の重要性が指摘された1970年代の文献においても同様に効率性への志向を見いだせる（伊藤1976）。しかし、効率性に関してわが国の教育行政・経営

研究を振り返るならば、効率性の概念自体を考察した先行研究は市川（1967,
1976, 1982）、高木編（1995）に限られている。また、根本的に効率性に関す
る概念の内容・含意がその多様さゆえに、必ずしも研究者間で共有されておら
ず、しばしば混乱を招いてきたという経緯がある。加えて、測定を可能にする
操作性が与えられてこなかったという実証研究上の問題も付随し、概念的な重
要性に比して研究の蓄積がなされてきたとは言い難い（堀1996）。そして、効
率性概念にまつわるさらなる難点は、それが学術的文脈のみならず日常的用語
法の中でも用いられ、「生産性」や「有効性」などの類似概念との差別化が難
しい点にある。このことは行政学および教育行政学において概念の検討を試み
た西尾（1990）や高木（1995）などにも表れている[16]。

　多義的な効率性概念について、国内外の教育行財政研究の文脈で言及される
際の意味内容を類型化するならば、1）節約としての効率性、2）業務の標準
化・合理化としての効率性、3）平均的水準の優位としての効率性、4）技術的
効率性、5）配分的効率性、に大別できる。

　1）、2）は「科学的管理法」の受容に端を発する20世紀前半のアメリカ教
育行政学研究の文献で示されたものであり、この意味での効率性という価値
の重視の起源はさらに古くに遡る（青木1983, 1987）。特に20世紀初頭の、F.
テイラー流の「科学的管理法」の学校教育へ受容はアメリカ教育行政学の成
立に大きく寄与しており、それは就学率・進学率上昇による学校増設問題と
教育費の膨張という財政的背景の下で進んだものであった（中谷2005）。そ
して、「科学的管理法」以後のアメリカ教育行政学の展開を叙述したCallahan
（1962＝1997）が批判的に総括したように、20世紀前半のアメリカ教育行政の
現実における効率性は節約（経費節減）と同義であった[17]。

　また、「科学的管理法」の要素である業務の標準化・合理化という側面は、
独自の効率性の用語法を生み出した。すなわち、20世紀初頭までには工学・
経済学・経営学において一般化していた「実際の投入に対する実際の産出の
比」という定義に対して、「標準作業量に対する実際の作業量の比」という異
なる定義を生み出した（Simon1997＝2009: 第9章）。テイラー流の「科学的
管理法」における業務の標準化という側面は、日本の教育行政・経営研究の文

第 2 章　分析枠組み　*75*

脈では伊藤（1963, 1965, 1976）などにおいて受容され、独自の問題意識の下で実証研究が展開された。伊藤の一連の研究では、効率性（能率性）の追求は、「合理化」「近代化」と同義であり、重層的組織構造の採用（経営、管理、作業の機能的な業務分化）と業務の標準化を内実とする 2) の意味での効率性に関わる科学的管理法の導入が主張された。特に業務の標準化は、業務分類および標準業務量の設定（単位業務における標準所要時間×標準処理件数）による業務量の測定に基づくものとして構想され、関連する実証分析が行われた [18]。

　3) は、歴史的な発生経緯を持つ用語法というよりも日常的なものであり、しばしば「公平性」など分配に関わる価値と対置する文脈で用いられる [19]。このような「効率か公平か」といった対立図式は、社会的厚生についてどのような要約統計量・社会的厚生関数を想定するかに依存する。効率性は総量や平均などの統計量の大きさ、公平性はばらつき・不平等を示す統計量の小ささに関わっている。この効率性は公平性と必ずしもトレードオフとは言えないが、公共政策が常に双方を同時に改善するとは限らないという意味で対置される。

　他方で、4)、5) は、プリミティブな効率性の定義である投入産出比を拡張したテクニカルな用語法であり、後述のように戦後のアメリカ教育政策研究で受容された効率性概念である。

　以上、効率性の類型を簡潔に示したが、改めて強調しておくべきは次の 3 点である。第 1 は、効率性それ自体が目的・価値なのか、あるいは、ある目的・価値の達成のための基準なのかという違いである。1)、3) の意味での効率性は前者であり、それぞれ、十分な資源・予算の割当、公平性という目的・価値と対置される。一方で 2)、4)、5) は後者に属す。このことは厳然として区別されるべき相違である。3) の意味での効率性は公平性と対置されるが、4)、5) の意味での効率性は、所与の資源の下でいかに高い公平性を達成できるかというように、公平性という目的・価値を達成するための基準として考えることができる。

　第 2 は、効率性の評価が、事業・手段間の評価（ある目的の達成のためにどの手段が効率的か）に関わるものか、組織間の評価（どの組織が効率的に経営を行っているか）に関わるものかという違いである。論理的には 5 つの効率性

はどちらにも適用できるが、実際には4)、5)の意味での効率性は組織間の相対評価に用いられてきた。

そして、第3は、20世紀のアメリカの教育行財政研究における効率性の意味内容の変化である。すなわち、20世紀後半において受容された4)、5)の意味での効率性は、20世紀前半のアメリカにおける「能率化運動」あるいはそれ以前の社会状況に端を発する1)、2)とは断絶しているのである。

2.1.2　効率性の概念と測定技術の展開

1980年代以降、アメリカを中心として、教育行財政における効率性に関する実証分析の叢生を見ることとなったが、そこで用いられた効率性概念は20世紀前半の「能率化運動」をめぐって議論されたものとは断絶したものである。以下、その断絶後の概念について、概念の確立、測定技術の開発、実質科学における適用、という3つの局面をスケッチし、本書で言及する効率性の内容を明示化する。

2.1.2.1　Farrell 効率性

社会科学における効率性概念に関して、明確な定義と実証的操作性を得る契機となったのは、M. Farrell の論文「生産における効率性の計測」(1957)である。Farrell (1957) は前項における4)、5)の意味での効率性概念――技術的効率性と配分的効率性――を拡張性の高い形で定式化した。

技術的効率性は、投入指向の技術的効率性 (input-oriented technical efficiency) と、産出指向の技術的効率性 (output-oriented technical efficiency) に分けられ、前者は所与の産出水準をいかに少ない投入によって達成したかという意味での効率性であり[20]、後者は所与の投入水準の下でいかに多くの産出を達成したかという意味での効率性である。一方、配分効率性は、投入要素についての価格(単価)を所与として、特定の産出水準をいかに最適な投入の組み合わせで達成したかという意味での効率性である[21]。

それぞれの効率性は図2-1、2-2の簡便な例において理解できる。図2-1は、2種類の産出 (y_1, y_2) のケースにおける産出指向の技術的効率性を図示したものである。図中の等量曲線 $Isoq\ P(x)$ は、ある投入水準の下で最大限達成可能な産出の組み合わせ(フロンティア)を表しており、点A、点Bは組織Aおよ

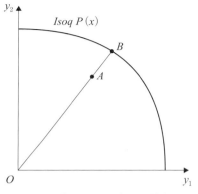
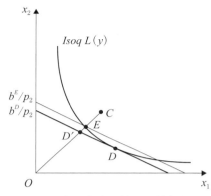

図 2-1　産出指向の技術的効率性　　図 2-2　投入指向の技術的効率性と配分的効率性

び組織 B の達成した産出を座標上にプロットしたものである。組織 B はこれ以上産出を増やす余地がないフロンティア上にあるのに対して、組織 A はその内側に位置し（改善の余地が存在し）、組織 B よりも非効率である。産出が比例尺度で測定可能ならば、組織 A の産出指向の技術的効率性の程度は OA/OB によって測ることができる。

　図 2-2 は単一の産出、2 種類の投入（x_1, x_2）のケースにおける投入指向の技術的効率性と配分的効率性を図示したものである。図中の等量曲線 $Isoq\ L(y)$ は、所与の産出水準を達成するのに最小限必要な投入の組み合わせの集合である。同一の産出水準を達成している組織 $C、D、E$ について、それぞれが用いた投入の量を座標上に表している。組織 D と E はこれ以上投入量を切り詰められないフロンティア上にあるのに対し、組織 C はフロンティアの右上に位置し（より多くの投入を用いており）、D と E よりも非効率であることが分かる。投入を比例尺度で測ることができるならば、組織 C の投入指向の技術的効率性の程度は OE/OC によって測ることができる。

　よりフォーマルに距離関数を用いて表現すれば、産出ベクトル y と投入ベクトル x について、産出指向の技術的効率性 ϕ および投入指向の技術的効率性 θ は式（2.1）、（2.2）によって表される[22)]。

$$TE_O(y, x) = [\max \{\phi : D_O(x, \phi y) \leq 1\}]^{-1} \qquad (2.1)$$

$$\phi y \in Isoq\ P(x)$$

$$TE_I(y, x) = \min \{\theta : D_I(y, \theta x) \geq 1\} \qquad (2.2)$$

$$\theta x \in Isoq\ L(y)$$

図2-2において、2つの投入の単価がp_1、p_2の時、歳出総額は$p_1x_1+p_2x_2$となる。組織D、Eの取りうる最小の予算総額をそれぞれb^D、b^Eとすると、組織Dの購入可能な投入の集合は太実線（$b^D=p_1x_1+p_2x_2$）の内側の領域、組織Eの購入可能な投入の集合は実線（$b^E=p_1x_1+p_2x_2$）の内側の領域となる。図より、組織Dの等費用線は組織Eのものより下方にあり、組織Dの方がより最適な投入の組み合わせ、少ない歳出によって同水準の産出水準を達成していることが分かる。そして組織Eの配分効率性は、OD'/OEとして測ることができる。そして組織Cの効率性（OD'/OC）は、技術的効率性（OE/OC）と配分的効率性（OD'/OE）の積として表現される。

　Farrell（1957）の示した効率性はより多くの種類の投入・産出にも一般化可能であり、その意義は、投入と産出の比（産出／投入）というプリミティブな効率性を次の3点で拡張したことにある。第1は、単一要素の投入・単一要素の産出に基づく概念の多要素の投入・多要素の産出に関する概念への拡張である。関連して第2は、投入・産出の変換関係に関わる技術的効率性と複数投入の組み合わせの最適性に関わる配分的効率性という異なる次元の効率性の明示化である。第3は、産出／投入という指標が暗黙的に前提としている収穫一定の線形的な生産関数の非線形的なケースへの拡張である。

2.1.2.2　効率性の実証分析における手法

　効率性の測定技術は、Farrell（1957）によって与えられた効率性概念に立脚して展開した。特に、1970年代にオペレーションズリサーチおよび統計学・計量経済学分野において開発された包絡分析法（Data Envelopment Analysis）と確率的フロンティアモデル（Stochastic Frontier Model）は、効率性測定において、今日に至るまで標準的な手法として用いられている。

包絡分析法は、オペレーションズリサーチの分野において Charnes *et al.*
(1978) によって提唱された線形計画法に基づく効率性の測定手法である[23]。その枞要は、複数の投入と複数の産出について、各組織にとって最も有利なウェイトを乗じて、総投入総産出比を評価するというものである。J 種類の産出 y_1, $\cdots$, y_J および K 種類の投入 x_1, $\cdots$, x_K があるときに、組織 o の技術的効率性は式 (2.3) の最適化問題として定式化される。

$$\max_{u,\,v} \quad \theta_o = \frac{u_1 y_{1o} + u_2 y_{2o} + \cdots u_J y_{Jo}}{v_1 x_{1o} + v_2 x_{2o} + \cdots v_K x_{Ko}} \tag{2.3}$$

$$s.t. \quad \frac{u_1 y_{1i} + u_2 y_{2i} + \cdots u_J y_{Ji}}{v_1 x_{1i} + v_2 x_{2i} + \cdots v_K x_{Ki}} \leq 1 \quad (i=1,\,2,\,\cdots,\,N)$$

$$u_j \geq 0 \quad (j=1,\,2,\,\cdots,\,J)$$

$$v_k \geq 0 \quad (k=1,\,2,\,\cdots,\,K)$$

各組織の効率性の値 θ （$0 < \theta \leq 1$）は、この線形計画問題をシンプレックス法などによって解くことで得られる。包絡分析法は、組織ごとに異なる目標間の優先順位を考慮した上で効率性を評価できるという点で、自律的意思決定を行う組織の評価に親和的である。

一方、確率的フロンティアモデルは、統計学・計量経済学分野においてAigner *et al.* (1977) によって提唱された式 (2.4) のような 2 つの確率的誤差項を持った回帰モデルに基づく効率性の測定手法である[24]。

$$g(y_{1i},\,y_{2i},\,\cdots,\,y_{Ji}) = f(x_{1i},\,x_{2i},\,\cdots,\,x_{Ki},\,\epsilon_i) \exp(-v_i) \tag{2.4}$$

$$\epsilon_{it} \sim N(0,\,\sigma^2)$$

$$v_i > 0$$

非負の v はベストプラクティスのフロンティア関数からの乖離を表すものであり、$\exp(-v)$ は 1 未満の正値をとり、基準化された効率性と解釈される。多くの実証分析では、最尤法によって回帰モデルのパラメータおよび各組織の非効率性に関するパラメータ v を推定している。確率的フロンティアモデルは

変量効果を伴う回帰分析の一種であり、統計モデルとして様々な拡張が可能である。

これらの分析手法は80年代において、教育分野を含め、様々な公共政策分野における効率性評価の手法として適用されることとなった。

2.1.2.3　教育行財政研究・実務における概念・手法の受容と到達点

こうしてFarrell（1957）による概念の確立、70年代における測定技術の開発という方法論上の展開は、1980年代以降のアメリカを中心とした英語圏の教育政策研究において、効率性に関する実証分析の叢生を促すこととなった。無論、同時期におけるアメリカの教育政策上の背景が効率性の実証分析の需要を喚起したことも看過できない。すなわち、『コールマン報告』として知られるColeman *et al.*（1966）の知見を受けて、70年代において教育政策と教育成果との関係を計量的に分析する教育生産関数研究が数多く試みられたが、財政支出を伴う政策的投入の効果について必ずしも一貫した知見は得られず、公教育組織自体の効率性に関する問題意識が提起された時期でもあった（Coleman 1968; Hanushek 1979）。またアカウンタビリティ政策の展開という実際の先進国の教育政策上の背景も相乗的に作用した。

こうした方法・実質双方の背景の上に、教育行財政・政策に関する学術誌等において、学校・学区を単位とする効率性評価に関する実証分析が登場することとなった。分析手法の確立から程なく教育学分野への適用が進み、包絡分析法についてはBessent & Bessent（1980）を、確率的フロンティアモデルについてはDeller & Rudnicki（1993）を嚆矢として実証分析が蓄積されてきた。

また、現実の教育分野データへの適用の中で方法上の洗練も加えられ、重要な発展を見いだすことができる。手法について特筆すべき点として、包絡分析法においては、学校・学区教育委員会がコントロールできない児童・生徒の家庭背景などの要因による寄与を分離する方法（非裁量変数モデルおよび付加価値アプローチ）が標準化されたことにより、政策的・経営的努力による効率性寄与分の評価が可能となった[25]。一方、確率的フロンティアモデルについては、式（2.4）における関数 $g(\cdot)$、$f(\cdot)$ を特定化した上で効率性を推

定する代わりに直接的に距離関数から効率性を推定する距離関数アプローチ（Grosskopf *et al.* 1997）によって、複数産出の下での効率性の推定が容易となった[26]。

　初等中等教育段階における教育行政・政策分野への適用は、学区・学校組織間の技術的効率性を比較することを目的としたプリミティブなものが多くを占めるが、他方、学校組織改革に関する Grosskopf *et al.* (1999)、Grosskopf & Moutray (2001) や教育財政改革を評価した Grosskopf *et al.* (1997)、「適切性」に関わる政策での必要経費算出に関わる Gronberg *et al.* (2004)、Ruggiero (2007) のように、アメリカの政策動向と密接に対応した研究も生み出されてきた。

2.2　教育生産関数研究の文脈に照らした効率性

　こうした効率性分析の概念・方法の史的展開は、米欧において膨大な蓄積が存在する投入産出関係に関する政策分析の文脈にも位置づけられ、効率性に関する測定・実証分析はその派生として考えることができる。学校教育における投入産出間の関係の実証分析の歴史は古く、その端緒は 19 世紀末の時点に見いだせる[27]。このような投入産出関係、すなわち生産性に関する政策分析は通例、「教育生産関数」（educational production function）あるいは「学校の効果」（school effectiveness）に関する研究と呼ばれる[28]。教育生産関数研究の分析モデルは、式 (2.5) のように定式化できる（Hanushek 2006:Ch14）。

$$Y_{it} = f(F_i^{(t)}, P_i^{(t)}, S_i^{(t)}, A_i) + \epsilon_{it} \tag{2.5}$$

Y_{it}…時点 t における生徒 i の産出

$F_i^{(t)}$…時点 t までの累積的な家庭の投入

$P_i^{(t)}$…時点 t までの累積的な所属生徒集団による投入

$S_i^{(t)}$…時点 t までの累積的な所属学校による投入

A_i…生得的な能力

ϵ_{it}…観測できない確率的な要因

　被説明変数である児童・生徒の産出は、学力調査などによって測られる認知

的能力（cognitive skill）が最もよく用いられ、その他には教育達成なども用いられる。説明変数のうち、家庭の投入は、具体的には親の所得や学歴、人種などの家庭の社会経済的背景（以下 SES）や親が教育に割く時間であり、生徒集団による投入は、具体的には学校や学級レベルでの生徒の SES などの集合的・平均的な特質を指す。学校による投入は、具体的には、教育支出、学級規模（教員生徒比）、教員給与、教員の免許・学位、教員経験などであり、学校の保持する資源あるいは財政的支出を伴う政策的変数である。

　膨大な数の教育生産関数研究・学校の効果性研究の中でも、2つの研究は後続の研究に与えたインパクトにおいて最も際立っている。第1は『コールマン報告』として知られる Coleman *et al.*（1966）であり、その後の教育政策分析のあり方を方向づけた記念碑的研究である。その中心となる分析では、上記の生産関数を線形回帰モデルで推定し、家庭の投入および生徒集団の投入によって説明される分散の割合が大きく、学校による分散が相対的に小さいことを根拠として「学校は、子供の成績に対して、家庭背景や一般的な社会的文脈から独立した影響をほとんど与えない」（Coleman *et al.* 1966:325）という結論に至った[29]。この結論は様々な学問領域で実証分析を促すこととなった。後続の研究においても SES の影響が生徒の産出を強く規定していることは研究者間で広く合意が見られたが、学校変数あるいは教員変数による影響の評価については対立する主張がある。

　第2は、Hanushek（1986, 1989, 1997）の、教育生産関数研究に関する一連のサマリーである。それらは、生徒1人当たり教育支出、教員生徒比、教員の資格・学位、教員の経験年数などの学校に対する投入と産出の間に「強い、系統的な関係はない」（Hanushek 1986:1162）と結論づけている。教員人件費は学級規模および教員給与に規定され、前者には教員生徒比が密接に関係しており、後者を規定するのは教員の資格・学位と経験年数であることから、教育生産関数に関する膨大な先行研究は、教育財政支出の拡充が必ずしも系統的に成果の向上をもたらさないことを示唆する。この一連の教育生産関数のサマリーは頻繁に引用されるものだが、一方でその見解に同意しない研究者も多く、意見の一致を見ていない[30]。

米欧では、これらに触発されて膨大な数の実証分析が行われてきた。近年では、大規模実験・調査データを用いた研究も現れ、データとともに政策評価に関する分析手法の洗練も図られている。そうした研究の発展の中で実証分析の論点は、教育支出やそれによって規定される様々な投入の効果の有無や相関関係の正負ではなく、その効果の大きさ、あるいは費用に見合った効果・便益が得られるかという点にある。しかし、そうしたデータの質の向上や分析手法の向上が図られてもなお、「金の問題か」という根源的な問いや費用対効果の面で実行するに値するかという問いに関して、研究者間で見解の相違は収斂していない。その端的な例は、政策的投入の中でも基幹をなす教員人件費に関わる投入、すなわち学級規模と教員給与の効果に関する実証分析である。

2.2.1 学級規模に関する実証分析

学級規模の効果の実証分析では近年、大規模実験データの使用や観察データを用いた準実験的方法 —— 操作変数法、回帰不連続デザイン（Regression Discontinuity Design）、差分の差分法（Difference in Difference）—— による内生性の問題への対処など方法的な洗練を見せている[31]。しかし、実証分析で得られた結果にはばらつきがあり、学級規模の効果の推定値に関して、教育成果との関係を否定するものから、非常に大きな効果 —— 生徒1人減少につき0.07標準偏差のスコア上昇 —— を報告するBoozer & Rouse（2001）のような研究まで存在する[32]。

また、学力テストなどの成果に対する効果だけでなく、Krueger（1999, 2003）、Dustmann *et al.*（2003）、Fredriksson *et al.*（2013）は就業後の賃金への効果への推計から費用対効果に踏み込んで分析している。Krueger（1999, 2003）はSTARプロジェクトの実験データを用いて、少人数学級（幼稚園－小学校3年）のインパクトを推計し、22人から15人へ規模が縮小することによって、高校最終学年時のテストのスコアが0.2標準偏差程度上昇し、経済的効果においても便益が費用を少なくとも43%上回り、内部収益率は5.2%程度に達すると報告している[33]。Dustmann *et al.*（2003）は、イングランドとウェールズにおけるデータを用いて、学級規模が進路に与える影響と就業後の賃金における影響を推計し、16歳時点の学級規模が1人縮小するに従い、賃

84

金が 0.3%上昇することを示している。Fredriksson *et al.*（2013）はスウェーデンのデータについて分析し、小学校の学級規模 1 人縮減につき就業後賃金が 0.63%改善され、学級規模が 25 人から 20 人となった場合はその内部収益率は 17.8%に及ぶと推計している。

　これらは少人数学級の効果が大きく、社会的投資たりうることを主張したものだが、推計が前提とするように少人数学級の効果が時間経過と実施規模拡大に伴って維持され続けるのかは異論があり、推計の結果は頑強であるとは言い難い。STAR プロジェクトの実験データを分析した Finn *et al.*（2001）、Finn *et al.*（2005）は小規模学級の効果の継続性を報告する一方で、同じく STAR プロジェクトのデータを分析した Ding & Lehrer（2010）は実験における被験者の欠落、実験・統制群間の児童の移動を考慮すると、小規模学級の効果は幼稚園と第 1 学年のみに限定されることを示している。また、テキサス州の Texas School Project の大規模データを用いた Rivkin *et al.*（2005）は規模 1 人縮減によるテストスコアの改善幅が 0.01 標準偏差程度と小さく、少人数学級の効果も学年が上がるにつれて減衰することを報告している。実施規模に関して、Jepsen & Rivkin（2009）は、カリフォルニア州の幼稚園・小学校で大規模に実施された少人数学級政策の分析を行い、教員の増員により教員の平均的な質が低下し、遅くに少人数学級を導入した学校および黒人の割合が高い学校では、その効果が減退する点を明らかにしている。

2.2.2　教員給与に関する実証分析 [34]

　教員の「質」と生徒の成果のリンケージについて、教員の出身大学の選抜性や教員資格試験のスコアといった教員の「質」と生徒の学業成績には正の相関があることは既に知られている（Ferguson 1991；Ehrenberg & Brewer 1994；Ferguson & Ladd 1996；Wayne & Youngs 2003）。また既存の教員の入職・離職に関する実証分析では、一般的に、能力の高い学生が教職に入職しにくく、能力の高い教員が早期に離職しやすいことが指摘されており（Dolton 1990；Murnane *et al.* 1991）、給与水準という政策変数がこの傾向にどのように作用するかが実証分析の焦点となってきた。

　教員の入職・離職という文脈でその規定要因として教員給与に言及する場

合、地域間の給与水準の相違のみならず他の職業との比較における相対賃金が問題となる。Ferguson（1991）は、隣接地域学区の給与および他職の給与水準の高さは当該学区の教員の質を強く規定しており（負の関係にあり）、給与水準が質の高い教員の確保において重要な要因となっていると主張する。また、Figlio（1997）は教職入職における初任給の効果を分析し、地域・学区の教員初任給が高くなるほど選抜性の高い大学の出身者が多くなることを明らかにしている。

　しかし一方で、給与水準が教員の質に影響を及ぼしていない旨を報告する研究も存在する。Manski（1987）は教員供給に関する構造推定およびシミュレーションを行った結果、教員給与の増加によって教員志願者は増加するものの、それだけでは能力的な分布は大きく変化しないことを示している。教員の離職に関する実証研究である Murnane & Olsen（1990）、Murnane *et al.*（1991）では、給与の高さが離職を抑制する作用があるものの、質の高い教員においてはその効果は小さくなると報告されている。同様に Kelly（2004）、Podgursky *et al.*（2004）では、離職抑制に関する給与の効果はないか、もしくは非常に小さいという結果を得ている。

2.2.3　Coleman と Hanushek の提起の意義

　これらの実証分析の多くはアメリカのデータによって行われたものであり、その解釈はアメリカの教員需給などの歴史的背景に照らして行われるべきであるが、教育生産関数研究において、教育財政支出、とりわけ、その多くを占める人件費に関わる政策的投入の効果に関して合意は存在していないと総括できよう。

　ただし、膨大な教育生産関数研究における Coleman *et al.*（1966）と Hanushek（1986）について、改めて強調しておくべきは、それらは「金の問題か」という問いに対して必ずしも否定的な答えを提示した研究ではないということである。そのように受容する向きが少なくないのは事実だが、注意深く検討すれば、これらが問題としているのは効率性であり、学級規模や教員給与などの政策的変数の系統的な効果を否定すれども、それが完全に無力だと主張したのではない。資源運用に組織レベルで多様性があること、すなわち、必ずしも資源

が効率的に利用されているわけではなく、特定の環境の下では効率的に資源が利用され、別の環境の下では非効率的に資源が利用されることを問題としているのである[35]。

2.2.4　組織レベルの異質性としての効率性・非効率性

　教育生産関数の実証分析における実質的かつ技術的な重要な問題として、早くから内生性[36]、関数形[37]、異質性の問題が指摘されてきたが（Mosteller & Moynihan 1972）、これらのうち、異質性の問題は統計分析のモデルとして効率性・非効率性の推計と大きく関連している。

　投入産出間の関係は、児童・生徒、教員が置かれた局所的文脈に依存する可能性があり、その関係は一様ではない。例えば、学級規模の効果は特定の学年においてのみ発現するのかもしれない。こうした投入の効果が多様である可能性を無視し、一様な投入産出の関係を推定することは政策的含意を曖昧にする。あるいは 90 年代以降、教育生産関数研究や学校の効果研究では、様々な要因の効果の大きさが児童・生徒の所属する文脈 —— 所属学級、学校、地域レベルの変数 —— によって異なることを想定し、実証分析で階層モデル（ランダム係数モデル）が用いられることが多くなっている。階層モデルは、切片ないし係数ベクトルが所属する文脈ごとに異なり、それらが（多変量）正規分布などの確率分布に従うことを前提とする回帰モデルである。

　前述の効率性の測定・分析のための回帰モデルである確率的フロンティアモデルは、効率性に関する確率変数について半正規分布や指数分布、ガンマ分布、あるいはそれらの混合分布を仮定したものであり、こうした階層モデルによる回帰分析の特殊型と考えることができる。すなわち、確率的フロンティアモデルにおける異質性のパラメータは非効率性に関する確率変数と解釈できるのであり、こうした統計分析のモデルの上でも効率性に関する実証分析は、教育生産関数研究の派生と考えられる。

2.3　効率性に関する既存研究の評価

　本書の実証分析における効率性の概念・分析手法も、上述の 1980 年代以降の実証分析で採用されてきたものを踏襲するが、既存研究の仮定・含意を教育

活動・組織の特質に照らした際の問題として、以下の3点に留意する必要がある。

2.3.1 スケールの任意性

　第1の問題は、産出変数・投入変数の尺度におけるスケールの任意性である。Farrell（1957）の効率性概念およびそれに基づく包絡分析法、確率的フロンティアモデルでは産出変数・投入変数の双方または一方は非負の比例尺度であることが仮定されており、効率性の値の解釈もこの仮定に依存している。しかし、この仮定は教育政策・行政領域に適合的ではない場合が多々ある。というのも、学校教育の成果について、学力のような認知的側面に限定するにせよ、素行や情操など非認知的な側面を含むにせよ、その指標の多くは因子分析や項目反応理論に基づく標準化スコアで与えられ、比例尺度ではないからである。

　既存の実証研究には、こうした教育成果変数を比例尺度であるかの如く扱い、生産関数のパラメータおよび組織ごとの効率性を推定しているものが多く見られるが、教育活動の成果の多くが比例尺度で与えられない以上、それらの推定値に意味を見いだすことはできない。スケールを持つ別の変数に係留する[38]、基準の達成率など情報レベルを落として非負性・比例性のある成果変数に変換して分析を行うなどの方策を採る、もしくは、非負性・比例性を仮定しない方法によって限定的な解釈にとどめるべきである[39]。

2.3.2 適用対象と概念の齟齬

　第2の問題は、教育組織のビヘイビアルな特質と焦点となる効率性との齟齬である。この点は、学校がどのような環境で何を最適化すべく活動しているかという点に密接に関係している。既存の実証分析において、産出変数として、学力テストスコアの水準または増分の学校・学区平均値が用いられる場合が多いが、それが教員や学校組織の選好に照らして現実を反映しているかは再考の余地がある。仮に学校の教育成果を学力テストで測定される認知的能力に限定したとしても、ターゲットとなる教育成果の要約統計量は平均値だけとは限らず、公平性や格差の縮小といった配分的側面に重きを置く場合もある。あるいは、低位層における成績（保障すべき最低水準）、また反対に高位層の成

績(卓越性)に高い価値を置き、それらを高めるべく学校・教員が動機づけられている場合もありうる。産出変数に複数の変数・指標を含む余地があり、手法上そうすることが十分可能であるにもかかわらず、既存研究では極めて限定的な成果情報しか用いられていない。

また、包絡分析法を用いた実証分析では、投入指向の技術的効率性のモデルと産出指向の技術的効率性のモデルの双方が用いられているが、前者は現実の学校組織の置かれた状況に合致するとは言い難い。前者が実証分析において採用されるのは、それが包絡分析法の最もベーシックなモデルであることと多分に関係している。しかし、学校・行政組織が特定の産出水準を達成すべく、より少ない投入量を目指して行動するというケースは稀であり、実際には予算や投入水準を変更することは難しく、与えられた予算制約あるいは投入水準の下で産出を最大化するという行動原理の方が現実に即している。

2.3.3 効率性・非効率性の要因

第3の問題は、効率性・非効率性の要因解明の弱さである。組織ごとの効率性・非効率性の程度が多様であれば、当然、それがいかなる要因によるのかということが重要な関心事となるが、既存の効率性に関する実証分析は測定に重きが置かれており、その要因解明の不十分さが否めない。相違をもたらす要因として安定した結果が析出されているのは、児童・生徒および地域の社会経済的背景であり、教育政策・行財政への含意は乏しく(Wothington 2001)、プラクティカルな含意という点では、政策・制度・経営的要因に関わる考察が重要課題となる。

日本の教育行財政研究において、効率性に関する実証分析はなされておらず、効率性の問題自体さほど論じられてきたとは言い難いが、効率性を左右する考えうる政策・制度・経営的要因として想定されてきたものを読み取った上で整理すると以下の3点が挙げられる。

第1は生産・管理における新技術の導入の有無である。市川(1967)は、教育行政の能率化の方策として、教授の能率化、学校事務・行政事務の能率化、学校管理運営の能率化の3点を挙げており、その大要は、人的労力の標準化ないし機械化である。

第2は行政・経営規模であり、教育委員会の設置規模および学校規模の問題は古くから提起されてきた（伊藤1965）。学校規模に関して言えば、法制上は、「学校教育法施行規則」17条、55条および「義務教育諸学校等の施設費の国庫負担等に関する法律施行令」4条において標準ないし適正規模として12学級から18学級までと明記されているものの、これまでその点に関する検証がなされたことはない。今日に至るまで学校規模の適正化は財政審等で歳出合理化という文脈で論じられてきたが、校務分掌や教員間関係、児童生徒－教員関係等を通じて、本書で扱う技術的効率性に照らしても影響を与えうる可能性がある。教育委員会設置単位規模については、戦後の教育委員会制度の発足の経緯ゆえ古くから議論がなされてきた。現行の日本の義務教育段階の地方教育行政の文脈において、共同設置・一部事務組合・広域連合のごく少数の事例を除けば、教育委員会の設置単位は市町村自治体であるが、今なお、多様な規模の基礎自治体における教育委員会の必置規制が果たして適切なものであるのかは経験的な検証の余地がある。

第3はインセンティブ構造に関する要因である。市川（1982）は効率性を左右しうる要因として、学校裁量と選択メカニズムおよび報償システムといった制度的要因を挙げている。

これらのうち第1の点は提起された時期的制約もあるが、学校教育が労働集約的である限り、有効な方策が必ずしも明確ではない。第2の点に関しては、一部の包絡分析法および確率的フロンティアモデルによる実証分析では、大規模学区・学校規模の効率性への寄与が報告されているが（Barnett *et al.* 2002；Carpenter & Nollar 2010；Duncombe *et al.* 1997；Gronberg *et al.* 2012；Kirjavainen & Loikkanen 1998）、そうした知見が日本の学校にも適用できるか、あるいは、学力の平均的水準という従来想定されてきた産出以外においても妥当するかは改めて検証の余地がある。第3の点は1990年代以降の米欧の制度改革と密接に関連しており、海外の教育経済学の理論的・実証的文献でも言及されるようになってきた。このインセンティブ構造に関しては以下でやや立ち入って検討しておく。

財政的投入の系統的な効果を否定する立場において、焦点は資源の運用の

効率性を規定するインセンティブ構造にある（Hanushek *et al.* 1994）。インセンティブ構造を重視するアプローチは、学校内部に複数の利害や専門性の異なるアクターが存在し、それらのアクターの関係が教育活動における効率性を左右すると考える。また、アクター間のコミュニケーションのコストや利害の齟齬、情報の格差といったアクター間の関係は、インセンティブ構造によってある程度規定されるということを前提とする。McMeekin（2003）は、インセンティブ構造に関わる具現化された制度を、1）報酬システム、2）学校選択・学校間競争、3）評価、に大別する。

　学校単位の報酬システムに関して、実証分析は非常に限られるが、学校単位の業績連動型報酬プログラムに関する分析はそれがインセンティブとなりうることを支持している。Lavy（2002）は、イスラエルの中等学校のデータの計量分析により、学校を単位とする報酬プログラムと資源の追加的投入プログラムとを比較し、前者の方が単位費用あたりのパフォーマンスで優れていることを示している。Richards & Sheu（1992）は、サウスカロライナ州における学校を単位としたインセンティブプログラムを分析し、社会経済的に不利な背景の層の学校において学業成績の改善があることを見いだしている。

　学校選択制・学校間競争については、90年代以降非常に多くの実証分析がなされてきたが、選択・競争がもたらす学校組織への作用を直接的に実証した分析は非常に少ない。Rapp（2000）は公立学校選択により教員の努力（授業準備や生徒との課内・課外活動の時間）が増加することを見いだしているものの、一方で包絡分析法や確率的フロンティアモデルを用いた実証分析では、効率性と学校間競争の関係の知見は一貫していない[40]。

　評価制度については、本人・代理人論の視点から学校の組織的自律性との相補性が指摘されてきた。本人・代理人論によれば、分権的意思決定の下での専門的知識・技術をもつ代理人への委任はパフォーマンスを高める必要条件であるが、一方で代理人が本人の利益に違背して自身の利益だけを追求する機会主義的行動をとる余地が存在する。本人・代理人間に選好の相違と情報の非対称性が存在するならば、透明性を高める制度環境の有無が委任の帰結を左右する。すなわち、代理人の行動・結果に関する情報の取得コストを小さくするような

評価の仕組みが存在し、本人が容易に監視を行える状況にある時、代理人の機会主義的行動は抑制されうる、というメカニズムが働く。この関係を学校教育の場面に適用した場合、本人＝児童・生徒および保護者、代理人＝学校（教員）となる。Bishop（1996）、Wößmann（2003a）、Fuchs & Wößmann（2007）は国際学力調査データの分析によって、学校情報を可視化する評価の仕組みとしての標準化された外部試験（central exam）と学校組織の自律性の相補性を支持する結果を得ている。この知見は、1980年代以降のアングロサクソン諸国を中心に導入されてきたNPM的な教育行政改革やアカウンタビリティシステムの有効性を支持するという点で重大な含意がある。

　これらのインセンティブ構造に関する研究は歴史が浅く、実証分析の存在自体貴重ではある。しかし、現実の政策・制度改革への含意に鑑みれば、看過できない難点がある。

　まず、制度変数の測定に問題がある。Wößmann（2003a, b）、Fuchs & Wößmann（2007）などの実証分析では学校組織の自律性や評価システムに関する制度変数が用いられているが、前者はPISAやTIMSSなどの校長の回答による主観的なデータであり、比較可能性に問題がある。後者については実際に用いられているのは中等教育機関の修了試験・大学入学資格試験の有無であり、成果の評価に関する仕組みとしては限定的すぎる上に情報の精度にも問題がある[41]。

　また、実証分析で想定されている産出が学力の平均的水準のみに焦点化されている。学校教育での産出を学力面に絞ったとしても、その望ましい価値は水準だけには関わらない。卓越性、公平性といったものなども望ましい価値と考えられ、複数の産出からインセンティブシステムの功罪が考察される必要がある。特に、学校の組織的自律性を高める制度改革が平均的水準だけでなく公平性という価値の追求においても効率的な仕組みであるかは、日本の文脈において問われるべき重大な論点である。

　そして、根本的な問題として、先行研究ではインセンティブに関わる制度自体の産出への効果が焦点となっており、効率性・非効率性との関係というインセンティブに関する問題意識に対応した検証となっていない。理論的に整合さ

92

せるならば、インセンティブシステムに関する分析の直接的な被説明変数は組織の効率性・非効率性の多寡となるはずである。すなわち、インセンティブに関わる制度的要因 → 効率性 → 産出という経路があり、実証分析もそのような経路に対応させて行う必要がある。

2.4 実証分析における作業課題

　既存の教育生産関数および学校の効果に関する研究では、政策的投入の平均的効果を巡って議論が交わされ、ある投入の効果は常に一定であることを暗に仮定してきた。しかし、教育経営における効率性が組織間で一様とする仮定は現実に反しており、投入産出間の関係における異質性に着目する必要がある。本書では効率的な資源の運用という観点から日本の教育財政を評価・考察するが、これまでの議論をふまえるならば、問われるべきは以下の2点である。

　第1は、教育財政運営に関わる非効率性の大きさである。本書では、確率的フロンティアモデルによる実証分析によって、ベストプラクティスの下での支出拡大による産出の改善分と比較した非効率性の縮減の余地を評価するが、上記の検討をふまえて次の2点において既存研究を拡張する。1つは、単一の産出ではなく、産出の複数性に着目して教育支出の生産性と組織の効率性・非効率性を評価するという点である。もう1つは生産関数の関数形について特定の仮定を置かない方法を採用するという点である。この点は実証分析上の技術的問題でもあるが、既存の多くの分析で仮定されてきた生産関数の線形性を検証の対象とし、より重要な政策的含意を得る。

　第2は、教育財政における効率的な運営・執行のための政策的・制度的・経営的な条件である。上記の整理に基づけば、効率性を左右する要因として、学校経営および地方教育行政の規模および学校組織の自律性と評価制度からなるアカウンタビリティシステムが想定されてきた。これらは、それぞれ、経営的要因と制度的要因と解釈できるが、効率性との関係に関する実証的知見の蓄積は限定的である。すなわち、前者については、少ないながら行われてきた米欧の効率性の実証分析では、その作用に関して合意が得られておらず、後者については効率性との直接的関係は分析の対象となっていない。また、制度変数の

第2章　分析枠組み　*93*

測定精度にも改善の余地が存在する。そして、日本のデータを含む分析も行われていないため、日本的文脈に対する示唆も得られていない。

　本書における実証分析は、こうした既存研究の問題点を乗り越えんとするものだが、加えて、教育財政支出の配分という政策的要因も効率性を左右しうる有力な要因として考察の対象とする。一般的に、教育活動が労働集約的である限り、人件費の配分は教育活動の帰結に関する政策的変動をもたらしうる。また、それだけでなく、日本的文脈に鑑みても特に次の2点において重要である。

　まず第1に、教員人件費に関して伝統的に議論されてきた問題として、人件費の個人間の配分を年功によって行うのか業績・能力によって行うのかという点がある。教職は構造的に職階が少ないため、職位に伴う給与差という長期的なレベルでのインセンティブに乏しい。また、日本において地方公務員法40条に定める勤務評定は実質的に形骸化していることも併せて考慮すれば、日本では教員人件費配分に関しては長期的にも短期的にも個人の能力・業績に報いる仕組みが欠如しており、このことが教育財政の効率性に影響を及ぼしているか否かは重要な論点たりうる。

　第2に、2001年における義務標準法第17条追加による「定数崩し」容認、2004年における教育公務員特例法第25条5の国立学校準拠規定の廃止、義務教育費国庫負担金に関する総額裁量制の導入によって、仕組みの上では都道府県レベルで教員人件費の使途に裁量が認められ、給与水準を抑制して員数を増やすという裁量的人件費配分が可能となった。第1章で見たように、先進国内部でも人件費配分パターンには大きな相違があり、教員人件費総額の範囲内で給与水準と員数のどちらを優先した方がより効率的かは経験的検証の課題として残されている。本書ではこれらの人件費配分の相違を政策選択の相違として把握し、効率性への影響を実証分析で明らかにする。

　これらをふまえて教育財政の政策分析を第6章と第7章において行う。2つの章の分析を通じて、現在の日本の文脈において教育財政拡充のみによる教育成果の改善は局所的かつ限定的であること、そして所与の投入水準の下でのベストプラクティスに近づけるべく、非効率性を縮減するための政策・制度選択

の余地が残されていることを示す。第6章では、学校組織レベルの効率性に焦点を当て、その効率性を規定する経営的要因としての学校・行政規模の作用を考察の俎上に載せる。特に、規模による優位性の議論において想定されてきた規模効果の単調性の仮定を検討する。第7章では、国レベルの効率性の程度および、その効率性を左右する要因としてのインセンティブ構造に関わる制度的要因および教員人件費に関わる政策的要因について考察する。とりわけ、前者に関しては、アカウンタビリティシステムにおける学校組織の自律性と評価制度の相補的作用に関する先行研究の主張について再考する。それらの制度によって改善される効率性は包括的ではなく、制度改革に関する含意は価値の選択に依存せざるを得ないことを指摘する。

　以上の分析枠組みをふまえて、第3章から第7章において、決定における民主性と運営における効率性の観点から教育財政の実証的考察を行う。

注
1)　例えば、塙（2012:9-13）を参照。
2)　すなわち、自民党文教関係議員と文部省官僚は、「党側は政策形成に必要な各種の調査を行い、資料を収集する機関をもっていないし、法案作成上の技術的過程について官僚の力を借りなければならない」「一方、文部省側は政策の発議、立法化、予算化にあたって党のもっている政治権力に依存することになる」（熊谷1974:49）といった依存関係にある。ただし、熊谷は、自身が指摘した自民党－文部省のパートナーシップの競合者として、専ら、社会党－日教組のみを設定したことによって、政策過程を伝統的な保革対立の枠組みに回収したが（熊谷1983）、これは教育政策過程の描写として限定的であるように思われる。例えば、斎藤は、予算編成過程において、「大蔵省は各省と対立するのみならず、各省をバックアップする与党の部会等との対立という図式になり、更に各省に賛成の勢力だけでなく、日頃反対の勢力もこの時は各省の応援側に廻る。即ち、概算要求を作り上げていた時各省に対立していた圧力団体も、概算要求が大蔵省に提出された後は立場が変り、40人学級促進の日教組も、生産者米価ひきあげの農民団体も、健康保険の医療給付改善の医師会も、関係省と対立しているように見えて、実は応援していることが多い」（斎藤1984:8）と述べるように、自民党と文部省が恒常的なパートナーシップを形成しているといっても、イシューの性質によってのパートナーシップの外延と対立の対象は異なってくる。
3)　Schoppa（1991=2005）は下位政府概念についてCampbell（1977=1984）の予算政治研

究に依っていると述べているが、Jordan（1990）によれば、下位政府というターム自体は Cater（1964）が初出であり、また下位政府の示す内容については Griffith（1939）で指摘されている。

4) 日本語による政策ネットワーク論の理論に関する文献として、新川（1992）、木原（1995）、原田（1998）、西岡（2004）など。

5) この点に関して政策ネットワーク論の代表的理論家である Rhodes（1999）は、政策ネットワークに関する研究方法は、基礎づけ主義的な因果関係の説明ではなく、主観的な構成物としてのネットワークを「物語」（narratives）として記述することであるとしているが、この反実証主義が意味のある回答かは疑問が残る。政策ネットワークの方法論的論争の紹介としては西岡（2004）も参照。

6) 中央地方の非強制的な依存関係の指摘は政策ネットワーク論を待たずとも既になされている。例えば、荻原（1996：316）は、法的強制システムに依拠するのではない形で「指導」が通用しうるという点に戦後日本の教育行政の特質を見いだし、その条件として当事者間の利害の合意があったであろうことを仮説的に述べている。

7) 例えば Howlett & Ramesh（2003）は、政策段階モデルを改良し、サブシステムに関する変数と各政策段階の性質の連関を仮説的に提示する。政策段階は、アジェンダ設定、政策策定、政策決定、政策執行、政策評価の５つの段階からなり、各段階のパターンとサブシステムの性質との関係が理論化されている。

8) Ramseyer & Rosenbluth（1993=1995）とは、党内過程における本人と代理人が逆になっている。これは Ramseyer & Rosenbluth（1993=1995）では、長期的な利益の達成のために、議員が党幹部に議員自身のコントロールを委任しているという構造になっているためである。

9) 飯尾（1995）は、Ramseyer & Rosenbluth（1993=1995）の本人・代理人論の枠組みの中で挙げられた、自民党幹部が官僚を統制する４つの手段について批判している。４つの手段とは、1）官僚の作成した法案に関して国会議員が意にそぐわない法案について拒否権を持つ、2）官僚の昇進を左右する、3）有権者の陳情、官僚出身議員、省庁間競争を通じて官僚制内の情報を利用する、4）官僚の天下り先を管理する、というものである。第１の拒否権については、大臣にとって選択肢がない、政治家の拒否が失敗する場合もある、そもそも政治家自身が独自の選好を持たない場合があること、第2、4の人事干渉については各省官房が中心に昇進システムを築いており、政治家の介入は例外的であることを指摘する。さらに飯尾（1995）は、政治家は官僚に対して組織性で劣り、政党優位論の根拠とされてきた専門知識について偏りがあること、政官関係に関しては融合関係をなしており、官僚自身が政治化しており、権力集中的な議院内閣制から乖離していると述べている。しかし、政治家による官僚のコントロールの手段としての人事介入について、教育政策について言えば、いくつか存在したことは事実である（官僚機構研究会 1978）。そもそも、人事介入が顕在化しな

いことをもって、コントロールの不在を積極的に立証することはできない。あらかじめ人事介入されぬように政治家の意思を忖度して官僚側が行動すれば、コントロールは達成されていることになる。また、本人・代理人論の批判として、建林（1999）は、比較の視点、官僚自身の選好・行動の説明が欠如している点を指摘する。そしてラムザイヤーらの議論について「抽象的な形での理論的可能性、あるいはインプリケーションとして示された」という評価を下している。

10）　予算政治研究の古典であるCampbell（1977=1984）は予算編成における漸増主義を普遍的な現象と認めつつも、日本についてはイギリスやアメリカ、フランスなどと比較してその漸増主義が強固であることを指摘している。

11）　例えば、議員内閣制の場合、有権者 → 議員 → 首相 → 国務大臣 → 官僚という委任の連鎖があり、アカウンタビリティは逆方向に果たされる。理念的な議院内閣制においては、代理人は1人の本人しか持たず（単一性）、また始点における本人である有権者から終点の代理人の官僚に至るまでの委任とアカウンタビリティは間接的に遂行される（間接性）。対照的に大統領制の下ではこの単一性、間接性という特性は保持されない。

12）　事前メカニズムと事後メカニズムは理論的には排他的ではないが、経験的にはある程度代替的である。ウェストミンスターモデルにおいては、政党がすべての委任の段階に関与し、議員を政党規律に従わせることで有権者に対し政策情報として党のラベルを提供する。委任は間接的に単一の連鎖によって行われ、最終的な本人である有権者にとってみれば政治家を統制するメカニズムは選挙に集中しており、政権が選出された後にはそれを事後的に統制する機会は少ない。つまり、理念型としてのウェストミンスターモデルにおいては、凝集的な政党を前提として選挙によってアカウンタビリティが担保され、異なる利害は政権交代を通じて通時的に代表される。そして、このウェストミンスターモデルから乖離するに従って、事前的メカニズムと事後的メカニズムの比重は変化し、反対の極にはアメリカに典型的な権力分散型の民主主義政体が現れる。異なる本人（選出母体）を持つ大統領、上院議員、下院議員という複数の代理人の並存に加えて、司法府、州政府、独立性の高い中央銀行といった議会外アクターによる関与があり、様々な制度的、党派的アクターのアクセスポイントが幾重にも存在し、異なる利害はアクター間の権力の抑制と均衡によって共時的に代表されるのである。

13）　Haggard & McCubbins（2001）は、政治制度の経済政策における帰結を分析した研究であり、理論の内容は拒否権プレーヤー論に基づくものであるが、Strøm（2000）、Strøm *et al.*（2003）のように政治過程をいくつかの委任関係に分節化して政治制度に関する考察を行っている。Haggard & McCubbins（2001:Ch1, 2）は、民主主義制度には少なくとも、国民から議会・執政府への委任、議会・執政府内部への委任、議会・執政府から官僚への委任、という3段階の委任が存在するとし、この委任に関わる制度配置に焦点をあてる。制度配置の問題は拒否権の数（有効拒否権数）として把握され、その拒否権数は、制度的な権力

の分立と目的の分散に依存しているとする。制度的な権力の分立は、大統領制、二院制、連邦制、司法による違憲審査により、目的の分散は社会における選好の多様性とそれを議席に変換する選挙制度に依存している。そして制度的な権力分立と目的の分散の相互作用によって拒否権プレーヤーは増大し、政策的帰結における「非決定性」を生むという仮説を提示している。

14) この2つのメカニズムは Lijphart（1999）の因子分析における2つの因子の別解釈と考えることができる。Lijphart（1999）の因子分析における第1因子は、二大政党制かつ執政府の権限の強い政体である時に低い得点となり、Strøm *et al.*（2003）の事前的メカニズムの有無と関連している。一方、第2因子に関しては、連邦制・地方分権の変数、二院制以外の変数に関しては中央地方関係の要素は希薄であり、むしろ Strøm *et al.*（2003）のいう権力行使に対する制度的制約・チェックと解釈した方が自然であるように思われる。この点で Lijphart（1999）と Strøm *et al.*（2003）における代表性とアカウンタビリティに関する議論は相補的である。Powell（2000）は、主に選挙制度を中心に多数主義と比例主義の帰結について代表性とアカウンタビリティの観点から論じている。議院内閣制における選挙制度と議会制度からなる制度的帰結の整理については、増山（2007: 表1）も参照。

15) Lijphart（1999）のように政治制度を代表性の側面から考えたとしても、結局、政策の方向性は参加アクターの政策選好が分からなければ政策的な帰結を論理的に導き出すことはできない。福祉政策を例にとっても、多数主義的な制度の下で社民主義政党が政権政党である場合と、合意主義的な制度の下で社民主義政党が政権政党である場合を考えれば、明らかに後者のケースでは自由主義政党が関与する機会が増加するのであるから、福祉政策の増進は進まない。つまり、多くの利害を包含することは必ずしも Lijphart（1999）やその理論に依拠した実証分析が想定するような結果には至らない。管見の限り、政治制度と教育政策の方向性に関する論理的な仮説を提示しているのは、学校教育における私学セクターの大きさに関する分析を行った Busemeyer & Iversen（2014）のみである。それは、選挙制度の相違が、中所得層に対して高所得層と低所得層のどちらと多数派を形成するかを規定し、比例主義的選挙制度の下では私学セクターは小さくなるという理論的予測を与えている。

16) 日本語文献に特有の事情として、同じ "efficiency" の訳語であるにもかかわらず、効率性と能率性とを使い分けることで混乱の度合いを増しているという面は否めない。

17) Callahan（1962＝1997）は、科学的管理法の受容以後の教育行政学について、「もし教育家たちが『最小の費用で最高の生産』——しばしば、アメリカの製造工場における基本的前提であると承認されている金言——を探求したならば、その結果は不幸にならなかったであろうということはありうる。しかし、記録によれば、力点は全く『最高の製品を生産する』ことにあったのではなく、『最小の費用』にあった。」（Callahan 1962＝1997:319）と概括している。

18) 伊藤におけるテイラリズム導入の狙いは、教員に適正な業務量を与えることで多忙問題

を解決すること、また標準業務量に基づく適正な標準人員を算出することで教職員定数改善のための足掛かりとすること、そして、それらを通じて、児童・生徒の側に立った「教育を受ける権利」を保障することにあり（伊藤 1963：239-240）、アメリカの「能率化運動」とは問題意識を異にしている。

19）　教育政策の文脈での、このような使用例として Psacharopoulos（2006）等。社会科学での重要な用法として、誰かの厚生を下げることなしに他者の厚生を改善できない資源配分の状況を指す「パレート効率性」があるが、この効率性も社会の厚生の総量を問題にしている。

20）　この投入指向の技術的効率性は、産出水準の条件があるという点で、「安かろう悪かろう」の節約としての効率性とは異なる。

21）　配分的効率性は、投入指向の配分的効率性と産出指向の配分効率性に分けられる。ここで言及するのは前者の配分的効率性である。後者は営利組織においてのみ意味のある概念であるため、ここでは触れない。

22）　厳密な定義については、Kumbhakar & Lovell（2000）などを参照。

23）　包絡分析法の概説書としては、Cooper *et al.*（2006）などを参照。

24）　パラメトリック確率的フロンティアモデルの概説書として Kumbhaker & Lovell（2000）などを参照。

25）　非裁量変数モデルを用いた教育政策・行財政分野の実証分析として、Grosskopf *et al.*（1999）、Grosskopf & Moutray（2001）、Primont & Domazlicky（2006）など。

26）　距離関数アプローチによる教育政策・行財政分野の実証分析として、Grosskopf *et al.*（1997）、Haelermans *et al.*（2012）など。

27）　学級規模に関するメタアナリシスを行った Glass & Smith（1979）では、19世紀末に発表された研究が言及されている。

28）　Teddlie & Reynolds（2000）によれば、「学校の効果」に関する研究は主に3つの潮流に分けられる。第1は「学校の効果」に関する研究（School Effects Research）であり、投入産出間の分析である。第2は「効果的な学校」に関する研究（Effective Schools Research）であり、効果的な学校教育のプロセスに焦点をあてるものである。第3は「学校改善」に関する研究（School Improvement Research）であり、学校の変容のプロセスに焦点をあてる。以降、学校の効果に関する研究と言う時には、特に断らない限り、第1の研究を指す。またこの点において学校の効果に関する研究と教育経済学における教育生産関数研究は同様のものとして扱う。

29）　ただし、この「学校はほとんど影響を与えない」という結論は、分析の不適切さによるところもある。Coleman *et al.*（1966）の分析では、家庭背景、生徒集団の性質、学校の資源を説明変数として累積的に投入し、学校の投入による追加的に説明される分散が少ないことを示している。しかし、これらの説明変数間に相関があり、説明される分散の相対的な大きさは変数を投入する順番に依存して変化するため、この点を論拠とするのは不適切である。

第 2 章　分析枠組み　*99*

説明される分散の大きさに意義はなく、問われるべきは、学校の投入に関する効果の大きさ
（係数）である（Hanushek & Kain 1972）。

30)　Hedges *et al.*（1994）、Greenwald *et al.*（1996）は、Hanushek の既存研究の整理にお
ける voting count ―― 学校の投入に関する推定値について、パラメータの符号、統計的に
有意か否かで区分し、数え上げる方式 ―― には問題があることを指摘し、メタアナリシス
によって再分析した結果、投入は実質的に産出に正の影響を与えていることを示している。
Hedges *et al.*（1994）は、生徒 1 人当たり教育支出 10%増加につき、テストスコアによって
測られる成果が 0.7 標準偏差上昇することを示している（ただしこの推定値は非現実的なま
でに大きい）。Greenwald *et al.*（1996）は、メタアナリシスに用いる論文を一定の基準に基
づいて選別し、再分析した結果、生徒 1 人当たり教育支出 10%増加につき、テストスコアに
よって測られる成果が 0.15 〜 0.2 標準偏差上昇することを示している。Hanushek（1994,
1996）はこれらに対する反批判として、メタアナリシスは各研究の推定値が独立であること
を要請するが、用いた研究はそれが想定できないことを批判する。また、Krueger（2003）
は、Hanushek の voting count の手続きにおいて、資源の効果が統計的に有意でない、も
しくは負である論文に過大にウェイトをかけていることを指摘し、すべての論文に同じウェ
イトをかける、あるいはジャーナルのインパクトファクターに応じて加重するというように
修正すると、投入の係数が正となるケースが多くなることを示している。ただし、メタアナ
リシスの大きな難点として、モデル特定化の問題がクリアされているという強い仮定がある。
また、Dewey *et al.*（2000）は、親の教育に割く時間を SES 変数（世帯収入）で代替するこ
とによって、学校の投入効果が負もしくはゼロの方にバイアスを持つことを指摘する。その
他にモデルの特定化の問題について、関数形の問題がある。多くの研究で用いられているモ
デルは線形の加法モデルであるが、これが適切であるという保証はない。

31)　実験的方法によるものとしては、テネシー州の Student-Teacher Achievement Ratio
（STAR）プロジェクトによるものが広く知られている。Finn & Achilles（1990）は最も引
用される初期の文献であり、それによれば小規模学級は通常規模学級に比較して、0.2 標準
偏差程度の学力テストスコアの改善をもたらし、マイノリティの児童ではより効果は大きく
なるという。準実験的方法を用いた実証分析については第 6 章のメタアナリシスに示す文献
を参照されたい。

32)　Boozer & Rouse（2001）は National Education Longitudinal Survey 1988 のミクロ
データを用いて分析している。他の実証分析では少人数学級の効果があると報告するもの
でも、児童・生徒 1 人減少につき 0.01 〜 0.03 標準偏差程度のスコア上昇であることから、
Boozer & Rouse（2001）の推定値は例外的な大きさであると言える。ただし、これは不適
切な操作変数の使用（学級規模の操作変数として州レベルの変数を用いている）に起因し
ているのではないかと思われる。また、こうした多様な結果を、推定精度で加重して統合
する手法としてメタアナリシスがある（Glass & Smith 1979; Slavin 1989; Goldstein *et al.*

2000)。Goldstein *et al.*（2000）によれば、経時的な実験計画法・マッチング法による研究のみを対象としてメタアナリシスを行った結果、平均効果は、学級規模1人減少につき0.02標準偏差程度のテストスコアの上昇であると報告している。

33）　ただし、第1章で指摘したとおり、Krueger（2003）の内部収益率の推計は過大である。

34）　ここで紹介するのはクロスセクションデータによる分析に限られている。しかし、教員給与のインパクトは歴史的に発現する可能性がある。製造業などの産業での技術革新を通じた従業員の給与水準向上が起こるならば、長期的には教員の相対賃金は低下することになる。実際に、アメリカについて言えば、大卒の非教員就業者の給与と比較した相対的な教員給与水準は歴史的に低下しており、女性において顕著である（Flyer & Rosen 1997; Lakdawalla 2006）。Corcoran *et al.*（2004a, b）は、アメリカにおける女性の教職への入職の選択について、最も質の高い層の教職に入職する確率が、1950年代以降、時間を経るごとに減少しており、女性の雇用機会の拡大によって教員の質は下落していることを示している。

35）　Colemanが政策的投入の効果を完全に否定しているのか、その運用における非効率性を問題にしているのか判断しがたい部分があるが、『コールマン報告』の結果について次のように述べており、非効率性を問題としているとも読み取れる。

　　　調査の結果は経済的資源と成績の間には通常想定されるほどの関係はないこと、教育機会の提供において家庭とは独立した効果を学校が持たないことは学校の資源の多寡ではなく、公教育システムの組織そのものに原因があること、アメリカの現在の学校組織の、学校成績で測られた教育支出の限界効用は、他の組織形態よりも遥かに劣るであろうこと、を示している。

　　　　　　　　　　　　　　　　　　　　　　　　　　　　　　　（Coleman 1968:245）

36）　内生性は説明変数と誤差項の相関であり、同時性や欠落変数によって生じる。式（2-5）において生得的な要因がデータに含まれることはほとんどなく、またピアグループに関する変数もすべての要素を観察することはできない。また家庭側の地域・学校の選択行動や学校や教育行政担当者による生徒への投入の割当も内生性を生じさせる。すなわち、児童・生徒の教育に強い関心がある家庭は、より条件の良い自治体（学区）ないし学校を選択し、その結果、財政的投入の効果は過大に推定されているのかもしれない。あるいは、不利な家庭の児童・生徒に対して集中的に資源が投下されている場合、財政的な投入の効果を過小に推定することになる。こうした内生性が存在する場合、焦点となる説明変数の推定値にバイアスをもたらすため何らかの対処法が必要となる。教育経済学者による実証分析では操作変数法や固定効果モデルが多く用いられてきた。

37）　Coleman *et al.*（1966）をはじめ、多くの実証分析では線形加法型モデルが用いられている。線形加法モデルが用いられているのは理論的な根拠に拠るというよりも、多分に推定上の便宜に基づいている。Hanushek & Kain（1972）は、いくつかの点から線形加法モデルに

ついて批判しているが、特に次の2点が重要である。1つは交互作用の存在である。すなわち、ある要素の効果は他の要素の多寡に依存するとすれば、線形加法モデルによる定式はその作用を捉える事ができない。もう1つは線形モデルの含意する限界効果が常に等しいという仮定の非現実性である。前者に関しては線形モデルの中に考えられる交互作用変数を加えることで一応は対処できるが、後者の点に関してはこれまでの実証分析で注意が払われてきたとは言い難い。例えば学級規模の効果を分析する際に、線形モデルを用いるということは、40人から30人に規模を縮減した時の効果と20人から10人に規模を縮減した時の効果が等しいという強い制約を設けていることになり、投入の量についてどの区間で生産性が大きいのかという重要な情報を捨象するため、誤った含意を導くことになる。投入の限界生産性の逓減自体に焦点を当てたものとしては、Harris（2007）がある。その検証方法は1）コブダグラス型関数によって推定を行い、1次同時性を検定する、2）投入を2つの区間に分け、回帰分析の予測値の差を比較する、という方法によって逓減性が存在するかを分析している。しかし、1）の方法は標準化された尺度の被説明変数の場合には不適切であり、2）の方法はどの区間で区切るかに依存し、方法上問題がある。関数形については経済学者の分析ではしばしば、コブダグラス型関数やトランスログ関数など線形変換可能な非線形モデルを用いたものが散見されるが（Figlio 1999）、被説明変数がテストのスコアのように標準化された非比例尺度である場合、回帰式のパラメータの推定値は意味を持たない。

38）　効率性の分析の文脈ではないが、Cunha & Heckman（2008）は、認知的・非認知的スキル形成の実証分析において、認知的・非認知的スキルに関する潜在変数に比例尺度としての意味を持たせるために、就業後の対数賃金に係留するという方法を採っている。こうした方法は長期のパネルデータによって可能となる限定的な解決法であるが、実質的に意味のある他の変数に係留するというアイディアは有用である。

39）　包絡分析法における比例尺度以外の変則データの扱いに関する議論として、刀根（1993）、Zhu & Cook（2007）など。

40）　私立学校・チャータースクールと伝統的な公立学校を比較して、効率性の面での前者の優位を示したものとして、Mizara *et al.*（2002）があるが、Carpenter & Nollar（2010）、Dumcombe *et al.*（1997）、Grosskopf *et al.*（2001）、Kirjavainen & Loikkanen（1998）および Waldo（2007）ではそのような学校間競争の効率性への寄与を支持していない。

41）　Wößmann（2003a, b）でいう「外部試験」（central exam）の定義は必ずしも明確ではない。分析では TIMSS1995 のデータを用いており、Wößmann（2003a: Table 13-1）を見る限り、日本においても「外部試験」が存在することになっている。すなわち、前期中等教育と後期中等教育との接続における入学試験もこの「外部試験」にカウントしている。

第 3 章

教育財政の拡充と抑制の政策過程

　本章では戦後制度確立期以後の時期にあたる 1970 年代以降の日本の教育財政の政策過程について考察する。高度経済成長期以降の日本の教育財政については、後述のように概ね 70 年代の教育財政拡充期と 80 年代初頭から続く抑制期に分けることができる。本章の目的は、1970 年代および 80 年代の教育財政の政策過程の事例分析に基づいて、下位政府論に基づく教育財政の政策過程像を再解釈し、その手続き的な民主性を評価することにある。

　第 2 章でも言及したように、下位政府論は日本の（教育）政策過程研究において受け入れられており、族議員と官僚との優劣関係の特定を別とすれば、その公約数的見解は長期の自民党一党優位の下で政策に関する専門知識を蓄積させた自民党文教族議員 [1] が 1970 年代の教育政策形成・決定に影響力を発揮した、というものである（パーク 1983；Schoppa 1991 = 2005）。すなわち、下位政府論は、1960 年代から 1970 年代にかけての教育財政拡充と自民党文教族議員の興隆という時間的な併存関係をもって、因果関係としてみなしている。しかし、第 2 章の議論をふまえるならば、先行研究で扱われた時期の教育費の拡充と抑制の政策過程を、教育下位政府による利益集約・表出、省庁間の利害対立の処理という複層的な過程として描出することは全体像の把握において不可欠である。特に先行研究との対応関係で言えば、70 年代における教育財政拡充という教育下位政府にとって望ましい結果が、いかなる省庁間・下位政府間対立の処理を経て得られたのかを明らかにする必要がある。執政中枢を担うアクターに関して Schoppa（1991 = 2005）は中曽根康弘首相による首相主導の教育改革や歳出抑制策を取り上げ、70 年代末以降、文教族議員の影響力の

減退とともに党幹部の影響力が拡大したことを指摘するが、それ以前の時期において党・政府幹部が教育政策にどのような影響を与えたのかは明らかにしていない。特に、党・政府幹部は教育下位政府にとって単に抑制的な役回りしか演じていなかったのかは再考の必要がある。

　本章の事例分析では、教育財政の政策過程を再解釈すべく、教員給与水準改善、私学経常費助成、教職員定数改善の3つの政策を取り上げる。これらの事例はいずれもパーク（1983）、Schoppa（1991＝2005）によって、教育下位政府、とりわけ、自民党文教族議員の尽力の成果として指摘された1960年代末から80年代初頭にかけての重要政策である。事例分析の焦点となるのは、当該政策に関して関係省庁間・下位政府間にどのような利害対立が存在したのか、当該の政策に対して、潜在的に政策統合を司るアクターがどのような政策選好を持ち、実際にどのアクターがどのような統合を行ったのか（あるいは、行わなかったのか）、という点である。これらの点をふまえて下位政府アクターと執政中枢アクターの影響力、制約条件を明らかにしつつ、分化と統合という2つの作用の相克としての政策過程像を描出する。

1.　教育財政支出の趨勢

　まず、事例分析の予備的作業として、財政統計を用いて、教育財政支出の趨勢および本章の主たる考察対象となる1970年代および1980年代の特質を概観する。

　図3-1は1955年度から2005年度（義務教育費国庫負担金の負担率引き下げの前年度）までの政策分野別の国の補正後予算額（名目額）の推移を示したものであり、文教関係費と共に構成比の大きい福祉関係費、公共事業関係費、防衛関係費を併せて示している。それぞれの分野別支出は『財政統計』（大蔵省・財務省）の主要経費別支出内訳の区分に従って合算しており、文教関係費は義務教育費国庫負担金、国立学校運営費（特別会計へ繰入）、科学技術研究費、文教施設費、教育振興助成費、育英事業費からなる。

第3章　教育財政の拡充と抑制の政策過程　105

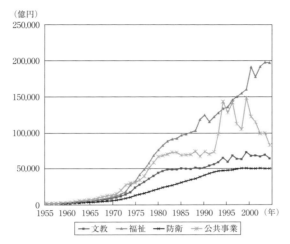

図 3-1　政策領域別の国庫支出の推移（補正後予算）
出典：大蔵省・財務省『財政統計』から筆者作成

　文教関係費について着目すると、その前年度比伸び率は 50 年間を通じてほとんどの期間で総支出の伸び率と連動している。特に 50 年代、60 年代の文教関係費は総支出の伸び率から乖離しない程度で増加しており、この期間における教職員定数改善、段階的な教科書無償化、学校施設増設は高度成長期における税収増の配分に沿う範囲で達成されていた。70 年代においても同様の傾向が見られるが、1974 年度と 1975 年度において総支出の伸び率を上回る伸び率を示している。70 年代は児童・生徒数の増加に伴う教職員定数の自然増と第 3、4 次教職員定数改善に加え、1970 年以降の私学への経常費助成、1974 年の人材確保法以後の教員給与改善という新規政策によって支出拡大が起こったのである。

　図 3-2 は文教関係予算を構成する義務教育費国庫負担金、国立学校特別会計、科学技術研究費、文教施設費、教育振興助成費および育英事業費の補正後予算額（名目額）の推移を示したものである。すべての経費に共通して 60 年代から 70 年代に大きな伸び率を示していることが分かる。無論、70 年代前半のインフレおよび児童生徒の増加を考慮しなければならないが、各経費につい

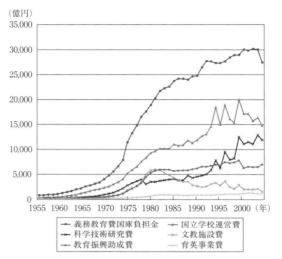

図3-2　経費別の文教関係国庫支出の推移（補正後予算）
出典：大蔵省・財務省『財政統計』から筆者作成

て支出拡大に結びつく意図的な施策があったのは事実である。義務教育費国庫負担金は1960年代以降70年代半ばまで多くの年度で10%以上の高い伸び率を記録しているが、これは教職員定数の自然増・改善増、3次にわたる教員給与水準の改善および負担対象経費目の改変によるものである[2]。

　国立学校運営費について、1960年代は理工系学生急増によって、国立大学教官の定員増加と教官当積算校費の単価、国立文教施設整備費が飛躍的に増加し、1970年代には医科大学・医学部や教員養成大学・大学院が新設され、国立学校定員数は総定員法の特例措置の対象とされてきた。

　文教施設費は、1959年度以降70年代末まで4次にわたる公立学校施設整備計画に基づき、歳出は増え続けてきた。特に70年代を通じて過密地域における児童・生徒数の増加による新増改築の需要に伴って、校地取得費補助や校舎建築にかかる国庫負担率の引き上げが行われ、一般物価以上の建設価格の上昇もあって名目額は急速に増大した。

　教育振興助成費のうち私立学校助成費（経常費補助）は1970年度に経常費補助が始まり、次第に教育振興助成費の多くを占めるようになった。教育振興

助成費は 1974 年度から 1977 年度までの補正後予算では大きな伸びを示したが、その多くは私立学校振興助成による。育英事業費も 70 年代は名目額の上では高い伸び率を示しており、これは 1972 年の国立大学授業料の値上げに伴う奨学金の増額などによるものである。

翻って、80 年代以降は経費の伸びが停滞することになる。特に義務教育費国庫負担金については 80 年代以降に負担対象経費の負担率引き下げ、一般財源化が進行した[3]。また文教施設費についても 80 年前後を境にした児童・生徒の減少により、施設設備の建設需要は低下し、量的整備から質的整備への転換がなされた（青木 2004）。例外的に国立大学関係支出と科学技術研究については 90 年代に大きな伸び率を記録した。前者は国立大学の老朽施設改修および大学院重点化に伴う単価増によるものであり、後者は競争的配分の傾向が強まる一方で、建設国債を財源とした補正予算によって受託研究費が増加するなど大幅増が図られ、緊縮財政策の中でも高い優先順位が与えられてきた（阿曽沼 2003a, b）。

以上より、70 年代後半から 80 年代初頭にかけての時期が教育財政の拡充／抑制の分岐点であり、次節以降で扱う事例はこの拡充から抑制に跨る時期の重要政策と解釈できる。

2. 事例分析 I：教員給与水準改善

1974 年成立の「学校教育の水準の維持向上のための義務教育諸学校の教育職員の人材確保に関する特別措置法」（人材確保法）による 3 次にわたる教員給与改善は、70 年代の教育財政拡充の象徴とも言える政策である。教員給与改善の過程に関する先行研究としては、共産党躍進に対する自民党の危機管理としての「右傾化」「管理化」とその抑制の過程として人材確保法と主任制法制化を扱った井上（1984）と教師の専門職化の観点から「政治主導」の専門職化として人材確保法に焦点をあてた丸山（2007）がある[4]。前者は多くのアクターの関与の過程を描いているが、保革対立の観点を強調したものであり、

本節の分析とは力点を異にする。後者は問題設定および人材確保法自体の評価
は別として、人材確保法の政策過程の記述では自民党文教族議員の顕在的行動
に焦点を当てており、特に文教族議員が「横断的な利害調整を行った」（丸山
2007:130）という評価を下している[5]。

　これらに対して本節の分析では、保守対革新というイデオロギー対立や自民
党文教族議員を中心とする教育下位政府の活動ではなく、これらの研究が言及
していない自民党文教族議員・文部省と大蔵省、自治省および給与関係省庁間
での利害対立の処理の過程に力点を置き、人材確保法および3次の給与改善の
立法過程において統合アクターによる役割が不可欠であったことを論証する。

2.1　前　史―教員給与水準のイシュー化―

　教員給与については、1960年代を通して、超過勤務と学歴資格に照らした
給与水準が教員人事管理上の問題とされてきた。前者の超過勤務問題に関して
は、教育公務員は職務の特殊性から超過勤務手当を支給されない代わりに一般
の公務員よりも1割程度有利な俸給表の適用を受けていたが、単一の等級内の
昇給でしかなかったために、超過勤務の実情に比しての優遇分が不明確になっ
てきたという事情があった。

　教員給与が政府・与党内で政策アジェンダとなったのは1960年代の半ばの
ことであった。1964年8月の人事院勧告で超過勤務問題についての検討の必
要性の指摘を受けて、文部省は検討を始め、1966年には教職員の勤務実態調
査を実施し、小学校で1週間当たり平均2時間30分、中学校で3時間56分
の超過勤務が行われていることを明らかにした。こうした動きを受けて、超過
勤務問題対策としての立案が文部省と自民党との間で進められ、本俸の4%を
「教職特別手当」として支払うこととして対応策がまとめられた[6]。

　立法化においては社会党の反対による国会での2度の審議未了を伴う廃案
を経たが、最終的には、超過勤務問題は人事院自らが解決に乗り出すことで解
決に向かうこととなる。1970年12月、大蔵省予算内示2日前に、佐藤達夫人
事院総裁が坂田道太文相を招き、「勧告はまだ出せないが、超勤手当にかわる
給与改善措置として、特別調整額を中心とした構想を持っている。文部省は

この調整額の財源措置をしておいてほしい」と異例の要請を行った。文部省は
1971 年度予算に 3 カ月分（1972 年 1 ～ 3 月）の 40 億円を大蔵省に対して追
加要求し、大蔵省の拒否に遭いながらも、自民党三役折衝で計上が認められる
こととなった（『内外教育』1971 年 2 月 16 日）。

　1971 年 2 月に人事院が教員の超過勤務に伴う給与改善に関する勧告を国会
と内閣に対して行い、その後、本俸の 4%分の教職調整額の新設を内容とする
「国立及び公立の義務教育諸学校等の教育職員の給与等に関する特別措置法案」
（給特法案）が国会に提出された。衆参の文教委員会の強行採決の末、会期最
終日の 5 月 24 日の参議院本会議で可決し、給特法は成立した。

　こうして超過勤務問題に関しては給特法成立によってひとまずの解決をみ
るが、給与水準に関しては人材確保の点で大きな懸案となっていた。1973 年
時点での俸給表では、教員給与は行政職（一）上級甲、乙に対して初任給でそ
れぞれ 5.1%、9.5%上回っていたが、在職 17 年目を境に逆転し、その後は差が
拡大していた（人事院 1998：493）。これは、当時、義務教育における教員在職
者には、旧師範学校、旧制専門学校卒者と新制大学卒者とが混在する複雑な構
成となっており、17 年目以降の逆転も中堅以上の教員には師範学校卒の教員
が多かったという事情によるものであった。人事院は義務教育学校の教員の高
学歴化の趨勢に応じて勧告の度に行政職との交差点を遅らせるなど逐次改善を
図っていたが、新規入職者にとっては十分な待遇とは感じられないものであっ
た。

　こうした背景の下で、各教員団体は超過勤務問題の延長として給与改善の要
求を図っていく。全国連合小学校長会と全日本中学校長会は 1968 年 5 月に給
与対策連絡協議会を設置し、専門職としての教師の給与改善の方策を検討して
いた。1971 年 10 月には全国連合小学校長会は、小中高の単一給料表の適用、
優れた人材が進んで教職に志望するに足る高い給与水準、学校経営の近代化に
即した職務・責任に対応した給料表などの要望からなる「専門職としての教員
の新給与体系」の試案を発表した（『内外教育』1970 年 2 月 20 日、1971 年 10
月 19 日）。日本教職員組合（日教組）は、1970 年 4 月に文部省に対して、基
本賃金の引き上げ（大卒初任給を 1 万 4,100 円引き上げ 4 万 7,000 円とするこ

と、上位号俸における行政職（一）との格差是正）、教育職（二）（三）の等級
間の格差是正、教育4表間の格差の縮小などを重点内容とする「教職員の賃金
等に関する要望書」を示した（『内外教育』1970年4月28日）。

2.2 人材確保法の政策過程

　政府内での給与水準の基本的な改善についての検討は、1970年10月設置の
中央教育審議会第27特別委員会で行われることとなった。審議において、大
卒者の教職参入を促すための初任給引き上げの他に、小中高の給料表の一本
化、昇給カーブのフラット化、「専門性」および管理職に応じた加俸について
も議論となった。これらは年功賃金を見直しを伴う抜本的なものであったが[7]、
以降の政策過程ではその側面は後退し、優遇策として人材確保法は形成されて
いく。

　1971年6月に出された中教審答申「今後における学校教育の総合的な拡充
整備のための基本施策について」では、一般行政職に対する教職員給与の優遇
が提案された。具体的には、1）初等・中等教育の教員の給与の基準は、学校
種別によっては差等を設けないこととし、教頭および「大学院」で再教育を受
け、またはその他の方法によって、高度の資質を身につけたと認定された教諭
に対しては、別種の等級を適用できるようにする、2）初等・中等教育の教員
の初任給を教職への人材誘致の見地から一般公務員に対して30〜40%程度
高いものとし、校長の最高給を一般行政職の最高給まで到達できる道を開く、
3）教員研修を体系的に整備し、その適当な課程の修了者には給与上の優遇措
置を講じ、教頭以外の校内の管理上、指導上の職務に従事する者についても特
別の手当を支給する等を旨とするものであった。

　翌1972年7月1日に自民党の文教部会と文教制度調査会は「教育改革第1
次試案」として中間報告をまとめ、8月には文教部会・文教制度調査会で教員
給与改善を1973年度予算要求の重点項目として絞ることを決定した。そして
改めて9月に中教審答申を受けて教員給与の50%引き上げ[8]、年間1万人の
海外研修派遣などを内容とする教員待遇改善構想「48年度文教特別政策」を
まとめた。一方で文部省は同年7月に教員給与改善について人事院に申し入れ

第3章　教育財政の拡充と抑制の政策過程　*111*

を行い、8月には前年度比 25% 増の概算要求の上に教員給与改善費 475 億円
を含む 584 億円の追加要求を行った。

　1973 年度政府予算案の編成において、大蔵省は、8月の人事院勧告を受け
て予備費で財源を確保するという考えから、1973 年1月に内示された大蔵原
案では当初予算における教員給与改善費をゼロ査定としていた。その後、田中
角栄首相が奥野誠亮文相と大蔵省当局に義務教育教員の改善を重点的に行うと
して指示した上で、愛知揆一蔵相と奥野文相との間で予備折衝が行われ、予備
費という形をとらず、義務教育費国庫負担金に上乗せする形で一般会計への計
上が決まった（『朝日新聞』1973 年1月 13 日：『日本経済新聞』1月 13 日）。
1月 14 日の閣僚折衝を前に愛知蔵相と奥野文相との間での 100 億円の計上は
決まっていたが、目標の 10% 引き上げにはさらに 30 億円以上必要であった。
そこで相沢英之主計局長が「文相のいうようにした方が筋が通る」と増額に
協力し、初年度給与改善分の 136 億円を計上することになった（自由民主党
1987：248）。

　もっとも、閣僚折衝では、74 年度以降の扱いについて、改善計画を立てる
べきであるとする奥野文相と 73 年度分についてだけを煮詰めたい愛知蔵相と
の間で対立し難航した。結局、再折衝では倉石忠雄政務調査会長も加わり、文
相と蔵相の間で 1973 年度を初年度として年次計画を立てて実施する旨の覚書
を取り交わし [9]、1973 年度は 74 年1月からの3カ月分の 10% アップ予算と
して 136 億円（義務教育費国庫負担金 135 億円、国立学校特別会計1億 6,000 万
円）を計上すること、高校、大学についても人事院勧告に配慮した上で給与改
善のための予備費で財源を確保すること、74 年度以降分は政府全体の問題と
して協議することで合意した。

　このようにして、予算計上が決まったものの、法律化については議論が再燃
することとなる。法案に人事院勧告に関する規定を盛り込んだ「教職員の給与
改善に関する臨時措置法案」を内閣提出法案として国会に提出することについ
て2月の政府・与党連絡会議で了承がなされていたが、大蔵省と自治省は政府
が人事院勧告に干渉することを理由に反対し、党幹部も特別立法に対して消極
的な考えを示したこともあり、給与改善法案提出は断念された。この動きに対

し、2月12日に奥野文相と西岡武夫文教部会長、坂田文教制度調査会長らが田中首相に立法化の必要性について申し入れを行い、「文教部会・調査会が国会審議に全力を挙げるというのならまかせてもよい」と首相が返答したことから再度特別立法の準備がなされることとなった。

この一連の過程において、人事院は法案に対して教員給与改善という趣旨の面では賛成という立場をとっていたものの、立法技術上の問題として、他の職種との均衡への配慮と法案の通過可能性の点が懸念されていた。というのも、通常、給与法案は内閣委員会に付託されるが、内閣委員会では野党が徹底的に反対すると見られた防衛関係法案をはじめ多くの法案があり、枕法案にされ審議未了となる可能性があったのである（自由民主党 1987:248-9）。奥野文相は人事院勧告を受けての改善であれば内閣委員会に法案提出することになり委員会通過は難しいと考え、後藤田正晴内閣官房副長官との調整の上で、文教委員会付託とするために、法案を人事院に勧告の責務を課するためだけの内容とし、給与改善というよりは教員人材確保という面を強調した「学校教育の水準の維持向上のための義務教育諸学校の教育職員の人材確保に関する特別措置法」という表題にしたのである（奥野 2002:199-200；人事院 1998:494；『日本経済新聞』1973年2月17日）。こうして人材確保法は20日に閣議決定され、国会に提出されることとなった。

この時点での人材確保法に対する各党・団体の反応は様々であった。社会党、共産党、公明党は5段階賃金による管理体制につながりうるとして反対を表明し、民社党は、人事院の独立性を侵すこと、および法案に幼稚園、高校が含まれていないことをもって反対の立場をとっていた（『内外教育』1973年4月6日）。教育関係団体においては、都道府県教育長協議会、全国市町村教育委員会連合会、全国連合小学校長会、全日本中学校長会、全国高等学校長協会、全国公立幼稚園長会、全国公立学校教頭会は賛成の立場を採っていたのに対し、日教組は反対であった[10]。また他の教育関係団体は賛否の立場において微妙な論点を抱えていた。日本高等学校教職員組合（日高教）は、義務教育の教員だけを予算化することには反対であり、義務教育教員では短大卒者が多く、三本建ての給与体系は維持すべきであるという見解を示していた（『日本

第3章 教育財政の拡充と抑制の政策過程　113

教育新聞』1973年3月9日)。日本私立中学高等学校連盟は、人材確保法による公立学校教員の給与改善については否定しないものの、私学教員にも同様の措置を行うべきである、また幼小中高の給与表は一本化すべきであるという見解であった(『日本教育新聞』1973年3月21日)。

　人材確保法案は第71回特別国会において4月13日衆議院文教委員会に付託され、7月に入って衆議院文教委員会で実質的審議が開始されたが、筑波大学法案などの重要法案が提出されていたほか田中首相が小選挙区制導入を提起したため紛糾し、継続審議となった。

　12月に第72回通常国会が招集され、同日改めて衆議院文教委員会に付託され、審議が始まった。日教組はこの継続審議中の人材確保法の阻止、教職員定数改善などを掲げて12月4日に34都道府県の小中高で早朝ストを計画していた。これに対し法案成立を望む文教族議員、奥野文相はスト直前で社会党、日教組に対して譲歩することで事態の収拾を図り、ストを回避した。まず、自民党文教族議員は日教組の要求に応じる形で、社会党の日本民主教育政治連盟との間で給与改善の範囲拡大、5段階給与はとらない旨の付帯決議を行うなどを内容とする「人確法に関する覚書」を取り交わした。続いて槙枝元文日教組委員長との会談で奥野文相は5段階給与をとらない、給与改善を幼稚園や高校にも拡大する、教職員定数改善については年次計画を立てるなどと回答し、日教組および社会党の同意を取り付けるに至った。

　衆議院文教委員会では12月20日に人材確保法の審議凍結解除に伴って自民党と民社党のみで政府原案を可決した[11]。その後、衆議員本会議に法案をかけるに及んで参議院付託後の取り扱いを巡って自民党と社会党との間で紛糾したが[12]、結局、翌1974年2月初頭に与野党での合意の後、2月7日に本会議で可決された(ただし衆議院段階では政府原案どおりのため社会、共産、公明は反対)。続く参議院文教委員会に同日付託、19日に修正の上で可決され、20日に修正の上、本会議で可決された。参議院回付案は衆議院本会議に20日に提出され、22日に同意された[13]。

　人材確保法成立に伴い、人事院は同年3月18日に幼稚園から高校までの教員の給与特別改善の第1次分勧告を行った。また、このための給与法改正は

3月27日に国会で成立し、改善は1月1日に遡って行われた。教育職俸給表
（三）において平均して本俸で9%の引き上げがなされ[14]、同時に逆転防止と
必要な範囲での均衡保持のために措置として教育職俸給表（一）（二）（四）の
号俸の改善が行われることなった。

2.3 第2次・第3次改善

第2次改善については、1974年度予算において大蔵省が一時難色を示した
ものの、1973年末の大臣折衝で第1次改善2年次分および第2次引き上げ分
（1975年1月～3月分）の計上が認められた[15]。その後給与法の改正案は第
75国会において1975年3月31日に成立し、第2次勧告（3月17日）に基づ
いて、本俸3%引き上げのほか、本俸4%分（定額）の義務教育等教員特別手
当が新設され、1975年1月1日に遡って実施されることになる。このように
人事院が本俸改善を半分に、残りを義務教育等教員特別手当としたのは、教員
以外の公務員（警察、税務等）の支援議員が教員に準じた改善要求を突きつけ
るという事態への波及を抑えるためであった[16]。第1次改善と同様に、初任
給引き上げと中堅層の改善がなされ、高校、高専、大学教員において逆転防止
および必要な限度での均衡保持を趣旨とした措置が講じられた[17]。また、前
年9月から施行された改正学校教育法によって教頭職が法制化されたことに対
応して、人事院は教育職俸給表（二）（三）において、教頭を一等級に位置づ
け、特一等級を新設した上で校長に適用することとした[18]。

しかし、この第2次改善に関する給与法改正と時期を同じくして、国および
地方財政の悪化により、大蔵省および自治省側からの教員給与改善に対する反
対論は強くなっていく。

大蔵省は1974年末の予算編成で、第3次改善の予算計上に対して激しく抵抗
した。大蔵省は、公務員給与の32%引き上げという人事院勧告の完全実施がそ
の後の公務員給与高騰による財政危機に波及することを恐れ、第3次分（10%分）
の予算を計上しない方針を示した。その後、文部省と大蔵省間での事務次官折
衝、閣僚折衝、自民党三役と大平蔵相との政治折衝でも紛糾し、大蔵省側は政
治折衝にも財源を用意せずに臨んだ。最終的には、就任間もない三木武夫首相

の裁定により、文部省要求の半分にあたる本俸5%分37億円（1976年3月分）の財源を他の文部省予算から切り崩して計上することで決着した[19]。

　自治省は、給与改善の執行段階において地方財政の膨張を防ぐべく、各都道府県に積極的に介入した。高給の地方公務員を維持するだけの財政的余裕があるとする大蔵省からの批判を払拭する上で自治省にとってはこの介入は不可欠であった。人材確保法以前から各県で行われていた教育職における中堅以降の行政職との逆転分を運用昇短でカバーする慣行に対し、自治省は一律昇給短縮が違法であるという見解をとる[20]。1975年3月に各都道府県の知事と人事委員会委員長宛てに、公立学校教員の給与引き上げに際して国立学校教員の給与水準に合わせるべき旨を通達し、その後も数度にわたって同様の通達を行った（『朝日新聞』1975年3月22日；『内外教育』1975年3月26日）。

　このような逆風の中で第3次改善は行われた。文部省は、人事院の第2次改善に関する勧告で人材確保法による一律の給与改善が他の職種との均衡上限界があるという指摘もあったことから、主任制の制度化と主任手当の創設により、改善を図ろうとしていた[21]。その後、今村武俊初等中等教育局長による「今村構想」をめぐって主任制は政治問題化したが、1975年12月6日に永井道雄文相の見解「調和のとれた学校運営について」が出され、主任制の制度化が進められることとなる[22]。

　1975年末に文部省は学校教育法施行規則を改正し、主任制を省令化した。1975年度予算には主任手当を含む第3次給与改善（3月分）が含まれていたため、翌年1月に文部省は各都道府県・指定都市教育長会議にて3月1日までの主任制の制度化を要請した（山田1979）。人事院は1976年3月11日に主任手当新設を含む第3次改善前期分を勧告したが、日教組や社会党などの反発を呼び、教員給与法案は国会で継続審議と廃案を繰り返した。

　第82臨時国会中の1977年10月7日に、政府は、第3次教員給与改善と育児休業給、公務員給与改定を一本化した給与法案を提出する。11月17日の衆議院内閣委員会では、海部俊樹文相および藤井貞夫人事院総裁による主任手当の支給範囲拡大に努める旨の答弁[23]を受けて民社党が法案賛成に回り、給与法案は自民、新自由クラブ、民社の賛成で22日の内閣委員会、24日の衆議院

本会議で可決された。給与法案は参議院内閣委員会において時間切れで廃案となり、日教組、社会党らが主任手当関連部分の分離・削除を要求するも、12月の第84通常国会で成立し、同年4月に遡って実施されることとなった（『内外教育』1978年1月6日）。

第3次勧告の前半分の内容は主任手当新設と義務教育等教員特別手当の改正などであった。主任制に関しては1971年の中教審答申で勧告されていた内容であり、文部省も第2次改善以前から人事院への主任手当新設に関して申し入れを行っていた[24]。また1975年3月の第75国会の衆参の内閣委員会で「一般職の職員の給与に関する法律の一部を改正する法律案に対する附帯決議」において「教員給与体系の改正に伴い、一般教諭についても一定の資格と教職経験年数を勘案して一等級を適用できる途を開くこと」が付されたという経緯があった。主任手当に関して人事院は、主任が管理監督の地位にはなく――したがって俸給の特別調整額で措置できない――、連絡調整、指導、助言の職務を行うという位置づけであることから特殊勤務手当の1つである「教育業務連絡指導手当」として支給することとし、その手当の額は月額にして5,000円程度とされた。義務教育等教員特別手当については、手当額が1975年時点の俸給月額を基礎とした定額（4%相当）であったため、実質的な目減りを改善するため6%相当額へ引き上げられた。

後期分については1978年8月11日に、主任手当支給対象拡大、管理職俸給の引き上げ、義務教育等教員特別手当改正などを内容とする勧告が行われた。同年の第85臨時国会の最終日の10月20日に改正給与法が成立し、4月に遡って実施されることとなった。この後期分の改善は、消防職員など他の職種との均衡を勘案して一部79年度に繰り延べで実施されることになり、人材確保法による給与改善は70年代末にして完結した。

以上3度にわたる教員給与改善で、教員給与25%分にあたる財政措置が講じられた。第3次改善が終了した時点で、教員給与改善のために投入された国・地方政府の年間支出は義務教育で約4,600億円、高校で1,200億円にのぼり、義務教育部分は新任教員23万人分の給与に相当するものであった（『内外教育』1978年9月8日）。

3. 事例分析Ⅱ：私立学校への経常費助成

　私立学校に対する人件費を含めた経常費助成は1970年代にその基盤が形成され、今日に至っている。一般に私学への経常費助成に関して1975年成立の「私立学校振興助成法」が最重要法制とされているが、これは1970年度から始まった予算上の措置としての経常費補助を継続化したものである。先行研究として、1970年度からの経常費助成の予算措置については荒井（2007）で言及されており、結論として文教族（特に坂田道太）ないし教育下位政府の影響力を強調している。私立学校振興助成法の政策過程に関する先行研究・文献としては、尾形（1979）、保田（1979）、稲（1991）、大崎（1999）、黒羽（2001）、荒井（2006）、渡部（2007）がある。特に稲（1991）は「私学助成に関するプロジェクトチーム」発足以後の政策過程について包括的かつ詳細な記述を与えており、本節での私立学校振興助成法の立法過程に関する言及は全面的にこれに依る。

　本節では時限的な予算措置である私学助成第1次計画、私立学校振興助成法の双方の政策過程について財政面に焦点化しつつ記述するが、ここでは上記の文献で言及の少ない高校以下の私学経常費助成の政策過程および政策過程における執政中枢の役割の所在を明らかにする。特に後者について重要な点として、1970年からの経常費助成の予算措置に関して、大学については大学紛争問題が党内・閣内で共有されており、また佐藤栄作首相の指示によって予算化の先鞭がつけられたこと、高校以下の私学への交付税措置については地方財政に通暁した自治事務次官・財政局長経験者の奥野誠亮が調整役を演じたこと、それに対して私学振興助成法においてはそのようなタテの調整が欠如していたことを指摘する。

3.1　前　史―私学団体によるアジェンダ設定―
　戦災復旧後の私立学校への経常費国庫助成運動は1960年代のインフレに伴う人件費の高騰により本格化することになるが、経常費助成問題自体は早く

から当事者である私学団体において議論され続けてきた。私立小中学校関係者は、義務教育費国庫負担法が差別立法であることを運動の大義としていた。私学への義務教育費国庫負担については、当初議論を行っていた日本私立中学高等学校連合会（日私中高連）が高校主体であったため、中学校関係者は1961年に私立中学校長会を設置し、独自に研究・運動に取り組むようになった[25]。

　一方、私立高校関係者の間で批判の対象となっていたのは、高校急増対策の一環として1961年に制定された「公立高等学校の設置、適正配置及び教職員定数の標準等に関する法律」（高校標準法）であり、日私中高連は一方的な公立高校のみを拡充するものであるとして反対運動を行っていた。当面の急増期とその後の漸減期に対処するため「私立高等学校振興対策委員会」を設置し、自民党の文教調査会の「私学対策委員会」に急増対策のための私学助成の必要性を訴えた。そして国が公立高校の教職員定数を確保するために地方交付税で財政的に措置する場合は、私学にも同等の措置をとることを要望した。最終的に高校標準法は第39臨時国会で成立するが、衆参両院で公私立間の格差是正のための対策をという付帯決議が付せられ、日私中高連はその付帯決議を根拠に運動を展開する。急増期には地方交付税に「私立高等学校生徒急増対策費」が計上されたが、1965年度以降その措置がなくなることで、新たな地方交付税中の助成財源を求めることとなった（『私学時報』1970年7月11日）。

　大学については、1960年に私立大学3団体（日本私立大学連盟、日本私立大学協会、私立大学懇話会）で構成する「私大振興政策委員会」で「私立大学教職員の待遇改善に要する経費の国の補助に関する要望」を行うことを決定し、翌1961年から文部省や自民党などと接触を始めた。人件費を含めた経常費に関する国庫補助の要求自体は私学団体などによって、文部省および自民党に対して行われていたが、再三の働きかけにもかかわらず、文部省による支持はなかなか得られなかった。

　これらの各私学団体の動きがあった後、1965年になってようやく文部省は、「臨時私学振興方策調査会」を設置し、文部大臣が経常費補助の必要性に関して諮問することで検討が始まった。1967年6月30日に剱木亨弘文相に対し

て「私立学校振興方策の改善について」と題する答申がなされたが、人件費補助に関しては引き続き検討事項とされ、予算化・法制化という動きには至らなかった。1968年から人件費を含まない私立大学教育研究費補助金が計上されることとなったが、人件費補助は棚上げされた[26]。

3.2 経常費助成の予算措置に関する政策過程

臨時私学振興方策調査会における検討と並行して、各団体の文部省、自民党などへの接触はますます盛んになったが、私学団体内部で機関補助か個人補助かという選択肢をめぐって意見の相違も顕在化することになる。

1967年3月に在京の私立中学校長によって「義務教育費国庫負担法対策委員会」が結成され、同年5月の日私中高連全国理事会で委員会を日私中高連の傘下に置き、「義務教育問題対策委員会」を発足させた。翌1968年1月に「私立義務教育学校に対する要望書」の草案を作成し、日本私立小学校連合会（日私小連）、日私中高連で採択した。その後、自民党文教制度調査会、文教部会、社会党の私学振興特別委員とも接触を始め、義務教育費国庫負担要求運動の趣旨説明を行っている。その要求項目は、1）国が公立小中学校の在籍児童生徒のために負担している教育費と同額のものを私立小中学校の在籍児童・生徒のために負担する、2）地方公共団体は公立小中学校の在籍児童生徒のために負担している教育費の半額を私立小中学校の在籍児童・生徒のために負担する、3）そのために義務教育費国庫負担法第2条を改正し、地方交付税の中に私立小中学校（または児童・生徒のために）教育費を負担することを明定する、というものであった。また、教育公務員特例法案における特別手当4％支給に対して、中高連と日私小連は私学教員にも措置するよう要望を行った。

一方で父母への個人補助を目指す向きも存在した。大阪府や京都府においては父母のみならず、学校法人側も私学の独自性を守るために機関補助ではなく、父母への授業料軽減のための補助を志向していた。もっとも当時の自治省は私立学校の生徒に対する補助金の交付については、地方自治法第232条に反し、「公費を個人に交付することによりその負担を軽減することは甚だしく不適当であり、公益上必要性があるものとは言いがたい」という見解を採り、府

県の私立高校生の教育費補助のための条例制定を求める助成金運動に対して掣肘を加えていた[27]。

　後に大阪私立中高連は学校に対する経営助成ではなく、個人補助の要望を決議することになるが、これは地方交付税の不交付団体であることに加えて、私立学校需要が見込まれたことゆえであった。経常費に関する機関補助か生徒・父母に対する個人補助かという選択で、各県の私学は不交付団体と交付団体、あるいは私立学校需要の急減が見込まれるか否かで大きく意見を異にし、多くの県の私学では経営難に対する救済策として学校法人に対する経常費助成を望んだのである。

　大学においても人件費を含む経常費助成は私学への規制強化へつながるとして、消極論が存在していた。関西以西では 60 年代半ばに経営者サイドが「全関西私大国庫補助促進同盟」を、教授会サイドが「国庫助成に関する私大教授会関西連絡協議会」を立ち上げて助成運動を開始したが、当時、助成運動に対して関西の私大と関東の私大とでは温度差があった。関東の大学では個別の問題としてとらえられ、東京私教連は経常費助成を強調する運動が国家の統制を強めるものであると批判し、父母負担の軽減を求める助成こそ本筋としていた[28]。

　このように機関補助か個人補助かという方針の統一性を欠きながらも私立大学の助成運動は展開されていく。1966 年 3 月 17 日には私立大学振興政策委員会は、経常費の一部国庫負担を訴えるべく佐藤栄作首相と会見を行った。佐藤首相は、学園の自治に干渉するつもりはないが、経営の管理体制面についてはしっかりやってほしい旨発言し、「軌道に乗せなければならないと考えている。文部大臣にはよくいっておく」と経常費助成について前向きに回答した（『教育学術新聞』1966 年 3 月 23 日）。

　私学団体の動きに対して、1968 年 9 月に自民党文教部会は経常費補助の実現と配分機関の創設を内容とする「私立学校助成法案要綱」（床次試案）を発表するなどしていたが、事態が展開したのは、1968 年 11 月に第 2 次佐藤内閣の第 2 次改造が行われ、長年にわたって私学振興に心血を注いできた坂田道太が文相に就任してからである。

第3章　教育財政の拡充と抑制の政策過程　*121*

　翌1969年1月8日に川島正次郎副総裁が自民党文教制度調査会私学部会の
メンバーを招集し、経常費助成について、私学振興会に対する融資枠に75億
円の人件費貸与金を組み入れ、人件費助成の足がかりとすること、各機関で年
度内に結論を出し、立法措置を行って私学人件費の予算化を図ることの2点が
結論として出された。1969年度予算の大蔵原案内示後に、人件費補助の足が
かりを築くということでベースアップ分の半額を獲得することを決定し、その
後坂田文相が大臣折衝にあたった。2回にわたる折衝を通じて、根本龍太郎政
務調査会長のとりなしもあって、人件費融資として私立大学振興会の経営費の
枠の中に人件費を含め、50億円が計上された。

　3月には、自民党の文教制度調査会は、八木徹雄を委員長とする「私学問題
小委員会」を発足させ、私学側の意見聴取をしながら人件費補助に関する審議
を重ねていく。6月に佐藤首相は、大学対策の一環として、1）私立大学に対
し、国の支出を大幅に増やすなどの助成策を講ずる、2）大学の理想像を示す
ためモデル大学をつくる、との構想を明らかにし、党側で具体案を検討するよ
う指示した[29]。その後、7月に、私学助成の適正かつ効率的な運営を図るため
の私学振興財団を設置（従来の私学振興会を廃止）、国庫負担による人件費補
助制度（年次計画で2分の1まで補助）と合理的・客観的基準による配分制度
確立、経常的な教育研究助成の一本化・大幅増額とメニュー方式による配分、
国が定める会計基準による学校法人経理の厳正化、設置基準の再検討および高
校以下の学校への助成措置拡大、等の内容の「私学振興に関する基本方針案」
を打ち出し、政務調査会の了承を得る。

　佐藤首相の指示と党内の検討を経て、概算要求において文部省は、私大の
専任教員に対する20％の予算措置を要求し、私立の高校以下については交付
税による措置を自治省に要求した。教育振興助成費は881億円（前年度予算
額489億円、80％増の要求額、成立予算は591億円）、私立大学等人件費補助
金として本務教員給与費の1968年度実績の20％相当額の106億円を概算要求
した。当時、私大の学費値上げに端を発する大学紛争への対応が政府の重要ア
ジェンダであったことから、閣内および党幹部で経常費助成の予算要求自体へ
の異論は生じなかった[30]。

一方、高校以下の地方交付税の増額については、私学団体の申し入れに対し、野田武夫自治相は「私立大学に人件費助成が出れば、地方交付税の方も当然増額されるが、各都道府県によって事情も違うので、全国知事の方へも強力な働きかけが必要と思う。自治省としても大いに努力する」と回答した（『私学時報』1969 年 12 月 1 日）。

1970 年 1 月 24 日に示された大蔵原案では従来からの教育研究費補助に人件費補助を加えた私立大学等経常費補助金として 92 億円が計上されたが、人文社会系学部の人件費が補助対象から除外され、従来の私大理科等教育施設整備費補助金も除外した査定となった。これを不服とする文部省と自民党文教部会は、全私学連合との検討を経て復活折衝に臨むことになった。自民党も最重点事項の 43 項目にとりあげて、30 日に大臣折衝を行った。予定の 40 分の倍以上の時間をかけ、最終的には、福田赳夫蔵相が提示した補助条件（紛争校は除外する、経理明確化のため公認会計士の監査を受けさせる、学部新設の基準を厳しくし、高い教育水準を維持させる）を呑んだ上で、1）私大理科助成、新設理科助成も教育研究費も前年度 10％アップで認めること、2）人件費については、人文・社会学部系統も対象として 10 分の 1 程度を認めること、3）各大学の自己負担分をなくし、メニュー方式を認めること、4）私学振興会を発展的に解消して私学振興財団の設立を認めることを決定し、金額も 138 億円とした[31]。

しかし、一方で、高校以下については人件費に関する予算措置はなされず、その結果を受けて 2 月 3 日に全私学連合は秋田大助自治相に高校以下の人件費について地方交付税交付金で補助するよう要望した[32]。また坂田文相は、元自治事務次官で財政局長の経験がある奥野誠亮議員に事態の打開を依頼した。奥野が自治省および大蔵省に具体的にどのような働きかけを行ったかは不明だが、その当時の状況について奥野自身は次のように述べている。

　　45 年に大学に対する経常費助成、大蔵省との間でやっと話がついた、しかし高校以下の経常費助成については文部省と大蔵省との間で話がつかなかった。切られてしまった。その時に当時の坂田文部大臣から、私に何か道をつけてくれない

だろうかという依頼がありました。私は高校以下の学校は地方公共団体が設置者になっている訳ですから、私立の高校以下の学校についても地方公共団体から助成する方が、高校以下の教育についての地域の関心を高めていく、地域の関心をもってもらわなくてはいけない、その意味についてはその方が妥当だと考えていましたので、積極的に骨を折らせて頂きました。衆議院議員として骨を折らせていただきまして、地方交付税の中に、都道府県が高校以下に助成するように財源をほうりこみなさいよと、幸いそれがうけいれられて今日に至っているわけですが、私はこの道でこの内容を充実させていけばいいんじゃないかという気持ちを今は持っている訳です[33]。

　最終的に、地方交付税による高校以下の私学助成措置は、経常運営費35億円に加えて人件費45億円の80億円が新たに認められることとなり[34]、人件費に対する助成の道が開かれることとなった。

　かねてから懸案であった監督については、「日本私学振興財団法案」の自民党内文教部会・衆議院文教委員会の審議の際に、附則13条の私立学校法改正に盛り込まれた、会計基準制定・適用と会計監査、所轄庁の権限（検査、学科・研究科の増設と収容定員の増加に係る計画に対する変更・中止勧告）をめぐって、私学団体および関係議員から反対の声が上がり、紛糾した（日本私学振興財団1980；平河1989：196-8）。結局、関係規定に関して、「政令の定める日までは適用しない」とする修正を私学振興財団法の附則14条の4に定めた上、衆議院文教委員会を通過することとなった。もっとも監督に関する問題は私学振興助成法の立法過程で再燃することとなる。

3.3　私立学校振興助成法の政策過程 ―教育財政拡充の「失敗」―

　1970年代に入り、経常費助成の補助義務の法制化にむけて各私学団体、自民党文教部会内で数次にわたる検討がなされることになるが、要求側である教育下位政府内部で少なからぬ意見・態度の相違を抱えていた。主だった相違は以下の2点である。

　第1は経常費助成の法制化に伴う監督についてである。大学においては文部省・自民党と私大団体の間、あるいは私学振興助成法案提出の最終局面で私大

協会と私大連盟の間で軋轢が生じた。高校以下の私学団体においては、学校法人への経常費助成策か家計の授業料軽減策かという点で意見に一致をみなかった。

第2は高校以下の私学に関して地方交付税による措置を継続するか否かという点である。先述のとおり、1970年度から高校以下の私学に対する人件費助成は交付税措置によって行われていたが、自民党の文教部会内では国庫による補助にすべきであるという意見が大勢を占めた。それに対し当時の文相の奥野は交付税措置の拡大に拘り、国庫補助には反対していた。国庫補助の主張の論拠となっていたのは都道府県格差の存在であった。

後者に関しては都道府県格差の事実を受けた今村武俊管理局長の説得によって、奥野文相が直接補助へ賛成することとなったため大臣と文教部会の間における意見の相違は解消されたが[35)、前者の点については1975年度予算折衝と私学振興助成法案提出において顕在化することとなる。

1975年度の文教予算の折衝の焦点は高校以下の私学に対する国庫直接補助170億円の新規予算要求であった。1975年1月4日の大蔵原案内示では新規要求についてゼロ査定とし、それを受けて文部省と文教族議員は、高校以下の国庫補助170億円に焦点を絞り、復活折衝に臨んだ。復活折衝においても大蔵省は、私立幼稚園における全国学校法人幼稚園連合会（学法幼）と日本私立幼稚園連合会（日私幼）の亀裂につけ込み、就園奨励費を増額したため経常費助成はできないなどと主張した。西岡武夫は日私幼に対して復活予算でどちらに重点を置くか判断を迫り、それを受けて日私幼が方針を変えたため、経常費助成に高い優先順位が置かれることとなった。また大蔵省は、文教部会の主張するプロジェクト方式の完全実施方式に対して、今後5年計画において交付税方式をとりながら、都道府県間の格差の是正を図るという案を提示し、対立を深めた[36)。

1月8日の政務調査会では、政務調査会長の松野頼三と文教担当の藤井勝志の反対にあうものの[37)、総務会では高校以下の国庫補助170億円は二重マルの「マル政」となった。しかし、同日夜には事務折衝の結果を受けて文部省から内示メモが示され、その内容は、措置額は100億円で、学校法人のみに助成

を限定する、年次計画の初年度の助成ではなく、私学助成の県間格差を是正するために当面の誘導措置とするというものであった[38]。結局、復活折衝最終日に三役折衝には持ち上がらず、大臣折衝では80億円で決着した。一方で私大への経常費助成は1,000億円を超える額が計上された。

私立学校振興助成法の立法過程では、監督をめぐる問題に関して私学団体間の意見の相違は法案提出まで遂に解消されることはなく[39]、教育下位政府内部での対立を抱えていたが、言うまでもなく、最大の問題は財政負担をめぐる大蔵省と自治省の反対であった。

大蔵省との調整は、翌1975年国会会期末近くの6月下旬にまで及んだ。大蔵省は自民党の主張どおり助成を行うと、国の負担分は3,700億円におよぶため実現不可能である、高校以下の私学に対しては都道府県が補助するべきであると主張した（『朝日新聞』1975年6月18日：日本私立大学協会2004a）。大蔵省の強い反対から政府提出法案となりえないと判断した文教族議員は三木武夫首相を説得し、議員立法とすることについて了承を得ていたが、大蔵省は政務調査会、政策審議会、総務会に対して反対陳情を行うなど、抵抗した[40]。私学助成プロジェクトチーム側は2分の1補助を2分の1以内に改めること、年次計画の年数を定めないこととするなど大幅な妥協を強いられた。

しかし、それでも続く6月19日の政務調査会審議会では財源問題について決着がつかず、23日から24日にかけての西岡武夫、藤波孝生、塩崎潤の3議員と大蔵省担当主計官、自治省財政局長による交渉にもつれこんだ。大蔵省は、年次計画による予算増について強く反対した。また高校以下については、75年度から誘導措置として導入された予算措置を補助義務とすることに反発した。他方、自治省は高校以下について国の補助で多くを期待できないのならば、都道府県への義務づけの実質が失われることを懸念した。

ここでも文教族議員側は妥協を強いられることとなった。法案の私大経常費助成に関する国の2分の1以内の補助義務規定は「2分の1以内を補助することができる」という裁量規定とされ、高校以下の都道府県に対する補助についても2分の1以内の義務規定は削除され、「補助する場合には」「国は政令で定めるところによりその一部を補助することができる」とすることで合意した。

1975 年 6 月 24 日に政調審議会および総務会で了承されることとなり、文教部会は内容を不満としながらも法的根拠を与えることで来年度以降の予算要求が円滑になるとの判断から法案成立を優先した。

こうして財政面での大幅な妥協を経て、藤波孝生ほか 4 名による議員提出法案として会期末の 6 月 25 日に「私立学校振興助成法案」は衆議院に提出された。法案は同日衆議院文教委員会に付託され、26 日に可決、翌 27 日衆議院本会議でも可決、同日参議院に付託された。当時、参議院文教委員は与野党同数で自民党単独で可決することができないという状況にあり、7 月 1 日に参議院文教委員会では野党の審議拒否にあったが、「2 分の 1 以内を補助することができる」を「速やかに 2 分の 1 を補助するようにする」など 6 項目の付帯決議を伴うことで、民社党委員の賛成を得て、委員会を通過、7 月 3 日に本会議で可決成立した。

このようにして私立学校振興助成法が成立するが、財政的な面では当初の企図から大きく後退し、同法は 1970 年度からの経常費助成に関する予算措置を継続させたにとどまった。

4. 事例分析Ⅲ：教職員定数改善

公立小中学校の教職員定数改善は、表 3-1 に示すように、1958 年の「公立義務教育諸学校の学級編制及び教職員定数の標準に関する法律」（義務標準法）制定の翌年から年次計画によって実施されている。

義務標準法の政策過程に関しては小川（1991）で触れられているものの、その後の定数改善については桑原（2002）および山崎（2005）で各次の改善内容がまとめられている程度であり、政策過程に関する研究はない。ここでは 1970 年代の第 4 次、5 次改善による「40 人学級」の実現を中心に、それまでに至る経緯も併せて政策過程を中心に記述する。

表 3-1 教職員定数改善の概要

次数	期間（年度）	改善増	自然増減	合理化減	差引
1	1959 ～ 1963	34,000	− 18,000		16,000
2	1964 ～ 1968	61,683	− 77,960		− 16,277
3	1969 ～ 1973	28,532	− 11,801		16,731
4	1974 ～ 1978	24,378	38,610		62,988
	1979	3,254	12,725		15,979
5	1980 ～ 1991	79,380	− 57,932		21,448
	1992	1,054	− 11,700		− 10,646
6	1993 ～ 2000	30,400	− 78,600		− 48,200
7	2001 ～ 2005	26,900	− 26,900		0
	2006	329	− 1,000	− 329	− 1,000
	2007	331	− 900	− 331	− 900
	2008	1,195	− 1,300	− 195	− 300
	2009	1,000	− 1,900	− 200	− 1,100
	2010	4,200	− 3,900		300
	2011	4,000	− 2,000	− 1,700	300
	2012	2,900	− 4,900	− 100	− 2,100
	2013	1,400	− 3,200	− 600	− 2,400
	2014	703	− 3,800	− 713	− 3,810
	2015	900	− 3,000	− 1,000	− 3,100

出典：大蔵省・財務省『国の予算』各年度版他

4.1　前　史 ─ 義務教育費国庫負担法から第 2 次改善までの政策環境 ─

　戦後の義務教育費負担問題において、義務教育費国庫負担法と義務標準法が文部省と大蔵省、地方財政所管庁（地方財政委員会、地方自治庁、自治庁）の妥協の上に成立したことは先行研究の指摘するとおりである（市川・林 1972；小川 1991；徳久 2008）。もっともこの制度的均衡は安定的なものではなく、常に 3 省庁間の継続的な利害対立の上に成り立っていた。とりわけ、義務教育費国庫負担法成立以後も、富裕団体への国庫負担抑制と実員実額制の見直しは継続的な協議事項となった。

　前者に関しては、大蔵省は義務教育国庫負担法成立直後から執拗な追及を始める。それは、義務教育費国庫負担成立直後の 1953 年度予算編成段階に

おいても富裕団体への国庫支出を問題視しゼロ査定としたこと、あるいは翌年の内閣提出による富裕県に対して国庫負担の除外例を設けるという趣旨の義務教育費国庫負担法の臨時特例法案[41]の廃案後も大蔵省は特例法案にこだわり、富裕4団体への国庫負担金の支出を拒否するという態度を示したことなどにも現れていた。

　一方で、実員実額制の見直しは1960年代の第2次改善の際にアジェンダとなった。契機となったのは児童生徒数の減少という外生的要因であった。1963年度から児童生徒数が減少し、教員に余剰人員が出る見通しであることから、文部省は義務標準法の改正など対策の検討を始めていた（『内外教育』1962年8月31日）。1963年に入り、社会党が1学級40人とする独自の標準法改正案を国会に提出するなど、政府・与党側も国会対策上、政府案提出の必要が生じ、また、都道府県教育委員長・教育長両協議会や校長会等の教育団体が義務標準法改正の要望を文部省・大蔵省に陳情するなどの動きもあり、第43回通常国会提出に向けて文部省は自治省、大蔵省との折衝に入ることとなった（『内外教育』1963年2月19日）。

　自然減による余剰人員問題は、4月19日の閣議における荒木萬壽夫文相と田中角栄蔵相間の交渉で、義務標準法改正法案上程の目途がつくこととなったが、その際に編制標準を45人にするか否かが中心的に扱われた。大蔵省は、45人に改定する場合の条件として、定員実額制への転換と一定の高給教員に対する給与負担打ち切り、不交付団体に対する給与費負担全廃を打ち出したのに対し、文部省は、標準法以下の学級編制を行う自治体には、文部大臣の許可を必要とし、45人以下の編制を制限するという妥協案を考えていた。池田勇人首相、田中蔵相もなるべく整理解雇は回避したいという考えであり、その意向の下で文部・大蔵・自治省の間で調整が進められた（『内外教育』1963年4月26日）。

　5月には自民党政調審議会が文部省の標準法改正案を了承し、5月28日の閣議で義務標準法等の一部改正案を固め、国会提出を決めた。その内容は、1）1964年度から5カ年計画で1学級当たりの児童生徒数の上限を45人とする、2）教職員定数の算定基準を引き上げる、3）養護教員、事務職員の充実をはかる、

というものであり、これに伴って、それまでの実員実額制が定員実額制へと切り替えられた。すなわち、大蔵省は文部省が定員実額制を受け入れることを条件として文部省案を呑むこととなった。文部省としては、定員制を設けても学級編制基準が改正され、定員基準が引き上げられるゆえ全国的に見れば概ね各府県の実情に即する定員を確保できると考え、実質的に大部分の県では実員実額負担方式が続行されるという見込みであった（『内外教育』1963年6月4日；『内外教育』1963年11月1日）。

第43回通常国会では、改正義務標準法案は教科書無償措置法案、学長認証官法案とともに教育3法案として審議された。社会党文教委員は、教科書無償措置法案の教科書広域採択および発行者の認可制を削除すること、学長認証官法は廃案にすること、改正義務標準法案は社会党提出の改正案（40人を上限とし、余剰人員の完全解消を図る）に近づけることを要求した。しかし、会期末には教科書法案について強硬な態度に出たため3法案ともに廃案となった。荒木文相は、日教組の反対で成立しなければ、教職員の首切りもやむを得ないという態度をとり、自民党内には「無理に人員整理を避ける必要はなく、不心得者の教員に辞めてもらえばよい」という意見もあった。また日教組は定員実額制を実員実額制に修正するよう社会党に強硬に要求し、受け入れられない場合は廃案もやむをえない構えであり（『内外教育』1963年7月19日）、改正義務標準法案の成立が危ぶまれる状況であった。

結局、1963年冬の第45回特別国会において、改正義務標準法等法案、教科書無償措置法案について、自民党が両法案の一部修正に応じ、社会党も2法案の抱き合わせ審議を了承、妥協が成立した。義務標準法については、1）文部省原案の11条では文部大臣が学級編制の基準または公立義務教育諸学校の教職員定数について都道府県に勧告ができるとなっていたが、この「勧告」を「指導助言」に改める、2）「45人を適当とする義務標準法改正に伴う国庫負担金制度について政府は改正法の趣旨に従い運用するよう努力すること」との付帯決議がつけられた（『内外教育』1963年12月20日）。

こうして余剰教員問題を背景として、文部・大蔵・自治省間の妥協、あるいは自民党・文部省と社会党・日教組間の妥協の上に、学級編制標準を45人と

する改正義務標準法は成立し、翌1964年から第2次定数改善が進められることとなり、文部省は翌1964年には全国人事給与主管課長会議で定員実額制の条例化についての指導を行った。

4.2　第3次改善以降の状況 ── 教育下位政府の要求と自治省・自治体の反発 ──

　70年代は児童・生徒数の急増によって自然増分だけでも大幅な教職員定数増が見込まれていた。1969年度からの小中学校における第3次教職員定数改善計画では、1968年時点での予算折衝で文部省側が6万人超の定数増を要求したのに対し、大蔵省の査定は2万8,500人程度に留められた。改善計画の方針としては第1次、2次改善計画の全国一律の学級編制基準改善で局所的に生じたひずみの是正と過疎地域対策が中心となった。

　また1974年度からの小中学校における第4次教職員定数改善を前に文部省は概算要求では改善増4万人を要求していたが、大臣折衝の末、2万4,400人の改善増となった。定数改善の中心は、養護教諭定数の改善（6,100人）、事務職員定数改善（6,100人）などが中心であり、学級編制改善（3,900人）は3個学年複式学級の解消など過疎地域や特殊学級のみに限定され、過密地域の改善は見送られた形となった。もっとも、74年度予算折衝について、大蔵省は教員給与改善で予算を割くならば、その分定数改善を減らすという構えを示していたこともあって、文部省側としては容認しうる結果とも言えるものであった（『内外教育』1969年1月21日，1974年1月22日）。

　しかし、自民党文教族、あるいは教職員組合などの「教育界」は、第3次改善計画に満足することなく、以後「40人学級」の実現を教育政策における重要課題として共有していく。1974年の第72通常国会の衆参文教委員会では、自民、社会、共産、公明、民社の5党により「1学級定数45人の学級編制の標準を、例えば40人以下に引き下げる」などを旨とする内容の「公立義務教育諸学校の学級編制及び教職員定数の標準に関する法律等の一部を改正する法律案に対する附帯決議」が採択された。

　一方で1970年代半ばの国と地方における財政難は、財政当局による教職員定数改善への反発を呼び起こすこととなる。財政制度審議会は公務員定員増加

の抑制に積極的に取り組む旨を建議した。同様の反対は地方行財政アクターによっても唱えられるが、その具体的な矛先は教育分野に向けられた。全国知事会は1975年6月に臨時地方財政基本問題研究会で「地方行財政に関する今後の措置についての中間報告」と題した要望書をまとめ、自治省に提出している。その内容は、機関委任事務の増加や国の教職員・警察官の定数改定が人件費増を招いたと国の責任を強調し、改善計画の繰り延べを求めたものであった（『朝日新聞』1975年6月7日）。自治省は地方財政危機に際して、大蔵省に対して交付税率引き上げ要求を行い、赤字補填措置を求めつつ[42]、他省庁に対しては地方財政支出の抑制のための申し入れを行った。1976年度予算編成にあたって、自治省は地方財政への配慮を事務次官名で要請し、地方公共団体の職員数の増加をもたらすような施策は極力抑制するよう強く求めた。特に文部省に対しては教職員定数改善計画の実施繰り延べを申し入れ、以後、自治省は教職員定数改善に関して数度にわたって反対の申し入れを文部省に対して行うこととなる（『朝日新聞』1977年11月17日，1979年7月8日夕刊）。

　さらに中央・地方における財政難を背景とした公務員定数抑制への支持は、自民党のみならず野党議員からも発せられるという状況であった[43]。

　このような中央・地方財政アクターによる反発によって1959年度から切れ目なく継続してきた義務教育における教職員定数改善計画は再考を迫られる状況となった。小中学校における第4次改善計画は1978年度をもって終了することになっていたが、翌年度からの第5次改善計画は見送られ、文部省の「標準法実施に関する臨時実態調査」の結果をもってその方向性を策定することとなった。

　衆議院文教委員会は「教職員定数等に関する小委員会」を置き検討を進めたが、教育関係者の間でも第5次改善計画の即時実施については賛否両論であった。1978年11月28日に行われた衆議院文教委員会での参考人意見聴取では、都道府県教育長協議会幹事長の児玉工東京都教育長、日経新聞論説委員の黒羽亮一から慎重論が唱えられた。児玉は東京都のような過密県では40人学級実施となれば数千人単位で増やさなければならず、財政的に不可能であることを述べ、黒羽は教育効果の面から検討が必要である旨を発言した。

132

　これらの教育関係者による人件費負担に関する懸念の他に、教職員増員自体の問題の他に市町村における用地費の問題もあった。すなわち、教職員定数改善を一律にあるいは短期間で実施するとなると、人口急増自治体では学校増設に伴う用地取得、教室増設に関しての負担増を招くことになり、実際にこの点で地方団体は反対論を主張していたのである[44]。当然、自治省サイドも膨大な財政負担を理由に反対していた（石原 1979）。

　このような逆風の中で教育下位政府は第 5 次定数改善による「40 人学級」の実現に臨むことになるが、1978 年末には歳出改革を掲げる大平正芳が首相＝自民党総裁に就いたことで、教職員定数改善問題は財政問題としてさらに先鋭化していくこととなる。

4.3　第 5 次改善計画をめぐる政策形成・決定過程

　1978 年 12 月 7 日の臨時国会での首班指名を経て首相に就任した大平正芳は、文部大臣に元文部事務次官で参議院議員の内藤誉三郎を任命した。既にこの時期は来年度の予算編成を控えた時期であり、日教組が教職員定数改善を要求して 12 月 15 日に早朝 1 時間ストを計画していた。「大平内閣がスタートしたばかりのところで、たとえ早朝 1 時間でもストをやられると、大平内閣にとってはマイナスとなる」と判断した内藤文相は大平首相に相談した上で日教組槙枝委員長と会談し、40 人学級実現の要求を聞き入れ、ストを回避した（内藤 1982:208）。その合意内容は 1980 年度から学級編制基準の改善の年次計画を実施するというものであった。それを受けて文部省は翌 1979 年 8 月末に 9 年計画、12 万人増を概算要求で示した。一方で、文部省は同年 12 月、公立高校の教職員定数改善計画（9 カ年）の策定において「40 人学級」実現を当面見送ることを決定し、その代替措置として習熟度別学級編制を目指すために 6,000 人の増員を図る方針を固めた[45]。

　しかし、この文部省の教員増員計画に対し、大蔵原案における査定は、大平首相が財政再建のために公務員削減の意向を示していたこともあり、改善増についてはゼロ査定であった。12 月 19 日にまとめられた財政制度審議会の「歳出の節減合理化に関する報告」では、第 5 次改善計画については以下の 4 点が

第 3 章　教育財政の拡充と抑制の政策過程　*133*

問題点として指摘された。第 1 に改善計画実施によって平年度で人件費 5,750 億円、施設整備費 2,750 億円の増加となり、国と地方自治体に膨大な財政負担を強いること、第 2 に公立小中学校の児童・生徒数は 1982 年度まで増加し続け、現行制度のままでも相当な財政負担となること、第 3 に国家公務員については 1980 年度から第 5 次定員削減計画を発足させるのに対し、地方公務員とは言え、定数の大幅増加を招く計画を容認しがたいこと、第 4 に学級編制基準の引き下げについてその教育上の効果に照らして検討すべきであること、であった[46]。

　そもそも 1980 年度予算編成においては、5 月に閣議でサマーレビューへの協力が了承されており、公債依存度 4 割という危機的状況の中での財政再建に向けた異例ともいえる基本姿勢が内閣全体に周知されていた[47]。11 月には 1980 年度予算編成が歳入・歳出面で厳しい状況となることが明らかになり、主計局が公債減額を前提に歳出歳入ギャップを歳出削減または歳入増で埋めるという方針を打ち出しており、大蔵省の対応は至極当然ともいえるものであった。

　12 月 23 日に始まった復活折衝では、「40 人学級」を掲げる文教族議員をバックとする文部省と「財政再建元年」を掲げる大蔵省との間で調整は難航した。大蔵省は国と地方の財政難を強調したのに対し、文部省側に立つ文教族議員は「改善計画の当初段階では教職員増を最小限にとどめるよう工夫している。来年度の国庫負担は 22 億円である」と反論した（『朝日新聞』1979 年 12 月 27 日）。また文教族議員は、野党による予算修正の口実を与えるということで国会対策、翌夏の参院選対策を理由に党幹部にも迫った。折衝は 28 日の三役折衝に持ち込まれることとなるが、それに先だって後藤田正晴自治相による調整が行われた。

　1980 年度予算編成において、予算内示の前の段階において蔵相と自治相との間で地方財政の問題は一応の解決がなされていたが、「40 人学級」の問題に関してはそうではなかった。地方財政における問題として、前述の、教職員増員自体の問題の他に市町村における用地費の問題があった。後藤田自治相自身は個人としては「40 人学級」に関して賛意を示しており、中央・地方に負担

のかからない方式——1982 年に児童・生徒人口増加のピークを迎えるため、児童・生徒増のない地域から実施していく——で実施することを大蔵、文部の双方に了承を取り付けた[48]。

　三役折衝では鈴木善幸総務会長が仲裁役に入り、谷垣専一文部大臣と竹下登大蔵大臣との間で、計画期間を 12 年とする、教職員を 8 万人程度増員する、財政再建期間中は教職員の改善増を極力抑制する、計画の実施にあたっては各年度の教職員の改善規模は経済状況、財政状況を勘案し、弾力的に行うという旨の覚書が取り交わされた（『内外教育』1980 年 1 月 11 日）。結局、定数改善は 1980 年度から 12 年計画、8 万 1,674 人増で実施、80 年度分は 2,756 人増（「40 人学級」分 506 人、教職配置率改善 2,250 人）とすることで合意し、決着を見た[49]。定数改善計画は文部省案からは 4 万人後退することとなったが——特に教員定数の改善（教頭代替定数、専科教員、免許外担当解消、研修代替定数）は文部省案の 3 万 5,000 人から 2 万人少ない 1 万 5,000 人に抑制された——、結果的にはゼロ査定の状況から譲歩を引き出すことになった。

　年末に閣議決定された予算案は、翌 1980 年 1 月 24 日に提出され、国会審議へと移った。予算提出の前後には、野党各党は協議を通じて、文教および福祉施策の充実を中心とした予算修正要求の方針を固めていた。「40 人学級」に関しては、財政当局の反対が厳しいと見てとった日教組槙枝委員長が、民社、社会、共産、公明の各党に対して「40 人学級」実現のための結束を要請するという動きがあった。国会では社会、公明、民社 3 党は共同で修正要求を、共産党は独自の予算組替要求を国会対策委員長会談で提示した。野党 3 党の共同修正要求には「40 人学級」実現の年次計画短縮が、共産党の組替要求には教育予算充実が含まれていた。

　これに対して自民党側はゼロ回答を示したため、野党各党は反発し、与野党逆転委員会の衆議院予算委員会における審議は 2 月 23 日以降空転する。結局、自民党と社会、公明、民社の野党 3 党の折衝の結果、共同修正要求に対して約 1,400 億円の予算措置を施すことによって合意し、審議が再開された。共同修正要求に対する自民党側の回答には教職員定数改善計画に関して、「概ね 3 年後に、各般の状況を勘案し、その後の計画につき検討する」ことが付された。

第3章　教育財政の拡充と抑制の政策過程　*135*

3月8日の衆議院予算委員会では政府予算案は与野党逆転委員会のため否決されたが、同日の本会議で逆転可決され、10日に参議院予算委員会に付託された。参議院予算委員会で可否同数の結果、委員長裁定で可決、同日本会議で可決の末、1980年度予算は成立した。

4.4　第5次定数改善の実施と教育財政抑制の過程 ── 大蔵・自治省との妥協 ──

　こうして小中学校における「40人学級」は、一応の目途が立ち、中央・地方に負担に配慮する形で、児童・生徒増のない地域から逐次実施されることとなった。ただし、その実施は円滑なものではなかった。

　1981年に第2次臨時行政調査会の報告では、義務教育費国庫負担金関連として、国庫負担金の算定における実支出額基準の改定（「国並みの給与水準」）とともに第5次学級編制および教職員定数改善計画の財政期間中の停止が勧告され、その報告を受けて1981年に行革関連特例法が制定された。その特例法の成立によって第5次学級編制および教職員定数改善計画は1982年度から3年間一時的に凍結されることとなった。

　また、それ以後も教育下位政府と大蔵省、自治省との競合関係はますます激しくなり、第5次教職員定数改善計画の実施は義務教育費国庫負担金の一般財源化の取引条件として扱われる。1985年には義務教育費国庫負担金のうち旅費と教材費の国庫負担が廃止されたが、それ以降も小中学校教職員のベースアップ財源拠出をめぐって文部・大蔵・自治の3省間で対立は深まった。大蔵省および自治省は学校事務職員および栄養職員の給与分の一般財源化を求め、文部省側は抵抗した。結局、恩給費、共済費の追加費用の一部、共済費長期給付の負担率引き下げなどで決着したが、文部省は重要政策と位置づけた私学経常費助成維持と「40人学級」の凍結解除のために、これらの一連の一般財源化措置を呑まざるを得なかったのである（『内外教育』1987年1月23日）。

5. 下位政府論再考

　各政策の経過に見るように、70年代の教育財政をめぐる重要施策において
は、自民党文教族議員と文部省そして教育関係団体による教育下位政府がア
ジェンダセッターとなったことは明白である。直接の利害関係者である教職員
組合や私学団体も文教族議員、文部省と接触し、イデオロギー的には対立しな
がらも共通の利益である教育財政支出拡大の果実に与ろうとしたのであった。
これらは一般的な下位政府論の描写に一致するものであるが、下位政府論は政
策過程における利益集約・表出の局面に焦点を当てたものでしかない。政策知
識や政策実施による優位性、あるいはボトムアップ型の政策過程は、下位政府
アクターの独占的な政治的影響力を意味するものではない。予算および重要立
法が政権政党と国会を通過しなければならず、予算と時間という資源が有限で
ある以上、各下位政府の要求は一定の制約・環境の下で選択ないし統合が図ら
れるのであり、この制約条件を明らかにすることなしに政策過程の特質を把握
することはできない。以下では自民党文教族議員を中心とする教育下位政府の
諸政策における影響力が、1）制度的要因、2）執政中枢アクターによる統合、
3）自民党内外の政治的状況、に強く依存していたことを論証する。

5.1 制度的要因

　教育下位政府を含めた諸下位政府が政策過程において無制約の影響力を持
つならば、その財政的帰結は財政的発散である。しかし、実際には政策過程に
おける専門分化の反作用として統合機能が制度的に埋め込まれており、次の3
つの制度的要因が財政アクターである大蔵省（財務省）と自治庁・省（総務省）
と諸下位政府との関係を条件づけてきた。

　第1は議員立法の抑制としての事前審査である。事前審査は1950年代半ば
以降の自由党・自民党内部で予算を伴う議員立法・依頼立法を抑制する措置と
して制度化された（奥・河野2015）。予算と法律の不一致は、政策分野に対応
した常任委員会制度というアメリカ型の権力分散的な議会制度を取り入れたこ

第3章 教育財政の拡充と抑制の政策過程 *137*

との帰結であり、事前審査はそれを是正するものであった。議員立法抑制の制度化によって予算を伴う法案は内閣提出のみのルートとなり、必然的に政府・与党の事前審査に晒されることになった。1960年代の大蔵省および自民党首脳の申し出により、議員立法は総務会を経て党幹部の承認を得ること、予算の修正および予算関連法案の議員立法を抑制することがルール化された。その結果、予算編成および予算関連法案の立法は大蔵原案内示後の復活折衝段階で内部調整され、内閣提出法案として国会に上程されるという政策過程が形成されたのである（川人2005：第6章）。3. で述べたとおり、私学振興助成法案は議員提出法案とされたが、これは事前調整において2分の1の補助義務規定などについて大蔵省から猛反発を受けたため、文教族議員の塩崎らが三木首相を説得し何とか上程を図った結果である。そして、先に述べたように、提出法案では財政面において大蔵省の要求をほぼ呑まざるを得なかった（稲1991）。

　第2は概算要求基準である。概算要求基準の設定は1961年度予算の時に始まった。当初は前年度比50%増が上限であったが、1965年度予算では30%へ、1968年度予算では25%へと縮小された[50]。そして財政悪化が深刻化した1970年代半ば以降は、予算過程においてあらかじめ予算増加を抑制するため厳しい概算要求枠を設定するに至る。1976年度予算では15%へ、1977年度には一般行政経費10%というように漸次的に縮小され、1980年度にはゼロシーリング、また1983年度以降はマイナスシーリングが設定された。厳しい概算要求枠設定による一律抑制という方針は、下位政府の激しい要求行動に対する、調整機能の弱い主計局の反応として生じたものであった[51]。大蔵省主計局が調整を半ば放棄することで、結果的にどの省庁においても予算要求は抑制されたのである。

　第3は省間協議である。一般的に法案について省間で利害関係が生じる場合、閣議、事務次官会議の前段階において関係省庁間での調整が行われる。教員給与改善において、大蔵・自治省のみならず、給与関係省庁（および関係議員）の存在、人事院の「部内均衡」の方針が抑制的要素であったことは先述のとおりである。また地方財政に関して自治省設置法4条には、地方公共団体の財政に関する制度の企画および立案その他地方財政に関することが自治省の所

掌事務として規定されており、また5条には、地方公共団体に負担が及ぶ法令案が立案される場合に関係大臣に対して意見を述べることが自治省の権限として定められていた[52]。すなわち、初等中等教育に関して言えば、地方公共団体に財政的な負担を伴う法令案に対する自治省の介入は不可避であった。1975年度以降、自治省が再三にわたって、文部省に対しては教職員定数改善計画の実施繰り延べを申し入れ、都道府県に対しては教員給与における一律昇給短縮の廃止を通達したのは既に述べたとおりである。

5.2　執政中枢アクターによる統合
5.2.1　首　相
　理念的な議院内閣制では権力集中の核は与党党首＝首相であり、政府においても与党内部においてもその政策選好が貫徹される。戦後日本の政策過程について、内閣と自民党との二重権力構造ゆえに議院内閣制の理念型とは異なることが指摘されるが、政策の統合の第1の主体として首相の政策形成過程における作用を軽視することはできない。

　1970年代に、佐藤栄作、田中角栄、三木武夫、福田赳夫、大平正芳の5人の首相が在任した。5人すべてが積極的に教育政策に関わったわけではないが、少なくとも財政の方針を通じて70年代の教育財政の変動に関与していた。まず最も重要な点として、70年代に在任した首相のうち、田中、三木、福田は赤字国債発行の常態化による財政危機にもかかわらず、財政拡大に寛容あるいは無策だったことが挙げられる。大枠の財政政策での首相の寛容・無策があったのに加え、佐藤、田中、三木首相は教育財政拡充に関しても容認的な態度をとっていた。

　人材確保法の制定および3次にわたる改善の必要財源確保に関しては、田中、三木の両首相の裁断によるところが大きい。田中は首相就任時に小学校教員給与増額に理解を示していたと言われている（木田1987；永池1992）。教員給与改善を予算措置に留め、法制化を望んでいなかったという点では人材確保法には消極的ではあったが、そもそも1973年度予算編成における給与改善分の136億円の財源の確保自体は田中首相の指示なしにはできなかったのであ

第3章　教育財政の拡充と抑制の政策過程　*139*

る。また三木武夫は 1974 年 12 月に首相に就任し、既に骨格ができあがっていた 1975 年度予算について自ら予算編成に手を入れることを望み、老齢福祉年金引き上げとともに、教員給与第 3 次改善分についても自身の意向を反映させた。

　私学に対する経常費助成に関して、佐藤の首相在任中に人件費助成が開かれたが、首相の寄与は大きなものであった。まず、佐藤自身の政策選好について言えば、私学経常費助成には積極的であった。そもそも佐藤は、首相になる遥か以前の政界入りの時点から私学振興の諸政策に尽力しており、自由党幹事長の時に私学振興会設立に奔走し、総務会長の広川弘禅とともに吉田茂首相に私学振興会設立の必要性を説き、私学振興会政府出資金の政府予算計上にこぎつけるなど、私立学校振興会法、私立学校法の制定に関わっていた[53]。佐藤自身の首相就任以降について言えば、当時の状況として、私立大学の授業料値上げなどに端を発する大学紛争は政府の重要課題の 1 つであったために、内閣が一体となって事態の収拾を図る必要があったという背景がある[54]。1960 年代初頭から私学団体による文部省、首相、自民党への陳情は行われていたが、経常費助成問題が進展するのは 1960 年代末であり、第 2 次佐藤改造内閣では佐藤と共に戦後期から私学問題に関わってきた坂田を文相に任命し[55]、また、1969 年 6 月には党に対し経常費助成の検討の指示を行っている[56]。すなわち、首相の政策選好が閣僚任命と指示という制度的権力によって反映されたのである。

　一方で、1978 年末から首相に就任した大平正芳は財政再建を掲げ、田中、三木、福田各首相と方針を異にした。実際に 1979 年度予算に関しては衆議院予算委員会の多数派を占める野党の予算修正要求に屈しなかったのに加え[57]、次年度以降の予算編成に関しても党内でその財政再建への姿勢を示していた。公務員削減を望んでいた首相の意に反して第 5 次教職員定数改善計画は成立することになったが、結果的には、財政負担を極力抑制する方式で、また後に改善計画の見直しの余地を残すよう最小限の譲歩にとどめたのである。そして断固として野党の予算修正要求を拒み、最終的にはその修正要求に含まれていた改善年次計画の短縮化などを阻止した。

5.2.2　首相以外の調整アクター

　「中央政府の政策を統合することに貢献する、または政府機構の構成要素の対立を執政部内で調整者として活動するすべての組織や制度」（Dunleavy & Rhodes 1990:4）という執政中枢の定義に従うならば、自民一党優位体制の下での執政中枢アクターは首相のみならず、大臣、自民党政調審議会、大蔵省（財務省）主計局、経済企画庁、自治省などが執政中枢にあたる。大蔵省と自治省が制度的な権限の下で各下位政府の予算要求に対して抑制的な調整を行ったこと、首相が事前的な指示と事後的な裁断によって統合を図ってきたのは既に述べたとおりである。

　これらに加えて、70年代の教員給与改善、私学経常費助成、教職員定数改善の3つの政策の調整の場面において特に重要な役割を果たしたアクターとして旧内務官僚の奥野誠亮、後藤田正晴の2人がいる。それは地方行財政に通じた旧内務官僚の経歴・人脈の寄与によるものとして解釈できる。自民党族議員に関する研究書である岩井・猪口（1987）では、奥野は文教族議員に数えられているが、田中内閣の下で文相に任命されるまでは教育政策と接点は多かったとは言えない[58]。文相就任以前に奥野が教育政策に関わったのは、高校以下の私学に対する人件費助成の交付税措置に関してである。当時奥野は一般議員としての立場にあり政府・党の役職にはなかったが、坂田文相からの依頼を受けて交付税措置の実現に向けて調整を担うことになった。奥野が関わったのは他の文教族議員のように私学関係者であったからではなく、地方財政の専門家ゆえであり、教育下位政府アクターが持ち得ない資源 —— 自治事務次官あるいは財政局長という経験による地方交付税に関する知識と自治省への人脈 —— を有していたからである。

　後藤田は田中内閣のときには内閣官房副長官、大平内閣のときには自治相を務め、それぞれで人材確保法と第5次教職員定数改善計画の予算措置に関わっている。田中内閣の時に務めた内閣官房副長官は政と官の間に立つ、まさに調整者としての役割を果たした。当時、西岡ら文教族議員は「教職員の給与改善に関する臨時措置法案」を自ら起草し正面突破を図っていたが、それが無謀であると見てとった奥野文相と後藤田との間での調整の下で法案を取り下げ、他

第 3 章　教育財政の拡充と抑制の政策過程　*141*

省庁による反発をかわし、国会通過させるために人材確保法案として衣替えを行ったのである。このようなことが可能であったのは、閣議の主宰者であり、すべての政策分野の政官関係を取り結ぶ官房副長官であったからに他ならない[59]。自治相時代には、大平首相の歳出抑制の方針の下で、第 5 次定数改善における文部省、大蔵省、自治省との間のコンフリクトの処理にあたった。自治省サイドとしては人件費と施設費を通じて地方財政を圧迫する定数改善計画には反対であり、自治大臣である後藤田はこの自治省の主張の代弁者として振る舞ってもおかしくはない状況にあった。自治体に極力負担をかけない形で学級編制標準の改善のための予算化がなされたのは、後藤田が個人的に「40 人学級」に賛意を示した上で実現に向けて 3 省間の調整を行ったためである。

　政官関係、地方行財政に関わるアクターを教育下位政府の協力者として擁することができたのは、70 年代の教育費政策における僥倖であったと言えよう。

5.2.3　野党の存在と与野党伯仲

　当時の野党であった社会党、公明党、民社党、共産党の文教関係議員、そして自民党文教族議員の一部が離党結成した新自由クラブは教育財政支出拡充策自体には反対する理由はなかった。教員給与改善、私学助成、第 5 次教職員定数改善計画それぞれに教頭職、主任の法制化や私学への監督強化、高校における習熟度別学級編制に見られるように左右イデオロギー対立を触発するアジェンダが付随したために野党の反対を招くこととなったが、基本的には教育予算拡充に関しては自民党文教族と文部省からなる教育下位政府および日教組と共闘関係にあった。自民党文教族と文部省は野党勢力にイデオロギー的側面で最小限の譲歩をしつつ、党内における説得工作の口実として野党勢力を利用したのである。

　教員給与改善について、自民党文教族議員が日教組対策となることを説いたことはよく知られている。また大平内閣下での予算編成期の「40 人学級」をめぐる攻防においては、自民党文教族は野党勢力の存在を予算確保のアピールに利用した。衆議院予算委員会が与野党逆転委員会であったゆえ福田内閣時には 2 年連続で野党要求による予算修正を余儀なくされていた。1980 年度予算編成における復活折衝では「財政再建元年」を掲げる大蔵省および自民党に対

して、文教族は再び野党要求による予算修正に応じる事態になれば、野党に手柄をアピールする機会を与えてしまいかねず、国会対策と参議院選挙対策双方の点から「40人学級」の実現のための予算が必要であると迫ったのである。

　これらに加えて、70年代後半においては文教族自体が野党勢力としての新自由クラブが予算過程に影響を及ぼすこともあった。新自由クラブは1976年6月に、衆議院議員の河野洋平、西岡武夫、田辺誠一、山口敏夫、小林正巳、参議院議員の有田一寿の6人が自民党を離党して結成した小政党であり、与野党伯仲状況の中で新自由クラブは自民党と部分連合を形成した。6人の議員のうち西岡、河野、田辺は文教族議員であり、しばしば教育政策が交渉の対象なった。1979年の予算編成では、与野党伯仲と自民党内の派閥対立に乗じて自民党側から育英事業費に関する若干の譲歩を引き出している。福田赳夫首相は「三木おろし」の際に交わした2年間の総理・総裁の後の大平への禅譲含みの密約を反古にしようとし、総裁選挙（1978年末）を見据えて基盤を立て直すため、1978年秋の臨時国会で減税問題を拒んで国会を空転させ、解散・総選挙に持ち込もうとしていた（北岡1995）。これに対し、田中・大平派は新自由クラブと補正予算に関する合意をとりつけ、解散を阻止した。国会会期中に衆議院予算委員会で補正予算案を通過させるために自民党と新自由クラブとの間で合意が取り交わされ、その6つの合意事項の中に育英奨学金の大幅改善や奨学金返還分の所得控除などの家計教育費負担軽減策の検討が含まれていた（『朝日新聞』1978年10月6日）。合意を取り結んだ当時に幹事長として関与していた大平正芳が首相となったこともあり、この合意事項は1979年度予算の復活折衝において焦点となった。新自由クラブは大蔵原案に対し、合意事項の1つである教育費負担軽減策が反映されていないことに抗議し、それを背景に文教族議員と文部省は折衝に臨み、結局、育英奨学金の拡充 —— 私立大学生への貸与額アップと貸与人数増 —— を政府予算案に盛り込ませた。その結果、1979年度予算における育英事業費の政府予算案は大蔵原案に対して6%の上乗せとなったのである[60]。

　このように1970年代の与野党伯仲・自民党内派閥対立という要因は教育下位政府にとっては予算過程において多少は有利に働いたといえる。イデオロ

ギー的な問題を含みつつ、自民党文教族議員は文部省のみならず教育団体や野党議員とも主張を同じくし、また自ら野党勢力となって要求行動を行い、譲歩を引き出したのである。

6. 考　　察

　本章では高度経済成長期以後の教育財政をめぐる政策過程、とりわけ教育財政支出の拡充と抑制期である1970年代および80年代の政策過程を対象に分析を行った。その政策過程に関する観察として、先行研究が明らかにした自民党文教族議員の突き上げや教育団体の陳情といった教育下位政府アクターの利益集約・表出やアジェンダ設定は問題の存在を政府に示すという点では1970年代の教育財政拡充の契機であったと言える。しかし、その下位政府の利益集約・表出は政策過程の1つの局面に過ぎない。本章では、前節までの政策過程の記述をふまえて、1970年代の教育下位政府の置かれた環境——制度的要因、執政中枢アクター、政治的状況——を検討することで下位政府論の相対化を図った。

　予算および予算関連法案の議員立法の抑制、シーリング、各省協議といった制度的要因は大蔵省と自治省および関係省庁とのヨコの事前調整をルール化するものであり、教育下位政府の要求に対して抑制的に作用した。このような抑制要因の存在ゆえにそれに打ち勝つべく自民党文教族議員らが精力的に活動し、その結果として諸々の教育財政拡充策が可能となったという解釈もありうるかもしれないが、筆者は70年代における教育財政拡充は教育下位政府の活動量や結束には帰せられない要因があったと考える。

　すなわち、教育下位政府に有利に働きうる要因として執政中枢アクターによるタテの調整の存在と自民党内外の政治状況があった。70年代における福田以前の各首相は指示と裁断による事前的・事後的な総合調整を行った。また、人材確保法、私学への人件費助成の予算化、第5次定数改善計画は、政官関係および地方財政に知悉した教育下位政府外のアクターが実現に向けて調整を

行った帰結でもあった。無論、これらは政策の統合を行う執政中枢アクター自身が教育下位政府による財政支出拡大要求を是認したことに基づいたものであり、教育財政拡充は政策選好と調整の様式に関する双方の条件が揃った結果である。そしてこのことは、私立学校振興助成法の補助義務規定の後退や1980年代以降の義務教育費負担金の一般財源化といったタテの調整の不在の事例によっても裏書きされる。

　基本的には、教育下位政府の要求の実現度は権力の核である自民党総裁＝首相の政策選好に依存しており、それに反して財政拡大を行うことは困難であったと言える。大平首相がそれまでの首相と異なり財政再建を標榜したことによって、教育下位政府は極めて不利な環境に置かれたのであるが、与野党伯仲と自民党内の派閥対立という政治的環境は、首相の歳出改革の方針の範囲内で教育下位政府にいくばくかの譲歩を引き出すことを許した。しかし、それらの条件も80年代に入ると消滅した。1980年の衆参同日選挙の自民党の大勝によって衆参両院の与野党伯仲は解消された。また歳出と歳入のギャップは広く政策上の問題と認識され、1981年の第2次臨時行政調査会、1983年の臨時行政改革推進審議会によって行政改革が推進され、「増税なき財政再建」路線による歳出削減策が採られた。大蔵省により厳しいシーリングが課され、教員給与におけるベースアップ分の捻出や小中学校における第5次定数改善計画実施、私学助成の維持のために文部省の他の予算の抑制や義務教育費国庫負担金の一般財源化を迫られることとなったのである。

　こうして本章で明らかにしたのは、教育財政に関わる政策変動が —— それが拡充であれ抑制であれ ——、民主主義政治における機能・専門分化の作用ではなく、統合の作用によってもたらされたという事実である。ではその教育財政の政策過程像について、民主性という規範的な観点からどのように評価ができるのだろうか。下位政府論あるいは政策ネットワーク論の持つ規範的な含意は、下位政府・政策ネットワークの自律による政治的責任の後退というネガティブな評価である（Rhodes 1999:156-7）。しかし、事例分析で明らかにしたように、下位政府間の対立を伴う教育財政において、教育下位政府の要求を実現するには制度的な権力の中心である首相およびその周辺の執政中枢アク

ターによるタテの調整に依存せざるを得ず、下位政府の自律化はありえなかった。その意味で非選出部門に対する選出部門の統制という民主的統制の要素を部分的には満たしていたと言えよう。

　無論、その選出部門による非選出部門の統制という民主的統制は次の3点において十分ではなかった。第1に、長期の政権交代の可能性の欠如は政策的選択肢の欠如を意味し、有権者から政治家への委任プロセスの作動を限定的にした。関連して、第2に、教育財政支出の総額の範囲内での意思決定は、もっぱら教育下位政府アクターの選好が大きく反映された。事例分析で見たように、私学助成における機関補助か個人補助かをめぐる方針、80年代の教育財政抑制期における政策間の優先順位の決定は、それぞれ私学団体の多数派および自民党文教族議員の政策選好を反映したものであり、有権者および執政中枢の意思の及ばぬところにあった。第3に、70年代の教育財政の拡充は、予算制約内で厳格に優先順位を決めて統合を行い、政策を決定・執行した結果ではなく、福祉、公共事業、地方財政なども併せて歳出全体をルーズに拡大させた結果の一部であったと言える。この不完全な統合の帰結として、財政の持続可能性（選挙権を持たない世代の利害を反映した民主的統制）の面で問題を露呈させることになる。

　この章では事例分析から、予算政治における場の構造、執政中枢アクターの行動および70年代の自民党の置かれた状況を明らかにすることで、下位政府論の相対化を図った。しかし、本章の考察はあくまでもシングルケースの分析に基づくものであり、非時変的な構造的要素に関して考察を行うことはできない。また1970年代を教育財政支出の拡充期として同定したが、そもそもその変動自体も日本の時系列の中での相対的なものでしかなく、民主主義政治の中で起こりうる変動して大きなものであったのかは不明確である。次章ではこれらの限界を補うべく、鳥瞰的視点からの計量分析を行う。

注
1)　教育政策に関して言えば、当時、自民党文教族は公共事業、防衛、年金、恩給と並んで「予算五族」と呼ばれ、予算折衝において激しい活動を展開していたと言われている（日本経済

新聞社 1983)。

2) 1972 年には、児童手当が負担対象経費として追加された。また 1974 年には学校栄養職員が負担対象職種となっている。それ以前には恩給費（1956 年）、共済費追加費用（1962 年）、公務災害補償基金（1967 年）が負担対象経費として加えられてきたという経緯がある。

3) 臨調第 3 次答申を受けて 1985 年に旅費と教材費が一般財源化されたのを皮切りに、共済年金関係費、恩給費、退職年金の負担率引き下げ、一般財源化が図られ、2000 年代の小泉政権期には「三位一体改革」の下で共済費長期給付、公務災害補償基金負担金、退職手当、児童手当の一般財源化および本体の給与部分の負担率引き下げがなされた。また負担金の負担限度水準についても 1975 年に国の基準の 1.05 倍としたのを手始めに段階的に切り下げられ、1994 年には富裕団体調整措置の対象を交付税不交付団体から「当該年度前 3 ヶ年平均の財政力指数が 1 を超える団体」へ変更がなされている。

4) 人材確保法の成立過程の関連文献として、山田（1979）、木田編（1987）。

5) 人材確保法における自民党文教族の影響力を指摘するものとしては、第 2 章で言及した斎藤（1990）なども参照。

6) もっとも給与改善措置の内容については、超過勤務手当として支払うことを主張した文部省と本俸の 1 号俸アップを主張する自民党文教部会とで意見の相違があった。文部省では超過勤務手当を支払うという意見が大勢を占め、1968 年度予算にそのための国庫負担金（3 カ月分、15 億円）を計上しようとしていた。一方で自民党議員らが「教師は労働者ではない」とし、また期末・勤勉手当や退職金に反映される俸給アップを主張しており、教職特別手当はその折衷案として出てきたものであった（『内外教育』1968 年 1 月 23 日，1971 年 2 月 16 日）。

7) 最終的に、年功型を改めた高原型の昇給カーブは答申では明記されなかった。教員給与については第 14 回及び第 15 回中教審で審議され、第 14 回で西田亀久夫審議官は次のように説明している。

　　　わが国の一般的な給与体系が主として公務員に準じた体系をとっておりますので、諸外国の教員に比べれば初任給の水準というものは必ずしも高くなく、そして年令に応じた倍率というものの比率からいえば相当高い。うんと皮肉な見方をしますと、年功序列的にずっと長く勤めれば勤めるほど給与がどんどん上がっていくという形をとっておる、それは教員のみならず日本の全体の給与の 1 つの傾向だと言えばそれまででございますが、先般来のお話で、初任給をある考え方で相当引き上げ、そしてある中年までは比較的スローに上がっていくというような考え方がお話がございました。そういった場合に、その一番の最高の給与水準というようなものについても、これまでたびたび議論がありました。つまり小学校で一生を教職に奉げた人が校長になって、×××（判読不能）現在の給与体系で位人臣をきわめたといっても、それは官庁の課長の×××（判読不能）

第 3 章　教育財政の拡充と抑制の政策過程　*147*

ものがいろいろな職務のソーシャル・プレステージを決定する上にかなり大きな影響が
あるだろう、そういう意味で、ただいまのような初任給をかなり引き上げて、ある程度
スローにするということ、あるいはその場合にも、最高のやはり給与というものは、将
来の望ましい教員の給与として、どういう職業との対応において最高の水準というもの
を考えるべきかというようなことは、やはり今後のあり方として重要な問題ではなかろ
うかと思います。

　　　　　　　　（国立公文書館所蔵『中央教育審議会第 27 特別委員会速記録』第 14 回、3-8 頁）

8)　50％の引き上げ幅は、小中学校教員が 52 歳時点で中央官庁の審議官クラスを追い抜く程度
　　に相当するものであった（『内外教育』1973 年 3 月 13 日）。

9)　この時の文教族議員の勇猛さを示す有名なエピソードとして、西岡武夫、坂田道太、藤波
　　孝生が、大臣折衝が終わり大臣室から出てきた奥野文相を「教員給与改善は継続的に行うよ
　　う大蔵大臣に確約してもらう」よう要求して部屋に追い返し、それに対して愛知蔵相が渋々
　　「さかさまに判子を押す」という話がある（木田編 1987）。しかし、奥野（2002）によれば、
　　文教族議員が確約を要求する以前にそのようにする計画として既に決まっており、奥野が失
　　礼だと躊躇しつつも、愛知蔵相に頼み、文書にさかさまに判子をもらったのだという。

10)　もっとも日教組の内部は一枚岩ではなく、日教組内部では社会党系の主流派と共産党系の
　　反主流派とでは人材確保法に対して見解の相違があり、主流派は反主流派が「貰えるものは
　　貰っておこう」という態度にでるのではないかと懸念していた（『日本教育新聞』1973 年 12
　　月 6 日）。また日教組高校部は反主流派が強く、主流派の多い義務教育と溝があり、やはり、
　　義務教育教員の改善による二本建て化（義務と高校の一本化）には反対の立場であった（『日
　　本教育新聞』1973 年 2 月 9 日）。

11)　社会、共産、公明は人材確保法案には賛成したが、靖国神社法案、教頭職法制化法案、優
　　生保護法案の審議凍結解除に関する衆議院議長の通告に対して抗議し、審議に応じなかった。

12)　社会党側が 12 月のスト収拾段階で交わした覚書に従って参議院での法案修正の確約を
　　迫ったのに対し、自民党側は覚書の条件であった法案の前年内成立が達成されなかったこと
　　を理由に覚書の内容の破棄を主張した（『朝日新聞』1974 年 1 月 25 日）。

13)　参議院文教委員会での修正内容は給与改善が財政上の措置であることを明らかにすると
　　いうものであり、付帯決議は 12 月のスト回避の際に取り交わした覚書のとおり 5 段階賃金
　　を導入しない、対象範囲を拡大するという旨のものであった。

14)　教育職俸給表（三）の改善の内容は、初任給の引き上げ、大卒中堅層の改善、最高到達
　　給の引き上げの 3 点からなる。具体的には、初任給の引き上げに関して既に行政職に比して
　　高い額となっていた初任給についてさらに 7％の引き上げを行った。中堅層に対しては行政
　　職と比較して昇進の機会が少ないことを配慮し、行政職俸給表（一）4 等級（都道府県の課
　　長補佐クラス）を下回らない水準とした。最高到達給に関しては 1 等級（校長）、2 等級（教諭）

148

の最高号俸の到達給を 10% 程度引き上げ、さらにその最高号俸の上に 2 号俸増設した。

15) 『朝日新聞』1973 年 12 月 28 日。またこの大臣折衝ではそれまで市町村負担とされていた学校栄養職員の県費負担職員化とそれに伴う 2 分の 1 の国庫補助も認められた。

16) 人事院（1998:494-5）。この結果、計上予算に余剰を残すこととなり、第 75 国会の衆議院文教委員会では各会派議員から人事院総裁が詰問されることなった（人事院 1998:469-470）。

17) 初任給引き上げに関しては行政職俸給表（一）6 等級 1 号俸の額と同額となり、行政職の大卒者に比較して約 1 万 5,000 円高い額となった。中堅層改善に関しては教諭の給与水準は高位号俸で行政職俸給表（一）の 3 等級（都道府県課長クラス）と 4 等級（都道府県課長補佐クラス）との中間の水準となった。

18) 当時、奥野文相は教頭の半分以上を一等級に位置づけようとしていたが、自治省などとの事務折衝の末、一度は 3 割を妥協案とすることとなった。その後、鎌田要人自治事務次官が奥野に折れる形で努力することになったという。人事院事務総長も奥野の意を酌んで校長の俸給表として特一等級を新設したため、教頭は一等級にあてられることになった（奥野 2002:209-10）。

19) 安藤（1987:59）、財務省財務総合政策研究所財政史室（2004:65）。ただし、財政事情の悪化などにより 2 回に分けた分割実施となり、また主任制問題により実施スケジュール自体が遅れることになる。

20) 人材確保法以前には、中堅以降の行政職との逆転分を運用昇短でカバーすることが各県で広く行われていた。1975 年時点では、小中学校の 1 等級（管理職）で平均 19 カ月、2 等級（一般教員）で 65 カ月、高校の 1 等級で 12 カ月、2 等級で 54 カ月の一律俸給短縮措置がなされていた。もっとも自治体によってその対応は異なっており、岩手県、東京都（人材確保法以後に廃止）、静岡、香川、愛媛では昇給短縮は行われていなかったのに対し、兵庫、福岡、熊本、大分では 100 カ月以上の短縮が行われていた（『日本教育新聞』1975 年 11 月 13 日）。

21) 第 3 次改善について奥野は次のように述べている。

　　最初の 10%、10% はよかったんですが、49 年度の 8 月に 50 年度の予算要求を大蔵省にする際、さらに引き上げようとしていたら、人事院の尾崎朝夷事務総長が私のところに来て、「これ以上給与を上げられても、私のほうで勧告できません。警察官とのつながりもあるし、税務職員とのつながりもあるし、本俸を上げられません」と言うので、「本俸を上げられないということは手当も上げられないということか」と聞いたんです。すると「手当ならできます」とのことでした。　　　　　　　　　　　　　　（奥野 2002:204）

22) 今村構想および永井文相の見解の詳細については山田（1979）を参照。

23) 省令で定められた主任以外にも手当支給対象を拡大する措置が考えられるかという旨の

第 3 章　教育財政の拡充と抑制の政策過程　*149*

大内啓伍民社党議員による質問に対し、海部文相は、「学校運営面で文部省として手当支給
の対象として現在考えておる主任等に準ずるような主任に対しては、これが手当支給の対象
になるように努力をいたします。」と答弁した（衆議院内閣委員会 6 号 1977 年 11 月 17 日）。

24)　1974 年時点で奥野文相は、文部省の省令による主任制の実施に呼応して人事院が手当支
給を勧告する確約をとりつけていた（奥野 2002:204-5）。

25)　『月刊私学』3 巻 5 号（1967 年 6 月号）8-10 頁。

26)　1968 年 1 月の予算大蔵原案は私大教育研究費補助金 91 億 4,700 万円の要求に対し、11
億 7,100 万円であった。第 1 次査定では戦前からある大学で大学院をもつ 42 大学のみ対象で
補助率 2 分の 1 だった。その後、1）全大学を対象、2）補助率 3 分の 2、3）総額 48 億円を
押すも、次官折衝、大臣折衝、党首脳会議により、全大学を対象とした 30 億円の定額方式
で決着した。『教育学術新聞』1968 年 1 月 17 日 579 号。

27)　『月刊私学』4 巻 3 号（1968 年 4 月号）12-14 頁。この見解は 1968 年 3 月の愛知県総務
部からの照会に対する自治省行政局の回答に示されたものである。

28)　『月刊私学』8 巻 2 号（1972 年 2 月号）39-41 頁。

29)　佐藤首相は「国立大の学生に対する国の負担に比べ、私学に対する国の援助は極めて少
ない。社会に対する貢献という点からみて、国立、私立に大きな差があるのは妥当ではない」
と述べ、私学への国庫支出金を大幅に増やすなど助成策を強めるべきだと主張した。6 月 11
日の私大学長との懇談会でも私学助成について検討すると約束した（『朝日新聞』1969 年 6
月 21 日）。

30)　このことは、12 月 10 日に私学 7 団体が開催した期成大会で全私学連合が補助制度を確立
することを要望する旨を決議した場に田中角栄幹事長が衆議院総選挙期間中に駆けつけ、経
常費補助の実現を約束したということからも窺える（日本私立大学協会五十年史編纂委員会
2004b:1625）。

31)　『教育学術新聞』1970 年 2 月 4 日（673 号）。また 1 月 30 日の予算閣議の席上での佐藤首
相の第一声は、「私学予算はあの程度でいいのかね」という言葉だったといわれる（『教育学
術新聞』1970 年 3 月 25 日（679 号））。

32)　要望額は高校 100 億 6,300 万円、中学 8 億 7,400 万円、小学校 3 億 850 万円、幼稚園 211
億円、特殊学校 3,700 万円、私学教職員退職金社団補助金 40 億円の計 372 億 8,250 億円であっ
た。当時、既に人件費として私立高校に補助している道県は 11 県、他の名目で補助してい
るのが 8 県あった（『教育学術新聞』1970 年 2 月 11 日（674 号））。

33)　『私学公論』9 巻 6 号（1973 年 7 月号）16 頁。

34)　また地方交付税法の改正により、私学経常費助成は道府県分の基準財政需要額の算定の
うち、「その他の行政費」の項目の中の「その他の諸費」から「教育費」の中の「その他の
教育費」へと改められた。

35)　『私学公論』10 巻 4 号（1974 年 11 月号）16 頁。

150

36) 『私学時報』1975 年 2 月 1 日、『私学公論』11 巻 1 号（1975 年 1 月号）。

37) 自民党政務調査会副会長の橋本龍太郎は 170 億円に動いたが、同じ選挙区の文教担当の藤井は快く思わなかったという。

38) このメモについて、遥か前からその内容で今村管理局長と主計官の事務方の間で妥協が成立していたかのような内容であったため、西岡文教部会長は激高し、「内示メモつき 100 億を受け入れるならば、何のために 2 年間運動してきたのだ」「170 億獲得か、国庫補助拒否かだ」と猛反対した（『読売新聞』1975 年 1 月 11 日；『私学公論』11 巻 1 号（1975 年 1 月号）9-20 頁）。

39) 詳細については、保田（1999）、稲（1991）および日本私立大学連盟（2003）を参照。

40) この経緯について、渡部（2007:84）や藤波（1976）によれば、橋本政務調査会副会長が、学校法人のみを特別扱いすることになる点から疑義を挟み、反対したという。

41) この法案により、東京は 24 億円、大阪は 16 億円、愛知、神奈川は 4 億円前後の減額の見込みとなり、対象県は阻止運動を展開し、知事も陳情に加わるなどしていた（『内外教育』1953 年 7 月 9 日，11 日，18 日，23 日）。また、自由党吉田内閣が提出者であったが、自由党総務会、執行部、政務調査会には 4 大県出身の議員がおり、積極的に法案成立を強行することはできなかった。当然、文教関係議員は猛反対していた。芦田均の改進党も党内で賛否両論であったため静観し、左右社会党は反対していた。そのため辻寛一文部委員長（自由党）は委員会で特例法案を積極的に取り上げようとしなかった（前田 1996）。

42) 北村（2009）によれば、自治省による交付税引き上げ要求は、それが実現するとは思ってはおらず、交渉を有利に進めるための掛け値的な要求であったという。実際の補填措置は交付税特別会計借入を中心とした暫定的な措置であった。

43) 例えば、第 75 国会衆議院地方行政委員会（1975 年 8 月 8 日）で公明党の小川新一郎議員から改善計画の抑制について次のように質されている。

　　　各省への申し入れでありますが、特に文部省に対して高校の問題、この問題について御質問させていただきます。最近の地方財政硬直化は深刻でありますが、国においても地方自治体の職員数の増加をもたらすような施策は極力抑制すべきである。文部省においても既定の教職員定数改善計画は重要なことではありますが、地方財政危機にかんがみ、その計画の実施を繰り延べるなど教職員の増加をできるだけ少なくすべきであると思いますが、まず一点、どうお考えでございましょうか。

44) 第 91 国会参議院地方行政委員会（1980 年 3 月 4 日）の後藤田自治相の発言。後日、参議院予算委員会で共産党議員から過大学級を擁する人口過密地域こそ優先的に改善を行うべきであるという批判があったが、財政的制約の中で実現させるには不可能な要求であった。

45) これは 1982 年度から実施される学習指導要領における「ゆとりある教育」に対応したも

のであったが、日教組および自治省の反対を招くこととなった（『朝日新聞』1979年12月10日）。

46) 『ファイナンス』15巻10号。

47) 財務省財務総合政策研究所財政史室（2004: 第7章）。サマーレビューとは、概算要求の前の時点で、5月から主要経費を中心に各省庁と大蔵省との間で意見交換を行うというものである。

48) 第91国会参議院地方行政委員会（1980年3月4日）の後藤田自治相の発言。

49) 1980年度からの12年間で教職員数は6万人近くの自然減があったため、教員増員による財政負担の増分は約2万人分である。

50) 1965年度予算編成において概算要求基準が前年度比50%増が30%増となったのは池田首相の独断によるものであった（相沢2007）。

51) 1977年から79年にかけて主計局長に在任した長岡実は次のように述べている。

> サマーレビューから始まった厳しいシーリング、これはいわば「総枠締めつけ方式」です。これと対照的なのが「個別審査主義」であり、この方式でなければ、歳出構造を大きく変えるところまではいかないというのはよくわかっていますが、この件は何回となく試みて、結局敗れ続けた歴史の繰り返しなんです。
>
> （中略）
>
> 個別になにか予算をヤリ玉にあげて抑制するとなると、「なんでオレだけやられるんだ」と猛烈な抵抗を生むんです。たとえば、主計局次長時代、教科書無償配布問題なんか、ずいぶんやりましたが、ヘトヘトになったあげく、結局元どおりです。だから私は主計局長になったとき、個別にヤリ玉にあげて戦争するのはやめようといって、それより総枠を締めつけて、狭くした土俵の上で相撲をとらせることで、どれかが土俵の外にはみ出さない限り予算が組めないようにする方式をとることにしました。
>
> （安藤1987:168-9）

52) 自治省設置法第5条16、北村（2009:71）。荻田（1952）によれば、地方財政所管庁が事前関与する仕組みは、各省で地方事務および負担に関係のある法令を立案する場合には内務大臣に内議することを必要とする旨を決定した明治32年の閣議決定に遡るという。

53) 『教育学術新聞』1969年12月17日（667号）、日本私立大学協会（2004b）。

54) 1969年秋には、佐藤にとって政治生命のかかった沖縄返還交渉に向けた日米首脳会談が控えていた。それ以前に私大の授業料値上げ反対運動などに端を発する大学紛争の収拾に目途をつける必要があり、その意味で大学問題が首相および党幹部の間で重要課題として認識されていた（竹中2010:118-119; 保利1975:112-117）。

55) 当時の私大協会専務理事の矢次保は、戦後期の私学助成への理解者として、大野伴睦、佐

152

藤栄作、広川弘禅、川島正次郎、愛知揆一、稲葉修、坂田道太を挙げている（『教育学術新聞』1969 年 12 月 17 日（667 号））。

56)　当時の私大協会専務理事だった矢次保は、「これも、時の文教制度調査会長であった桜内義雄先生はじめ多くの方々からうかがっているのでありますが、『佐藤総理が力を入れてやれ』とおっしゃったから『やるんだ』ということを、常にうかがっているのであります。」と述べている（『教育学術新聞』1975 年 6 月 11 日（918 号））。

57)　1979 年度予算に関して野党側は減税と福祉予算の増額を要求し、修正を迫った。自民党の金丸信国対委員長は、民社党、公明党と折衝し、一般会計で 1,555 億、特別会計で 455 億の修正案をまとめたが、政府与党首脳会議で大平は「政府原案のまま」と発言し、修正を拒否している。結局、政府予算案は衆議院予算委員会では否決されたが、本会議で逆転可決された。

58)　奥野は、自身が文教族ではなかったことを次のように述べている。

　　　文部大臣になって最初のころはやはり、いじめみたいなことがいろいろありました。文部省事務当局の中にも異端者がいたようでした。そういうのは族議員でもない者が文部大臣になったところから始まっているのかもしれません。　　　　　　　　（奥野 2002:200）

59)　牧原（2004:48）は、内閣官房副長官を長とする内閣官房について、「与党有力者である閣僚によって構成される政治家集団と職業公務員とを媒介する役割を担い、かつ閣僚を長とする各省間の調整を行うことによって、総理大臣の政治指導を補佐する」と表現している。

60)　『朝日新聞』1979 年 1 月 12 日。政府予算に対しては野党すべてが反対の姿勢をとっていたが、新自由クラブは単独で修正案提示を行う構えを見せ、野党共闘から離脱した。最終的には自民党と新自由クラブとの折衝は不調に終わり、1979 年度予算案は衆議院予算委員会で否決されたのち、本会議での逆転可決によって決着をみた。

第 4 章

政治制度と教育財政をめぐる政策過程

　本章では、第2章で提示した仮説について鳥瞰的な視点から計量分析によって検証を行う。国レベルの時系列横断面データを用いて、非時変的な政治制度の作用に着目して教育財政の政策過程を分析し、アクター群の選好・行動に焦点化した下位政府論の限界を明らかにする。

　予算政治における政策領域間競合の帰結は漸変主義的な政策過程あるいは民主的統制（政策出力への民意の反映）の衰退である[1]。このような予算政治の古典による指摘に関して、前者については比較政治学の計量的実証研究においても同趣旨のことが指摘されている（Verner 1989; Castles 1989; Saeki 2005）。すなわち当年度の教育財政支出は過去の実績値に依存する。一方で、後者の点について既存の計量分析は政治アクターの選好が教育財政支出を規定することを指摘しており、教育財政における政治を見いだしている[2]。

　これらは、言わば、政策過程における政治の存在に焦点化した議論と言えるが、その異質性については考慮されているとは言い難い。すなわち、虫瞰的な事例分析によって特定の国・時期で得られた政策過程像が他の国・時期にも敷衍できるのかは十分に考察されておらず、また、鳥瞰的な計量分析では政治変数に関する影響が状況にかかわらず一様であると仮定されている。しかし、実際には、政治的要因が教育財政支出という政策出力を左右するかという問題は程度問題であり、その程度は状況にかかわらず一定なのか、一定でないならばその異質性は何によってもたらされているのか、という点が現実的な意味のある問いとなる。本章の分析の焦点は、既存研究の多くが注力した政治の発見ではなく、政治の異質性の説明にある。加えて第3章で描出した戦後日本の教育

財政の変動期における政策過程像をより広い文脈に位置づけることを企図するものである。

　本章の分析の立場は、教育財政をめぐる政策過程は一様ではなく、その異質性は政策決定の環境たる政治制度の相違によってもたらされるというものである。すなわち、権力の集中・分散の度合（政策決定へ関与するアクターのアクセスの度合）を通じて、政治制度が選出部門である政党・執政中枢と非選出部門である領域専門家の関係を規定するならば、それに伴って政策過程に違いがもたらされることが予測される。このような政治制度の作用を明らかにすることで、個別政策領域アクターの選好・行動から観察された下位政府論的な政策過程像を相対化する。

　まず1.では、漸変的な予算過程やデモグラフィックな要因の残余としての意図的な教育財政支出の変動の所在を明らかにし、日本の教育政策過程の「現状維持性」を量的かつ相対的な基準によって評価する。前章では不完全な政策統合の帰結としての70年代の教育財政支出拡充を見たが、国間比較の視点から大局的に見ればその変動は小さいものであることを指摘する。続く2.では、教育財政支出をめぐる政治の異質性を明らかにする。3.では本章の核心となる政治制度の作用について検証を行う。各国の政治制度の情報を縮約し、制度的な権力集中に関する尺度を得た上で、政治制度の作用について分析する。教育財政支出の前年度実績への依存性、政策選好の反映度が政治制度に左右されており、権力集中的な民主主義政治制度の下で政策選好の支出への反映度が増幅されることを明らかにする。4.では、分析結果の含意として、政治制度と有権者の政策選好における変動が今後の日本の教育財政支出に及ぼす影響を考察する。

1. 教育財政支出変動における作為的要素

　まず基礎的な作業として、教育財政支出の変動のうち作為的要因の所在に触れるが、教育財政支出変動に関する考察に際して少なくとも次の3点に留意する必要がある。

　第1は漸変主義という意思決定の様式である。予算過程においてはすべての支出項目についてゼロベースから査定することはありえず、多くの部分については前年度実績を基準に策定が行われる。教育財政支出の規定要因に関する計量分析である Castles（1989）、Saeki（2005）による漸変主義の指摘は、こうした古典的な予算政治の知見と軌を一にする。一般的に予算政治に関する実証研究では、y_t を t 年度の予算額としたときに、式（4.1）のような1階の自己回帰過程モデルにおける自己相関係数 ρ が議論の対象となることが多い。

$$y_t = \mu + \rho y_{t-1} + \epsilon_t \tag{4.1}$$

しかし、この係数 ρ がどのような範囲にあるならば漸変主義といえるのかという基準に合意はない。例えば初期の予算政治の計量分析に見られるような $\rho > 0$ という基準と McCubbins & Noble（1995b）の $\rho = 1$（単位根仮説）という基準では大きな隔たりがある。また、この自己回帰過程モデルの自己相関係数は当期の値 y_t と前期の値 y_{t-1} との相関を問題にしており、大局的な変動の大きさについては何も語っていない。ここでは系列全体の変動幅を考慮して、ρ および観察されない要因 ε の標準偏差 σ という2つのパラメータに着目して、漸変主義の程度を判断することとしたい。

　第2は在学者人口の増減である。日本の初等中等教育においては義務標準法、高校標準法の教職員定数を通じて在学者数と支出総額がリンクしている。第1章でも述べたように、国間および時点間で在学者人口は変動しており、教育財政支出総額もこの変動にある程度連動することになる。そのため、対象人口の変動による変動要素を除外する必要がある。

　第3は国ごとの異質性である。日本の予算政治研究に関する古典である

Campbell（1977=1984）が予算編成における漸増主義を普遍的な現象と認めつつも、日本についてはイギリスやアメリカ、フランスなどと比較してその漸増主義が強固であることを示唆しているように、漸増主義の存在自体ではなく、その程度こそが問題なのである。またこのように異質性を仮定し、国間の相違を比較することにより、日本の教育財政をめぐる政策過程の特徴を明らかにすることが可能になる。上記の点をふまえた教育財政支出の変動を記述する計量分析モデルは式（4.2）のような線形ダイナミックパネルモデルとなる[3]。

$$\ln Y_{it} = \rho_i \ln Y_{it-1} + b_{1i} + b_{2i} \ln S_{it} + X_{it}\beta + f(t) + \epsilon_{it} \tag{4.2}$$
$$|\rho_i| < 1$$

$$\rho_i = \gamma_{00} + u_{0i}$$
$$b_{1i} = \gamma_{10} + u_{1i}$$
$$b_{2i} = \gamma_{20} + u_{2i}$$

$$\epsilon_{it} \sim \mathcal{N}(0, \sigma_i^2)$$
$$u_i \sim \mathcal{MVN}(0, \Sigma)$$
$$\sigma_i^{-2} \sim \mathcal{EXP}(\phi^2)$$

Yは教育財政支出の対 GDP 比、S は在学者人口比、i, t はそれぞれ国と時点に関する添え字である。上式では在学者人口の変動について右辺で統制している。ρ, b_2 はそれぞれ支出前年度水準と在学者人口比に関わる係数であり、国ごとに異なる値をとることを前提としている。X はその他の統制変数であり、先行研究に倣い実質経済成長率とインフレ率を用いる[4]。$f(t)$ はすべての国に共通するトレンドの効果を示しおり、B スプライン関数によって近似する。誤差項は国ごとに異なる分散を持つことを想定する。この誤差項は前年度支出と在学者人口比などによってとらえられない「残余」の要因であり、その標準偏差 σ_i はその残余の要因による変動幅である。つまり、この σ_i が小さいならば非作為的要因によって教育支出変動が説明され、政治的要因などの作為的要因による変動は小さいということになる。

本章の分析では、2009 年時点の OECD 加盟 30 カ国の 1970 年～ 2012 年の

表 4-1　記述統計量

	観測数	平均値	標準偏差	最小値	最大値
教育財政支出／GDP（初等中等教育%）	1002	3.685	0.829	1.256	6.749
教育財政支出／GDP（高等教育%）	989	1.073	0.489	0.049	3.000
在学者／全人口（初等中等教育%）	1194	17.651	3.177	11.337	29.002
在学者／全人口（高等教育%）	1189	2.806	1.53	0.083	17.245
実質経済成長率（%）	1230	1.506	1.06	−1.449	4.551
インフレ率（%）	1141	8.945	21.167	−4.480	567.879

期間（民主主義体制下にない期間は除外）を対象とする。表4-1は、分析に用いる変数の記述統計量を示している。

　パラメータρ, b_{1i}, b_{2i}はそれぞれ多変量正規分布に、σ_i^{-2}は平均＝分散がφ^{-2}となる指数分布に従う。この階層モデルを採用することにより、国間の平均に関する情報を推定にとりこみ、推定の精度を高めることができる。上記のパラメータのうち焦点となるのは、ρ_i, σ_iであり、各国の教育支出の前年度依存と政策的変動の大きさを表す。初等中等教育と高等教育のそれぞれの段階において、各国についてパラメータを推定し、国間比較を行う。パラメータγ, Σ, φ^2について式（4.3）の事前分布の下でMCMC法によって推定を行い、各パラメータを2万組発生させ、後半の1万組を事後分布統計量の計算に用いた（推定の詳細は補論を参照されたい）。

$$\gamma \sim \mathcal{MVN}(0, 100^2 I) \tag{4.3}$$
$$\Sigma \sim \mathcal{IW}(I, 6)$$
$$\phi^2 \sim \mathcal{G}(1, 1)$$

　表4-2は各パラメータの国ごとの推定値（事後平均）である。表より2つのパラメータに関して国間で大きな相違があることが確認できる。初等中等教育支出について、前年度依存度に関するρは日本においては約0.84であり、他の国と比較して当年度支出が前年度支出の水準に依存する度合が極めて大きい。また政策的な変動の幅であるσについて比較しても日本の値は30カ国の

表 4-2　漸変主義に関するパラメータの国別の推定値

	初等中等教育		高等教育	
	ρ	σ	ρ	σ
オーストラリア	0.637	0.059	0.740	0.145
オーストリア	0.678	0.039	0.619	0.096
ベルギー	0.729	0.051	0.671	0.086
カナダ	0.848	0.056	0.670	0.110
チェコ	0.619	0.089	0.613	0.073
デンマーク	0.473	0.084	0.599	0.188
フィンランド	0.587	0.070	0.596	0.152
フランス	0.719	0.069	0.619	0.085
ドイツ	0.621	0.057	0.703	0.099
ギリシャ	0.607	0.130	0.619	0.129
ハンガリー	0.691	0.102	0.679	0.140
アイスランド	0.789	0.061	0.628	0.300
アイルランド	0.618	0.159	0.654	0.110
イタリア	0.534	0.067	0.694	0.110
日本	0.835	0.041	0.732	0.131
韓国	0.625	0.136	0.699	0.311
ルクセンブルク	0.839	0.098	0.665	0.357
メキシコ	0.849	0.162	0.616	0.240
オランダ	0.667	0.060	0.771	0.115
ニュージーランド	0.739	0.085	0.614	0.284
ノルウェー	0.398	0.084	0.579	0.141
ポーランド	0.629	0.046	0.620	0.129
ポルトガル	0.706	0.091	0.623	0.112
スロヴァキア	0.648	0.071	0.678	0.107
スペイン	0.942	0.095	0.663	0.080
スウェーデン	0.641	0.102	0.659	0.134
スイス	0.631	0.055	0.581	0.084
トルコ	0.662	0.204	0.650	0.213
イギリス	0.649	0.090	0.715	0.171
アメリカ	0.658	0.040	0.668	0.098
平均	0.676	0.085	0.655	0.151

第4章 政治制度と教育財政をめぐる政策過程 *159*

中で3番目に小さく、最大のトルコの5分の1程度の大きさ、30カ国の平均と比較しても半分程度の大きさである。また高等教育においても同様の傾向が見て取れ、自己相関に関する ρ は平均値より高い値であり、変動幅 σ は平均値よりも低い値を示し、初等中等教育同様に政策変動のダイナミックスを欠いている。

　これらの結果は、Campbell（1977=1984）が示唆するように日本の予算政治における漸変主義の傾向が他の国と比較して顕著であることを示している。戦後レジームに関わる教育制度改革を分析した Schoppa（1991=2005）は日本の教育政策過程を現状維持的であると規定したが、ここでの分析は非イデオロギー的な条件整備の側面においても、比較可能な方法によって改めて現状維持性を明らかにしたと言える。また第3章でも述べたように日本の教育財政拡充は下位政府間競合という背景の下で与野党伯伸、不完全な統合作用という要因を伴って政治的作為として生じたが、クロスセクショナルな視点から見ればその変動自体は決して大きくはない。1970年代の支出変動は日本の時系列の中では相対的に変動が大きかったに過ぎないのであり、この計量分析は単一の国・政策領域に関する虫瞰的な事例分析を大局的視点から相対化する結果を示している。

2.　教育財政支出に関する政党の政策選好

　1.　の分析では教育財政支出の作為的要素による変動を観察されない要因として消極的に見いだしたが、より焦点化して政治アクターの作為的営為としての政治の存在と異質性を明らかにする必要がある。

　政党あるいは政権の政策選好は政策出力を説明する基本的な変数であるが、先行研究の難点として、政策選好に関する変数に左派－右派という一元的な党派的ポジションを用いている点がある。Castles（1989）は、Castles & Mair（1984）の政治学の専門家による各国主要政党の左右ポジションのスケールによって、各政党を左派－中道－右派に分類し、政権に占める右派政党の議席率

を政治的要因の説明変数として用いている。またアメリカの州レベルの教育財政支出の分析を行った Saeki（2005）は州知事の政党および民主党の議席率に基づいて政治変数を構成している。Tsebelis（2002）は Laver & Hunt（1992）などの左右ポジションのスケールから拒否権プレーヤーのイデオロギー距離を構成している。これらで用いられている左右ポジションは1時点での評価であり、時間的変動を想定していない。またあくまでも包括的な左右ポジションのスケールであるため、特定の政策分野の政策選好の代理変数として用いるということは、当該政策と左右ポジションに一様な強い相関関係の仮定を置くことを意味する。

　本章の分析では、このような強い仮定の下に一般的な左右ポジションによって教育政策についての政策選好を代替するのではなく、Budge *et al.*（2001）、Klingemann *et al.*（2006）、Volkens *et al.*（2013）による政党公約に基づいたデータを用いる。Budge *et al.*（2001）、Klingemann *et al.*（2006）、Volkens *et al.*（2013）は1945年以降の先進国の主要政党および1990年以降の OECD 加盟国・東欧諸国の主要政党の各選挙における公約の情報に基づいて、様々な政策分野の選好のデータを収録している。具体的には各選挙の各政党の公約を内容分析により、各政策分野への言及の割合（全擬似センテンスにしめる当該政策の擬似センテンスの割合）をデータ化している。数値の大きさは政策分野間での優先度として解釈できる。対象となる政策分野は、外交、安全保障、経済、社会保障、教育などである。教育分野は教育の拡充（すべての段階における条件整備）と教育の抑制（支出削減）という2項目のデータがあり、これらは教育支出に関する政策選好に対応していると言える。

2.1　教育財政支出に関する政策選好と他の政策領域との相関関係

　まず、先行研究の問題点を明らかにするために教育政策における政策選好と他の政策（福祉政策、行政改革）および従来的な左右スケールとの一貫性について見ておく。分析の単位は各国の1969年から2011年の間の選挙期における政党であり、政党の延べ数は30カ国2,286党である。教育政策に該当するデータは、変数"per506"（教育の拡充・改善）と"per507"（教育支出の抑制）で

あり、教育財政に関する選好は、"per506"と"per507"の差の値とした。福祉政策に関するデータは、"per503"（社会正義）、"per504"（社会保障の充実）、"per505"（社会保障支出の抑制）である。福祉政策の選好は、per504とper505の差の値（「福祉1」）とper503+per504の和の値（「福祉2」）の2種類を考える[5]。行政改革に該当するデータは"per303"（政府および行政の効率化・簡素化）である。左右ポジションに関するデータは、Budge _et al._ (2001)、Klingemann _et al._ (2006)、Volkens _et al._ (2013) で定義されたものであり、複数の政策分野の政策選好について正負の符号をつけて合算したものである（右派の方が高い数値となる）。表4-3は国ごとの相関係数を示している。

　表から、教育政策と他の政策における政策選好の相関関係は一様でないことが読み取れる。まず教育政策と福祉政策との政策選好の相関係数はほとんどの国で正値であり、特にカナダ、アイスランド、ポーランド、ポルトガル、トルコ、アメリカといった国々で高い正の相関が見られる。つまり、これらの国々では教育政策は福祉政策との親和性が高い。一方で、オーストリア、フィンランドやドイツ、日本、韓国、スペインなど教育政策と福祉政策の政策選好間にほとんど相関関係が見いだせない国々も存在している。

　教育政策と行政改革との政策選好における関係について見てみると、ベルギー、フランス、ギリシャといった国を除けば、相関関係は小さい。行政改革は具体的には行政の効率化や財政合理化という要素を含んでおり、直感的には教育支出拡充といった政策選好と相反するように思われるが、実際にはそれほど明確な関係はなく、むしろ一部の国々では正の相関関係にある。

　次いで教育政策の政策選好と左右ポジションとの関係について見ると、多くの国（ただし日本は含まれない）で負の相関——左派政党であるほど教育支出拡充という政策選好を持つという関係——となっており、特にオーストラリア、チェコ、ハンガリー、アイルランド、ポーランド、トルコではこの傾向が強くなっている。しかし、概して相関の大きさについて言えば、教育政策における政策選好と左右ポジションとの関係は先行研究で想定されているほどには強くはなく、「左派政党ほど教育政策を重視する」という想定の下に、左右党派性を教育政策の政策選好の代理変数として扱うことには問題がある。

表 4-3　政党の政策選好の相関

	教育×福祉 1	教育×福祉 2	教育×行政改革	教育×左右
オーストラリア	0.331	0.329	0.000	− 0.452
オーストリア	0.024	0.080	− 0.147	− 0.341
ベルギー	0.154	0.021	0.400	− 0.100
カナダ	0.424	0.454	− 0.008	− 0.140
チェコ	0.423	0.401	− 0.183	− 0.491
デンマーク	0.420	0.335	− 0.099	− 0.373
フィンランド	− 0.062	0.077	− 0.074	− 0.201
フランス	0.456	0.334	0.398	− 0.256
ドイツ	0.069	− 0.004	0.055	− 0.084
ギリシャ	0.302	0.214	0.468	− 0.329
ハンガリー	0.155	0.171	− 0.074	− 0.442
アイスランド	0.471	0.510	− 0.227	− 0.397
アイルランド	0.382	0.313	0.018	− 0.525
イタリア	0.221	0.161	0.179	− 0.411
日本	−0.051	−0.071	−0.004	0.031
韓国	0.094	0.099	− 0.080	− 0.184
ルクセンブルク	0.276	0.165	− 0.009	0.026
メキシコ	0.399	0.365	0.090	− 0.065
オランダ	0.180	0.030	0.180	0.079
ニュージーランド	0.361	0.188	0.083	− 0.291
ノルウェー	0.457	0.224	− 0.106	− 0.174
ポーランド	0.401	0.553	0.165	− 0.488
ポルトガル	0.478	0.384	0.250	− 0.281
スロヴァキア	0.299	0.212	− 0.061	− 0.352
スペイン	− 0.055	− 0.077	0.244	− 0.273
スウェーデン	0.352	0.074	0.034	0.189
スイス	0.295	0.280	− 0.016	− 0.243
トルコ	0.697	0.473	0.218	− 0.423
イギリス	0.381	0.249	0.002	− 0.145
アメリカ	0.746	0.544	− 0.231	− 0.392
平均	0.303	0.236	0.049	− 0.251

表 4-4 教育政策選好の国別記述統計量

	平均値	標準偏差	最小値	最大値
オーストラリア	0.068	0.061	0.002	0.231
オーストリア	0.050	0.029	0.013	0.149
ベルギー	0.039	0.019	0.003	0.083
カナダ	0.019	0.021	0.000	0.060
チェコ	0.030	0.009	0.014	0.042
デンマーク	0.037	0.041	−0.030	0.143
フィンランド	0.046	0.030	0.000	0.094
フランス	0.060	0.022	0.028	0.095
ドイツ	0.036	0.027	−0.006	0.113
ギリシャ	0.049	0.025	0.000	0.077
ハンガリー	0.064	0.035	0.011	0.130
アイスランド	0.041	0.022	0.000	0.068
アイルランド	0.018	0.054	−0.138	0.073
イタリア	0.047	0.019	0.017	0.088
日本	0.044	0.033	0.000	0.091
韓国	0.067	0.023	0.039	0.107
ルクセンブルク	0.080	0.016	0.056	0.104
メキシコ	0.044	0.023	0.009	0.098
オランダ	0.047	0.015	0.028	0.073
ニュージーランド	0.079	0.031	0.029	0.147
ノルウェー	0.067	0.028	0.028	0.125
ポーランド	0.046	0.017	0.008	0.064
ポルトガル	0.045	0.023	0.000	0.086
スロヴァキア	0.050	0.019	0.004	0.071
スペイン	0.042	0.017	0.013	0.069
スウェーデン	0.050	0.032	0.000	0.110
スイス	0.038	0.015	0.017	0.070
トルコ	0.041	0.014	0.023	0.067
イギリス	0.039	0.024	0.008	0.088
アメリカ	0.031	0.018	0.001	0.060
全体平均	0.047	0.032	−0.138	0.231

164

　以上の結果から、教育政策は、一般的に再分配的政策あるいは左派政党に親和的な政策であるとは言い難い。場合によっては、教育政策は非効率な再分配政策と言えるのであり、国ごとにその性格は異なる。特に日本においては教育政策と福祉政策、党派性との関連は極めて小さく、政党が統合された政策パッケージとして教育政策を位置づけていない。またそうである以上、左右の党派性をもって説明変数とすることは不適切である。

2.2　政策選好の時間的変動

　政治アクターの政策選好と政策出力との関係を見る上で中心となるのは政権政党[6]の政策選好である。表4-4は各国の政権政党の教育政策選好の記述統計量を示している。

　表から、まず全体的な傾向として、全公約に占める教育政策関連公約のウェイトに時間的な変動を見いだせる。また、政権政党の教育政策選好の平均値と標準偏差に着目すると、日本はOECD加盟国の平均に近く、政策選好の変動は決して小さくはないことが確認できる。このことは、長らく日本は自民党の一党優位体制の下にありながら、政権政党の政策選好に時間的変動があったことを意味する。1. では政策出力において作為的な要素による変動が小さかったことを見たが、それとは対照的に政策選好の面では変動が見られたのである。

3.　政治制度における権力の集中・分散と政策過程

　1. と2. の基礎的な事実をふまえて、政策決定の環境としての政治制度の相違が教育財政をめぐる政策過程に与える作用について分析する。

3.1　政治制度における権力の集中度 ── 項目反応理論による情報縮約 ──

　第2章で見たように比較政治学の理論において、権力の集中・分散の度合いは単一の制度ではなく複数の政治制度の組み合わせから考察されてきた。本節では議会多数派である政権政党が関与する議会内関係と政府内関係の2局面に

第4章　政治制度と教育財政をめぐる政策過程　*165*

おける権力の集中度について分析の対象とする。まずこの2つの面における制度的な権力の集中度について情報縮約を行う。

3.1.1　議会内関係における権力の集中・分散

　Powell（2000）は権力の集中・分散について、憲法構造における多数派選出ルールである選挙制度とともに意思決定ルールである議会制度に焦点を当てている。この場合の権力の集中・分散は主として政権政党と野党との間における関係を指しており、政策決定において政府がどれだけ野党の影響力を排除することができるか、あるいは野党が政府の意思を修正できるかということを意味する[7]。

　Powell（2000:34）は20カ国を対象として、1）常任委員会制度の存在、2）委員長ポストの配分、3）政府の議事運営権、4）委員会における政府案の修正の制限、という4点から与野党間における権力の集中度を評価している。1点目の政策分野ごとの常任委員会の有無は、野党および与党一般議員による政府案の監視の能力・機会を示している。細分化・専門化された常任委員会の存在は政府案に対する監視・修正能力・機会を高めるものであると解釈できる。2点目の委員長ポストの野党配分は委員会における委員長ポストがもっぱら与党によって占められるか否かというものであり、委員会運営における野党の影響力を意味する。つまり、これらの委員会に関わる要素は多数主義的な意思決定とは反目することになる。3点目の政府与党の議事運営権、4点目の委員会の政府案修正の制限は、本会議における政府与党の権限の大きさに関するものと解釈できる。政府与党の議事運営権について Powell（2000:34-35）は Döring（1995）の議事運営権に関する7段階のランク（1=与党が単独で議事運営〜7=議院による議事運営）のデータを高（1〜3）、中（4）、低（5〜7）に3段階にを再コードしている。

　本節の分析もこの Powell（2000:34）の評価によるデータに基づくが、対象となった20カ国に加えて、アイスランド、ルクセンブルク、ポルトガルの3国についても同一のデータ出典から同様にフォローし、日本の値については増山（2003:62）を参考に再コード化して用いる。Powell（2000）は4つの項目を勘案して各国を3つのクラスに分けているが、本章の分析では項目反応理

表 4-5　項目反応理論による権力集中度 θ の推定値

	議会内関係	政府内関係
オーストラリア	1.080	−
オーストリア	−0.180	−0.420
ベルギー	−1.128	−1.253
カナダ	0.172	−
チェコ	−	−
デンマーク	−0.268	0.091
フィンランド	−0.202	−1.653
フランス	1.720	0.477
ドイツ	−1.128	1.153
ギリシャ	1.720	0.558
ハンガリー	−	−
アイスランド	0.120	−0.004
アイルランド	1.720	0.558
イタリア	−0.202	−0.614
日本	0.154	−0.328
韓国	−	−
ルクセンブルク	−0.899	−.0185
メキシコ	−	−
オランダ	−0.268	−1.808
ニュージーランド	1.080	−
ノルウェー	−1.128	−0.535
ポーランド	−	−
ポルトガル	−0.899	1.017
スロヴァキア	−	−
スペイン	−1.128	1.727
スウェーデン	−0.984	−0.511
スイス	−0.899	−
トルコ	−	−
イギリス	1.720	1.727
アメリカ	−0.171	−

論を用いて4つの離散変数から与野党間における権力の集中・分散に関する一元的な潜在変数を得る[8]。

　関心の対象となるのは各国の権力集中度に関するスコアθ_iである。表4-5の第1列は各国の与党への権力集中度の点推定値（事後平均）である。θの値は標準化されており、値が大きいほど与党への権力集中度が高いことを意味する。推定値を比較すると、ギリシャとイギリス、アイルランド、フランスが最も多数主義的（権力集中的）な議会制度であることが確認できる他、日本の権力の集中度は平均よりやや高い位置にあることが分かる。

3.1.2　政府内関係における権力の集中・分散

　戦後日本の首相の制度的権力に関して、内閣法は新憲法体制の下で制定されたが[9]、戦前の各省体制が行政事務の分担管理原則として戦後にも温存され、内閣は合議体として規定され、内閣総理大臣の権限については憲法における規定（72条）よりも弱い権限しか与えられなかった（岡田1994；川人2005）。この内閣法による規定は、1999年の内閣法改正によって閣議における内閣総理大臣の発議権の明示化およびスタッフの強化が図られたものの、戦後にわたって維持されてきた。日本の内閣総理大臣の権力は理念的な権力集中的な議院内閣制よりも弱いものとして規定されてきたことになるが、以下ではStrøm *et al.*（2003:Ch4）に従い、改めて比較制度論的視点から首相の権力について相対的に位置づける。

　Strøm *et al.*（2003:Ch4）は、議院内閣制を委任の連鎖として分節化した上で西欧議会制度の記述・比較を行い、以下の項目から総合的な首相の制度的権力を評価している。

1）　建設的不信任
2）　首相を通じた大臣のアカウンタビリティ
3）　大臣の任命
4）　大臣の罷免
5）　各省庁の管轄の決定
6）　大臣の指揮
7）　閣議における議事の統制

8)　閣議における意思決定ルール

9)　首相直属のスタッフ

　各項目について若干の補足をしておくと、建設的不信任とは内閣に対する不信任案提出の際に後継首相の選出を要する仕組みであり、内閣不信任手続きに対する制約として現職首相の立場を有利にする。首相を通じた大臣のアカウンタビリティとは、大臣の議会に対するアカウンタビリティが個別にではなく、首相を通じて間接的に果たされるということである。大臣の任免権、指揮監督権、各省庁の管轄の決定権、閣議における議事の統制は内閣における首相の優位を示すものである。また閣議における意思決定ルールに関しては、首相一任、多数決、全会一致に分けられ、順に首相が他の大臣に対して優位する方式となる。首相直属のスタッフは、プリンシパルである首相が情報の非対称性を克服する手段であり、この充実によってエージェントである官庁・大臣の監視が容易となる。

　Strøm *et al.*（2003:Ch4）は9項目について各項目に加重した上で加算した総合的なスコアを算出しているが[10]、本節では、このような合算方法ではなく、前項同様に項目反応理論によって首相の制度的権力に関する尺度を得る。Strøm *et al.*（2003:Ch4）のデータは西欧諸国に限定されているため、日本については内閣法による規定から筆者が各項目に値を割り当てた上で、項目反応理論を適用する[11]。

　表4-5の第2列は各国の政府内における首相への権力集中度の点推定値（事後平均）である。表よりスペイン、イギリスにおいて首相への権力集中度が高い一方で、フィンランド、オランダなどにおいては満たされている項目が少なく、首相の制度的権限が弱いことが読み取れる。これらの西欧諸国と比較した際の首相の制度的権力に関して、日本は平均的な位置にあると言えよう。

　表4-5の2種類の推定値から、イギリスは議会内関係、政府内関係の双方で権力が集中しており、議会多数派によって形成される内閣に対して野党および各下位政府が影響を与える機会が制度上制限されている。日本は、議会内関係においてやや権力集中的である一方、政府内における関係ではやや権力分散的であり、総合的には平均的なポジションに近い。

3.2 仮説検証

　前項で推定した制度変数を基にして、政治制度における権力集中度との関係に着目して分析する。計量分析のモデルは式（4.4）によって表される。

$$\ln Y_{it} = \rho_i \ln Y_{it-1} + b_{1i} + b_{2i} \ln S_{it} + b_{3i} P_{it-1} + X_{it}\beta + f(t) + \epsilon_{it} \tag{4.4}$$
$$|\rho| < 1$$

$$\rho_i = \gamma_{00} + \gamma_{01} I_i + u_{0i}$$
$$b_{1i} = \gamma_{10} + \gamma_{11} I_i + u_{1i}$$
$$b_{2i} = \gamma_{20} + u_{2i}$$
$$b_{3i} = \gamma_{30} + \gamma_{31} I_i + u_{3i}$$

P は政権政党の教育政策に関する政策選好であり、I は政治制度変数である。教育財政支出が前年度実績や支出拡充に関する政策選好の関数であるとしても、その作用の大きさには国間で大きな相違が存在しており、それらは各国の政治制度に条件づけられているというのが本分析の仮説である。すなわち、政治制度における権力の集中度を I とすると、式（4.5）および（4.6）のように想定される。式（4.5）は、権力集中度の高い政治制度の下では漸変主義が弱まるという関係、式（4.6）は権力集中度の高い政治制度の下では政権政党の政策選好の反映度が強まるという関係を意味している。

$$\frac{\partial^2 \ln Y_{it}}{\partial \ln Y_{it-1} \partial I_i} < 0 \tag{4.5}$$

$$\frac{\partial^2 \ln Y_{it}}{\partial P_{it-1} \partial I_i} > 0 \tag{4.6}$$

　式（4.5）および式（4.6）は、上記モデルにおいて $\gamma_{01} < 0$ 及び $\gamma_{31} > 0$ となることを意味する。一方、制度変数の主効果に関するパラメータである γ_{11} については、陽表的な仮説は設定しない。比較政治学の実証分析では Lijphart（1999）のように制度変数と社会政策や政府規模との関係を分析しているも

もあるが、制度自体が政策の方向性をどのように規定するかは論理的には自明ではないと考えた方が自然である[12]。

式（4.4）のモデルのパラメータ推定は、MCMC法によって行い、各パラメータを2万組発生させ、後半の1万組を事後分布統計量の計算に用いた。

3.2.1　議会内関係における権力集中の作用

表4-6は与党への権力集中度を制度変数として用いた推定結果、図4-1は制度変数とパラメータρ_i, b_{3i}との関係を示したものである。図と表から、初等中等教育支出と高等教育支出の双方において権力集中的な制度によって政権政党の選好の反映度は増幅されていること、また高等教育については権力集中的な制度によって前年度実績への依存度が低くなることが分かる。

初等中等教育支出に関する推定のうち、仮説に関わるγ_{01}, γ_{31}の値について見ると、前者に関しては90%推定区間が正負に大きく跨っており、制度の作用については明らかであるとは言い難い。後者に関しては事後分布の下で正の値を取る確率（$=Pr(\gamma_{31}>0|D)$）は93%であり、仮説を支持していると言える。制度変数の主効果に関するパラメータγ_{11}について見ると区間推定値は正負に跨っており、権力集中に関わる制度変数の主効果を見いだすことは難しい。すなわち、権力の集中・分散自体は教育財政支出を直接規定していない。表4-7上段は、政策選好と制度変数の初等中等教育財政支出への作用を推計したものである。表中の数値は、前年度の支出水準を平均値に固定し、政策選好Pおよび制度変数Iの値が0の時を基準として、支出が何倍になるかを示したものである。例えば、$I=+1$以上を権力集中的な制度、$I=-1$以下を権力分散的な制度として考えると、教育政策に関する選好の値が0から0.2へと変化した時、教育財政支出は、前者において0.89から0.98へと変動するのに対し、後者においてほとんど変動していない。この結果からも制度的な権力集中が政策選好の反映度を高めていることが分かる。

一方で高等教育支出に関しては、まず、前年度依存度に対する交互作用のパラメータγ_{01}に着目すると、点推定値（事後平均）は負の値であり、負の値となる事後確率（$=1-Pr(\gamma_{01}>0|D)$）は99%である。このことは権力集中的な制度の下では漸変主義が緩和されるということを意味しており、仮説に合致し

表 4-6　階層モデルのパラメータ推定値（制度変数＝議会内関係）

初等中等教育	事後平均	標準誤差	90% CI 下限	90% CI 上限	$Pr(\theta>0\|D)$
β_1	-0.523	0.230	-0.903	-0.145	0.011
β_2	0.004	0.097	-0.157	0.162	0.514
γ_{00}	0.647	0.047	0.567	0.720	1.000
γ_{01}	-0.019	0.043	-0.091	0.051	0.331
γ_{10}	-1.013	0.149	-1.270	-0.783	0.000
γ_{11}	-0.094	0.138	-0.331	0.127	0.245
γ_{20}	0.080	0.042	0.012	0.148	0.972
γ_{30}	0.203	0.102	0.047	0.381	0.987
γ_{31}	0.148	0.100	-0.018	0.311	0.929
φ	0.062	0.007	0.051	0.074	1.000
Σ_{00}	0.030	0.016	0.011	0.062	1.000
Σ_{10}	0.071	0.047	0.015	0.161	0.999
Σ_{20}	-0.008	0.008	-0.022	0.002	0.097
Σ_{30}	-0.014	0.019	-0.049	0.010	0.190
Σ_{11}	0.226	0.148	0.056	0.505	1.000
Σ_{21}	-0.010	0.020	-0.045	0.020	0.292
Σ_{31}	-0.050	0.058	-0.155	0.022	0.142
Σ_{22}	0.015	0.007	0.007	0.027	1.000
Σ_{23}	0.000	0.009	-0.014	0.015	0.507
Σ_{33}	0.047	0.036	0.012	0.115	1.000

観測数＝838、国数＝23

高等教育	事後平均	標準誤差	90% CI 下限	90% CI 上限	$Pr(\theta>0\|D)$
β_1	-0.739	0.436	-1.457	-0.025	0.045
β_2	-0.425	0.178	-0.719	-0.133	0008
γ_{00}	0.642	0.039	0.577	0.706	1.000
γ_{01}	-0.069	0.030	-0.118	-0.019	0.011
γ_{10}	-1.436	0.175	-1.728	-1.154	0.000
γ_{11}	-0.354	0.118	-0.551	-0.161	0.001
γ_{20}	0.041	0.047	-0.035	0.118	0.813
γ_{30}	0.061	0.145	-0.172	0.309	0.647
γ_{31}	0.251	0.143	0.020	0.488	0.963
φ	0.111	0.012	0.091	0.132	1.000
Σ_{00}	0.012	0.005	0.006	0.022	1.000
Σ_{10}	-0.004	0.011	-0.020	0.015	0.295
Σ_{20}	-0.011	0.006	-0.022	-0.002	0.013
Σ_{30}	-0.004	0.008	-0.018	0.007	0.310
Σ_{11}	0.096	0.076	0.020	0.240	1.000
Σ_{21}	0.032	0.024	0.003	0.076	0.975
Σ_{31}	0.018	0.034	-0.026	0.080	0.737
Σ_{22}	0.028	0.011	0.014	0.049	1.000
Σ_{23}	0.011	0.016	-0.011	0.039	0.779
Σ_{33}	0.037	0.031	0.010	0.096	1.000

観測数＝820、国数＝23

ている。またその値は -0.07 となっており、前年度依存の主効果に関するパラメータ γ_{00} が 0.64 であるから、比較的大きな影響を示すものであるといえよう。図 4-1 下左からも明らかなように与党へ権力が集中する政治制度の下では、前年度依存性に関するパラメータ ρ_i は小さくなっており、最も集中的な制度の下では分散的な制度に対して ρ_i の値が半分程度になっている。また権力の集中・分散は、政権政党の政策選好の支出への反映度も強く規定している。政策選好の反映度に対する交互作用のパラメータ γ_{31} の値は正の点推定値、区間推定値を示しており、また正値を取る事後確率（$=Pr(\gamma_{31}>0|D)$）は 96％であり、仮説を支持している。このことは、I と b_{3i} の関係を示した図 4-1 右からも明らかである。表 4-7 下段は政策選好と制度変数の変数の作用を推計したものである。権力集中的な制度（$I=+1$）、権力分散的な制度（$I=-1$）の下で、教育政策に関する選好の値が 0 から 0.2 へと変化した時、教育財政支出は、前者において 0.66 から 0.71 へ変動するが、後者においては同様の変動幅があるものの政策選好とは異なった政策出力となる。

　そして、図 4-1 からは日本の政策過程の位置づけに関する情報も得ることができる。図中の＊印は日本の位置を、直線は $E(\rho|I)=\gamma_{00}+\gamma_{01}I$，$E(b_3|I)=\gamma_{30}+\gamma_{31}I$ を表している。左の ρ と制度変数 I との関係を表した図においては、日本は直線よりも上に位置しており、制度によって予測されるよりも漸変主義の程度が大きいことを意味している。また右の b_3 と制度変数 I との関係を表した図においては、日本は直線よりも下に位置しており、制度によって予測されるよりも政策選好の反映度が小さいことを意味する。この傾向は初等中等教育支出において顕著であり、日本は議会の与野党間関係においてやや多数主義的な政治制度でありながら、他の要因によって政策変動が抑制されているということを示唆している。

3.2.2　政府内関係における権力集中の作用

　表 4-8 は、政府内における権力の集中度を制度変数として用いた推定の結果であり、図 4-2 はその推定結果に基づいて制度変数とパラメータ ρ_i, b_{3i} との関係を表したものである。また、表 4-9 は政策選好と制度変数の変数の作用を推計したものである。分析結果は初等中等教育支出と高等教育支出の分析の双

第4章 政治制度と教育財政をめぐる政策過程　173

表4-7　政策選好と制度変数の作用（制度変数＝議会内関係）

初等中等教育	$P=0$	$P=0.05$	$P=0.10$	$P=0.15$	$P=0.20$	$P=0.25$
$I=-1.0$	1.120	1.123	1.126	1.129	1.132	1.135
$I=-0.5$	1.058	1.065	1.072	1.079	1.086	1.093
$I=0$	1.000	1.010	1.020	1.031	1.041	1.052
$I=+0.5$	0.945	0.958	0.972	0.985	0.999	1.013
$I=+1.0$	0.893	0.909	0.925	0.941	0.958	0.975

高等教育	$P=0$	$P=0.05$	$P=0.10$	$P=0.15$	$P=0.20$	$P=0.25$
$I=-1.0$	1.527	1.513	1.498	1.484	1.470	1.456
$I=-0.5$	1.236	1.232	1.228	1.224	1.220	1.216
$I=0$	1.000	1.003	1.006	1.009	1.012	1.015
$I=+0.5$	0.809	0.817	0.824	0.832	0.840	0.848
$I=+1.0$	0.655	0.665	0.676	0.686	0.697	0.708

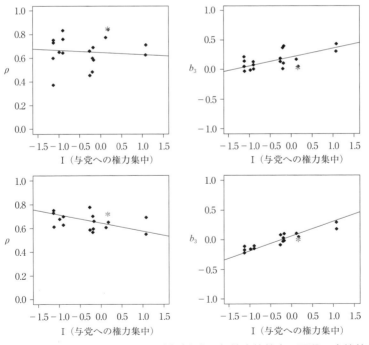

図4-1　制度変数とパラメータの関係（上段：初等中等教育、下段：高等教育）

表 4-8 階層モデルのパラメータ推定値 (制度変数＝政府内の権力集中)

初等中等教育	事後平均	標準誤差	90% CI 下限	90% CI 上限	$Pr(\theta > 0 \vert D)$
β_1	-0.363	0.283	-0.832	0.102	0.099
β_2	-0.049	0.117	-0.243	0.144	0.340
γ_{00}	0.605	0.061	0.500	0.700	1.000
γ_{01}	0.007	0.053	-0.080	0.093	0.553
γ_{10}	-1.078	0.198	-1.419	-0.774	0.000
γ_{11}	-0.022	0.164	-0.288	0.247	0.444
γ_{20}	0.114	0.049	0.034	0.196	0.989
γ_{30}	0.149	0.123	-0.045	0.357	0.891
γ_{31}	0.297	0.097	0.137	0.457	0.998
φ	0.065	0.008	0.052	0.078	1.000
Σ_{00}	0.045	0.025	0.015	0.091	1.000
Σ_{10}	0.113	0.076	0.024	0.257	0.999
Σ_{20}	-0.008	0.011	-0.027	0.006	0.177
Σ_{30}	-0.011	0.024	-0.052	0.021	0.321
Σ_{11}	0.363	0.250	0.079	0.839	1.000
Σ_{21}	-0.012	0.030	-0.059	0.034	0.302
Σ_{31}	-0.035	0.073	-0.166	0.059	0.311
Σ_{22}	0.016	0.008	0.007	0.030	1.000
Σ_{23}	0.002	0.009	-0.011	0.017	0.587
Σ_{33}	0.034	0.028	0.010	0.085	1.000

観測数 = 643、国数 = 18

高等教育	事後平均	標準誤差	90% CI 下限	90% CI 上限	$Pr(\theta > 0 \vert D)$
β_1	-0.806	0.513	-1.659	0.037	0.058
β_2	-0.433	0.203	-0.767	-0.103	0.016
γ_{00}	0.663	0.045	0.588	0.736	1.000
γ_{01}	-0.020	0.031	-0.072	0.031	0.258
γ_{10}	-1.449	0.220	-1.819	-1.096	0.000
γ_{11}	-0.137	0.113	-0.326	0.047	0.112
γ_{20}	0.020	0.054	-0.069	0.107	0.648
γ_{30}	-0.178	0.211	-0.511	0.185	0.196
γ_{31}	0.255	0.160	-0.014	0.512	0.942
φ	0.111	0.014	0.089	0.134	1.000
Σ_{00}	0.015	0.006	0.007	0.027	1.000
Σ_{10}	-0.004	0.011	-0.021	0.014	0.317
Σ_{20}	-0.011	0.007	-0.025	-0.003	0.010
Σ_{30}	-0.001	0.009	-0.016	0.013	0.438
Σ_{11}	0.069	0.061	0.015	0.183	1.000
Σ_{21}	0.021	0.021	-0.002	0.059	0.922
Σ_{31}	-0.004	0.032	-0.056	0.038	0.462
Σ_{22}	0.026	0.012	0.012	0.048	1.000
Σ_{23}	0.001	0.015	-0.023	0.023	0.530
Σ_{33}	0.036	0.030	0.011	0.091	1.000

観測数 = 628、国数 = 18

方において同様の傾向を示していることが分かる。

第1に、権力集中度の漸変主義に対する作用は不明確であるか、または小さい。焦点となるパラメータγ_{01}の点推定値について見れば、初等中等教育支出の分析においては正値を、高等教育支出の分析においては負値を示しているが、いずれも0に近い値であり、図4-2からも明らかなように、制度的な権力集中は仮説に反して漸変主義の程度にほとんど影響を与えていない。

第2に、権力集中度の主効果γ_{11}について、初等中等教育支出の推定では点推定値は負値であるが、推定区間が正負に大きく跨っており、明確ではない。一方で高等教育支出について点推定値自体は負値であり、負値となる事後確率は89%となっており、権力集中的な制度の下では支出は抑制されることを意味する。

そして、第3に、初等中等教育財政支出、高等教育財政支出ともに政府内の権力の集中（首相の制度的権力）の大きさが政権政党の政策選好の政策出力への反映度を規定していることが指摘できる。すなわち、初等中等教育支出の分析におけるパラメータγ_{31}の値は正の点推定値を示し、正値をとる事後確率（$= Pr(\gamma_{31} > 0 | D)$）はほぼ100%と非常に高い値をとっており、仮説を支持している。高等教育支出の分析におけるパラメータも同様であり、γ_{31}の点推定値は正の値を示し、正値をとる事後確率（$= Pr(\gamma_{31} > 0 | D)$）は94%と非常に高い値となっており、同様に仮説を支持する結果が得られている。このことは図4-2の上段右、下段右からも確認できる。権力分散的な制度の下では、政権政党の政策の優先順位変更や政権交代が教育財政支出に対してほとんど影響を及ぼさないのに対し、権力集中的な制度下では政権政党の政策間の優先順位づけが政策出力を大きく左右する。また、図4-2中の日本の位置（＊）について言えば、制度的に予測される政策選好の反映度（直線$E(b_3 | I) = \gamma_{30} + \gamma_{31} I$）と比較してやや下方に位置し、制度外の要因によって政策変動が抑制されていることが分かる。

政策選好と制度変数の作用を評価した表4-9に目を転じると、やはり与野党間の権力集中に関する変数を用いた場合と同様のことが指摘できる。初等中等教育に関して、教育政策に関する選好の値が0から0.2へと変化した時、権

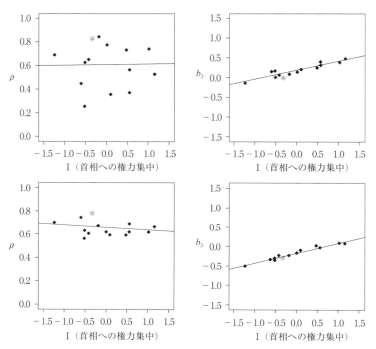

図 4-2 制度変数と個別パラメータの関係(上段:初等中等教育、下段:高等教育)

表 4-9 政策選好と制度変数の作用(制度変数=首相への権力集中)

初等中等教育	$P=0$	$P=0.05$	$P=0.10$	$P=0.15$	$P=0.20$	$P=0.25$
$I=-1.0$	0.984	0.982	0.980	0.979	0.977	0.975
$I=-0.5$	0.992	0.995	0.998	1.002	1.005	1.008
$I=0$	1.000	1.008	1.017	1.025	1.034	1.042
$I=+0.5$	1.008	1.022	1.035	1.049	1.064	1.078
$I=+1.0$	1.016	1.035	1.055	1.074	1.094	1.115

高等教育	$P=0$	$P=0.05$	$P=0.10$	$P=0.15$	$P=0.20$	$P=0.25$
$I=-1.0$	1.186	1.162	1.139	1.117	1.094	1.073
$I=-0.5$	1.089	1.075	1.061	1.047	1.034	1.021
$I=0$	1.000	0.994	0.988	0.982	0.977	0.971
$I=+0.5$	0.918	0.919	0.920	0.921	0.923	0.924
$I=+1.0$	0.843	0.850	0.857	0.864	0.871	0.879

力集中的な制度（$I=1$）の下では支出は 1.02 から 1.12 へ変動するが、権力分散的な制度（$I=-1$）の下ではほとんど変動しない。一方、高等教育に関して、教育政策に関する選好の値が 0 から 0.2 へと変化した時、権力集中的な制度（$I=1$）の下では 0.84 から 0.88 へ変動するのに対し、権力分散的な制度（$I=-1$）の下では政策選好の変化の方向に対応した政策出力の変動とはなっていないことが分かる。

3.3 小 括

教育財政支出に対する政治制度の作用に関して、権力集中的な政治制度の下では、1）漸変主義的な政策過程は緩和され、2）政権政党の政策選好がより強く反映される、という仮説を検証した結果、漸変主義に関する仮説については部分的に支持されたに過ぎないが、政権政党の選好の反映度については仮説を支持するものであった。また先行研究で想定された政治制度の政策出力に対する直接的な作用（主効果）は高等教育においてのみ検出された。これらから制度変数は政策決定の中心となる政治アクターの行動の文脈として作用していると言えよう。また、このような政治制度の作用から予測される政策過程に照らして、日本の教育財政をめぐる政策過程はより漸変主義的であり、政権政党の政策選好が政策出力に反映されにくいという特質が見いだせる。

4. 考 察

本章では国レベルの教育財政支出を教育政策過程の出力として措定し、その規定要因に関する計量的実証分析を行った。予算政治の文献に依るまでもなく、支出変動の多くは前年度実績や自然増減支出によって説明されるが、このことは必ずしも政治による作為的な変動の存在を否定するものではない。実際に本章の分析では、一貫して、政権政党の教育条件整備に関する政策選好が教育財政支出に反映されるという政治の存在が示された。ただし本章の企図は、民主主義政治を通じた意図的な教育財政支出の変動という政治の発見ではな

く、その相違の説明にあり、また、その相違を規定する要因としての制度的環境の作用の分析にある。この章における計量分析は政策過程の異質性を焦点としたことによって事例分析では析出できない以下の2点を明らかにした。

まず第1に、作為による教育財政支出の変動幅は国ごとに異なっており、初等中等教育支出においても高等教育支出においても日本の変動幅は相対的に小さいという点である。双方において日本の長期的な変動幅はOECD加盟国の平均と比較しても半分程度である。また当年度支出が前年度支出実績に依存する度合は他の国よりも大きく、これらの点から日本の教育財政支出をめぐる政策過程は現状維持的であると言える。日本の予算政治について記述したCampbell（1977=1984）は、予算編成における漸変主義が日本において際立っていることを示唆していたが、本章の分析はその点を改めて計量的に比較可能な形で実証した。単一事例の記述的な政策過程研究においては必ずしも政策過程の性質の評価の基準やその変動の大きさは明確ではなかったが、本章の分析は相対的な基準で比較を行った。

この日本における政策出力の変動の小ささは政治の欠如ではなく、第3章の分析と整合的に解釈するならば、むしろ下位政府間競合の帰結である。第3章の事例分析では、1970年代の教育費政策における文部省と大蔵省、自治省、あるいは給与関係省庁および関係議員との間での利害対立の処理が執政中枢によるタテの調整に依存したことを見た。しかし、国間比較の視点から大局的にみれば、それらの政治の出力の変動は相対的には小さなものだったと言える。

第2に、民主主義政治を通じた教育財政支出をめぐる政策過程は、政治制度によって多様性がもたらされるという点である。民主主義政治を通じた作為的な政策出力の変動は、代議制度における委任の連鎖の過程を通じて達成されるが、この過程は政治制度による制約が反映される。予算政治における漸増・漸減主義は政策領域間競合の帰結であり、また一方で有権者の負託を受けた政権政党の政策選好が多かれ少なかれ政策出力に反映されることは民主主義政治の存在の証左である。このような民主的統制から自律した政策領域間政治と民主的統制のルートを通じた代議政治が最終的な政策出力に反映される度合は、政治制度における権力の集中・分散の態様に依存しているのである。すなわち、

権力集中的な民主主義制度の下では漸変主義は緩和されると同時に政権政党の政治的意思は政策出力に貫徹され、一方で、権力分散型の民主主義制度においては、政権交代あるいは政党の政策方針の変動が政策出力としての教育財政支出へ反映されにくいことを意味する。

　議院内閣制において権力の核となるのは内閣の首長たる首相であり、権力の集中は、議会内関係における与党への権力集中、政府内関係（首相－大臣－官庁関係）における首相への権力集中、与党内部における党首＝首相への権力集中が前提となる。3. の分析では、議会内関係および政府内関係に関わる政治制度の権力集中度について検証し、権力集中型の政治制度において、漸変主義が緩和されること、教育支出に関する政権政党の政策選好と政策出力との結びつきが強固となるという結果を得た。民主性という規範的な観点から言えば、代議制度における委任関係の連鎖の中では、有権者の政策過程への参加機会はもっぱら選挙によって議員・政党を選択することであるから、分析結果は、権力集中型の政治制度において、より有権者が教育財政をめぐる決定に関与しやすくなるという意味で民主性は拡大するということを示している。

　また第2章、第3章の議論と併せて理論的に整理するならば、改めて次のように述べられる。従来の教育政策過程研究は、権力分散の側面およびその帰結としての政治過程の機能・専門分化を強調するものであり、教育財政に関わる政策過程もその延長上において理解されてきた。特に下位政府論は、民主的統制の及ばない下位政府アクターの顕在的行動に焦点化し、その影響力を強調した議論である。それに対して、本章における政策過程分析は、制度的な権力集中・分散の側面から下位政府論的な政策過程を相対化するものである。すなわち、教育財政支出の変動は執政中枢アクターの選好および調整の様式に依存しており、そもそも利益集約・表出側の下位政府と総合調整側の執政中枢との関係自体は政治制度の配置に条件づけられている。教育財政拡充が起こるとすれば、それは結束・活動量における教育下位政府アクターの他の下位政府に対する相対的優位ゆえではなく、執政中枢アクターの教育財政拡充についての是認とタテの総合調整、および制度的な権力集中ゆえである。

　これらの結果を今後の日本の文脈に即して、政治制度と政党の政策選好の双

方の面から次のように外挿できよう。

　日本では、1990 年代以降、衆議院における小選挙区制導入、公認と政党助成金の配分を司る党執行部への権力集中、内閣官房の強化、自民党政権期の経済財政諮問会議などの補佐機能の強化といった政治制度改革によってイギリス型の統治機構への転換が目指された。この方向性は民主党においても共有されていたのであり、それは 2009 年 9 月から 3 年間の政権期に行われた国家戦略室・国家戦略会議、閣僚委員会設置、党内政調会の廃止（後に復活）といった改革に見いだすことができる。また現象的には自民党小泉政権期に象徴的であったように、官邸主導によるトップダウン型とも見られる政策過程が観察された [13]。分析結果を素直に外挿するならば、こうした日本の文脈における政治環境の変動によって、権力集中型の「政治主導」の政策過程を通じて教育政策・財政が大きな変動に晒される可能性が高いということになる。

　ただし、初等中等教育に関しては、今後、教育財政の実質的な意思決定がどのレベルで行われるようになるかという点で留保が必要である。戦後、初等中等教育財政の水準を実質的に規定していたのは国の標準法であり、それは国政のレベルで決定されてきた。しかし、今後の制度改革の方向性として地方分権改革というアジェンダが引き続き存在し、国庫補助負担金制度の存廃について議論がなされてきた経緯がある以上、実質的な教育財政支出の決定の重心が地方レベルに移る可能性がある。日本の 90 年代以降の政治行政改革の文脈において、政治主導と地方分権という 2 つの方向性が並置されてきたが [14]、地方分権という方向性自体は中央における政府・与党の権力を分散させるという意味で議院内閣制の理念形（ウェストミンスターモデル）とは方向を異にする。中央・地方関係における今後の具体的展開は不透明だが、地方分権自体が教育財政支出全体の方向性と変動にどのような影響を与えるかという点に関する理論的・実証的考察は今後の重要な課題である [15]。

　もっとも、政治制度の相違からもっぱら予測されるのは支出変動の大きさであり、その方向性ではない。本章の分析に即せば、このことは初等中等教育に関して顕著に現れる。支出増減の方向性を決めるのは政策的選択肢を提供する政党とそれを選択する有権者であり、言うまでもなく、集計的な有権者の選

好が決定的に重要となる。権力集中型の民主主義では選挙の時点に重要な政策選択が集約されることを意味し、政権公約も有権者の選好により合致するものを目指さざるを得ない。では、集合的な有権者の政策選好について今後どのような変動が予想されうるのか。

有権者の政策選好における教育政策の位置づけを窺い知るのは困難だが、International Social Survey Program による国際世論調査「政府の役割Ⅳ」(2006) のデータは重要な手がかりを与えるものである。調査では教育を含む8分野 —— 環境、保健・医療、警察・消防、教育、防衛、老齢年金、失業手当、文化と芸術 —— の政府支出に関して、その支出を現行よりも増やすべきか否かを問うている[16]。教育分野への政府支出に関して教育支出拡充を望む者は過半数を超えており、反対に抑制を望む者は非常に少ないが[17]、教育支出の相対的な優先度は必ずしも高くはない。調査で直接的に分野間の優先度を問う質問はないが、教育支出に対する態度を他の7分野への支出と比較し、教育分野の支出の支持度を下回る分野の数によって変数化すると、この変数は0から7までの値をとり、値は回答者による教育分野の優先度 —— 値が大きいほど相対的に教育支出拡充を重視している —— と考えることができる。教育支出の優先度の分布は表 4-10 のとおりであり、教育分野を最優先とする者の割合は非常に少ない。つまり、教育支出の抑制を望む者は多くないのと同時に最優先する者も少ないということである。

このような優先度に関する相違は、様々な個人的要因に規定されているが、とりわけ年齢と学歴は長期的に有権者構成の変動をもたらす重要な要因である。表 4-11 はそれらの要因による優先度の変動を推計したものであり、表中の数値は各年齢・学歴ごとの各カテゴリーにおける優先度の期待値を示している[18]。表 4-11 から明らかなように有権者の高齢化という趨勢は教育政策への財政支出の相対的重要性を減じることとなる。老年世代を主たる対象とする福祉政策と若年世代を主たる対象とする教育政策について、政党の政策選好における補完性が高くないという 1. の事実も勘案すれば、世代間政治によって本来的に利害が過小に代表される教育政策が負の影響を被る可能性が高い（Poterba 1997, 1998; Grob & Wolter 2007; Cattaneo & Wolter 2009;

表4-10　教育支出の優先度の分布

値	0	1	2	3	4	5	6	7
相対度数（%）	21.7	14.8	12.9	13.0	12.5	12.9	7.5	4.7

表4-11　教育支出の優先度の期待値

	中卒	高卒	高専・短大卒	大学・院卒
20 歳	2.442	2.960	3.006	3.060
30 歳	2.291	2.802	2.848	2.902
40 歳	2.144	2.646	2.692	2.745
50 歳	2.001	2.492	2.538	2.590
60 歳	1.862	2.341	2.387	2.438
70 歳	1.728	2.194	2.239	2.289
80 歳	1.600	2.052	2.096	2.145
90 歳	1.478	1.914	1.957	2.005

注：優先度を被説明変数とする順序プロビットのパラメータ推定値から推計

Rattsø & Sørensen 2010）。一方で、有権者の高学歴化という趨勢は教育政策への財政支出への需要を高めることも指摘できる。言わば、教育財政支出自体が自身の政策的需要を生み出すという自励的な作用である（Pierson 1993, 1996; Busemeyer 2013）。

　有権者の高齢化の政治的インパクトと高学歴化の政治的インパクトという2つの相反する作用の優劣について判断することは難しいが、前者の加速的な進行は選挙権を持たない世代の利害を排除した「財政民主主義」に帰結する可能性を多分に含んでおり、政策分野間の政府内競合のみならず有権者間での世代間競合という視点が重要になる。

　また、こうした年齢と学歴の分布は地域間で大きく異なっており、それによる選好の多様性と今後の初等中等教育財政制度の変容との相互関係の視点が必要となる。本章の実証分析では国政レベルでの教育財政を想定して議論したが、今後の日本において、初等中等教育財政をめぐる意思決定の重心が中央・地方どのレベルに置かれるのかは不確定である。戦前・戦後改革期を通じて形成された集権的な財政システムと標準法が、永らく初等中等教育財政を中央政

治のアリーナに留めてきたが（市川・林 1972；小川 1991）、その一方で、幾度の義務標準法改正、総額裁量制の導入、教育公務員特例法の国立学校準拠規定の廃止など 2000 年代の一連の教育行財政関連法制の改変は、地方分権改革や行政改革、中央政府による緊急雇用対策と相俟って、教育財政を中央・地方の双方に跨る複層的な政治イシューたらしめた。言うまでもなく、地方は多様であり、それは有権者の政策選好にも反映されることは想像に難くない。すなわち、高齢化と高学歴化のインパクトは不均衡に表れ、多様な政治的帰結を生み出しうるのであり、国政としてのみならず地方政治としての教育財政・政策の考察も必要となろう。

A. 計量分析補論

A.1 個体ごとに異なる誤差分散を持つ階層線形モデルのベイズ推定

　以下のように個体（本章の分析では国）ごとに異なる誤差分散を持つ階層線形モデルを考える。ただし、$i=1, \cdots, N, t=1, \cdots, T_i$ である。

$$y_{it} = \boldsymbol{X}_{it}\beta + \boldsymbol{W}_{it}b_i + \epsilon_{it} \tag{4.A.1}$$

$$\epsilon_{it} \sim \mathcal{N}(0, \sigma_i^2)$$
$$\sigma_i^{-2} \sim \mathcal{EXP}(\phi^2)$$
$$b_i \sim \mathcal{MVN}(\boldsymbol{Z}_i\gamma, \Sigma)$$

この階層線形モデルは、σ_i^2 が平均 ϕ^2 の逆指数分布に従うことを意味する。本章の 3. の分析に即せば、

$$\boldsymbol{W}_{it} = \begin{bmatrix} \ln Y_{it-1} & 1 & \ln S_{it} & P_{it-1} \end{bmatrix}, \ \boldsymbol{Z}_i = \begin{bmatrix} 1 & I_i & 0 & 0 & 0 & 0 & 0 \\ 0 & 0 & 1 & I_i & 0 & 0 & 0 \\ 0 & 0 & 0 & 0 & 1 & 0 & 0 \\ 0 & 0 & 0 & 0 & 0 & 1 & I_i \end{bmatrix} \tag{4.A.2}$$

$$
b_i = \begin{pmatrix} \rho_i \\ b_{1i} \\ b_{2i} \\ b_{3i} \end{pmatrix}, \quad \gamma = \begin{pmatrix} \gamma_{00} \\ \gamma_{01} \\ \gamma_{10} \\ \gamma_{11} \\ \gamma_{20} \\ \gamma_{30} \\ \gamma_{31} \end{pmatrix}
$$

と表される。各パラメータの事後分布統計量は解析的には求められないため、MCMC 法（ギブズサンプラー）によって推定する。全条件付き分布からの β, b, γ, Σ の発生方法については通常の階層線形モデルのベイズ推定の方法に従う（Rosenbush & Bryk 2002: Ch13）。ϕ^2 の事前分布については、

$$
\phi^2 \sim \mathcal{G}(\upsilon_0, \lambda_0) \tag{4.A.3}
$$

とする。σ_i^{-2} および ϕ^2 については MCMC 法の過程で、以下の条件付き事後分布から乱数を発生させる。

$$
\sigma_i^{-2} | \beta, \{\mathrm{b}\}_{i=1}^N, \phi \sim \mathcal{G}\left(\frac{T_i+2}{2}, \frac{(y_i - \boldsymbol{X}_i\beta - \boldsymbol{W}_i b_i)'(y_i - \boldsymbol{X}_i\beta - \boldsymbol{W}_i b_i) + 2\phi^2}{2}\right) \tag{4.A.4}
$$

$$
\phi^2 | \{\sigma_i^{-2}\}_{i=1}^N \sim \mathcal{G}\left(N+\upsilon_0, \sum_{i=1}^N \sigma_i^{-2} + \lambda_0\right)
$$

A.2　項目反応理論のベイズ推定

個体 i が j の項目において k 番目のカテゴリーを応答する確率を

$$
P_T(Y_{ij}=k) = F(\beta_{jk} - \alpha_j\theta_i) - F(\beta_{jk-1} - \alpha_j\theta_i) \tag{4.A.5}
$$

とし、F に標準正規分布関数を用いる。この場合、データ拡大法により効率的な推定が可能となる。K 個のカテゴリーをとりうる応答変数を Y_{ij} とすると、段階反応モデルは、

$$z_{ij} = \alpha_j \theta_i - \beta_{j1} + \epsilon_{ij} \tag{4. A.6}$$
$$\epsilon_{ij} \sim \mathcal{N}(0, 1)$$

$$Y_{ij} = \begin{cases} 1 & -\infty < z_{ij} < \gamma_{j1} \\ 2 & \gamma_{j1} < z_{ij} < \gamma_{j2} \\ \vdots & \vdots \\ J & \gamma_{jK-1} < z_{ij} < \infty \end{cases}$$

$$\gamma_{jk} = \beta_{jk} - \beta_{j1}$$

と書ける。F に標準正規分布関数を用いた項目反応理論の MCMC 法による推定方法は Albert（1992）、Fox（2005）によって与えられているが、パラメータ β に関する収束が遅いため、本章の分析では Nandram & Chen（1996）の順序プロビットモデルにおけるパラメータ変換による方法を用いる。

注

1) 機能・専門分化という側面に着目する下位政府論を含む諸々のサブシステム論も、漸増・漸変主義と下位政府アクターの選出部門の影響力からの自律（政治責任の衰退）という現象を現代民主主義政治における政策過程の特質として提示するが、それはサブシステム間の競合というよりもサブシステムの閉鎖性から理解される。

2) Verner（1989）、Castles（1989）、Saeki（2005）、Iversons & Stephens（2008）など。日本の時系列データを分析したものとして大村（2012）があり、世論と教育財政支出（一般歳出にしめる割合）との関係について、教育支出に関する世論的需要に対応して教育財政支出が変動していることを示している。

3) ダイナミックパネルモデルにはユニットごとの係数について均一性を仮定するものと本章の分析のように異質性を仮定するものとがある。前者のモデルにおける推定法としては、GMM 推定、固定効果モデルで推定した上で標準誤差を修正するものがある。後者については mean group 推定、Hsiao et al.（1999）による階層ベイズモデルがある。

4) 教育財政支出データは、1970 年から 1988 年までのデータは、OECD の *Public Educational Expenditure, Costs and Financing : An Analysis of Trends 1970-1988*、1990 年以降のデータは OECD の *Education at a Glance* 各年版のものである。実質経済成長率およびインフレ率のデータは OECD. Stat より得た。

5) Budge et al.（2001）および Klingemann et al.（2006）では福祉政策の選好として後者が採用されている。

6) 以降の分析で「政権政党」という場合、議院内閣制においては議会多数派として政権を構成する政党であり、閣外協力の連立パートナーの場合も含めて政権政党とする。連立政権の場合、政策選好変数は第1院議席数に応じて加重平均した値を用いる。

7) 西欧の議会制度に関するより詳細な比較分析はDöring（1995）に見られる。Powell（2000）もDöring（1995）のデータによるところが大きい。またDöring（1995）の分析をふまえた日本の国会制度の位置づけについては増山（2003）を参照。

8) 4つの変数のコーディングの手続きは次のとおりである。「常任委員会」については10以上の省庁に対応した委員会が存在しない場合には1、存在する場合には0とした。「野党委員長ポスト」についてはもっぱら与党によって占められる場合は1、そうでない場合は0とした。「本会議における議事運営」については高中低の順に3、2、1とし、「委員会の修正の制限」についても「なし」、「多少あり」、「あり」の順に3、2、1とした。

9) 戦後の新憲法体制における内閣法制定の経緯については、天川（1982）、岡田（1994）、佐藤（1955）、大石（2001）など。

10) 「建設的不信任」と「首相を通じた大臣のアカウンタビリティ」の項目はそれぞれ満たしている場合は＋3、「大臣の任命」、「大臣の罷免」、「各省庁の管轄の決定」、「大臣の指揮」、「閣議における議事の統制」の各項目を満たしている場合は＋1、「閣議における意思決定ルール」について多数決の場合は＋1、首相への一任の場合は＋2、「首相直属のスタッフ」については政治的任命と官僚のそれぞれ＋1の値を割り当てており、各国の首相の制度的権力は0〜15ポイントで評価されている。

11) 1点目の建設的不信任については日本にこれに該当する手続きは存在しない。2点目の首相を通じたアカウンタビリティについては、議会両院は個々の大臣の責任を問う問責決議案を提出することができるが、「効果は特定されないという意味において政治的な効果を有するにとどまる」と解釈されている（大石 2001：123）。第3、第4の大臣の任免については、日本国憲法68条で「内閣総理大臣は、国務大臣を任命する。但し、その過半数は、国会議員の中から選ばなければならない」、「内閣総理大臣は、任意に国務大臣を罷免することができる」とされており、総理大臣の専権事項に属す。第5、6点目の各省庁の管轄の決定および大臣に対する指揮監督権に関しては、内閣法第7条、6条でそれぞれ「主任の大臣の間における権限についての疑義は、内閣総理大臣が、閣議にかけて、これを裁定する」、「閣議にかけて決定した方針に基いて、行政各部を指揮監督する」とされており、総理大臣の専権事項ではなく、制約を課す規定となっている。第7、8点目の閣議については、内閣法第4条第2項に内閣総理大臣による主宰が規定され、1999年の内閣法改正では総理大臣の重要政策に関する発議権が明記されることとなったものの、第3項の規定では「各大臣は、案件の如何を問わず、内閣総理大臣に提出して、閣議を求めることができ」るとされ、総理大臣の議事コントロールが完全に及ぶものではない。また閣議自体は全会一致を慣行とし、事前の各省協議、事務次官会議によって調整済みの閣議書に対して大臣が署名を行う儀式的なもので

あるとされている。最後の直属のスタッフについては、1999年の内閣法改正以後は内閣官房に最大で15名の首相直属の政治任用スタッフを置くことが可能となった。官房長官の下に官房副長官、官房副長官補、危機管理監、情報官、広報官、総務官と5人以内の首相補佐官がおり、量的・質的に充実しているか否かは別として政治任用と官僚の双方を抱えているということになる。

12) 例えば、権力分散的な制度が多くのアクターの意思を包摂するとしても、社会政策を相対的に重視しない右派政権政党の意思を左派アクターが抑制する場合と、それとは反対に左派政権の意思を右派アクターが抑制する場合とでは、制度変動によってもたらされる政策変化の方向性は同一とは考えにくい。

13) 「小泉政治」が属人的な要因によるものなのか、制度的要因によるものかについては政治学研究者の間で意見が分かれる。後者の代表的なものとしては、竹中（2006）がある。竹中（2006）は小泉政権を境に旧来の「1955年体制」から「2001年体制」への大きな政治的変化が起こったと指摘し、その中でも首相への権力の一元化が進んだことを最大の特徴として挙げている。ただし、一連の政治改革、行政改革による変化が大きなものだったかは異論もある。山口（2007）は潜在的には首相の権力は弱くはなく、むしろ運用上抑制されてきたことを主張する。また清水（2005, 2007, 2009）は、小泉首相が内閣法に定められた議会解散権、大臣の任免・指揮監督権という既存の首相の権限を最大限活用した点を強調している。

14) 日本の文脈において地方分権改革は政治改革（選挙制度改革、政党助成金制度改革）を補完するものとして議論された（西尾2007）。すなわち、小選挙区制によって二大政党制が導入されたとしても中央に権限と財源がある限り、族議員による地元選挙区への利益誘導によって、政策・政党本位の選挙が実現されないと認識されたのである。

15) Busemeyer（2007）は、連邦・分権的国家において教育財政支出が高いという分析結果を得ており、それを「頂点への競争」（自治体間競争）として解釈している。この知見自体と解釈の妥当性は検討の余地が残されているように思われる。

16) 回答の選択肢は、「今より増やすべきだ」、「どちらかといえば今より増やすべきだ」、「今と同じくらいが良い」、「どちらかといえば今より減らすべきだ」、「今より減らすべきだ」、「わからない」である。設問では、「『今より増やすべきだ』と答える場合には、その分、税金が増えることもあると考えてください。」という但し書きがある。

17) 回答の度数分布は「今より増やすべきだ」が236人（21.2%）、「どちらかといえば今より増やすべきだ」351人（31.6%）、「今と同じくらいが良い」452人（40.7%）、「どちらかといえば今より減らすべきだ」39人（3.5%）、「今より減らすべきだ」が34人（3.0%）となっている。

18) 優先度を被説明変数、性別、婚姻状態、年齢、学歴、党派性認識、居住地規模を説明変数として順序プロビットモデルによって要因分析を行い、得られたパラメータから、他の要因をサンプル平均値に固定した上での各年齢・学歴カテゴリーにおける被説明変数の期待値を推計した。

第 5 章

地方政治と教育財政

　これまで言及してきた教育政策過程分析における下位政府論は、中央政治に焦点化した政策過程像であった。地方政府の行政サービスが、中央政府からの特定・一般補助金による移転財源と国政の下にある標準法に制約される状況においては、それらに関する立法・法改正の政策過程[1] をもってして政策過程の考察と民主性の評価を行うことは第 1 次近似としては許容できよう。

　しかし、1990 年代以降、漸進的に進展した地方分権改革は、厳しい財政制約の中で地方政府に一定の政策的裁量を与えることとなった。この現象は意思決定の複層化として捉えられる。すなわち、財政移転の仕組みや最低基準に関わる国の標準法を残しつつも、地方政府には追加サービスの有無、使途に関する裁量が与えられ、教員人件費配分が地方政治の対象となったのである。また、この意思決定の複層化は、単に地方政府が教育サービスの水準の決定に関与するようになっただけでなく、議院内閣制と二元代表制という異なる統治原理の下で意思決定が行われるようになったことをも意味する。

　小川（2008: 第 4 章）は、地方分権改革の帰結としての自治体教育政策の「政治化」を不可避の現実として捉えた上で、民主的かつ透明性の高い政策決定の手続きの構築に教育政策・行政の課題を見いだしている。こうした現状認識は、選挙による間接民主主義あるいは二元代表制を不十分な民主的統制原理として把握した上で、教育委員会の存置・機能拡充、教育関係条例制定等、首長権力の分立・抑制に民主性・専門性の実現を見いだす制度構想への志向にも繋がろう。しかし、一方で、教育が他の対人公共サービス同様に多額の人件費を要する労働集約的事業であるゆえに財政的制約に服し、また予算案提出権が首

長の権限に属す以上、政策間の優先順位をめぐる政治的意思決定から免れえない。その政治的意思決定の中心は、選挙を通じた代理人選任に伴う政策選択にあるのであり、その過程を迂回した形で教育政策の民主的統制の評価と制度構想を論じることはできない。

本章では、2000年代以降の都道府県レベルの教育財政をめぐる政策過程を対象とし、制度変容の帰結として起こった意思決定の複層化が、教育財政に関わる意思決定における民主性を高めたのか否かを問う。特に、地方政治の第1のアクターである知事に着目し、民主的統制に関わる次の3点について実証的に明らかにする。まず、第1は、地方政治の文脈において、より限定的には知事選挙において、財政支出を伴う教育政策は争点となり、有権者にとって意味のある形で政策選択の機会が存在したのかという点である。第2は、そうした知事（候補者）による公約はどのように実現されたのか、あるいは実現されなかったのか、公約と現実の財政的制約の間のギャップはどのように埋められたのか、という点である。第3は、政策と実現手段の選択肢および政策過程において、民主的統制の面でどのような制約条件が存在したのかという点である。

これらの問いへの応答は、国政とは異なる議会制度の地方政治の委任過程の評価にほかならない。本章の結論として、選挙による政策選択・業績評価、議会の監視および自治体の「善政競争」といった、強力な権限をもった知事を規律づけるメカニズムは十分に機能せず、必ずしも意思決定の複層化が民主的統制を促さなかったことを主張する。

1. 2000年代以降の地方教育財政の文脈

分析に先立って、知見の解釈に関わる最小限の背景的事実である、教育政策および地方財政の動向、知事の制度的権力と政策選好に関わる視点を整理しておく。

1.1 政策変更・制度改変

　教育財政、とりわけ、教員人件費政策に関わる意思決定の複層構造化は、2000年代以降の一連の地方分権改革および国政レベルの財政再建策によって段階的に進行してきた。表5-1は教員人件費に関わる主な政策変更・法改正を時系列で示したものであるが、重要な変化は以下の点である。

　まず第1に、教育財政の根幹に関わる政策変更・法改正が行われたという点である。これらの政策変更・法制度改正の中でも、特に、改正義務標準法（2001年施行）、教育公務員特例法における国立学校準拠規定廃止および総額裁量制の導入（2004年）は、標準に基づく全国一律の学習環境の保持という戦後日本の初等中等教育政策を特徴づけてきた集権的な政策形式に大きな変容を促し、教員人件費に関して都道府県に少なからぬ裁量を与えることとなった。

　第2に、財政再建の一環として、公務員人件費の削減が図られたという点である。三位一体改革は、結果的には、国庫補助負担金の一般財源化、税源移譲という財政的分権化と同時に地方交付税総額の抑制を進める財政再建策でもあった。また、2006年施行の「行政改革推進法」では、教員人件費に関わって、自然減を上回るスピードでの教職員定数削減が求められ、給与水準に関しても人材確保法における優遇分の削減が段階的に進められてきた。

　そして、これらに加えて、90年代末から、緊急雇用対策等の名目で臨時的な財政移転が行われ続けてきたという点である。長期的な景気後退に伴う雇用情勢悪化に伴って、政府は90年代末以降、時限的な雇用対策関係の補助金を自治体に交付し続けてきた。緊急雇用対策関連の交付金は、自治体の財政力および雇用状況に応じて傾斜配分され、一部の県では教育関係事業の財源として活用されたのである。

　こうした政策変更・制度改変は、一貫した意図の下で行われたものというよりも、中央における政治の産物であったが、同時にそれは、地方政治における知事の行動を条件づけたのである。

表 5-1　教員人件費に関わる政策・法令改正

年	事項
2000 (平成 12)	・義務標準法一部改正（第 5 条） 学級編制が都道府県と市町村の自治事務となる。
2001 (平成 13)	・義務標準法改正（第 3 条改正、第 17 条追加） 都道府県教育委員会により、標準法を下回る 1 学級の児童・生徒数の基準 設定が可能になる。 「定数崩し」が可能となる。
2003 (平成 15)	・構造改革特別区域法 希望する市町村が、特色ある教育の実施のために単独で常勤の教職員を任 用できるようになる。
2004 (平成 16)	・文部科学省通知 加配定数の少人数学級編制への流用が可能になる。 ・教育公務員特例法改正（第 25 条 5 項廃止） 国立学校の法人化に伴って、公立学校の教員給与における国立学校準拠規 定が廃止される。 ・総額裁量制導入 公立小中、盲学校・聾学校の小中部の教育職員給与費の総額内での使途が 裁量化される。
2006 (平成 18)	・養護学校の小中部についても総額裁量制導入（義務教育の全学校種におけ る裁量化） ・市町村立学校職員給与負担法一部改正 構造改革特区における特例措置の普遍化。 ・義務教育費国庫負担法一部改正 義務教育費国庫負担率が 1/2 から 1/3 に引き下げられる。 ・行政改革推進法公布・施行 自然減を上回る教職員定数の削減を求める。 ・「経済財政運営と構造改革に関する基本方針 2006」閣議決定 人材確保法に基づく優遇部分（2.76%分、430 億円）の縮減を 2007 年度〜 2011 年度に実施することが決まる。
2008 (平成 20)	・自治体財政健全化法施行
2009 (平成 21)	・義務教育等教員特別手当を本給の 3.8% から 3% に縮減 ・義務教育費国庫負担金の最高限度額見直し ・教員特殊業務手当の拡充
2010 (平成 22)	・義務教育等教員特別手当を本給の 3% から 2.2% に縮減 ・「給料の調整額」を 6% から 4.5%、調整数 2 から 1.5 に引き下げ ・義務教育費国庫負担金について国家戦略担当・財務・文部科学 3 大臣合意 小学校 1 年生の学級編制の標準を 35 人に引き下げなど。
2011 (平成 23)	・義務教育等教員特別手当を本給の 2.2% から 1.5% に縮減 ・「給料の調整額」を 4.5% から 3.75%、調整数を 1.5 から 1.25 に引き下げ ・義務標準法一部改正（第 4、5 条改正） 小学校 1 年生の学級編制の標準を 35 人に引き下げなど。 都道府県教育委員会が定める学級規模の「基準」の拘束性を緩め、「標準」 としての基準とする。

1.2 地方財政危機と行政改革

　こうした制度改変・政策変更は中央・地方財政悪化を背景としている。地方財政計画における財源不足は1970年代に端を発しており、その財源不足は1990年代まで交付税特別会計による借入、臨時特例交付金による補填および交付税率引き上げによって賄われてきたが、これらの長年にわたる補填措置は中央・地方の累積債務の増大という帰結を生み出した（北村2009）。実際に、図5-1に示すとおり、1990年代前半を境にして地方財政の借入金（地方債、企業債、特別会計借入の残高）は激増したのである。こうした中央・地方の財政危機への対応として小泉政権の下での財政再建路線が採られ、以後、地方交付税総額が縮減された。図5-2は、都道府県の歳入の推移を示したものであり、地方交付税は2000年度を境にして、歳入総額は1998年度を境にして減少に転じていることが確認できる。また、図5-3の経常収支比率（都道府県加重平均）の推移に示すように1990年代以降、経常収支比率が急激に上昇しており、財政赤字の拡大、歳入の伸び悩みの中で、各地方政府は具体的対応として歳出削減を主とする行政改革への着手を迫られたのである。

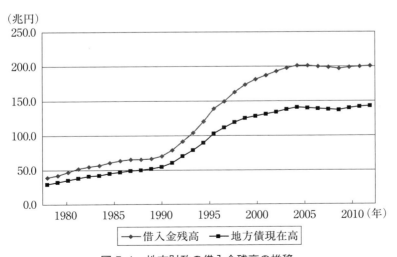

図5-1　地方財政の借入金残高の推移
注：自治省・総務省『地方財政白書』各年度版より筆者作成

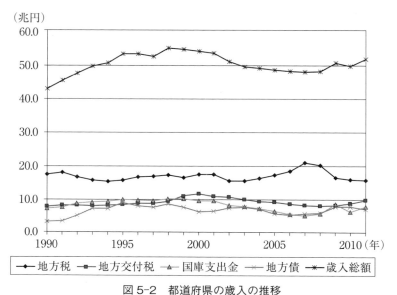

図 5-2 都道府県の歳入の推移
注:自治省／総務省『都道府県決算状況調』各年度版より筆者作成

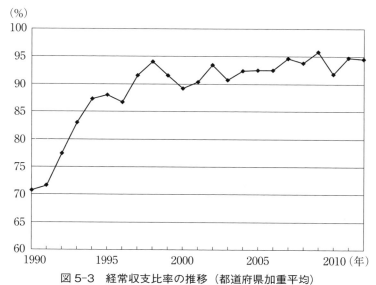

図 5-3 経常収支比率の推移(都道府県加重平均)
注:自治省／総務省『地方財政白書』各年度版より筆者作成

都道府県の行政改革の中でも、歳出の多くを占める人件費の削減は中心的な施策であり、一般行政、教育、警察関係職の総人件費（給与水準および定数）の縮減が行政分野を横断する重要政策課題として認識されるようになった[2]。各都道府県の行政改革の取り組み開始時期に関しては県間で遅速の差があったものの、現在においてはほとんどの都道府県で重要政策課題となっており、2013年10月時点で、46の都道府県が公務員定数削減を実施中であり、40の

表5-2　各都道府県のラスパイレス指数の推移

都道府県	2005年	2010年	都道府県	2005年	2010年
北海道	90.6	92.8	滋賀	98.2	100.7
青森	98.2	100.6	京都	100.5	99.3
岩手	100.2	97.8	大阪	98.2	92.7
宮城	101.9	99.1	兵庫	100.5	98.2
秋田	100.1	102.4	奈良	100.1	100.1
山形	100.6	100.1	和歌山	98.8	100.0
福島	99.6	99.7	鳥取	92.6	94.8
茨城	101.1	101.1	島根	96.5	93.2
栃木	100.7	96.6	岡山	96.3	92.0
群馬	100.5	101.8	広島	96.6	101.7
埼玉	101.7	103.1	山口	99.0	97.5
千葉	99.2	102.8	徳島	100.2	92.9
東京	103.8	103.1	香川	96.4	97.0
神奈川	101.1	100.1	愛媛	96.0	100.4
新潟	99.8	100.6	高知	95.2	99.3
富山	96.7	99.2	福岡	99.1	102.5
石川	100.8	100.0	佐賀	98.9	96.5
福井	101.3	100.3	長崎	101.5	101.0
山梨	99.6	97.9	熊本	100.2	98.1
長野	99.2	98.1	大分	98.8	101.1
岐阜	99.4	92.8	宮崎	99.8	98.8
静岡	102.1	103.8	鹿児島	99.5	94.3
愛知	100.8	98.9	沖縄	99.0	96.2
三重	100.0	101.9			

注：総務省『地方公務員給与の実態』より筆者作成

表 5-3 各都道府県の公務員の定員推移

	一般行政				教育				警察			
	1995年	2000年	2005年	2010年	1995年	2000年	2005年	2010年	1995年	2000年	2005年	2010年
北海道	102	103	98	80	98	94	90	86	100	102	109	111
青森	99	96	86	69	96	93	86	79	100	101	103	103
岩手	101	98	92	77	98	94	86	79	100	101	103	104
宮城	100	98	92	84	102	99	96	90	101	104	111	114
秋田	100	94	86	72	97	93	86	77	103	103	104	105
山形	99	97	92	84	100	95	90	85	100	101	103	104
福島	98	95	88	81	102	98	92	86	101	104	108	111
茨城	98	92	84	76	100	98	95	91	101	104	116	122
栃木	99	97	92	83	100	96	92	88	100	104	115	121
群馬	100	97	88	78	100	97	96	93	101	104	116	122
埼玉	104	101	93	83	98	93	92	88	105	113	130	141
千葉	102	98	91	78	96	92	90	89	108	110	125	131
東京	97	66	54	46	93	88	85	84	101	103	105	106
神奈川	100	92	73	66	95	90	90	91	101	103	112	114
新潟	101	99	93	80	97	93	89	84	100	103	108	111
富山	102	100	92	78	96	90	85	81	96	100	102	104
石川	101	99	92	82	95	91	85	80	100	101	104	105
福井	102	99	89	81	100	99	97	91	100	107	106	108
山梨	101	100	95	84	97	102	103	97	100	103	109	111
長野	102	98	90	82	98	94	94	90	100	103	109	112
岐阜	102	101	95	80	98	94	91	87	100	104	114	117
静岡	102	98	90	83	97	94	91	87	101	104	116	120
愛知	101	97	85	75	96	92	91	92	100	102	111	114
三重	101	100	93	85	102	98	92	87	100	104	110	115
滋賀	103	102	98	85	103	101	99	96	104	107	116	119
京都	100	94	86	76	96	92	90	87	100	104	104	107
大阪	99	94	84	71	94	86	81	82	102	105	109	113
兵庫	103	102	95	79	99	94	91	88	101	104	105	106
奈良	105	102	96	87	98	93	86	77	105	109	116	120
和歌山	98	98	92	83	99	96	90	82	100	104	108	110
鳥取	102	100	100	90	101	98	101	96	100	101	106	107
島根	99	100	93	82	101	99	93	87	100	101	102	104
岡山	100	93	85	74	97	93	90	84	101	105	111	115
広島	102	100	91	74	97	93	84	78	101	105	112	116
山口	101	99	94	82	96	91	86	81	100	101	101	99
徳島	104	104	101	89	100	97	90	85	100	101	105	107
香川	103	102	94	79	99	96	93	85	100	102	107	108
愛媛	102	99	95	84	98	94	91	85	100	101	105	107
高知	102	96	87	75	99	96	92	85	100	102	105	106
福岡	101	98	93	87	98	92	89	84	101	102	111	112
佐賀	102	98	93	83	102	98	92	90	100	100	104	106
長崎	102	101	94	85	99	94	88	82	103	105	105	106
熊本	101	99	95	85	100	96	91	86	94	95	102	103
大分	99	96	90	79	97	92	84	78	101	102	105	105
宮崎	99	101	95	88	98	93	89	85	100	101	108	108
鹿児島	101	99	94	81	102	98	92	86	105	106	110	112
沖縄	101	98	93	83	106	103	99	94	100	104	110	113

注：総務省『地方公共団体定員管理調査』より筆者作成
　　「一般行政」は福祉職を除く。数値は1990年を100とした比を示す。

第5章　地方政治と教育財政　*197*

都道府県で給与制度の見直しを行っている[3]。

　実際に給与水準および定数の抑制・削減が継続的に行われてきたことは、公務員給与のラスパイレス指数と定員の推移を示した表5-2、5-3からも明らかである。これらの給与水準見直しを行った団体の中でも、特に、北海道、大阪府、岡山県では急激な人件費削減が行われ、ラスパイレス指数をみると、10年余りの間に100台前半から90台前半へと大幅に給与水準が引き下げられている点で際立っている。ラスパイレス指数は一般行政職の公務員の給与のみが対象となっているが、「部内均衡」の原則からすれば他の職種にも波及したことは想像に難くなく、後述の事例分析で示すように、教育職に関して言えば、教育公務員特例法の国立学校準拠規定廃止後はその傾向が顕在化する。

　定員に関して言えば、一般行政、教育、警察の3分野で傾向が大きく異なっており、警察の定員は維持・拡大されたのとは対照的に、一般行政職と教育職は減少している。教育職は義務標準法、高校標準法により定数の標準が定められている。警察職も、警視以下の警察官の定数は政令の基準に基づいており、また2000年策定の警察刷新会議の緊急提言を受けて各都道府県で増員がなされている[4]。一方、国の標準法による縛りのない一般行政職の定数は大きく削減されており、こうした分野間の不均衡は、やがて教員人件費削減を中央・地方政治の俎上に載せる圧力として作用していくのである。

1.3　知事の制度的権力と政策選好

　地方政治における第1の政治アクターは首長であり、地方政治における間接民主制の機能の当否は首長に対する事前・事後の統制・アカウンタビリティに依存している。

　二元代表制を採用する日本の地方議会制度では、原理的には選挙方式が異なるゆえに議会多数派と執政長官である首長の間で政策選好が乖離する可能性があり、その場合、首長の政治的意思は政策出力へ貫徹されない。それゆえ、二元代表制を採用する地方議会制度は権力分散的なアメリカの大統領制に共通点を見いだすことができよう。しかし一方で、日本の地方議会制度における首長は議案提出権を有し、予算案提出権・予算執行権は首長の専権事項に属

すという点でアメリカの大統領制とは異なっている。また、首長が議会から出される不信任案に対抗的な議会解散権を有するという点は議院内閣制と同様であり、こうした点は首長の強力な権力の制度的な基盤となっている。こうしたことを勘案すれば、権力分立の仕組みとしての教育委員会の存在にかかわらず、首長はアジェンダセッターとして地方教育政策の政策出力を最も左右する政治アクターである。また、首長は地方政治のみならず、地方分権改革期には国政の場でも重要なプレーヤーであった。三位一体改革をめぐる政策過程において「改革派」知事が主導した地方六団体の国庫負担金削減案が、義務教育費国庫負担金負担率引き下げという結果に大きな影響を与えたことは周知のとおりである[5]。

　では、都道府県における第1の政治アクターである知事（知事選立候補者）は、教育政策に関してどのような政策選好を有し、政策形成・決定に関わったのか。

　2000年代の一部の知事選挙において、少人数学級・指導の推進、小児医療費無料化などの教育・子育て政策は目玉公約となった。特に、前者は革新党派の候補のみならず、現職知事の間でも公約として掲げられた事例もあり、教育・子育て関連政策における条件整備は当選・再選戦略として認識されていた。しかし一方で、厳しい地方財政の状況下で新規事業としてこれらの政策の実現には困難が伴い、選挙の事前・事後で財政再建策との整合性を問われることとなる。そうした意味で、当選・再選後の施政を現実的に考えれば、財政再建策や経済・雇用対策との関係を視野に入れざるを得ない。また「改革派」知事は総務省ら地方自治アクターと共闘関係を築き、地方行財政における政策的裁量を拡大しようとしてきた。そうした意味で、地方教育政策の政治化が、単純に教育行政サービスの拡充・抑制のどちらの方向へ知事を突き動かすのかは特定できないのであり、知事の置かれた文脈と選択肢を詳細に分析する必要がある。

2. 地方政治における教育政策の争点化

　代議制民主主義において、選挙を通じた政策選択が成立するためには、当該政策が少なくとも一部の候補者の公約として示され、争点となることが前提となる。理念的な議会制民主主義（ウェストミンスターモデル）のように政党ラベルと政策パッケージに密接な対応関係があり、また、そのことが有権者に認知されているならば、政党ラベルは政策内容の予測可能性を高めるが、無党派候補者が多数を占める日本の地方選挙においては、そのような状態は想定できない。そこで、まず、教育政策の争点化に関して次の2点について実証的に明らかにする。すなわち、地方分権改革以後、都道府県レベルの教育政策は地方選挙の公約に現れ、選挙の争点となったのか。そして、争点となったとすればそれはどのような環境においてなのか。以下では、2000年以降の地方政治の文脈で、財政的裁量を付された教員人件費に関わる政策が選挙上の争点となった事実と背景を、他の教育政策イシューとの比較をふまえて明らかにする。

2.1　データ・方法

　分析に用いるデータは2000年から2014年末の知事選候補者レベルの公約情報であり、各選挙の候補者の公約関連の新聞記事から教育・子育て関連政策の公約の有無を特定する。各候補者の公約情報は選挙公報に掲載されているが、過去の地方選挙の選挙公報を入手することは一部を除いて困難であるため、新聞記事による情報を主とし、選挙公報を参照できる場合はクロスチェックを行うという方法を採った。用いた記事検索データベースは朝日新聞（沖縄県を除く都道府県）および琉球新報（沖縄県）のものであり、必要に応じて他の地方紙の記事も参照した。複数の県の知事選候補者によって言及された教育政策のうち、新規の財政支出を伴う6事業——少人数学級・指導の実現・適用学年拡大、給食費の無償化、高校の統廃合中止・見直し、学校施設の耐震化、小児医療費の窓口無料化、待機児童解消（保育所の増設等）——を抽出し、コーディングした。また当選者および候補者に関する情報として、候補者

200

の党派、推薦・支持政党、知事経験期数、得票率をデータ化した。データ化した候補者数の延べ数は 569 名、選挙数（無投票選挙を除く）は 177 である。

2.2　知事選公約における教育政策

　各施策について公約に掲げた候補者数は、少人数学級・指導が 191、給食費の無償化が 6、学校施設の耐震化が 20、高校の統廃合見直しが 19、小児医療費無料化が 126、待機児童解消が 65 となっており、少人数学級・指導関連の公約が 3 分の 1 の候補者によって採用される「人気政策」であったことが分かる。選挙単位でカウントすると、各施策について公約として掲げた候補者が 1 人以上いた知事選挙は、少人数学級・指導が 128、給食費の無償化が 5、学校施設の耐震化が 16、高校の統廃合見直しが 17、小児医療費無料化が 99、待機児童解消が 44 となっており、少人数学級・指導および小児医療費無料化が多くの選挙で公約として登場していることが分かる。

　ただし、こうした単純集計の数字が示すのは、論理的には選挙を通じた教育政策選択の可能性が存在していたということに過ぎず、より子細にその内容を検討する必要がある。まず第 1 に勘案すべきは、上記の教育関係の公約は伝統的には革新系政党に所属しているかまたは支持を受けた候補者の掲げてきた公約であり、同時に、そうした「左派候補者」が当選する可能性は極めて低いということである。社民党および共産党所属、または 2 政党からのみ推薦を受けた候補者を「左派候補者」として定義し、この「左派候補者」と各公約の有無

表 5-4　公約データの相関行列

	左派候補	少人数学級・指導	給食費無償化	学校耐震化	高校統廃合見直し	小児医療費無料化	待機児童解消
左派候補	1.000						
少人数学級・指導	0.388	1.000					
給食費無償化	0.035	0.072	1.000				
学校耐震化	0.170	0.127	− 0.020	1.000			
高校統廃合中止・見直し	0.179	0.179	− 0.019	0.018	1.000		
小児医療費無料化	0.428	0.365	− 0.014	0.128	0.113	1.000	
待機児童解消	0.086	0.143	0.179	0.021	0.056	0.168	1.000

との相関行列を求めたものが表 5-4 である。

表 5-4 より、「左派候補者」と上記施策公約の採用の相関係数（ファイ係数）は、少人数学級・指導が 0.388、給食費の無償化が 0.035、学校施設の耐震化が 0.170、高校の統廃合見直しが 0.179、小児医療費無料化が 0.428、待機児童解消が 0.086 となっており、とりわけ少人数学級・指導と小児医療費無料化は「左派的」政策であり、またこの 2 政策はパッケージで掲げられる傾向があることが確認できる。

反対に、当選する可能性の高い非「左派候補者」は、教育・子育て関連政策を周辺的政策に位置づけている。表 5-5 のクロス表は候補者の当落および現新と公約採用との関連を示したものである。少人数学級・指導について公約採用率を計算すると、落選者の 38.1% に対して当選者の 23.4% が、新人候補者の35.7% に対して現職候補者の 25.2% が公約に採用している。同様に小児医療費無料化について算出すると、落選者の 26.9% に対して当選者の 11.4% が、新人候補者の 25.1% に対して現職候補者の 10.4% が公約に採用している。

表 5-5　当選者および現職候補者の教育政策関係公約

	少人数学級・指導		小児医療費無料化	
	公約あり	公約なし	公約あり	公約なし
当選者	41	134	20	155
落選者	150	244	106	288

	少人数学級・指導		小児医療費無料化	
	公約あり	公約なし	公約あり	公約なし
現職	29	86	12	103
新人	162	292	114	340

次に選挙単位で着目したときに、接戦の選挙に臨み、候補者は教育・子育て政策に関わる公約を採用したのであろうか。「接戦」に客観的な定義はないが、惜敗率 90% 以上の候補者の存在で定義すると、177 選挙のうち 18 がそれに該当する。その 18 の「接戦」の選挙のうち、少人数学級・指導に関して、得票上位 2 者の両者とも公約として掲げている選挙は 6、片方の候補者のみ公約に

掲げている選挙は7、両者とも公約に採用していない選挙は5である。同様に
小児医療費無料化に関して算出すると、得票上位2者の両者とも公約として掲
げている選挙は2、片方の候補者のみ公約に掲げている選挙は1、両者とも公
約に採用していない選挙は15である。このことから、少人数学級・指導に関
しては、接戦の選挙において3分の1で争点の1つとなっていたことが読み取
れる。以上から、知事選挙において、教育・子育て関連政策が一部では実質的
な選挙の争点となっていたと推測される。

2.3 教育政策の公約採用の時間的変容

　こうした単純なファクトから一歩進んで、分権改革期以後の時間的経過によ
る変容について分析する。上記では教育政策の公約採用に関わる要因として、
候補者の現職／新人の相違、党派性、選挙の接戦度について触れたが、これら
の影響の時変性を式（5.1）の変量効果プロビットモデルによって明らかにする。

$$y^*_{ijt} = \boldsymbol{x}_{ijt}\beta + \mu_i + \epsilon_{ijt} \tag{5.1}$$

$$\mu \sim \mathcal{N}(0, \sigma^2)$$

$$\epsilon \sim \mathcal{N}(0, 1)$$

$$y_{ijt} = \begin{cases} 1 & (y^*_{ijt} \geq 0) \\ 0 & (y^*_{ijt} < 0) \end{cases}$$

　被説明変数yは候補者の教育政策の公約採択の有無であり、少人数学級・指
導の実現・適用学年拡大について扱う。説明変数xは現職／新人の別（現職
=1、新人=0）、党派性（「左派」=1、それ以外=0）、選挙の接戦度（次点者の
惜敗率）の3変数と、選挙時期（「2000～2004年」を基準カテゴリーとし、
「2005～2009年」、「2010年以降」の2つのダミー変数）、およびそれらの交
差変数である。μは観測されない都道府県ごとの固有要因である。事前分布に
は回帰係数について多変量正規分布$\mathcal{MVN}(0, 1000^2 I)$を、変量効果の分散逆
数についてはガンマ分布$\mathcal{G}(0.1, 0.1)$を設定し、MCMC法によってパラメー
タ推定を行った。

第5章 地方政治と教育財政 *203*

表 5-6 変量効果プロビットモデルの推定結果

	事後平均	標準誤差	90% CI 下限	90% CI 上限	$Pr(\theta>0|D)$
定数項	− 0.131	0.273	− 0.561	0.336	0.307
2005-2009 年選挙	− 0.520	0.615	− 1.530	0.479	0.196
2010 年以降選挙	− 0.500	0.528	− 1.380	0.364	0.170
現職	− 0.386	0.265	− 0.829	0.045	0.072
左派	1.450	0.309	0.950	1.964	1.000
接戦度	− 0.162	0.092	− 0.325	− 0.021	0.026
現職×2005-2009 年選挙	0.667	0.403	0.010	1.330	0.952
左派×2005-2009 年選挙	0.126	0.416	− 0.546	0.822	0.618
接戦度×2005-2009年選挙	0.120	0.237	− 0.268	0.513	0.693
現職×2010 年以降選挙	0.113	0.420	− 0.580	0.798	0.606
左派×2010 年以降選挙	− 0.523	0.415	− 1.203	0.161	0.104
接戦度×2010 年以降選挙	0.116	0.212	− 0.229	0.470	0.708
σ	0.451	0.096	0.301	0.618	1.000

観測数 =569

　表 5-6 のパラメータの推定結果から、現新の別と党派性の影響については明確な時変性を見いだすことができる。現職と選挙時期の交互作用のパラメータが正の値をとっており、特に「現職× 2005-2009 年」の項のパラメータは、負の主効果を打ち消している。すなわち、現職候補は 2000 年代前半の選挙においては少人数学級・指導に関する公約を掲げることに消極的であったが、2000 年代後半には一転して、むしろ、現職候補の方が公約を掲げる確率が上昇している。また、党派性に関しても交互作用項のパラメータが負の値をとっており、「左派× 2010 年以降」においてより値が小さくなっていることから、少人数教育政策とイデオロギーとの関係が時間の経過とともに弱まっていることが分かる。

　表 5-7 はパラメータ推定値から具体的な公約採択確率を推計した結果を示している[6]。2000 ～ 2004 年の時期の知事選における公約採択確率は、現職候補よりも新人候補が、非左派候補よりも左派候補が少人数学級・指導の公約を採択する確率が高いが、2005-2009 年の時期の知事選においては、非左派現職と非左派新人とでは採択確率の大小関係が逆転している。また、2010 年以降

表 5-7　公約採用確率の推計値

時期	現職／新人	左派／非左派	少人数学級・指導公約
2000 - 2004	現職	非左派	0.209
	新人	非左派	0.319
	新人	左派	0.796
2005 - 2009	現職	非左派	0.338
	新人	非左派	0.248
	新人	左派	0.769
2010 - 2014	現職	非左派	0.185
	新人	非左派	0.251
	新人	左派	0.566

では、党派性による公約採用の確率の差はそれ以前と比較すると 20%近く減少している。

　こうした少人数学級・指導政策の脱イデオロギー化現象について、知事候補の当選・再選戦略から少なくとも次の 3 つの解釈がありうる。第 1 は、単純に、少人数学級・指導政策が一般有権者に浸透し、その政策的需要に呼応して候補者にも当選・再選のための重要政策として認識されたという解釈である。

　第 2 は、総与党体制の地方議会における知事選の政策協定の帰結として起こったという解釈である。その傍証としては 2011 年の山梨県の知事選挙が挙げられる。2011 年の知事選で民主党山梨県連は現職候補の横内正明氏を支持したが、それは少人数学級の実現、県立学校の冷暖房完備を支持のための条件としていた（『朝日新聞』2011 年 2 月 2 日）。

　そして第 3 は、少人数学級・指導が教育政策としてではなく、他の文脈においてフレーミングされていたという解釈である。少人数学級・指導事業は必ずしも教育政策の文脈のみで語られたとは限らない。それは政治アクターによって選挙や議会答弁などで対外的に用いられる「少人数学級」「少人数指導」「少人数教育」の内実が多様であることからも併せて推し量ることができる。つまり、任期の定めのない常勤教員の増員による少人数学級から、非正規雇用教員の増員によるもの、場合によってはそれらと教務補助者の増員による事業も包

含される。民間企業の雇用吸収力の小さい非都市部においては、若年雇用問題は深刻な課題となっており、また、行政改革の進展と少子化の進行の影響もあり、一般行政職および教員の採用試験の倍率は高位で推移している。こうした状況下において、非正規教員の増員による少人数学級・指導事業は、単に学力問題への対応や生徒指導の充実化などの教育政策としてだけではなく、公需による雇用創出策として位置づけられた上で、有権者や議会の前に公約として提示されていた例も少なくない。

　これらの複数の解釈は相互背反的ではないが、ここでは第3の解釈である雇用創出策としての少人数学級・指導の受容というストーリーに着目しておきたい。それは次節で述べるように公約の実現手段とも大きく関連しているからである。

3.　政策の実現手段

　候補者が政策間の優先順位を反映させた公約を掲げること、それに基づく有権者の判断によって候補者が当選・落選すること自体は、間接民主主義の委任における事前的統制にあたるが、一方でそうして選出された代理人の事後的統制もまた重要な過程である。とりわけ焦点となるのは、公約を達成したのか、そもそも公約を達成する意志や現実的手段があったのか、公約の達成の有無という「業績」が本人たる有権者に可視化されていたのか、という点である。ここでは2000年代の知事選挙における教育政策の目玉公約であった少人数学級・指導に係る事例から、教育政策の民主的統制の事後メカニズムの作動を分析・解釈する。地方分権改革期以後の少人数学級政策については、既に青木（2013）によって先進自治体の事例分析がなされており、都道府県の事例としては先進県として山形県が取り上げられ、また付随して、2004年時点の未導入県の岩手、香川、奈良、佐賀の記述がなされているが、ここでは公約の実現手段という視点から他の複数の県の事例に触れ、政策過程を俯瞰することに力点を置く。

3.1 公約と財政的現実

　財政的制約と公約との間のギャップの解消の選択肢について、総花的政策による放漫財政の継続という選択肢を排除するならば、論理的には次の4つが挙げられる。まず第1は選挙前時点での公約不採択・非争点化である。第2は選挙後の公約の撤回である。第3はサービス水準の切り下げである。そして第4は新規の財源確保による公約実現であり、それはさらに、1）他分野歳出削減による財源捻出、2）一時的な移転財源の活用、3）独自課税に分けられる。以下ではそれぞれの選択肢を採った事例とともにその政治的背景を素描する。

3.1.1 公約不採択・非争点化

　地方議会における総与党化は、共産党以外の政党が知事を支持することで知事と議会の緊張関係が失われる点で知事権力の強大化と言えるが、一方で、各会派が知事と政策協定を結ぶことで政策実現の交渉の余地を確保しようとする行動の結果とも解釈できる。後者の側面での総与党化現象の意味するところは拒否権プレーヤーの増大であり、その理論的帰結はイモビリズムである（Shugart & Hagard 2001；曽我・待鳥 2007）。また、こうしたイモビリズムは政治的アクター間の相互抑制のみならず行政部門のアクター間の相互抑制からも生じうる。

　少人数学級・指導政策に関して、広範な拒否権構造による相互抑制という現象（公約の非現象）の例は少なくないが、ここでは典型例として、高橋はるみ知事（2003年〜）の下での北海道政を取りあげる。高橋知事は3度の知事選挙を経験しているが、いずれの選挙の公約においても教育政策のウェイトは小さく、他県の知事のように少人数学級・指導を公約に掲げたことはない[7]。厳しい財政事情から、行政改革を重点政策として位置づけ、2004年度からは加配定数の少人数学級編制への流用が可能となったこともあり、少人数学級モデル事業などの道単独加配を廃止している。

　行政改革自体は高橋の前任の堀達也知事の在任期に始まっており、1997年に「財政健全化推進方策」を発表して以来、継続的に人件費削減が行われてきた。道庁職員出身であり、労働組合を支持基盤とする堀知事にとって人件費削減は難しい課題であったが、景気回復の有効な手段がない北海道において、行

政改革による財政再建は不可避の状況であった。「推進方策」を受けて同年11月に「職員数適正化計画」が策定され、1998年度から2002年度の間に一般行政部門の職員数1032人（5％）の削減が行われた。また、2003年2月に策定された「職員数適正化計画」では2012年度までの10年間で一般行政部門の職員数の15％を削減することとされた[8]。

この行政改革路線は高橋道政の下でさらに継続・強化され、定員削減は教育庁事務職員にも及んだ。2004年に策定された「道財政立て直しプラン」においては、教育庁事務職員に関しても一般行政部門に準じて職員数の適正化を進めるとされ[9]、「新たな行財政改革取り組み」では2006年度から2014年度までに教育庁事務局職員を15％（160人）削減することとなった。こうした定員削減圧力の中、警察と教員はそれぞれ、「政令定数等に基づく配置」「標準法に基づく適正な配置」とされた[10]。

また同「取り組み」では、給与水準についても2006年度から基本給一律10％削減、管理職手当20％、期末・勤勉手当を最大で18％程度の削減を行うこととなった[11]。こうした基本給の大幅な削減措置は当初2年間の時限的措置とされていたが、道財政の悪化から給与削減措置は延長され、2008〜2011年度の間に管理職9％、非管理職で7.5％という大幅な削減が行われた。もっとも、こうした公務員人件費削減は他の都府県でも共通に見られた現象だが、長期にわたる給与水準引き下げは顕著であり、1998年に102.3であったラスパイレス指数は2000年代半ば以降には90代前半の値で推移することとなり、大阪府、岡山県と並んで最低水準となった。また、2013年度からは退職手当引き下げが段階的に実施された。

重要なのは、こうした高橋道政での行政改革の推進は公共事業費削減と並行して行われた点である。道議会最大会派をなす自民党にとって公共事業削減は死活問題であり、高橋道政では道経済界の公共事業削減という負担の協力は、道の歳出削減を前提として成立しており、人件費削減策を弛緩することはできないという相互抑制構造となっていた[12]。また、選挙対策としても道職員の人件費削減は有権者へのアピール材料であり、再戦戦略上、その轡を緩めるという選択肢は存在しなかったのである。

3.1.2 公約の撤回

　第2の選択肢は選挙で掲げた公約の撤回である。2006年から2期にわたって滋賀県知事を務めた嘉田由紀子前知事は、2006年7月の知事選挙のマニフェストにおいて、新幹線新駅設置やダム建設などの大型公共事業凍結や職員人件費削減によって歳出削減を行い、確保した財源の一部を教育・福祉関係の新規事業 —— 小中学校の30人学級と保安員の配置、乳幼児医療の無料化、学童保育を含む保育所待機児童の解消など —— に充てることを掲げていた[13]。

　就任当初、嘉田知事は、大型公共事業の凍結や行政改革などの歳出削減により、財政再建と新規事業の財源の確保ができるものと見込んでいたが、当選直後の県議会において早々に公約修正を表明した。それは、嘉田知事の公約では2010年度までに職員1,850人を削減し、345億円の歳出削減を行うとしていたが、その削減数には法令で定数が定められている教員と警察官を見込んでいたため、現実的には実現不可能な目標であることが明らかとなったからである。また、小中学校の少人数学級の必要経費を8億円と見込んでいたが、実際には43億円が必要となるとの滋賀県教育委員会の指摘により、「一部の学年から段階的な実施していく」と答弁せざるをえなかった[14]。

　そして、2選を覦う2010年の知事選挙では、嘉田知事は、教育政策に関して学童保育・保育所などの拡充や職業教育の充実などを公約に盛り込むも、少人数学級の推進を書き入れることはなく、他の知事選候補者と対照をなすことになった。むしろ、選挙告示前に行われた立候補予定者の公開討論会では少人数学級の実現を掲げる他の立候補予定者に対して、「財源が厳しい中、どこを削って教育に入れるのか」と追及する場面すらあった[15]。

3.1.3 サービス水準の切り下げ

　第3の選択肢はサービス水準の切り下げである[16]。戦後の教育財政制度確立期以後、公立学校の教員人件費には、義務教育費国庫負担金とその補助裏たる地方交付税交付金によって制度的な財源保障が与えられてきたが、それは負担金の使途の特定および、標準法と教育公務員特例法の国立学校準拠規定といった定数・給与水準に関わる規制とともに、任期の定めのない本務教員の雇用を想定した人件費負担の制度を構成してきた。

第5章 地方政治と教育財政 *209*

　しかし、2000年代の地方教育財政制度の改変によって多くの道府県でこうした制度規定は緩和され、「教員の非正規化」現象が観察されることとなった。すなわち、地方分権改革の過程で、教職員の定数に関する規制として義務標準法自体は依然として残るも「定数崩し」は容認され、給与水準に関して教育公務員特例法の国立学校準拠規定が廃止されたため、教員の雇用条件の多様化、本務教員の給与水準抑制によって財政再建策との両立が可能になったのである。

　文部科学省初等中等教育局の調査によれば、2005年から2012年の間に非正規教員の割合（定数ベース）は6.6%から8.3%へと増加している。また、2013年時点で正規教員（任期のない本務教員）数が標準法定数を下回っていないのは東京都（標準法定数の101.8%）だけであり、沖縄県（同83.8%）を下限として程度の相違はあれ道府県で「非正規化」が進行した。こうした定数崩しは知事の側から見れば、追加的支出を伴わずに少人数学級事業を実現する有力な手段の選択肢となった（青木2013）。

3.1.4　他分野歳出削減による財源捻出

　第4の選択肢は歳出（職員人件費）削減による財源捻出である。少人数学級・指導を公約として掲げた知事選候補者の中には公共事業削減や職員の給与水準引き下げによって財源捻出を図ることを明言していた者は少なからずいたが、実行した例はほとんどない。それは、そもそも公約を掲げた候補者自体が落選したことによるが、当選したとしても政治的な困難を伴うからである。選挙の際に他分野歳出削減による財源捻出によって少人数学級の実現を掲げ、当選した知事としては先述の滋賀県の嘉田由紀子前知事が該当するが、当選直後に公約は撤回されている。むしろ、他分野の歳出削減による少人数学級・指導の実現は、知事選の際に少人数学級・指導を公約として掲げていなかった知事による以下の宮城県と鳥取県の事例に見いだすことができる。

　宮城県と鳥取県は少人数学級・指導の実現に要する財源を職員の給与水準引き下げによって捻出した。宮城県では浅野史郎知事の下で、2003年から2005年度に「緊急経済産業再生戦略」として景気・雇用対策を実施した。その総事業費614億円のうち84億円は県職員の給与削減から捻出されたものであ

り、少人数学級事業もこの「緊急経済産業再生戦略」事業として実施された。2001年の知事選挙で浅野氏は少人数学級の実現を公約に表明していたわけではなく、また当選後の議会答弁でも議員の質問に対し、積極的に実施する旨の答弁をしていたわけではないが、「緊急経済産業再生戦略」の中で雇用創出策として常勤・非常勤講師の任用による少人数学級を実施することとしたのである[17]。

　一方、鳥取県でも同様に片山善博知事の下で2002年度より、県職員給与を平均5％削減し、雇用対策に充てる「鳥取県版雇用のためのニューディール政策」を6年間実施した。3年間で約100億円をプールし、そのうち、39億円は雇用創出策として2002年度から2007年度までの職員採用に充てられた。少人数学級に関してはその財源と市町村の協力金との折半によって県単独の教員配置が行われ、小学校低学年の30人学級事業が実施された。この事業による雇用は最終の2007年度時点で小学校教員82人、中学校教員39人にのぼったが、雇用創出は臨時的任用講師によるものが主であり、新規の正規採用教員は抑制された[18]。2007年より県政は平井伸治知事に交代したが、「県版ニューディール政策」終了後も平井知事の裁断により少人数学級事業は継続されることとなった[19]。

3.1.5　一時的な移転財源活用

　第5の選択肢は一時的な移転財源の活用である。言うまでもなく、自治体が追加的事業として少人数学級・指導を実現できるのは、公立学校教員人件費の財政的基盤として義務教育費国庫負担金と地方交付税交付金という移転財源が存在するからに他ならないが、緊急雇用対策等の名目で臨時的な移転財源が地方に与えられてきた点も看過できない。

　前述のように、長期的な景気後退に伴う雇用情勢悪化に伴って、政府は1990年代末以降、時限的な雇用対策関係の補助金を自治体に交付し続けてきた。政府は1999年6月に緊急雇用対策として「緊急地域雇用特別交付金」を創設し、地方自治体が独自の工夫で事業を起こすことを促進すべく自治体に交付を行った[20]。この「緊急地域雇用特別交付金」は2001年度末までの時限的措置であったが、厚生労働省は2001年度補正予算で2004年までの時限的交

付金として「緊急地域雇用創出特別交付金」として 3,500 億円を計上し、都道府県に臨時的な雇用の創出を誘導した[21]。そして、地方の雇用情勢の好転が期待できないこともあり、この基金事業は、雇用再生集中支援事業と地域雇用受皿事業特別奨励金について必要な見直しを行った上で 2007 年度まで延長されたのである[22]。

また、自民党麻生政権下では、「ふるさと雇用再生対策特別交付金」、「緊急雇用創出事業交付金」として 4,000 億円、さらにこうした厚生労働省所管の交付金に加えて、2009 年度の地方交付税交付金に歳出特別枠として既存の算定外に「地域雇用創出推進費」が創設され、5,000 億円（都道府県 2,500 億円、市町村 2,500 億円）が組み込まれた[23]。2009 年に発足した民主党政権の下では、2012 年度地方交付税交付金に 3 年の時限措置として地域雇用対策を含む「地域経済基盤強化・雇用等対策費」が創設され、2012 年度に 1 兆 4,950 億円が、自民党政権下での 2013 年度で 1 兆 5,000 億円、2014 年度には 1 兆 1,950 億円が計上された。

これらの緊急雇用対策関連の交付金は、労働力人口、求職者数、非第 3 次産業従業者割合、完全失業率などの指標に基づき各県に傾斜配分され、県はその交付金を財源として基金を造成し、建設・土木事業以外の雇用創出事業を企画・実施することとされた。この推奨事業例の中には、教科指導、文化芸術活動、自然体験活動等の支援員など教育・文化関連の事業も含まれており、一部の県では少人数教育事業の財源として活用されたのである。また、交付金は市町村にも配分されており、厳しい財政事情の中での市町村費負担による教員雇用はこの交付金による事業として行われた例も少なくない。県レベルで緊急雇用対策関連の交付金によって非常勤講師などを採用し、少人数指導事業あるいはチーム・ティーチングを行った県は 23 県にのぼる[24]。また、教科指導以外の各種支援員（部活動、進路相談、学校図書館、外国人児童生徒教育支援など）として雇用したのは 14 県である[25]。交付金の性質上、それらの事業は雇用問題が深刻化していた地域で行われたのであり、そうした地域は同時に財政力も低い県でもあるため、少人数教育事業に関する財源を補填した形になったのである。

こうした緊急雇用対策関係の交付金による事業に関して次の2点が重要である。1つは、緊急雇用対策事業ゆえに必ずしも教員免許を要件としていない点である。このことは教科指導に関わるチーム・ティーチングのための非常勤講師採用についても該当する[26]。もう1つは、交付金の性質自体が雇用形態を規定したという点である。すなわち、緊急雇用対策ゆえに、その事業による雇用期間は地方公務員法22条2項に定める臨時的任用の半年または1年となったのである。

3.1.6 独自課税

第6の選択肢は独自課税による新規財源の確保である。この選択肢を実際に採った知事は存在しないが、その試みとしては1997年から2009年まで在任した秋田県寺田典城元知事が3期目在任中に提起した「子育て新税」がある。

「子育て新税」は、3選を果たした2005年4月の知事選直後の6月の定例会の所信表明において、寺田知事が少人数学級事業推進を含む教育・子育て支援策の拡充のために「徹底した行財政改革により必要な財源を生み出すことはもとより、新たな県民負担の導入をも視野に入れた検討が必要である」と新税導入に関する考えを示したことに端を発している[27]。この新税導入およびそれによる新規事業は知事選公約には示されていなかったものであり、唐突なものであった。寺田知事は翌2006年8月に「子育て新税」導入のための専門部会である「総合政策審議会教育・子育て部会」を発足させ、有識者および市町村長と新税導入に向けた議論を開始した。そして11月には新税負担案としてサービス水準に応じて、県民税に納税者1人当たり年間5,600〜12,000円の負担を求める超過課税による増税案を明らかにした。

しかし、この新税案は表明以降、数々の猛反発を引き起こすこととなった。当初、新税の使途として予定されていた事業には、幼児保育料助成、乳幼児医療無料化、保育サービスヴァウチャー、奨学金貸与、少人数学級の推進、小学校専科指導教員配置、障害児支援教員の配置、日本語指導支援職員の配置などとともに、県立学校の整備事業、小中学校の耐震化改修のための市町村支援事業なども含まれていたが、議会などの反対論に直面する過程で県立学校の整備といったハード事業は除外せざるを得なかった[28]。提案事業の総額は最大56

億円にのぼり、32億円の財源不足のうち、25億円を増税によって賄うとされた。

　翌2007年1月に県が実施した有権者へのアンケート調査では、新税導入に対して賛否半ばという結果であった。寺田知事はこの結果を前向きに受け止め、2年間の県職員給与5％カットなど新税導入の理解を求めるべく地ならしを進めたものの、県の行政改革による歳出削減が不十分であるとする議会・県民の猛反対の声が噴出し、条例案の議会提出は難航した。特に2007年4月の秋田県議選立候補予定者66人に対して朝日新聞社が行ったアンケート調査では新税導入に賛成0人、反対63人という結果であり、県議選を経るまでもなく知事と議会の対立は必至であった[29]。実際の選挙戦において県議選候補者は新税導入反対を有権者へのアピール材料とする有り様であり、有権者に新税への反対感情を喚起することになった。

　さらに、新税をめぐる対立は県議会内の知事議員間だけではなかった。秋田市議会は3月に全会一致で「子育て新税」に対する反対意見書を可決し、その後、多くの市町村議会で反対意見書が可決されていく。また市長会長の佐竹敬久秋田市長が、共有財源である住民税への上乗せとしての新税が市町村との事前協議なしに行われることを批判し、拙速な議論の回避を求める要望書を提出する事態に発展し[30]、知事と市長村長との対立も先鋭化していった。

　6月に県が実施した県民意識調査では、子育て支援と教育の充実を社会全体で支えるというビジョンについては過半数の賛同が得られたものの、そのための税負担については過半数が否定的反応を示すという結果であり、新税についての支持は深まらなかった。県は9月に「子育て新税」構想の見直し案を発表し、保育料の半額助成、乳幼児医療費の半額助成する事業の所得制限の緩和取りやめ、障害児の学習サポート職員・外国人の日本語指導サポート職員の配置事業の削除による事業抑制、法人負担を念頭に入れた住民負担の軽減などを示したが、行政改革による歳出削減が不十分であると主張する反対勢力との溝は埋まらず、議論は平行線を辿った。

　新税構想発表後のこうした不利な形勢にもかかわらず、寺田知事自身は新税導入に強気の姿勢を変えることはなく、県民との意見交換を進めつつ、導入の

着地点の模索を続けていた。しかし、2008 年頭に発覚した秋田県職員の旅費の不正受給に対する世論の強い風当たり、同 1 月に実施したアンケート調査での 65％もの県民からの新税導入反対という結果を受けて、遂に 2008 年 2 月に知事自身が条例案として議会提出することを断念したのである。

　この秋田県の「子育て新税」の頓挫は、単なる知事の強引とも見える政治手法の帰結でなく、政策内容自体に起因したものでもある。それは県民意識調査に反映されており、県民の生活に関連した教育・福祉目的の課税であったとしても、増税という選択肢のハードルがいかに高いかという点を物語っている。特に、所得層別の「子育て新税」への賛成割合は低所得層において低く、所得に応じた税負担であったにもかかわらず、新税の受益者となるべき層から支持を得られなかった点は興味深い（『河北新報』2008 年 3 月 11 日）。寺田知事が、再選を目指さない 3 期目において選挙公約に掲げていなかった新税導入を提起したこと、あるいは、2009 年の知事選で新税反対の急先鋒であった佐竹敬久前秋田市長が当選を果たしたことから分かるように、住民に対する課税による財源確保という選択肢は政治アクターに禁止的に高いコストを伴うのであり、「子育て新税」は通常であれば潜在化している選択肢が観察された稀有な事例なのである。

3.2　知事の当選・再選戦略、社会経済的文脈と手段選択

　こうした少人数学級・指導の公約・需要に対する知事の取りうる選択肢は、知事（候補者）個人の当選・再選戦略や政治的信念、議会との関係を反映したものだが、よりマクロに見ればそうした選択の文脈も大きな影響を与えており、厳しい予算制約という地方財政の状況に加えて、次の 2 点が重要である。

　1 つは、地域雇用対策である。90 年代以降の景気停滞と雇用情勢の悪化は非都市部で深刻であり、常に地方政治の最重要課題であり続けてきたことは既に述べたが、そうした経済・雇用政策に関わる成否は、知事の当選・再選に影響を与える最重要ファクターであった。先述の鳥取県の「鳥取県版ニューディール」は有効求人倍率が 0.5 倍程度でしかないという地域経済状況が背景にあったのであり、民間企業やかつての公共事業による雇用創出に期待できな

い以上、対人関係サービスを中心とした公需拡大による解決策が求められたのである。その「県版ニューディール」や先述の宮城県の「緊急経済産業再生戦略」事業は行政分野に跨る総合的な取り組みであり、少人数学級・指導事業も教育政策というよりは緊急雇用創出策という位置づけの下で積極的に行われたのである。こうした緊急雇用創出策として認識されることで、左派候補者の専売特許的公約であった少人数学級は脱イデオロギー化され、無党派候補者のみならず、現職知事にも浸透したのである。

　そして、その主たる実現手段は職員人件費カットによるワークシェリングと国からの緊急雇用対策関係の移転財源であり、その時限的な性質が、事業における雇用形態を規定したのである。

　もう１つは、地方政府内の部門間競合である。中央政治において下位政府間競合が教育政策過程の一側面をなしてきたことは既存の教育政策過程研究と本書第３章の分析に明らかだが、同様の構造は地方政治においても観察することができる。90年代後半以降の行政改革において柱となったのは職員の定数削減・給与水準引き下げであり、そうした人件費削減策は分野間で不均衡に行われた。すなわち、教育職・警察職は、定数・給与水準の双方または定数について国の法令による規制があるのに対し、一般行政職員はそうした規制が存在しないため、地方政府における行政改革の先鞭は後者からつけられ、またドラスティックに行われることとなったのである。

　しかし、間もなくそれ自体が反射的に政治的な圧力をもたらすこととなった。以下の2005年の岡山県議会における自民党議員の質問はその傍証である。

　　知事（筆者注：石井正弘知事）が、全国知事会を代表して参加しておられます中教審においても、「総務省の新地方行政改革指針が4.6％を上回る地方公務員の減を目指していることにつき、教員は知事部局の３倍近くいるので、目標達成のためには教員も対象とせざるを得ない。」と述べられておられ、いずれも慎重かつ微妙な発言ながら、教員、警察官を含め、職員定数の削減に触れられておられます。一方、我が県では、これまで、１次、２次、３次と過去３度にわたる行財政改革の中で、既に知事部局職員は741人の純減をしており、さらに現在、３次の行革中で、完了までにはあと345人の減員をしなくてはならないわけであります。

そこでまず、私は、教員、警察官の減員を行うときには、知事部局職員と同じ視点で対応し、公平な減員を行っていただきたいと思います。特に、教員について、これまで標準法で守られており、待遇面でも一般公務員より厚遇を受けていると思います。また、少子社会の中で減少する生徒数と教員数について、国の対応は比例していないように思いますので、こうした機会に県関係公務員間の公平性を取り戻していただきたいと思います[31]。

　また、それに対する教育長の以下の答弁から、政治アクターのみならず、行政内部でも定数削減に関するプレッシャーを受けていたことを読み取ることができる。

　　お話の教員と知事部局職員との公平な減員につきましては、岡山県新行財政改革推進委員会から、知事部局はもとより、教育委員会ほか他部局においても定員の見直しに向けた積極的な取り組みが必要である旨の意見をいただいており、限られた教員定数を最も効果的に活用するという観点に立ちまして、一層の創意工夫が必要であると考えております[32]。

　このように、義務標準法・高校標準法という定数に関する標準法が存在し、なおかつ、給与水準についても人材確保法によって一般行政職公務員を下回らない給与水準上の優遇措置が講じられている教員人件費に関して、自治体内の政治・行政アクターから厳しい視線が向けられていた状況があった。そして、教員の定員と給与水準に関する制度改変──2001年の義務標準法改正による「定数崩し」容認、2004年度からの総額裁量制導入、給与水準に関する国立学校準拠規定廃止──は、こうした教員人件費に関する政治的圧力を政策として具現化する環境を与えることとなったのである。定数と本務教員の給与水準の抑制に制度的制約がある以上、その圧力への対応は教員の非正規化あるいは教育委員会事務局職員の削減という形で現れたのであり、また、定数に関わる少人数学級政策は、他職種の公務員との分野間競合・均衡によって歳出抑制的な手段選択の下で行われることとなったのである。

4. 考　　察

　教育行財政をめぐる意思決定は漸次的な地方分権改革の下で複層構造化した。このことは単に教育財政が地方レベルでも政治化しただけでなく、国政と地方政治という異なる議会制度の下で民主的統制の過程が働いたことを意味する。分権改革の理想論は、より身近なレベルで有権者が参政できる点、直接選挙で選ばれる執政長官（＝知事・市町村長）が強力なリーダーシップを行使する点、あるいは自治体間の「善政競争」によってアカウンタビリティが果たされるという点で、民主的統制が高められることを期待するであろう。

　確かに、分権改革以後、教育政策は地方政治の俎上に載せられ、一部の施策については知事選において争点化した。また、三位一体改革の際に「改革派」知事が主張したように、各県は国が定めた標準以上にこぞって独自の追加施策を行い、「善政競争」が起こったかのように見える（石井2005）。しかし、地方教育財政をめぐる政策過程をつぶさに見るならば、こうした理念・理論上のメカニズムを額面どおりに受け取ることはできない。現実には、長期的な地方財政危機・経済停滞という背景、地方自治・地方議会制度を含む制度、地方政府内の政策過程の相互作用の結果として生じる民主的統制の制約が存在し、それらは有権者によるコントロールを離れているからである。

　まず、第1に、社会経済的環境による制約は、厳しい予算制約の中で雇用・教育・福祉分野の複合的な生活保障という政治課題を発現させ、その解決策への政治的需要を高めた。一方で、その課題が深刻な非都市部において、財政的基盤は中央からの移転財源に依存しており、2000年代にはその仕組みに関わる不確実性 ―― 予期せざる地方交付税の抑制[33]、予見できない地域経済・雇用対策関係の時限的な交付金・特別枠交付税措置の存続 ―― が増大したのである。そうした不確実性の存在は地方政府にリスク回避的な意思決定を促した。

　第2に、地方政府内部では、行政改革のような負担の分配に対して部門間の競合的・相互抑制的圧力が発生する。行政改革の一環として各県で進められた

職員の人件費削減は、定数と給与水準に関する標準法が存在しない一般行政部門において先行し、ドラスティックに進められた。このことは教育・警察部門に定数ないし給与水準に関する標準法という制度的制約と政策的制約が存在していたことを反映している。これらの制度的・政策的制約は少なくとも短期的には与件として作用し、一方で、やがて地方政府内で部門間均衡を促す政治的圧力に転化した。教員人件費が都道府県歳出の2割弱を占める以上、こうした地方政府内部および国政レベルでの政治的圧力は有権者の民意とは独立に教育政策過程に大きく影響しうる。

　そして第3に、日本の地方議会の現実は、民主的統制に関わるより重大な制約を内包している。理念的には二元代表制は権力分散の原理であるが、日本の地方自治制度の下での首長はアメリカの大統領と比較して強力な権限を有している。一方で総与党体制と称される首長・議会関係においては首長の「違背」「無能」に対処する事前・事後メカニズムが機能しない。

　3. で扱った少人数学級・指導は、2000年代の知事選において小児医療費無料化と並ぶ人気公約であったが、その政策自体に事前・事後の統制メカニズムを弛緩させる情報の非対称性を伴った。知事が公約・実績として掲げる少人数学級・指導の実現手段・内容、責任の所在は非限定的であり、有権者はそのヴァリエーションについて事前に知りえなかった可能性が高く、知事にはその情報の非対称性を当選・再選戦略のために利用するインセンティブが存在したのである。実現手段の相違は長期的には教員の質を通じて事業の成否に反映されるが、知事にとっては少人数教育に関する対外的な実績としては同列であったのであり、一般の有権者には――場合によっては議員にも――それらを識別するだけの事前情報はなかった。こうした状況では、教員の「質」を犠牲にしてでも、あるいは手近な手段の範囲内で実績を作るという少人数教育の自己目的化が促される。有権者が望んだのは少人数教育の実現自体ではなく、それによる教育条件や成果の改善のはずである。しかし、財政制度や教育行政の専門家でない有権者にとって、教員数ないし学級規模は可視的な教育条件の指標である一方、教員の雇用条件やそれに伴う教員の「質」、あるいは教育成果は不可視であり、そうである以上、こうした情報の非対称性を利用した代理人の

違背的な業績誇示行動が生じる余地が存在する。

　これらは意思決定の複層化に付随しており、システミックな要因ゆえにその克服は容易ではないが、3点目は教育政策共同体における「専門性」に深く関係しており、民主的統制の可否を大きく左右している。すなわち、本人たる有権者から代理人たる首長への健全な委任関係が成立するためには情報の非対称性を解消する監視と情報創出の機能が不可欠である。地方議会における強力な知事権力に対して、政策の実現可能性や実現手段、長期的影響を問い質すアクターは存在しうるが、制度上その中核となる議員は事後的な監視機能を十分に果たしていない[34]。強い知事・多選知事と貧弱な調査・監視能力の議会という組み合わせからなる地方政治の現実において、民主的統制は、間接民主主義の過程で、情報の非対称性が解消されるとともに実現可能性のある政策的選択肢が提示されることによって可能になるのであり、その局面にこそ教育政策・行政の「専門性」が発揮される余地が存在するのである。

注
1)　全国一律の条件はこうした法制度だけでなく、自治省・総務省や文部省による給与水準、定数に関する行政指導が存在してきたことも看過できない。
2)　総務省『地方財政の状況』（平成26年度版）によれば、2012年度決算の都道府県の総歳出のうち、人件費支出は28.1％を占めており、性質別の構成比では最大の費目となっている。また、職員給与支出のうち、一般行政（議会・総務、民生、衛生、農林水産、土木関係）が13％、教育関係が64.5％、警察関係が19.9％を占めている。
3)　総務省『地方公共団体における行政改革の取組状況』。
4)　警察刷新会議の緊急提言では「徹底的な合理化が進められることを前提に、国民のための警察活動を強化するため、当面、警察官一人当たりの負担人口が500人となる程度まで地方警察官の増員を行う必要がある」とされている。
5)　無論、その過程は直線的だったわけではなく、公共事業費が建設国債で賄われているため公共事業に関する負担金は一般財源化の対象とはならないと主張する財務省、および連携をとるべき相手としての市長会・町村会の利害に左右され、消去法的に義務教育費国庫負担金が一般財源化の対象とされたという側面もある（北村2007；梶原2012）。しかし、慎重派の少なくなかった知事会において「改革派」知事らの主張が多数派意見として形成され、国政のイシューたる三位一体改革を方向づけたことは否定できない。
6)　接戦度についてはサンプル平均値で固定して推計した。

7) 『北海道新聞』2003年3月20日、2007年3月14日、22日の知事選挙特集記事、2011年の知事選挙における公約の「私が進める政策リスト」など。

8) さらに2006年2月に策定された「新たな行財政改革取り組み」では、その目標は2014年度までに一般行政職職員30%削減に改定された。

9) 『道財政立て直しプラン』（2004年）18頁。

10) 「新たな行財政改革取り組み」26頁。

11) 給与水準については、既に1999年度から2002年度まで管理職手当（5%）および期末・勤勉手当（課長相当職以上10%、その他7.5%）の縮減が行われ、2003年度からは給料本体部分の削減が始まり、2003〜2005年度で1.7%の縮減がなされた。

12) 『北海道新聞』2008年1月24日。

13) 『朝日新聞』2006年6月30日（滋賀版）。

14) 『朝日新聞』2006年8月1日（滋賀版）。

15) 『朝日新聞』2010年6月13日（滋賀版）。

16) サービス水準、教育行政水準の「切り下げ」というタームは青木（2013）に拠る。

17) 当時、浅野知事は、議会答弁の中で雇用対策としての少人数学級事業について次のように答えている（2004年6月定例会6月23日3号）。

　　　　少人数学級の継続に関してでありますが、今回の学級編制弾力化事業は、教育上の効果に加え、雇用上の効果もあるということで、それを踏まえ、今年度から2年間の緊急経済産業再生戦略プランの中で取り組んでいるものであります。

　　浅野史郎氏は宮城県知事退任後、2007年の東京都知事選挙に立候補し、30人学級の実現を公約に掲げた。

18) 『朝日新聞』2008年2月14日（鳥取版）。

19) 平井知事は2007年以降、2期にわたって知事の職にあるが、1期目の知事選においてはマニフェストに少人数学級は盛り込まれていなかった。

20) 参議院厚生労働委員会2001年4月12日9号。

21) 翌2002年度に800億円を上積みして事業総額は4,300億円となった。

22) 参議院厚生労働委員会2005年03月15日3号。

23) 「地域雇用創出推進費」は2010年度も地方交付税に算定される予定であったが、2009年9月の民主党政権交代によって廃止され、2010年単年度の措置として「地域活性化・雇用等臨時特例費」9,850億円が計上された。「地域活性化・雇用等臨時特例費」は2011年度に「地域活性化・雇用等対策費」、2012年度には「地域経済基盤強化・雇用等対策費」に名称変更された。

24) 各都道府県議会議事録より確認した。青森、岩手、山形、茨城、栃木、群馬、千葉、新潟、

第 5 章　地方政治と教育財政　*221*

富山、石川、福井、静岡、岐阜、滋賀、岡山、鳥取、高知、福岡、佐賀、熊本、大分、宮崎、
沖縄。

25)　宮城、埼玉、長野、岐阜、三重、兵庫、奈良、広島、香川、愛媛、高知、佐賀、長崎。

26)　例えば 2002 年の広島県議会予算特別委員会における以下の委員による質問と教育長の答
弁（2002 年 3 月 12 日予算特別委員会第 3 日）。

　　　森本雅彦委員

　　　小学 1・2 年、中学 1 年を除く学年での少人数授業対策として、教育委員会では緊急
地域雇用創出基金を活用し、非常勤講師を配置してチーム・ティーチングを実施する
ことを考えておられるとのことであります。この方法で 100 人の雇用創出効果を見込
んでいるとのことですが、私も雇用創出と基礎学力の定着の 2 つの視点に立った有効
な方法だろうと思います。

　　　しかし、その実施方法につきましては、懸念される点があります。会社のリストラ
に遭われ失業している方であれば、教員の免許の有無は採用の条件にならないと聞い
ておりますけれども、それでは一体どのような人がチーム・ティーチングに加わり、
子供たちに一体何をすることになるのか、常勤の先生がついているとはいいましても、
子供たちを預ける我々親たちの立場からすれば、一定の採用基準や採用方針は最低限
明示していただきたいと思います。教育長から納得のいく御見解をお示しいただけれ
ばと思います。

　　　教育長

　　　基金事業で配置する非常勤講師につきましては、チーム・ティーチングにおいて、
これは教員免許を持った正規の教諭の授業を補助することが役割でございますので、
教員免許状の有無は採用条件にございません。

　　　しかしながら、採用に当たっては、教科の指導内容についての業務経験、例えば海
外勤務の経験を英語の授業で生かしていただく、仕事でコンピュータを扱っていた経
験を情報教育で生かしていただくといった社会人としての知識経験や専門性を生かし
た指導を期待しておりますので、そういう観点から適任者を確保するように努力して
まいりたいと考えております。

27)　2005 年 6 月 15 日定例会本会議における寺田知事の所信表明。

28)　『朝日新聞』2006 年 12 月 21 日（秋田版）。

29)　『朝日新聞』2007 年 3 月 21 日（秋田版）。

30)　『河北新報』2007 年 4 月 26 日。

31)　岡山県議会 2005 年 9 月定例会 9 月 30 日 7 号。伊藤文夫議員による発言。

32) 岡山県議会 2005 年 9 月定例会 9 月 30 日 7 号。

33) 例えば、北海道では、教員給与水準の引き下げによって生み出した財源を道単独配置による定数増に充てなかったが、皮肉なことに、交付税の単価が縮減された結果、この選択は功を奏したのである（小川 2010b:12）。

34) 知事主導の少人数学級政策に対して実現手段を十分問い質さず、総論的に賛意を示すだけにとどまり、導入から数年経た時点で「教員の非正規化」問題を指摘するに至るという事例はその典型例と言えるだろう。

第 6 章

教育財政における生産性・効率性と組織経営

第2章では教育財政の政策分析に関して、教育生産における非効率性の存在を前提とした実証分析の必要性を示し、作業課題として効率性・非効率性計測およびその縮減のための条件の考察を挙げた。本章では学校組織を単位とするミクロレベルの効率性・非効率性について分析する。

本章の議論では教育財政支出を伴う投入変数として学級規模（児童・生徒に対する教員数）に着目する。学級規模は初等中等教育財政においてこれまで最も焦点となってきた政策上の投入変数であり、また、研究上の文脈でも米欧ではデータ・分析手法の洗練を伴いながら数多くの実証分析が行われてきたが、第2章で述べたように、その政策効果については合意がない。1. ではまず、既存の実証分析に関するメタアナリシスを行った上で、教育生産関数研究における学級規模効果研究の課題を指摘する。2. ではその指摘をふまえ、確率的フロンティアモデルによる実証分析を行う。これらの分析で問うのは次の3点である。第1は、教員定数改善による学級規模縮小は如何なる成果をどの程度改善するのかという点である。第2は、学級規模を政策的な投入変数とみなした時に、日本の学校教育システムにおける効率性はどの程度であるのかという点である。第3はその学校単位の効率性を規定する組織経営上の要因は何かという点である。特に第3の点に関しては、日本の教育行財政研究において効率性に関わる条件として言及されてきた組織経営単位——学校規模と教育委員会設置単位としての基礎自治体規模——に着目し、効率性との関係における「適正規模」について検証する。

本章の基本的な結論は、投入増による寄与分と比較しても学校レベルの非効

率性は相当な大きさで存在し、効率性は学校・自治体の経営規模に依存しているというものである。他方で、この効率性と経営単位の規模との関係は、従来の研究が想定している規模の経済・優位のような単調なものではなく、また、何を産出と想定するかに依存している点でその含意は一意的なものではありえず、必然的に価値の選択を伴うことを指摘する。

1. 投入変数としての学級規模

本章の分析の焦点は教育生産における学校レベルの非効率性の程度とその要因にあるが、非効率性の大きさに関する判断は投入の生産性（学級規模効果の大きさ）との比較に依存しており、その点で既存の学級規模の効果に関する実証分析の問題点を検討する必要がある。学級規模と学力を主とする教育成果との関係を分析した近年の海外の実証研究の概略は第2章で触れたが、この節では既存研究の検討およびメタアナリシスをふまえて2. における分析戦略を提示する。

1.1 日本における学級規模効果に関連する先行研究について

日本における学級規模に関する直近の実証分析としては、小中学校の教員に対する意識調査に基づいた山崎他（2001, 2002）、藤井他（2006）、藤井（2006）、西本（2007）などがある。このうち、後三者は前二者の調査対象を拡大した上で行った調査に基づいた研究であり、「児童生徒の学習順調度」、「教員の学習指導順調度」、「児童生徒の学校生活順調度」「教員の生徒指導順調度」の面から分析を行っている。藤井他（2006）および西本（2007）は線形回帰モデルによって分析を行い、小規模学級が学習や指導を順調にさせる効果があり、特に教員の学習指導に大きな効果を与えていると報告している。また藤井（2006）は、同様の分析を生活面についても行い、小規模学級では児童・生徒の学校生活および教員の生徒指導の順調度は高くなることを示している。これらの研究は児童生徒の学習面だけでなく生活面も視野に入れた総合的な学級規

第6章　教育財政における生産性・効率性と組織経営　*225*

模の実証分析である点で優れたものであるが、次の2点で難点がある。

　1つは、教員を対象にした意識調査であり、児童・生徒個人レベルのデータと照合されていないという点である。すなわち、実際の教育成果への学級規模への影響が明らかでない[1]、あるいは個人レベルの家庭背景要因の影響を考慮できない。この点は調査コストの面でやむをえないとしても、もう1つは学級規模変数の扱いである。それは学級規模を順序変数としてコーディングし、その変数を線形モデルで推定するという手続きである[2]。しかし、もともと連続量の変数である学級規模を不均等な間隔で質的変数に変換する意義は見いだし難く、回帰係数が何を意味するのかは不明である。学級規模が教育成果を改善しているか否かではなく、どれくらい効果があるのか、あるいはどの区間で効果があるのか、という問いに答えられなければ、政策的含意は限定的なものとなる。

1.2　海外の学級規模効果に関連する先行研究の検討

　一方、海外の研究に目を転じると、近年の施策評価（program evaluation）の文脈において因果的推論（causal inference）を重視した手法が求められている。因果的推論を行う上でのベンチマークは処置（treatment）を被験者に対して無作為に割り当てる実験的手法であるが、社会科学分野においては政策実験が行われること自体稀であり、行われるとしてもその厳密な実施は難しい[3]。社会科学分野の政策分析、施策評価において主流を占めているのは準実験的方法による観察データの分析であり、1990年代以降の学級規模効果の分析において方法の確立・適用が進み、多くの研究が生み出されている。

　もっとも、数々の準実験的方法による学級規模効果の推定結果には、研究間で一定の幅があり、また、決定的な研究はない。このような幅のある既存研究の結果をどのように統合するのか、あるいは研究間での異質性は何に由来するかという点を考察することも重要な課題である。ここでは、既存研究において推定された学級効果の推定値自体をデータとして扱うメタアナリシスを用いて、知見の統合を図る。

　メタアナリシス自体は教育学分野では古くから用いられている手法であり、

学級規模効果研究を対象としたものとしては、メタアナリシスの初期の研究として有名な Glass & Smith（1979）のほかに、その再分析を行った Slavin（1989）および Goldstein *et al.*（2000）がある。ただし、これらのメタアナリシスで対象とされているのは、比較的古い時期の実験およびマッチングによる研究であり、90 年代以降に行われた研究を対象としていない。その点で本節の分析は Goldstein *et al.*（2000）の知見について対象となる研究を広げつつ、アップデートするものである。

　Leamer（2010）に示されたモデルに沿って既存の施策評価に関する論点を概観しておくと、線形回帰モデルの枠組みの中で施策の効果を分析する場合、式（6.1）のような形となる[4]。y は成果変数、t は処置（treatment）の有無・程度に関する変数であり、また w は成果に影響を与えうる加法的交絡要因の行ベクトルである。式のうちパラメータ β が関心の対象となる処置効果である。

$$y_i = \alpha + \beta t_i + w_i \delta + \epsilon_i \tag{6.1}$$

処置効果の推定において問題となるのが、w に関する完全なデータがない場合である。パラメータ δ が非ゼロでなおかつ w と処置変数 t との間に相関があるならば、処置効果 β の推定値はバイアスを持つことになる。この問題は内生性の問題として知られている。無作為に処置を割り当てる実験的手法では w をバランスすることで w と t の相関をなくし、バイアスを除去した推定値を得ることができる。しかし、先にも述べたように社会科学において無作為割当を施したデータを得るのは難しく、観察データのみが利用可能なケースがほとんどである。準実験的方法は観察データという制約の中で内生性の問題に対処する手法であり、主な手法としては、操作変数法、回帰不連続デザイン、パネルデータを用いた方法 —— 固定効果モデルおよび差分の差分法 —— がある[5]。

　メタアナリシスではこれらの準実験的方法による学級規模効果研究を対象とする。具体的な対象の選定の基準は以下のとおりである。

1）　分析手法において、学級規模変数の内生性の問題を考慮した、準実験的方法を用いていること。具体的には、操作変数法、回帰不連続デザイン、差分の差分法、固定効果モデルを用いた分析を対象とする。

2)　学級規模の効果にあたる被説明変数について、標準化されたテストのス
　コアを含んでいること。
3)　査読付きの学術雑誌に掲載された研究であること。プログラム評価のレ
　ポートやワーキングペーパーとしてのみ公表されたものは対象としない。

　論文の検索にあたっては、2つの方法を用いた。まず第1に、教育学研究デー
タベース ERIC において、"Class Size" と "Effect" または "Achievement"
のキーワードで検索した上で、上記の3つの条件に該当する研究をピックアッ
プした。第2に経済学関係の英文ジャーナルにおいて同様に論文の検索し、選
定を行った。対象とした雑誌は総合誌および教育経済学・労働経済学関係の
ジャーナルである。また、これらの過程において選定された掲載論文に引用さ
れた実証分析についても精査し、上記の基準を満たす論文についても加えた。

　メタアナリシスの対象となる30論文の概要は表6-1に示されている。対象
となる研究の傾向について指摘しておくべき点は次の2点である。まず第1に
先進国の初等教育段階を対象とし、数学と言語関係の教科の標準化テストへの
効果を分析したものが多い点である。各研究における学級規模の範囲は概ね
15 〜 40 人の範囲にある。

　第2に定式化には $y = \beta_0 + \beta_1$（学級規模）+ … という線形モデルが多く用い
られている点である。この定式化は学級規模の限界効果は規模によらず一定で
あることを意味している。線形モデルによって推定された効果は、学級規模1
人減少あたり −0.01 標準偏差（Dobbelsteen *et al.* 2002）から +0.07 標準偏差
（Boozer & Rouse 1999）と幅広い。線形でない効果を想定した研究としては、
説明変数に学級規模の2乗項を加え、最適規模があることを前提としたものが
2研究（Borland *et al.* 2005; Datar & Mason 2008）、説明変数に学級規模の
対数を用い、限界効果が学級規模に反比例することを前提としたものが2研究
ある（Hoxby 2000; Jakubowski & Sakowski 2005）。

　メタアナリシスに用いる分析モデルは、式（6.2）のような各研究の学級規
模の効果の推定値を被説明変数とした変量効果モデルである。

表6-1　メタアナリシスの対象の研究

No	研　究	国・州	学　年	教　科	識別戦略	備　考
1	Akerhielm（1995）	アメリカ	8	数学、英語、理科、歴史	IV	
2	Angrist & Lavy（1999）	イスラエル	3, 4, 5	言語	IV・RD	
3	Asadullah（2005）	バングラデシュ	中等教育		IV	
4	Bonesronning（2005）	ノルウェー	8-9, 9-10	数学	IV	
5	Boozer & Rouse（2001）	アメリカ	10, 12		IV	
6	Borland et al.（2005）	ケンタッキー州	3	算数、スペル、読解、国語、理科	IV	説明変数＝学級規模、学級規模2乗
7	Bosworth（2014）	ノースカロライナ州	4	算数、読解	FE	
8	Bressoux et al.（2009）	フランス	3	算数、読解	IV	
9	Chingos（2012）	カリフォルニア州	3-5, 6-8	算数、読解	RD	
10	Cho et al.（2012）	ミネソタ州	3, 5	算数、読解	IV	
11	Datar & Mason（2008）	イギリス	1	算数、読解	IV	説明変数＝学級規模、学級規模2乗
12	Dobbelsteen et al.（2002）	オランダ	4, 6, 8	数学、国語	IV	
13	Fredriksson et al.（2013）	スウェーデン	10	IQテスト、数学・読解	RD	
14	Funkhouser（2009）	カリフォルニア州	幼稚園	算数、読解、国語、スペリング	DID	
15	Heinesen（2010）	デンマーク	7, 8, 9	フランス語	IV	
16	Hoxby（2000）	コネチカット州	4, 6	算数、読解、ライティング	IV・RD	説明変数＝学級規模の対数
17	Iacovou（2002）	イギリス	1	算数、読解	IV	
18	Iversen & Bonesronning（2013）	ノルウェー	3	算数	RD	
19	Jakubowski & Sakowski（2006）	ポーランド	6		IV	説明変数＝学級規模の対数
20	Jepsen & Rivkin（2009）	カリフォルニア州	2, 3, 4	算数、読解	FE	
21	Krassel & Heinesen（2014）	デンマーク	9		FE・IV	
22	Krueger（1999）	テネシー州	幼, 1, 2, 3	読解、単語、認知、算数	IV	
23	Leuven et al.（2008）	ノルウェー	9	数学	IV	
24	Levin（2001）	オランダ	4, 6, 8	数学	IV	
25	Lindahl（2005）	スウェーデン	5	算数	DID	
26	Rivkin et al.（2005）	テキサス州	4, 5, 6	算数、読解	FE	
27	Sims（2009）	カリフォルニア州	5	算数、国語	IV	
28	Urquiola（2006）	ボリビア	3	算数、国語	IV・RD	
29	West & Woessmann（2006）	オーストラリア、ベルギー、カナダ、チェコ、フランス、ギリシャ、香港、アイスランド、日本、韓国、ポルトガル、ルーマニア、シンガポール、スロヴェニア、スペイン、アメリカ	8		FE・IV	
30	Woessmann & West（2006）	ベルギー、カナダ、チェコ、フランス、ギリシャ、アイスランド、ポルトガル、ルーマニア、シンガポール、スロヴェニア、スペイン	8	数学、理科	FE・IV	

注：識別戦略について、DID、FE、IV、RDはそれぞれ、差分の差分法、固定効果モデル、操作変数法、回帰不連続デザインを意味する。

$$\hat{\beta}_{ij} = \mu + \upsilon_i + \epsilon_{ij} \tag{6.2}$$

$$\upsilon_i \sim N(0, \tau^2)$$
$$Var(\epsilon_{ij}) = \widehat{Var(\beta_{ij})}$$

　これは階層線形モデルの1種であり、第1段階の誤差 ϵ の分散が既知のモデルである（Raudenbush & Bryk 2002:Ch7）。β_{ij} は研究 i、モデル j における学級規模効果の点推定値であり、学級規模1人増加によるスコアの変動分（単位＝標準偏差）である[6]。各研究では、推定法や被説明変数、統制変数の相違によって複数のモデルの推定が行われており、定式化の相違を反映させるために、1つの研究の中の複数の推定値をデータとして用いる。ただし、各研究で推定したモデルの数に応じてウェイトを加重する。例えば5つのモデルによる5つの推定値を含む研究では各モデルに1/5のウェイトを掛ける。μ はすべての研究・定式化から推定された平均効果である。ϵ は推定値固有の誤差であり、その分散は各研究に記載されている係数の標準誤差を2乗した値である。υ は研究レベルの誤差であり、平均0、分散 τ^2 の正規分布に従うと仮定する。この式（6.2）のモデルを用いた分析の目的は既存研究を統合することによって、平均的な効果を推定することにある。

　分析では、μ について2つの事前分布を設定したベイズ推定によって行う。第1の事前分布は、平均0、分散 100^2 の正規分布である。この大きな分散の事前分布は実質的に事前情報が分析に影響を与えないことを意味している。第2の事前分布は、平均 -0.022、分散 0.007^2 の正規分布であり、この事前分布は実験およびマッチングによる研究を対象にメタアナリシスを行った Goldstein *et al.*（2000）の推定値に基づいている。メタアナリシスにおけるサンプルサイズも小さいことから、この小さな分散の事前分布は、事前情報がデータの情報と統合され、分析に反映されることを意味する。パラメータ推定は MCMC 法によって行う。

　表6-2はパラメータの推定結果を示したものである。上段は線形性を想定した26研究を対象としたメタアナリシスの結果である。中段は非先進国（非

OECD 加盟国）のデータにおける推定値を除外した結果である。パラメータ μ は各研究を統合した平均効果であり、数値は学級規模が 1 人増加した時に学力テストのスコアが何標準偏差変動するかを示したものである。事前分布の設定によって結果は異なっており、第 2 の事前分布を用いた分析では若干効果が大きく推定されているが、4 つの推定値から総合すると、学級規模 1 人縮減につき、スコアが 0.01 標準偏差増加する程度の効果があると言える。90%区間推定値では 0.005 ～ 0.014 標準偏差である。下段は学級規模効果が非線形である定式化の研究も対象に含めた推定値であり[7]、線形モデルによる結果よりも若干、効果が小さく現れている。

これらの結果から、学級規模縮小の平均的効果はモデレートなものであると

表 6-2　メタアナリシスの結果

1）線形モデル

	事前分布　$N(0, 100^2)$				事前分布　$N(-0.022, 0.007^2)$		
	事後平均	90% CI 下限	90% CI 上限		事後平均	90% CI 下限	90% CI 上限
μ	−0.00881	−0.01246	−0.00545	μ	−0.01005	−0.01393	−0.00668
τ	0.00672	0.00229	0.01089	τ	0.00747	0.00381	0.01171

研究数 26、モデル数 125　　　　　　　研究数 26、モデル数 125

2）線形モデル（途上国を除外）

	事前分布　$N(0, 100^2)$				事前分布　$N(-0.022, 0.007^2)$		
	事後平均	90% CI 下限	90% CI 上限		事後平均	90% CI 下限	90% CI 上限
μ	−0.00884	−0.01254	−0.00561	μ	−0.01003	−0.01384	−0.00664
τ	0.00678	0.00289	0.01107	τ	0.00732	0.00369	0.01145

研究数 24、モデル数 114　　　　　　　研究数 24、モデル数 114

3）線形モデル＋非線形モデル

	事前分布　$N(0, 100^2)$				事前分布　$N(-0.022, 0.007^2)$		
	事後平均	90% CI 下限	90% CI 上限		事後平均	90% CI 下限	90% CI 上限
μ	−0.00788	−0.01126	−0.00492	μ	−0.00889	−0.01240	−0.00584
τ	0.00698	0.00394	0.01069	τ	0.00736	0.00435	0.01108

研究数 30、モデル数 142　　　　　　　研究数 30、モデル数 142

第 6 章　教育財政における生産性・効率性と組織経営　*231*

言える。

1.3　学級規模を投入変数とする教育生産関数研究の分析戦略

　メタアナリシスの結果は、学級規模縮減が政策論議で主張されているような劇的な効果をもたらす政策手段ではないことを示しており、また同時に、次の3点でさらなる分析の必要性を示唆している。

　まず、第1は、組織レベルの非効率性の考察である。既に第2章で述べたように、既存の教育生産関数研究の知見は、財政支出を伴う投入の効果は小さいことを示しているが、それは、そもそも投入の生産性が低いことに由来するのか、組織的非効率性が大きく、投入の潜在的な生産性を引き出せないことに由来するのかを区別しなければならない。本章では学校組織レベルで非効率性があることを前提とした分析を行う。すなわち、ベストプラクティスの下での投入の生産性と、ベストプラクティスからの乖離としての各学校組織の非効率性を、確率的フロンティアモデルと呼ばれる手法によって推定する。

　第2は、学級規模効果の非線形性の考察である。既存研究の多くは、線形モデルもしくは2値の処置変数によって学級規模効果の推定が行われている。いくつかの研究では非線形モデルによる分析が行われているものの、強い関数形を設けている点は線形モデルと共通している[8]。これは、近年の学級規模効果の分析が内生性への対処に焦点化し、その際に識別戦略として用いられる操作変数法や固定効果モデルといった方法の実証分析家による応用が線形モデルに限定されているためである。しかし、線形性を仮定することは実質的な面で大きな代償がある。仮に線形モデルによって「学級規模が小さくなるほど教育成果が改善する」という知見が得られたとしても、その効果が学級規模のどの範囲で生じているものなのかという重要な知見が欠落することになる（Sims 2010）。線形モデルが正しいならば、40人から35人への規模の縮減と20人から15人への縮減は同じ効果であるというように、効果はどの範囲でも均等であることを意味するが、これは明らかに強すぎる仮定である。教育成果の改善が、政策的な努力によって現行水準から実現可能な学級規模の範囲で生じているか否かは重要な論点となるはずだが、線形モデルではこの点に関して答えら

232

れないか、あるいは誤った情報を提示することに繋がる。本章の分析では学級
規模効果について特定の関数形を想定しない、セミパラメトリックモデルに
よって推定を行う。

　第3は、学校教育の成果の多面性である。学級規模効果に関する研究を含
め、教育生産関数に関する先行研究は陰に陽に学力（認知的スキル）に対する
平均的効果に焦点化している。しかし、このように考察の対象となる産出を単
一のものに限定するのは問題がある。一般的に、必ずしも各経営単位が単一の
産出（学力水準）の最適化に努めているとは限らず、複数の産出の間で選択・
価値づけをしている可能性がある（Hanushek 1979; Brown & Saks 1975）。
仮に産出を学力面に限定するとしても、行政組織および学校・教員が平均など
の水準のみならず、成績格差の縮減や家庭背景に基づく格差の是正など分布に
関する産出にも関心を持っていることも考えられる[9]。また、日本の文脈で言
えば、児童・生徒間の人間関係の形成・維持や社会性の涵養など学力面以外の
生徒指導に関する事柄も学校教育の重要な成果として認識されていることも考
慮する必要がある。次節の分析では、このような産出の多面性を考慮しつつ、
教育財政支出の生産性と効率性に関する分析を進める。

2. 学校組織レベルの効率性と行政・経営規模

2.1 データ

　分析で用いるデータは TIMSS2003, 2007 の日本の児童・生徒のサンプルで
ある。TIMSS のデータは、同様の国際学力調査である PISA（国際学習到達
度調査）と比較して、教員・学校レベルの変数が実際的な意味で使用可能であ
るという利点がある。PISA にも TIMSS と同様に調査対象校の校長が回答し
た学校レベルのデータがあるが、日本の調査対象は高校入学直後の生徒であ
り、生徒個人のスコアを説明する変数として学校レベル変数を使用するには難
がある。それに対し、TIMSS の対象学年は第4学年（小学4年）および第8
学年（中学2年）であり、児童・生徒個人レベルのデータと教員・学校レベル

のデータを組み合わせた分析が可能である。TIMSS の教員調査票には学年・学級規模の設問が含まれており、この学級規模を政策的な投入変数として用いて分析を行う。日本は 1995 年以降の 5 回の TIMSS 調査すべてに参加しており、それぞれの調査の個票データが利用可能であるが、分析に関わる変数の設問項目が共通している TIMSS2003 と TIMSS2007 のデータを用いる。

　TIMSS データを用いた教育生産関数に関する先行研究としては、TIMSS 1995 のデータを分析した Pong & Pallas（2001）、Hanushek & Luque（2003）、Wößmann（2003b）、TIMSS1999 のデータを分析した Wößmann & West（2006）、West & Wößmann（2006）がある。Pong & Pallas（2001）は、オーストラリア、カナダ、フランス、ドイツ、香港、韓国、アイスランド、シンガポール、アメリカの 9 カ国について学級規模の効果を階層線形モデルによって検証しているが、規模が小さくなるほど成果が高くなるといった学級規模効果に関して想定された関係は見いだされていない。Hanushek & Luque（2003）は TIMSS1995 参加国のすべてについて国ごとの教育生産関数の推計を線形モデルによって行っている。日本のサンプルにおいては第 4 学年では学級規模とスコアは負の関係にある（学級規模縮小が学力を改善する）一方で、第 8 学年では反対に正の関係にあると報告している[10]。また、第 8 学年のすべての国のサンプルをプールしたデータで分析を行った Wößmann（2003b）においても、小規模学級は学力向上に寄与していないと結論づけている。Wößmann & West（2006）では国ごとの学級規模の効果について比較し[11]、学級規模の効果は 1 人増加につき −2.7 ポイント（フランス）から ＋3.3 ポイント（ルーマニア）と幅があることを明らかにしている。West & Wößmann（2006）も同様に固定効果モデル・操作変数法で分析を行い、18 カ国中 2 カ国（ギリシャ、アイスランド）においてのみ学級効果の効果を見いだしている。

　このように TIMSS データを用いた学級規模効果に関する先行研究は統一的な知見を提示していない。研究間の知見の整合性は不問に付すとしても、分析手続きの上で先述の 2 点で問題がある。第 1 に、学級規模の効果の非線形性を考慮していない。第 2 に、暗黙に学力の水準に与える影響のみが分析の対象となっており、学力の分布に対してどのような影響を与えているのかが分析され

ていない。すなわち、教育成果を学力面に焦点化したとしても産出変数が限定されすぎている。以下ではこれらの先行研究の問題点をふまえて分析を行う。

2.2　効率性の規定要因としての組織経営規模 — 学校規模と自治体規模 —

　第2章でも述べたように日本における教育財政研究において古くから効率性の観点から、組織経営規模としての学校規模および行政規模（教育委員会設置単位）としての基礎自治体規模に言及されてきた。

　学校規模に関しては、財政制度等審議会の建議などで財政合理化を求める方途として示された経緯があり [12]、2014年6月の閣議決定「経済財政運営と改革の基本方針」では学校統廃合の指針の見直しを進めることが明示された。また、同年12月の閣議決定「まち・ひと・しごと創生総合戦略」では、各市町村の実情に応じた学校づくりの推進の必要性を示しつつも、「集団の中で切磋琢磨しつつ学習し、社会性を高めるという学校の特質に照らし、学校は一定の児童・生徒の規模を確保することが望ましい」としている。しかし、こうした財政合理化策としての小規模校の統廃合について、その目的に照らした有効性は不明確であり、学校規模に関する議論は、基本的には、所与の資源の下でより高い成果を求める産出指向の効率性の文脈で議論すべきものである。

　教育条件法制の上では、「学校教育法施行規則」17条および55条において学校規模の標準は小中学校ともに12学級以上18学級以下とされており、また、この標準は「義務教育諸学校等の施設費の国庫負担等に関する法律施行令」4条において「適正な規模の条件」とされ、現在に至っている。そして、2008年の中教審初等中等教育分科会「小・中学校の設置・運営の在り方等に関する作業部会」における議論では、改めて学校の適正配置・適正規模が議論となったが、その議論および資料によれば次の点が指摘されている。まず、教育長の意識調査によれば、約半数が現行の標準が適正であると回答しており、その理由として、クラス替えのできる規模、行事等の活性化が図れる規模、主要教科について各学年でそれぞれの担任教員を用意できる規模、など実務的な理由が挙げられている [13]。また、小規模校と大規模校の学校運営面での論点整理によれば、1）教職員相互の意思疎通、2）経験・教科・特性に応じた教職

員配置（免許外指導の解消）、3）教職員同士の相談・研究、4）校務分掌、5）出張・研修への参加、という論点が列挙されており、小規模校では1）の面で優位があり、大規模校では残りの点で優位があるとしている[14]。このように近年では学校規模に関わる議論は再燃したが、いずれにおいても「適正規模」の実証的根拠は示さず、今日に至っている。

海外の文献に目を転じると、アメリカの文献では規模の経済を理論的な根拠として大規模校のメリットを説くものが古くからあったが、それに対する批判も少なくなく、反対に小規模校のメリットを主張するものもある。学校規模効果に関するレビューを行った Newman et al.（2006）によれば、何を教育成果とみなすかによって学校規模と成果との関係は異なっており、特定の規模を最適な学校規模とすることはできないと指摘している。無論、中等教育制度が日本と異なるアメリカの議論を日本に敷衍できるかは不明であり、議論としては参考にしつつも日本のデータに基づいた検証が必要となろう[15]。本節の分析では、従来の研究のように教育成果との関係を直接的に問うものではなく、あくまでも学校レベルの効率性と学校規模との関係を問うものであるが、先行研究の不備をふまえてその最適規模の所在について問うこととしたい。すなわち、学力面および非学力面の産出に関する教育生産を最も効率的にする最適な学校規模が存在するのか、存在するとすれば、それは現行法制で標準ないし適正規模とされる12学級以上18学級以下という範囲であるのか、という点を検証する。

一方、教育委員会の設置単位については、戦後の教育委員会制度の発足の経緯ゆえ古くから議論がなされてきた（伊藤1965）。現行の日本の義務教育段階の地方教育行政の文脈において、ごく少数の共同設置・一部事務組合・広域連合を除けば、教育委員会の設置単位は基礎自治体と同義であるが、多様な規模の基礎自治体における教育委員会の必置規制が果たして適切なものであるのかは経験的に検証がなされる必要がある。教育行政研究の中には人口規模10万人以上あるいは5万人以上等を教育委員会設置の「適正規模」とみなす主張があるが（市川2000b；堀・柳林2008）、その根拠は指導主事の配置率の状況や教育改革推進条件（に関する教育長の認識）などに基づく間接的なものであり、

教育成果に照らした実証的根拠は薄弱である。また、海外の確率的フロンティアモデルを用いた実証研究では、学校レベルの非効率性の規定要因として所属自治体および学区規模の影響を分析したものもいくつか見られるものの明確な結果は得られていない（Dumcombe *et al.* 1997；Gronberg *et al.* 2012；Waldo 2007）。

　これらについて改めて留意すべきは、地方教育行政単位＝基礎自治体規模と効率性・非効率性との関係について大規模自治体の優位性が想定できるのかという点である。すなわち、既存文献では規模の大きさが教育経営にポジティブに作用することを想定しているが、そのような先験的仮定が成立するかは検証の必要がある。あるいは、そうした規模の経済・優位があったとして、具体的にどれくらいの規模が効率性に寄与するのかを明らかにする必要がある。本節の分析では所属自治体規模と効率性の関係について、規模の経済・優位、あるいは、適正規模が存在するのかという点について検証を試みる。

2.3　分析モデル

　分析に用いるデータは TIMSS2003, 2007 の日本の小学 4 年生と中学 2 年生のサンプルである。中学 2 年のサンプルについてはサンプリングの階層 ID から公立学校と国私立学校の識別が可能であり、公立学校の生徒・学校のみを対象として分析を行う。分析モデルは Férnandez *et al.*（2000）の多産出確率的フロンティアモデルに従い、式（6.3）で表される。

$$f(\boldsymbol{y}_i) = g(CS_i, \boldsymbol{x}_i, \epsilon_i)\exp(-\upsilon_i) \tag{6.3}$$

$$f(\boldsymbol{y}_i) = (\alpha_1^\phi y_{i1}^\phi + \alpha_2^\phi y_{i2}^\phi \cdots + \alpha_J^\phi y_{iJ}^\phi)^{1/\phi}$$

$$\sum_{j=1}^{J} \alpha_j = 1$$

$$\phi > 1$$

$$g(CS_i, \boldsymbol{x}_i, \epsilon_i) = h(CS_i) \cdot \exp(\boldsymbol{x}_i \beta + \epsilon_i)$$

$$\epsilon_i \sim \mathcal{N}(0, \sigma^2)$$

第 6 章　教育財政における生産性・効率性と組織経営　*237*

$$v_i \sim \mathcal{TN}^+(0, \tau_i^2)$$

式（6.3）における $f(\cdot)$ は複数の産出を結合する関数であり、変形弾力性一定の関数を仮定する。産出の変形弾力性は $1/(1-\phi)$ となる。ϕ が 1 に近づくとき、産出間の代替関係は強くなる。y_{ij} は学校 i の j 番目の産出を示す。本分析における学校レベルの産出として以下の 6 種類の産出を考える。

1)　学力の水準

2)　学習意欲・態度の水準

3)　学力格差（の小ささ）

4)　社会経済的背景に基づく学力格差（の小ささ）

5)　児童・生徒間の人間関係

6)　学校生活への意識

1)、2)、3)、4) は算数・数学のスコアを用い、学校レベルの集計的統計量を算出する。TIMSS は算数・数学と理科において調査が実施されているが、算数・数学は学習内容がより規格化されており、比較可能性という点で利点がある。

1) の水準に関しては、TIMSS のスコア自体は比例尺度ではなく、式（6.3）における産出の仮定を満たさないため、スコアの平均点ではなく、各児童・生徒のスコアをパーセンタイルに変換し、その学校平均を 100 で除した値を指標として用いる。2) の意欲・態度については、児童・生徒票のデータから項目反応理論によって指標を得た。得られた値が大きいほど児童・生徒の算数・数学への意欲・関心が高いことを意味し、パーセンタイル変換したスコアの学校レベル平均を 100 で除した値を用いる[16]。

3) の学力格差に関しては、サンプル全体のスコアの標準偏差と学校レベルでのスコアの標準偏差を求め、後者に対する前者の比を指標とする。当該学校の学力格差が小さい時、この指標の値は大きくなる。4) の社会経済的背景に基づく格差については、サンプル全体と学校ごとに、算数・数学スコアに対する社会経済的背景[17] の回帰係数を求め、後者に対する前者の比を指標とする。当該学校の社会経済的背景に基づく学力格差が小さい時、この指標の値は大き

くなる。

5）の児童・生徒間の人間関係については、学校内での人間関係上のトラブル経験の有無に関する5項目の設問について、全てに「いいえ」と回答した児童・生徒の割合を指標として用いる[18]。6）の学校生活全般への意識については、児童・生徒票の「学校にいるのが好きだ」という項目に関して、肯定的に回答した者の割合を学校単位で算出したものを用いる。

関数 $g(\cdot)$ はフロンティア関数であり、学級規模（CS）、その他の統制変数 x、確率的な誤差 ε を要素とする。学級規模の効果の部分については特定の関数形を仮定しないセミパラメトリックモデルによって推定する[19]。統制変数は、児童・生徒の社会経済的背景の学校平均、日本語を母語とする児童・生徒の割合、所属学級の教員の経験年数、調査実施年（「2007年実施」＝1、「それ以外」＝0）である。

v は非効率性に関する正値の確率変数であり、$\exp(-v)$ について1未満の正値となることから、この項は効率性として解釈することができる。この効率性は産出志向の技術的効率性であり、所与の投入の下で達成可能な産出（ベストプラクティス）に比較してどれだけの割合を現実に達成しているかを意味している。そして、式（6.3）のモデルは非効率性に関する分散が学校ごとに異なることを仮定している。v の期待値は非効率性の標準偏差 τ_i に比例する。そこで（6.4）のように τ_i についてモデル化する。

$$\tau_i = \exp(z_i \gamma) \tag{6.4}$$

z は非効率性の標準偏差に影響を及ぼす要因であり、本分析では学校規模と学校の所属自治体規模に関するダミー変数を用いる。学校規模は「標準規模校」を基準カテゴリーとして、「小規模学校」（小学校のサンプルで学年の在学者が80人以下、中学校のサンプルで学年の在学者が120人以下の時＝1、それ以外＝0）、「大規模校」（小学校のサンプルで学年の在学者が121人以上、中学校のサンプルで学年の在学者が241人以上の時＝1、それ以外＝0）の2つのダミー変数を設定する。「義務教育諸学校等の施設費の国庫負担等に関する法律施行令」による「標準規模」が効率性をもたらしているのであれば、「小規模

第6章 教育財政における生産性・効率性と組織経営　*239*

表6-3　記述統計量

小学4年	観測数	平均値	標準偏差	最小値	最大値
学力水準	298	0.496	0.088	0.215	0.850
意欲・態度	298	0.325	0.137	0.001	0.700
学力格差	298	1.087	0.161	0.767	2.062
社会経済的な背景による格差	298	1.637	1.226	0.178	3.766
人間関係	298	0.476	0.167	0.038	0.897
学校生活態度	298	0.822	0.112	0.333	1.000
学級規模	291	30.787	6.975	5.000	41.000
社会経済的な背景学校平均	298	0.905	0.063	0.667	1.000
日本語常用使用者	298	−0.087	0.320	−0.983	0.866
教員経験年数	298	18.537	10.060	0.000	38.000
小規模校	298	0.497	0.500	0.000	1.000
大規模校	298	0.161	0.368	0.000	1.000
自治体規模(50,001〜100,000人)	298	0.185	0.388	0.000	1.000
自治体規模(100,001〜500,000人)	298	0.121	0.326	0.000	1.000
自治体規模（500,001人以上）	298	0.383	0.486	0.000	1.000

注：記述統計量はサンプリングウェイトに基づく加重統計量である。

中学2年	観測数	平均値	標準偏差	最小値	最大値
学力水準	292	0.494	0.118	0.135	0.969
意欲・態度	292	0.525	0.126	0.167	0.857
学力格差	292	1.162	0.191	0.768	1.785
社会経済的な背景による格差	292	2.108	1.469	0.251	4.324
人間関係	292	0.627	0.126	0.250	0.939
学校生活態度	292	0.739	0.109	0.409	1.000
学級規模	289	34.298	6.152	4.000	40.000
社会経済的な背景学校平均	292	0.940	0.055	0.714	1.000
日本語常用使用者	292	0.062	0.380	−1.052	1.333
教員経験年数	292	16.027	9.143	0.000	42.000
小規模校	292	0.500	0.500	0.000	1.000
大規模校	292	0.291	0.454	0.000	1.000
自治体規模(50,001〜100,000人)	292	0.130	0.336	0.000	1.000
自治体規模(100,001〜500,000人)	292	0.158	0.364	0.000	1.000
自治体規模（500,001人以上）	292	0.370	0.483	0.000	1.000

注：記述統計量はサンプリングウェイトに基づく加重統計量である。

校」「大規模校」で非効率性は大きくなり、この 2 つのダミー変数の係数は正値となる。

一方、自治体規模については TIMSS の原データでは、「500,001 人以上」「100,001 〜 500,000 人」「50,001 〜 100,000 人」「15,001 〜 50,000 人」「3,001 〜 15,000 人」「3000 人以下」の 6 段階の変数となっている。この人口区分は非常に粗いものだが、50,000 人以下のカテゴリーを併合した上で基準カテゴリーとして、「50,001 〜 100,000 人」「100,001 〜 500,000 人」「500,001 人以上」の 3 つのダミー変数を設ける。教育行財政研究の文献では自治体規模を教育委員会の事務能力の代理変数として解釈することが多々あるが、その事務能力によって効率的な学校組織経営の環境がもたらされているとすれば、3 つのダミー変数の係数は負の値となり、また規模の優位性が働くならば、その係数の絶対値は人口規模順に大きくなるはずである。分析に用いる変数の記述統計量は表 6-3 のとおりである。

式 (6.3) (6.4) におけるパラメータについて、β, σ^{-2}, $\eta = \exp(-2\gamma)$ の事前分布として、式 (6.5) のように、多変量正規分布およびガンマ分布を設定し、MCMC 法によって推定を行う。

$$\beta \sim \mathcal{MVN}(0, 1000^2 \mathbf{I}) \tag{6.5}$$

$$\sigma^{-2} \sim \mathcal{G}(0.1, 0.1)$$

$$\eta \sim \mathcal{G}(1, 1)$$

事後分布から 2 万組のパラメータを発生させ、前半 1 万組を burn-in とし、後半 1 万組を事後分布統計量の算出に用いる。

2.4 内生性の問題

本題の確率的フロンティアモデルの推定を行う前に、内生性の問題に触れておく。

学級規模効果に関する研究では内生性への対処が重要な論点となり、学級規模効果の識別において操作変数法や回帰不連続デザインなどが用いられてき

た。先行研究においてしばしば操作変数として用いられてきたのは、平均学級規模であるが（Akerhielm 1995; Wößmann & West 2006）、この操作変数によって対処できるのは学校内での作為的な学級割当（低学力の児童・生徒の小規模学級への割当など）でしかなく、学校・地域レベルで生じる内生性には対処できない。一方、回帰不連続デザインは学年規模が学級規模上限の倍数の境界付近であるケースを用いる必要があり、使用できるケースが非常に限定されてしまう。ここではこれらの方法ではなく、以下のようなデータの制約が少ない不均一分散を用いた識別を行う。

通常の処置効果モデルは以下の式（6.6）のような逐次モデルで記述される。

$$y_i = \boldsymbol{x}_i\beta + \alpha t_i + \epsilon_i \tag{6.6}$$
$$t_i^* = \boldsymbol{z}_i\gamma + \upsilon_i$$
$$\begin{pmatrix} \epsilon \\ \upsilon \end{pmatrix} \sim \mathcal{N}\left(\begin{pmatrix} 0 \\ 0 \end{pmatrix}, \begin{bmatrix} \sigma_\epsilon^2 & \rho\sigma_\epsilon\sigma_\upsilon \\ \rho\sigma_\epsilon\sigma_\upsilon & \sigma_\upsilon^2 \end{bmatrix} \right)$$

処置変数 t が連続的変数である場合は $t^* = t$ であり、ダミー変数である場合は、$t^* \geq 0$ の時に $t=1$、$t^* < 0$ の時に $t=0$ となる。$\rho \neq 0$ の時に処置変数は内生変数であり、通常の第1式のみの回帰分析では処置効果を得ることはできない。除外制約を用いた処置効果 α の識別において、$\boldsymbol{z}$ に、誤差項 ϵ, υ と無相関で、t^* と相関があり、かつ $\boldsymbol{x}$ に含まれない変数（操作変数）が必要となる。このような除外制約がなければダミー処置変数の場合、推定値は誤差項の分布に強く依存したものとなり、連続的処置変数のモデルではそもそも処置効果は識別されない。除外制約を満たす適切な変数がなく、$\boldsymbol{x} = \boldsymbol{z}$ となることは実証分析では通常起こりうることであり、除外制約を用いる識別戦略が現実的でないことが多々ある。

しかし、近年では除外制約ではなく、不均一分散を用いた処置効果の識別法が開発されている。Klein & Vella（2010）、Farré *et al.*（2010）は式（6.7）のような誤差項に不均一分散を仮定するモデルによって処置効果が識別されることを示した。誤差項の分散は変数 w を伴う乗法モデルとして表現される。

$$y_i = \boldsymbol{x}_i\beta + \alpha t_i + \epsilon_i \tag{6.7}$$
$$t_i^* = \boldsymbol{x}_i\gamma + v_i$$

$$\begin{pmatrix} \epsilon_i \\ v_i \end{pmatrix} \sim \mathcal{N}\left(\begin{pmatrix} 0 \\ 0 \end{pmatrix}, \begin{bmatrix} \sigma_{\epsilon,i}^2 & \rho\sigma_{\epsilon,i}\sigma_{v,i} \\ \rho\sigma_{\epsilon,i}\sigma_{v,i} & \sigma_{v,i}^2 \end{bmatrix} \right)$$

$$\sigma_{\epsilon,i} = \exp(\boldsymbol{w}_i\delta_\epsilon)$$
$$\sigma_{v,i} = \exp(\boldsymbol{w}_i\delta_v)$$

この方法では、不均一分散モデルをもたらす変数 $\boldsymbol{w}$ の情報が必要となるが、こうした条件を満たす変数を見いだすことは操作変数を得るよりも容易であり、現実的な方法と言える。処置変数を学級規模とした時、不均一分散をもたらす変数として考えられるのは、学校規模である。すなわち、学校規模が小さくなるほど在学者の変動に伴って学級規模の変動は大きくなる。

表6-4 はこの不均一分散処置効果モデルで推定を行った結果である。被説明変数は学力水準であり、被説明変数と学級規模を対数変換したモデルの結果も併せて載せている。対数線形モデルの係数は弾力性と解することができる。表から、学級規模の効果の点推定値は負の値（規模が小さくなるほど学力水準を引き上げるという関係）であるが、その効果は小さく、標準誤差と比較してもその精度は小さいということが分かる。4つのモデルのうち3つのモデルでは ρ の点推定値は0に近く、区間推定値も正負に跨っている。確率的フロンティアモデルでは学級規模の効果について関数形を特定しないセミパラメトリックモデルを採用するため内生性への対処は困難となるが、これらの結果か

表6-4 不均一分散処置効果モデルの推定結果

		係 数	標準誤差	90%CI下限	90%CI上限	$Pr(\theta>0\|D)$
α	学級規模（小学校）	−0.001	0.002	−0.005	0.002	0.242
ρ		0.127	0.169	−0.166	0.389	0.781
α	学級規模（小学校、対数線形）	−0.103	0.085	−0.243	0.036	0.109
ρ		0.196	0.116	0.001	0.378	0.951
α	学級規模（中学校）	0.001	0.002	−0.002	0.004	0.728
ρ		0.029	0.135	−0.195	0.251	0.581
α	学級規模（中学校、対数線形）	0.069	0.072	−0.049	0.188	0.833
ρ		−0.054	0.083	−0.191	0.081	0.258

第6章　教育財政における生産性・効率性と組織経営　*243*

ら考える限り、内生性の問題はさほど深刻ではないと考えることができる。

2.5　分析結果

2.5.1　単一産出における確率的フロンティアモデル

　まず、先行研究と同様に、学力水準のみを産出とする確率的フロンティアモデルの推定を行う。すなわち、式（6.3）において$\phi=1$となるケースであり、通常の確率的フロンティアモデルに帰着する。図6-1、図6-2は小学校、中学校の各サンプルにおける関数h[20]の推定値、表6-5は効率性の記述統計量、表6-6、表6-7はパラメータの推定結果を示している。

　表6-5から、小学校、中学校の双方において効率性の平均値は0.85前後で15%程度の改善の余地があり、効率性の改善の余地が大きいことが分かる。また、効率性の学校間でのばらつきは非常に大きく、特に小学校では0.41～0.96まで広範囲にわたっている。

表6-5　効率性の記述統計量

| | 平均 | 標準偏差 | 最小値 | 最大値 | 分位点 | | | | |
					10%	25%	50%	75%	90%
小学校	0.843	0.092	0.410	0.964	0.719	0.793	0.863	0.911	0.932
中学校	0.865	0.067	0.572	0.961	0.773	0.832	0.879	0.912	0.936

　効率性の改善の重要性は関数hを表した図からも確認できる。すなわち学級規模の縮減による産出の増分（40人から10人への縮減によって得られる増分）は、小学校においては15%程度の効率性改善による増分とほぼ一致し、中学校においては12%程度の効率性改善による増分と一致する[21]。加えて、学級規模縮減による効果は主に20人以下の規模のレンジで見られるのであり、それよりも大きい学級規模の現実的な変動域では、効率性の改善がより重要となる。

　表6-6、表6-7の各パラメータ推定値、特に、非効率性の大きさを左右する要因としての組織経営規模に着目すると、学校規模と自治体規模の双方が影響を与えていることが分かる。表6-6の小学校の推定結果において、大規模校

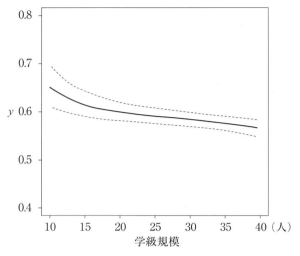

図 6-1　推定された関数 h（小学校）

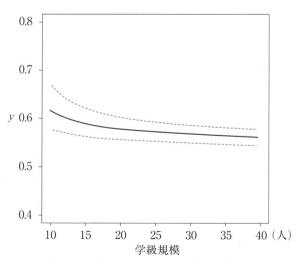

図 6-2　推定された関数 h（中学校）

第6章 教育財政における生産性・効率性と組織経営 *245*

表6-6 単一産出確率的フロンティアモデルの推定結果（小学校）

パラメータ	変 数	事後平均	標準誤差	90%CI下限	90%CI上限	$Pr(\theta>0|D)$
β_1	日本語常用使用者割合	0.084	0.142	−0.136	0.323	0.686
β_2	社会経済的背景学校平均	0.287	0.031	0.235	0.338	1.000
β_3	教員経験年数	0.000	0.001	−0.002	0.001	0.320
β_4	2007 年	−0.040	0.020	−0.073	−0.009	0.019
γ_0	定数項	−1.268	0.103	−1.435	−1.095	0.000
γ_1	小規模校	0.047	0.139	−0.181	0.274	0.636
γ_2	大規模校	−0.226	0.142	−0.463	0.004	0.053
γ_3	自治体規模（50,001〜100,000 人）	−0.258	0.169	−0.540	0.024	0.064
γ_4	自治体規模（100,001〜500,000 人）	−0.144	0.124	−0.351	0.061	0.123
γ_5	自治体規模（500,001 人以上）	−0.252	0.139	−0.481	−0.024	0.035
σ		0.092	0.010	0.077	0.110	1.000

観測数＝289

表6-7 単一産出確率的フロンティアモデルの推定結果（中学校）

パラメータ	変 数	事後平均	標準誤差	90%CI下限	90%CI上限	$Pr(\theta>0|D)$
β_1	日本語常用使用者割合	0.291	0.174	−0.035	0.580	0.918
β_2	社会経済的背景学校平均	0.443	0.028	0.398	0.489	1.000
β_3	教員経験年数	−0.001	0.001	−0.002	0.001	0.269
β_4	2007 年	0.165	0.022	0.129	0.202	1.000
γ_0	定数項	−1.387	0.118	−1.578	−1.192	0.000
γ_1	小規模校	−0.133	0.139	−0.366	0.088	0.165
γ_2	大規模校	−0.119	0.198	−0.459	0.194	0.273
γ_3	自治体規模（50,001〜100,000 人）	0.076	0.170	−0.203	0.357	0.679
γ_4	自治体規模（100,001〜500,000 人）	−0.373	0.154	−0.629	−0.129	0.006
γ_5	自治体規模（500,001 人以上）	−0.330	0.166	−0.613	0.066	0.017
σ		0.122	0.011	0.105	0.140	1.000

観測数＝286

の係数の事後平均は負であり、係数 γ_2 が負の値となる事後確率は約 95%である。大規模校の非効率性は「標準規模校」の 0.797 倍（＝exp(−0.226)）となっている。また、自治体規模に関しては必ずしも大規模であるほど効率的という関係にはなっていないが、少なくとも 5 万人以下の小規模自治体が最も非効率的となっており、5 万人以上の自治体と比較して、非効率性は 1.15 倍〜1.3 倍程度に拡大する。 一方、中学校においては、学校規模の効果は大きくはないものの、自治体規模の効果が顕著に表れており、10 万人を境に差が大きくなっている。具体的には 10 万人以上の自治体における非効率性は小規模自治体の

約0.7倍程度となる。

2.5.2 多産出における確率的フロンティアモデル

こうした学力水準のみを産出変数とした捉える従来的な想定の下での分析結果をベンチマークとする時、複数の産出を生み出す組織として学校を捉えた分析では、如何なる面で相違と共通点を見いだせるのであろうか。

図6-3、表6-8、表6-9は小学校のサンプルに関して、推定された関数 h、各パラメータの推定値、結合的産出および効率性 $\exp(-v)$ の記述統計量を示している。まず、図6-3の小学4年のサンプルにおける関数 h に着目すると、結合された産出は学級規模の単調減少関数となっており、学級規模が小さくなるほど、学力水準、学力格差、人間関係は改善されるという関係が見いだせる。学級規模の変動による産出の変動は0.07程度であり、これは結合された産出の学校レベルの標準偏差（0.063）の1.1倍程度である。図から明らかなように学級規模の効果の大部分は20人以下のレンジで現れ、現実的にとりうる政策の変動域においてはその効果は小さい。例えば35人から25人に学級規模が変動した時に改善される産出は0.22標準偏差程度、30人から20人に変動した時に改善される産出は0.25標準偏差程度である。ただし、この効果の

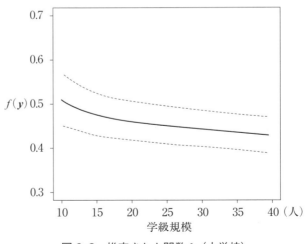

図 6-3　推定された関数 h（小学校）

第6章　教育財政における生産性・効率性と組織経営　*247*

大きさは先に見た学力水準のみを産出として想定した単一産出モデルの学級規模の効果よりもやや大きいものとなっている。

表6-8の効率性の記述統計量に着目すると平均して14%程度の改善余地があることが分かる。この14%という値は学級規模が40人から13人へと変動した時の産出の改善幅に一致する。そして、分位点や最小・最大値の値から効率性には学校間で大きな差があることが分かる。また、学力水準を唯一の産出としたモデルにおける効率性と多産出モデルにおける効率性との相関係数は0.613であり、必ずしも高い相関とはなっておらず、産出として何を考慮するかという面での想定が影響を与えている。

表6-8　結合産出量および効率性の記述統計量（小学校）

	平均	標準偏差	最小値	最大値	分位点 10%	25%	50%	75%	90%
結合産出 $f(y)$	0.380	0.063	0.226	0.580	0.300	0.344	0.379	0.420	0.462
効率性 $(\exp(-v))$	0.853	0.078	0.539	0.964	0.734	0.811	0.870	0.913	0.934

表6-9　多産出確率的フロンティアモデルの推定結果（小学校）

パラメータ	変　数	事後平均	標準誤差	90%CI下限	90%CI上限	$Pr(\theta>0|D)$
α_1	学力水準	0.175	0.010	0.159	0.191	1.000
α_2	意欲・態度	0.414	0.017	0.385	0.439	1.000
α_3	学力格差	0.063	0.005	0.055	0.073	1.000
α_4	社会経済的背景による格差	0.012	0.001	0.010	0.014	1.000
α_5	人間関係	0.226	0.015	0.200	0.252	1.000
α_6	学校生活態度	0.109	0.010	0.094	0.127	1.000
β_1	日本語常用使用者割合	0.174	0.191	−0.140	0.494	0.819
β_2	社会経済的背景学校平均	0.092	0.039	0.028	0.157	0.990
β_3	教員経験年数	0.000	0.001	−0.002	0.002	0.519
β_4	2007年	0.079	0.025	0.038	0.120	1.000
γ_0	定数項	−1.282	0.101	−1.449	−1.113	0.000
γ_1	小規模校	−0.272	0.199	−0.611	0.046	0.083
γ_2	大規模校	−0.153	0.178	−0.460	0.133	0.191
γ_3	自治体規模（50,001〜100,000人）	−0.295	0.189	−0.605	0.023	0.063
γ_4	自治体規模（100,001〜500,000人）	−0.386	0.150	−0.635	−0.149	0.004
γ_5	自治体規模（500,001人以上）	−0.429	0.170	−0.713	−0.155	0.004
σ		0.153	0.011	0.136	0.170	1.000
ϕ		1.182	0.041	1.112	1.253	1.000

観測数 = 289

248

　表6-9の非効率性の大きさを左右するパラメータγの推定値に着目すると、学校規模および自治体規模は非効率性を左右していることが分かる。ただし、それは単純に規模の経済・優位を表しているわけではない。学校規模に関しては、小規模校と大規模校の係数は負であり、「標準規模」の学校が最も非効率性が大きい。特に小規模校の場合、「標準規模」の学校に対して非効率性は0.76倍程度になる。一方、自治体規模に関しては、係数がすべて負の値であり、また係数の絶対値は大規模自治体ほど大きくなっており、規模の経済・優位が働いている。具体的に言えば、基準カテゴリーの5万人以下の小規模自治体に対し、5～10万人の自治体では非効率性が0.74倍程度に、50万人以上の大規模自治体では0.65倍程度に縮減される。このことは効率性で言えば6％程度改善することを意味し、その改善幅は、学級規模で言えば、40人学級から24人学級に縮小した時の効果に匹敵している。また、学校規模と自治体規模という組織経営規模に関して、効率性の面で最も不利な組み合わせ（「標準規模校」、小規模自治体）と最も有利な組み合わせ（小規模校、50万人以上の大規模自治体）で比較すると、前者では0.801、後者では0.896となり、大きな差が生まれる。

　図6-4、表6-10、表6-11は、同様に中学校のサンプルに関して推定された関数h、各パラメータの推定値、結合的産出および効率性の記述統計量を示したものである。

　図6-4の関数hに着目すると、小学校のサンプルと同様に、結合された産出は学級規模の減少関数となっており、学級規模が小さくなるほど、学力水準、学力格差、人間関係は改善されるという関係が見いだせるが、小学校に比べるとその効果は小さい。学級規模の変動による産出の変動は0.05程度であり、これは結合された産出の標準偏差（0.079）の0.6倍程度である。また、小学校同様に図から学級規模の効果の大部分は20人以下のレンジで現れ、現実的にとりうる政策の変動域においてはその効果は小さい。例えば35人から25人に学級規模が変動した時の産出の改善幅は0.07標準偏差程度、30人から20人に変動した時の産出の改善幅は0.1標準偏差である。

　表6-10の効率性の記述統計量に着目すると、平均して9％程度の改善余地があり、小学4年のサンプルに比較して効率性のばらつきは小さいことが分か

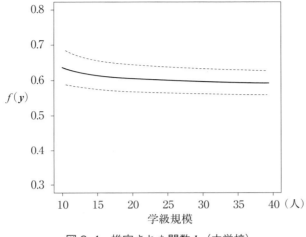

図 6-4 推定された関数 h (中学校)

表 6-10 結合産出量および効率性の記述統計量（中学校）

	平均	標準偏差	最小値	最大値	10%	25%	50%	75%	90%
結合産出 $f(y)$	0.539	0.079	0.353	0.875	0.448	0.493	0.534	0.572	0.629
効率性 $(\exp(-v))$	0.905	0.045	0.740	0.971	0.845	0.883	0.913	0.938	0.953

る。この9％という値は学級規模が40人から10人へと変動した時の産出の改善幅に匹敵するものである。また、学力水準を唯一の産出としたモデルにおける効率性と多産出モデルにおける効率性との相関係数は0.799であり、小学校のケースよりは相関関係はやや高くなっている。

　表6-11の各パラメータの推定値についてみると、小学校のサンプルと同様の結果が得られている。学校規模に関しては、「標準規模校」において最も非効率性が大きく、特に「標準規模校」と小規模校とでは前者の非効率性は後者の1.65倍程度にもなる。自治体規模に関しては、係数がすべて負の値となっており、基準カテゴリーである5万人以下自治体とそれよりも大規模の自治体との間で大きな差が見られる。具体的には、最も非効率的な5万人以下自治体と最も効率的な10～50万人の自治体とでは7％程度の差が生じ、これは40

表 6-11　多産出確率的フロンティアモデルの推定結果（中学校）

パラメータ	変　数	事後平均	標準誤差	90%CI下限	90%CI上限	$Pr(\theta>0|D)$
α_1	学力水準	0.207	0.011	0.186	0.222	1.000
α_2	意欲・態度	0.384	0.012	0.365	0.404	1.000
α_3	学力格差	0.058	0.007	0.049	0.073	1.000
α_4	社会経済的背景による格差	0.006	0.001	0.005	0.007	1.000
α_5	人間関係	0.176	0.009	0.159	0.190	1.000
α_6	学校生活態度	0.169	0.012	0.151	0.190	1.000
β_1	日本語常用使用者割合	0.343	0.165	0.074	0.617	0.984
β_2	社会経済的背景学校平均	0.146	0.026	0.103	0.188	1.000
β_3	教員経験年数	−0.001	0.001	−0.002	0.001	0.219
β_4	2007 年	0.072	0.020	0.040	0.104	1.000
γ_0	定数項	−1.461	0.096	−1.614	−1.302	0.000
γ_1	小規模校	−0.506	0.171	−0.789	−0.231	0.001
γ_2	大規模校	−0.257	0.210	−0.605	0.088	0.110
γ_3	自治体規模（50,001〜100,000 人）	−0.458	0.187	−0.769	−0.150	0.006
γ_4	自治体規模（100,001〜500,000 人）	−0.567	0.151	−0.819	−0.321	0.000
γ_5	自治体規模（500,001 人以上）	−0.529	0.164	−0.799	−0.263	0.001
σ		0.121	0.007	0.110	0.132	1.000
ϕ		1.076	0.030	1.027	1.128	1.000

観測数 = 286

人学級から 10 人学級へ学級規模を縮減した時の効果の大きさと一致する。また、学校規模と自治体規模という組織経営規模に関して、効率性の面で最も不利な組み合わせと最も有利な組み合わせで比較すると、前者では 0.831、後者では 0.939 となり、小学校以上に大きな差が生まれる。

　こうした多産出モデルによる分析結果を単一産出モデルの分析結果と比較すると、以下の点が指摘できる。まず第 1 に、学級規模の効果は学力水準以外の産出を考慮した場合に小学校ではやや大きくなる一方、中学校ではほとんど変化しない。このことから学級規模縮減の効果は、小学校において、学力以外の面も含めた総合的な成果においてより寄与していることが分かる。第 2 に、効率性は、学力水準以外の面を考慮した多産出モデルにおいて、若干高くなり、ばらつきも小さくなる。このことは学校が複数の目標を持ち、それぞれが異なる優先順位の下で資源配分していることを示唆している。第 3 に、学力水準以外の産出を考慮した場合、組織経営規模としての学校規模と自治体規模の影響はより鮮明になる。特に自治体規模に関して、10 万人以上の自治体にお

ける効率性の面での優位性は非常に際立ったものになる。

　これらは、学力水準に焦点化した既存研究について、再考の余地が大きいことを意味しており、特に、学習指導のみならず生徒指導をも役割として「期待」されている日本において示唆的である。

3. 考　　　察

　本章では、学級規模という財政支出を伴う要素的投入に焦点化して、教育支出の生産性およびミクロレベル（学校レベル）の効率性に関して考察を行った。確率的フロンティアモデルによって得られた主要な結論は次の4点に集約される。

　第1に、学級規模縮減によって、定性的には学習指導および生徒指導上の改善が見られるが、その効果は2つの意味において限定的である。最も衆目を集める学力水準およびその分布への影響については、効果の顕在化する学級規模のレンジは20人以下と非常に小規模であり、教職員定数改善の実行可能な範囲から外れている。また、その効果の大きさ自体もモデレートである。学力水準のみならず、学力格差は正、意欲・関心、人間関係も含めた結合的産出においては、学級規模の効果は幾分大きくなるが、その傾向は保持される。

　第2に、学級規模縮減による改善寄与分と比較して、効率性の改善の余地は小さくない。効果が最も顕在化する区間における学級規模縮減による改善と比較しても、学校組織レベルの非効率性は平均して大きい値を示しており、ベストプラクティスに近づけるべく非効率性の縮減策が必要となる。

　第3に、行政・経営規模は非効率性に相違をもたらしている。行政・経営規模は日本の教育行財政研究において古くから議論されてきたが、この非効率性と学校規模および基礎自治体規模との関係は、必ずしも先行研究が想定してきたような単調な関係ではない。また、学校規模に関しては、現行法における「標準規模校」が必ずしも最適ではなく、どのような成果を想定しても小規模校および大規模校に対して勝る局面はない。自治体規模について言えば、効率性は

その単調増加関数とはなっていないが、どの教育成果についても人口10万人の中規模以上の自治体において効率性が高くなり、所属する学校は教育委員会による支援や行政情報の面で恩恵を受けていると考えられる。

第4に、効率性の組織間の相対的な多寡は何を産出として想定するかに依存する。本分析では、学力水準のみを産出として想定した場合と複数の産出を想定した場合とでそれぞれ学校組織レベルの効率性を推定したが、その相関はあるものの非常に高いとは言えない。また、産出関数の変形弾力性に関わるパラメータ φ は1に近い値となっており、結合産出は線形結合に近い。ある産出の増加は別の産出の減少によって補われるのであり、特定の産出のみをターゲットとして生産性・効率性を評価することは不適切であり、複数の産出の面から考察する必要がある。すなわち、生産性・効率性の問題は単なる技術的問題ではなく、産出に何を含め、何を含めないのかという点での価値の選択を伴う。

本章における分析は日本の児童・生徒および学校に関するデータで行った分析であり、それゆえ生産性および効率性に関する考察のそれぞれにおいて限界が存在する。1つは投入変数の現実的に取りうる変動域が狭く、教育生産関数の大局が不明確であるため外挿ができないという点である。本章の分析では学級規模の変動から教育支出の生産性を考察したが、得られた分析結果は現状の日本よりも大幅に教育支出が増加・減少した状況においても該当するのかは不明である。もう1つは効率性・非効率性に関する考察において、単一の国のデータでは政策および制度に相違がないために、それらの寄与を検証することができないという点である。次章の分析ではこれらの限界を補完すべく、マクロレベルの非効率性について分析を行う。

A. 計量分析補論

A.1　線形モデルおよび非線形モデルを統合したメタアナリシス

学級規模効果に関する先行研究には、線形モデルの他に、学級規模の効果を2次関数として定式化しているもの、対数化された学級規模を説明変数として

いる非線形モデルがある。これらの推定値から、以下のように学級規模を分節化し、限界効果およびその分散を算出し、メタアナリシスによって統合する手続きを採る。min, max は学級規模の下限と上限を表す。

$$\Delta_{ij} = 1\mu + 1\upsilon_i + \epsilon_{ij} \tag{6.A.1}$$

$$\Delta_{ij} = \begin{bmatrix} \Delta_{ij,\,min} \\ \Delta_{ij,\,min+1} \\ \vdots \\ \Delta_{ij,\,max-1} \end{bmatrix}$$

$$Var(\epsilon_{ij}) = \begin{bmatrix} Var(\epsilon_{ij,\,min}) & 0 & \cdots & 0 \\ 0 & Var(\epsilon_{ij,\,min+1}) & \cdots & 0 \\ \vdots & \vdots & \ddots & \vdots \\ 0 & 0 & \cdots & Var(\epsilon_{ij,\,max-1}) \end{bmatrix}$$

Δ_{ij} および $Var(\varepsilon_{ij})$ については、先行研究のモデルに応じて以下のように算出する。

1) 線形モデルの場合 $(y = \alpha + \beta \text{学級規模} + \cdots)$

$$\Delta_{ijk} = \hat{\beta}_{ij}$$
$$Var(\epsilon_{ijk}) = \widehat{Var(\beta_{ij})}$$
$$k = min_{ij},\, min_{ij}+1,\, \cdots,\, max_{ij}-1$$

2) 2乗項を含む場合 $(y = \alpha + \beta_1 \text{学級規模} + \beta_2 \text{学級規模}^2 + \cdots)$

$$\Delta_{ijk} = \hat{\beta}_{1ij} + (2k+1)\hat{\beta}_{2ij}$$
$$Var(\epsilon_{ijk}) = [1,\, 2k+1]\, \widehat{Var\begin{pmatrix} \beta_{ij1} \\ \beta_{ij2} \end{pmatrix}} [1,\, 2k+1]'$$

3) 対数化項を含む場合 $(y = \alpha + \beta \ln \text{学級規模} + \cdots)$

$$\Delta_{ijk} = \frac{\hat{\beta}_{ij}}{(k+0.5)}$$

$$Var(\epsilon_{ijk}) = \frac{\widehat{Var(\beta_{ij})}}{(k+0.5)^2}$$

A.2 セミパラメトリック確率的フロンティアモデル

本章の式（6.3）におけるセミパラメトリック多産出確率的フロンティアモデルは、パネルデータの分析等で用いられる線形変量効果モデルの特殊形として次のように表現できる。

$$y_i^* = \mathbf{X}_i^* \beta + \epsilon_i - v_i \tag{6.A.2}$$

$$y_i^* = \left(\sum_{j=1}^J \alpha_j^\phi y_{ij}^\phi \right)^{1/\phi}$$

$$\epsilon_i \sim \mathcal{N}(0, \sigma^2)$$

$$v_i \sim \mathcal{TN}^+(0, \tau_i^2)$$

$$\tau_i = \exp(\mathbf{Z}_i \gamma)$$

$$\mathbf{X}_i^* = [\mathbf{B}(CS_i) \quad \mathbf{X}_i]$$

$B(\cdot)$ は B スプライン関数である。パラメータ β, v, σ^2 の MCMC 法による事後分布からの乱数発生については、通常の線形階層ベイズモデル同様の方法で可能である。パラメータ α, ϕ, γ の乱数発生の詳細については Férnandez *et al.*（2000）を参照。

A.3 不均一分散処置効果モデル

式（6.7）の不均一分散を伴う処置効果モデルにおいて、事前分布を次のように設定する。

$$\theta \sim \mathcal{MVN}(\theta_0, \mathbf{T}_0) \tag{6.A.3}$$

第6章 教育財政における生産性・効率性と組織経営 *255*

$$\gamma \sim \mathcal{MVN}(\gamma_0, \mathbf{G}_0)$$
$$\delta \sim \mathcal{MVN}(\delta_0, \mathbf{D}_0)$$
$$\rho \sim \mathcal{N}(\rho_0, R_0)$$

$\theta = (\beta', \alpha)$ である。MCMC 法における条件付き事後分布からの乱数発生の概略は以下のとおりである。

1) θ の条件付き事後分布からの乱数発生

$$y_{ij}^* = y_i - \rho \sigma_{\epsilon, i} \frac{(t_i - \boldsymbol{x}_i \gamma)}{\sigma_{v, i}} \tag{6.A.4}$$
$$\boldsymbol{x}_{ij}^* = [\boldsymbol{x}_i \quad t_i]$$

と置くと、被説明変数 y^*、説明変数 x^* とする通常の不均一分散の線形回帰モデルに帰着し、回帰パラメータ θ の条件付き事後分布は正規分布となる。

2) γ の条件付き事後分布からの乱数発生

通常の不均一分散の線形回帰モデルに帰着し、回帰パラメータ γ の条件付き事後分布は正規分布となる。

3) δ_v の条件付き事後分布からの乱数発生

Chib & Greenberg (2013) に従って、$\xi_i = \ln(v_i/\sigma_{v, i})^2$ を混合正規分布で近似し、下式のように通常の正規分布に従う線形回帰モデルに帰着させる。回帰パラメータ δ_v の条件付き事後分布は正規分布となる。

$$\ln(t_i - \mathbf{x}_i \gamma)^2 = 2\mathbf{w}_i \delta_v + \xi_i \tag{6.A.5}$$

4) δ_ε の条件付き事後分布からの乱数発生

条件付き事後密度は下式となり、通常の確率分布に従わないため、酔歩連鎖の M-H アルゴリズムによって乱数を発生させる。

$$p(\delta_v | \beta, \gamma, \delta_v, \rho) \propto \exp\left\{ - \sum_i \mathbf{w}_i \delta_v - \frac{\Sigma_i [y_i - \mathbf{x}_i^* \theta - \rho(t_i - \mathbf{x}_i \gamma)\sigma_{v, i}^{-1} \exp(\mathbf{w}_i \delta_v)]^2}{2(1 - \rho^2)\exp(2\mathbf{w}_i \delta_v)} \right.$$

$$-\frac{(\delta_v - \delta_0)' \, \mathbf{D}_0^{-1} \, (\delta_v - \delta_0)}{2}\Bigg\} \tag{6.A.6}$$

5)　ρ の条件付き事後分布からの乱数発生

　条件付き事後密度は下式となり、通常の確率分布に従わないため、酔歩連鎖の M-H アルゴリズムによって乱数を発生させる。

$$p(\rho|\delta_v, \beta, \gamma, \delta_v) \propto (1-\rho^2)^{-N/2} \exp\Bigg\{-\frac{\sum_i [y_i - \mathbf{x}_i^* \theta - \rho(t_i - \mathbf{x}_i\gamma)\sigma_{v,i}^{-1}\sigma_{\epsilon,i}]^2}{2(1-\rho^2)\sigma_{\epsilon,i}^2}$$
$$-\frac{(\rho-\rho_0)^2}{2R_0}\Bigg\} \tag{6.A.7}$$

注
1)　実験によって学級規模効果を分析した Shapson *et al.* (1980) は成果変数として、教員の意識および児童の意識・成績を採用している。しかし、分析結果によれば、教員の意識の上では小規模学級の効果は認識されているが、実際の児童の意識・成績には反映されていない。この結果は、教員の意識から実際の児童・生徒における効果を類推することはできないことを示唆している。
2)　具体的に言えば、それらの分析では学級規模を、「7 人以下」=1、「8 ～ 12 人」=2、「13 ～ 20 人」=3、「14 ～ 25 人」=4、「26 ～ 30 人」=5、「31 ～ 35 人」=6、「36 人以上」=7、とコーディングしている。
3)　例えば、学級規模効果研究で最も引用されるテネシー州の STAR（Student Teacher Achievement Ratio）プロジェクトにおける政策実験に関して、処置群と統制群間の児童の移動や欠落によって、無作為割り当てが不十分であったことは既に指摘されるところである（Hanushek 1999）。
4)　ただし、Leamer（2010）では、式（6.1）のようなモデルではなく、加法的な交絡要因と交差的な交絡要因の双方を含んだモデル（処置効果が交絡要因の関数となっており、異質性があるモデル）によって、双方の要因の省略による問題が議論されている。
5)　各手法については、Wooldridge（2002）、Lee（2005）, 市村（2010）などを参照。
6)　β は各論文の係数の数値を記述統計に記載されている被説明変数の標準偏差で除した数値である。標準誤差についても同様である。
7)　非線形モデルによる推定値の統合の方法については、補論を参照。
8)　関数形に制約をつけるならば、説明変数として学級規模の数値を用いるか、逆数である生徒 1 人当たり教員数を用いるかという点も問題となる。学級規模が財政支出に関わる変数であることを考えれば、むしろ財政支出に比例する後者の方が適切であるとも言える。

第6章 教育財政における生産性・効率性と組織経営　*257*

9)　既存の学級規模効果に関する研究はその膨大さに比して、効果の異質性ないし格差縮減効果について扱った研究は多くない。明示的に扱っているものとしては、STAR プロジェクトのデータ分析した、Nye *et al.*（2002）、Konstantopoulas *et al.*（2008）、Ding & Lehrer（2011）、Jackson & Page（2013）などに限られている。それらの共通の知見として、小規模学級の効果は低学力層よりも高学力層で大きくなり、その意味で成績格差は拡大する。マイノリティや社会経済的に不利な層が小規模学級からより大きな恩恵を受けているかという点については、定見はない。

10)　論文中では効果の大きさについて報告しておらず、符号と統計的に有意か否かのみ記載されている。

11)　この分析では効果の識別戦略として学校レベルの固定効果モデル、学校レベルの平均学級規模を操作変数とした操作変数法が用いられているため、分析の対象となる国は限定されており日本は対象から外れている。対象となった国は、ベルギー、カナダ、チェコ、フランス、ギリシャ、アイスランド、ポルトガル、ルーマニア、シンガポール、スペインである。

12)　2007 年 6 月における財政制度等審議会の建議。

13)　中央教育審議会初等中等教育分科会「小・中学校の設置・運営の在り方等に関する作業部会」第 12 回配布資料（2009 年 3 月）。

14)　中央教育審議会初等中等教育分科会「小・中学校の設置・運営の在り方等に関する作業部会」第 9 回配布資料（2008 年 12 月）。

15)　日本の文脈における実証分析はほとんど見られないが、先に学級規模の効果の実証分析として紹介した藤井（2006）では、学級規模のほかに学校規模を説明変数として含めた分析を行っている。それによれば規模の小さい学校ほど（教員の認識する）「児童生徒指導の順調度」および「学校生活順調度」が高くなると示している。この研究は日本の文脈における実証分析としては貴重ではあるが、やはり学級規模変数の操作と同様の問題がある。藤井（2006）などの分析では学校規模について、「50 人未満」＝1、「50 〜 99 人」＝2、「100 〜 199 人」＝3、「200 〜 499 人」＝4、「500 〜 999 人」＝5、「1000 人以上」＝6、というように学校規模を不均等な間隔で質的変数に変換するというコーディングが行われており、回帰分析の係数について解釈が不可能である。また学校規模の作用について先験的に単調性を仮定できるかは大いに疑問である。

16)　用いた具体的な質問項目は以下のとおりであり、回答の選択肢は「強くそう思う」、「ややそう思う」、「あまりそう思わない」、「全くそう思わない」の 4 値である（Martin 2005; Fey & Olsen 2009）。

・もっと算数・数学を学習したいと思う

・算数・数学の学習は周囲の児童・生徒よりも大変だと感じる（反転項目）

・算数・数学の学習は楽しい

・算数・数学は退屈だ（TIMSS2007 のみ、反転項目）

・算数・数学が好きだ（TIMSS2007 のみ）

・他の科目を学ぶ上で数学は必要だ（第8学年のみ）

・希望の大学に入る上で、数学で良い成績を取る必要がある（第8学年のみ）

・希望の仕事に就く上で、数学で良い成績を取る必要がある（第8学年のみ）

・数学を使う仕事に就きたい（TIMSS2003、第8学年のみ）

17）　児童・生徒の家庭背景変数については、データに総合的な変数が存在しないため、データに含まれる家庭における所有物に関する変数から尺度を作成する。具体的には以下の変数から項目反応理論によって平均0、標準偏差1の1次元の指標を得る。なお、小学4年の児童票には両親の最終学歴に関する変数が含まれていないため、家庭における所有物変数から推定を行った。

・家庭の蔵書数（「10冊未満」、「10〜25冊」、「26〜100冊」、「101〜200冊」、「201冊以上」の5値変数）

・計算機の有無（2値変数）

・コンピュータの有無（2値変数）

・勉強机の有無（2値変数）

・辞書の有無（2値変数）

・インターネット接続の有無（2値変数）

・望遠鏡の有無（2値変数）

・地球儀の有無（2値変数）

・植物図鑑の有無（2値変数）

・母親の最終学歴（「高校以下（ISCED1〜3）」「中等教育後教育機関（ISCED4）」「大学以上（ISCED5〜）」の3値変数）

・父親の最終学歴（同上）

18）　TIMSS2003、TIMSS2007における設問文は、「先月、学校で以下のことを経験しましたか。」であり、項目は以下のとおりである。

・ものを盗まれた

・暴力を振るわれた

・不快なことをさせられた

・からかわれた

・仲間外れにされた

19）　関数については単調性の制約を課す。

20）　関数を推定するにあたり、他の変数の値をサンプル平均値に固定した。

21）　児童・生徒レベルのパーセンタイルスコアの標準偏差は双方のサンプルで約0.29であり、図6-1、6-2は、学級規模30人の変動（10〜40人）により、小学校で0.29標準偏差、中学校で0.19標準偏差程度の産出の変動があることを示している。また、学校レベルでのパーセンタイルスコアの標準偏差は小学4年のサンプルで0.088、中学2年のサンプルで0.112であり、学級規模30人の変動（10〜40人）により、小学校で0.96標準偏差、中学校で0.51標準偏差程度の産出の変動となる。

第 7 章

教育財政システムの生産性・効率性と制度・政策

　第6章の分析では学校レベルの効率性を考察の対象としたが、本章ではより
マクロな視点から教育財政支出の生産性と効率性に関する考察を行う。このよ
うにマクロな視点から分析を行う意義は次の2点にある。第1は教育財政支出
の変動域の大きさである。第6章では日本国内のデータによって分析を行った
が、その分析結果が妥当するのは現状の日本が取りうる支出規模の範囲内での
みである。教育支出の生産性を大局的に考察するには教育支出の変動の範囲が
より大きなデータが必要となる。第2は効率性・非効率性に関する制度的・政
策的含意である。効率性を組織単位で定義する限り、組織のレベルに応じてそ
れぞれの効率性が考察される必要がある。政策的含意を見通して行財政制度・
政策的要因に効率性を左右する要因を求めるならば、分析対象も制度・政策に
関して変動を観察できるマクロな範囲（＝国レベル）に設定する必要がある。

　そこで本章では日本も含めた先進国の学力調査データおよび教育財政支出
データを用いて分析・考察する。第6章と同様に確率的フロンティアモデルに
よって、教育生産関数と国レベルの効率性・非効率性の推定を行った上で、非
効率性の要因に関する分析を行う。特に、どのような制度・政策の下で非効率
性が縮減されるかという点について着目し、教育財政支出の配分という政策的
要因およびアカウンタビリティに関する制度的要因の作用を明らかにする。特
に後者に関して、既存の実証分析では、英語圏におけるアカウンタビリティシ
ステム改革を擁護する知見が得られているが、本章の分析ではその知見の再考
を試みる。

　この章の分析における主張は次の3点にある。第1に、教育財政支出は学力

に関わる水準と配分を改善するものの、その効果はモデレートないし局所的である。第2に、多くの国において教育財政システムの非効率性は小さくなく、財政支出拡充による寄与分と比較してもその効率性の改善の余地は大きい。そして、第3に、その非効率性は人件費支出の配分に関する政策的要因とアカウンタビリティに関わる制度的要因に規定されている。ただし、既存の実証分析が析出した学校組織の自律性拡大と評価制度というアカウンタビリティシステム改革のポジティブな効果は、公平性という価値を達成する上では見られず、むしろ非効率性を増大させており、制度改革において価値選択に関わる議論は不可避である。

1. 教育生産関数と効率性の推定

1.1 産出変数

　教育生産関数の実証分析における被説明変数には様々なものが考えうるが、本章の分析では学力面に焦点を当てる。具体的には、OECDの学習到達度調査（PISA2000, 2003, 2006, 2009, 2012）の数学的リテラシースコアに関するミクロデータから国レベルの2つの産出変数を設定することとする。利用可能な国際学力調査のデータとしては、他に国際数学・理科動向調査（TIMSS）や国際読解力調査（PIRLS）などがあるが、PISAでは日本および比較対象となりうる先進国（OECD加盟国）のデータがカバーされているため、これを用いる[1]。本章でも第6章と同様に、生徒間の成果の配分という面についても考慮し、水準と公平性に関わる2つの変数を設定する。一般に公表されているPISAの平均スコアは、しばしば国際比較において言及されることがあるが、本章の分析ではこの平均スコアではなく、以下の手続きで加工された変数を産出変数として用いる。

　まず、個人レベルのスコアに関して、本章で用いる確率的フロンティアモデルの解釈を容易にするために、パーセンタイルスコアに変換する。元のスコアとパーセンタイル変換したスコアとの間の相関係数は0.99以上であり、この

第7章 教育財政システムの生産性・効率性と制度・政策 *261*

変換による情報のロスは非常に小さいと考えることができる。

　また、PISA 調査では 15 歳の生徒を対象としてその学習到達度を測っているが、留年・飛び級の運用は国・地域間で異なる。OECD 加盟国のサンプルでは概ね生徒の学年は第 9 学年と 10 学年に集中しているものの、各学年の在籍者の割合は国ごとに異なっており、学年が上がるほどスコアが高くなる傾向があるとすれば、単純な平均点によって学習到達度を国間で比較することは難しくなる。さらに、個人レベルのスコアを大きく左右する要因として生徒の社会経済的背景（以下「*SES*」）に関する要因がある。このような政策的要因に基づかない学年、*SES* による寄与分を排除するために、以下の手続きによってスコアを調整する。

　m_{ij} を国 i における j 番目の生徒の数学的リテラシーのスコアをパーセンタイル変換したもの、SES_{ij} を社会経済的背景に関する総合的なインデックス（平均 0、分散 1）とする。$GRADE+_{ij}$, $GRADE-_{ij}$ は所属学年に関する変数であり、各国の最頻所属学年を基準とし、前者が「最頻学年より上」、後者が「最頻学年より下」を意味するダミー変数である。式（7.1）の線形固定係数モデルを調査年別に推定することによって国ごとの産出に関わる変数 μ_i, λ_i を得る。

$$m_{ij} = \mu_i + \lambda_i (SES)_{ij} + \eta_1 (GRADE-)_{ij} + \eta_2 (GRADE+)_{ij} + \epsilon_{ij} \tag{7.1}$$

　μ_i は所属学年と *SES* の分布の相違の影響を排除した、同一の条件（*SES* および *GRADE* −、*GRADE* ＋の値が 0）という仮定の下での調整後平均スコアである。λ_i は *SES* 変数の国ごとの傾きであり、*SES* のスコアに対する影響の強さを表しており、この逆数は「公平性」と解釈できる。実際の線形固定係数モデルの推定においては、サンプリングウェイトを加重して行う。また、PISA の各科目のスコアは項目反応理論によって推定されており、データセットには事後分布から発生させた 5 つの潜在変数の値が Plausible Value として記録されている。よってこれに対応して 5 組の推定値を得ることになり、最終的な推定値はこの 5 組の値を平均したものとなる[2]。第 6 章の分析のように 1 つのステップで推定を行わず、産出変数に関わる μ_i, λ_i を推定する段階を独立させるのは、データが大規模であり、推定における計算上の負荷が著しく大きくなる

ためである。

分析に用いる産出変数 y として、平均的水準（μ）、公平性（$100/\lambda$）、および第 6 章と同様に式（7.2）のような結合関数の 3 種類を考える。結合関数におけるパラメータ ϕ, α_1, α_2 は確率的フロンティアモデルの各パラメータと同時に推定される。

$$y_{it} = (\alpha_1^{\phi} \mu_{it}^{\phi} + \alpha_2^{\phi} \lambda_{it}^{-\phi})^{1/\phi} \tag{7.2}$$

$$\alpha_1 + \alpha_2 = 1$$

$$\phi > 1$$

1.2　確率的フロンティアモデル

本章の分析における確率的フロンティアモデルは式（7.3）のように書ける。

$$y_{it} = f(e_{it}, \boldsymbol{x}_{it}, \epsilon_{it}) \cdot \exp(-\upsilon_{it}) \tag{7.3}$$

e_{it}, $\boldsymbol{x}_{it}$ はそれぞれ国 i 時点 t における教育支出指標、その他の説明変数ベクトルである。ε, υ は確率的変数であり、前者は平均 0、分散 σ^2 の正規分布に従い、後者は正値のみとるという制約がある。$f(\cdot)$ は教育支出を含む所与の説明変数の下で達成可能な産出の上限（フロンティア）であり、υ はこの上限からの乖離の程度を意味し、この値が大きいほど非効率性が大きいということになる。このモデルにより、非効率性のないベストプラクティスの下での教育支出の効果と各国の非効率性に関わるパラメータ υ を同時に推定する。第 6 章の分析と同様に、$\exp(-\upsilon)$ は産出指向の技術的効率性——ベストプラクティスを基準としてどの程度の産出を達成したか——として解釈することができる。

この確率的フロンティアモデルに基づいて教育支出の効果と各国の非効率性を推定するが、次の 2 点における制約を緩和したセミパラメトリックベイズモデルを採用する。1 点目は関数形である。確率的フロンティアモデルを用いた分析ではフロンティア関数 $f(\cdot)$ について線形（対数線形）のモデルを仮定することが多いが、本章の分析では教育支出 e の効果に関わる部分について

はあらかじめ関数形を特定しない部分線形モデルを採用する[3]。2点目は非効率性の分布の仮定である。多くの確率的フロンティアモデルを用いた実証分析では非効率性 v について半正規分布や指数分布などの分布形を仮定した上で最尤法によって推定が行われるが、本章の分析では分布形を特定しないディリクレ過程混合分布を用いる[4]。

以上をふまえた実際の分析モデルは式（7.4）のようになる。

$$\ln y_{it} = g(e_{it}) + \boldsymbol{x}_{it}\beta + \epsilon_{it} - v_i \tag{7.4}$$

$$\epsilon \sim \mathcal{N}(0, \sigma^2)$$

$$v \sim G$$

$$G \sim \mathcal{DP}(M \cdot G_0)$$

上記のモデルでは、非効率性 v は5時点の短期間で変化しないという仮定（$v_i = v_{i2000} = v_{i2003} = v_{i2006} = v_{i2009} = v_{i2012}$）を置いている。$G_0$ は基底測度であり、平均0、分散 τ^2 の半正規分布とする。M は基底測度の精度パラメータであり、$M \to \infty$ で、$G \to G_0$ となる。各パラメータの事前分布については、以下のように設定した。

$$\beta \sim \mathcal{MVN}(0, 1000^2 I) \tag{7.5}$$

$$\sigma^{-2} \sim \mathcal{G}(0.1, 0.1)$$

$$\tau^{-2} \sim \mathcal{G}(0.1, 0.1)$$

$$M \sim \mathcal{G}(1, 0.01)$$

パラメータ推定はMCMC法によって行う。推定の詳細については補論を参照されたい。分析に投入する変数について、教育支出変数 e については、第1章で議論した国レベルの2つの代替指標を用いる。具体的には、2000、2003、2006、2009、2012年の生徒1人当たり前期中等教育支出額について、教育サービスの購買力平価によってUSドル変換した指標1[5]とRam（1995）の支出関数の回帰式の残差を用いた指標2の2つの指標であり、実際の分析では2とおりの推定を行うことになる。統制変数 $\boldsymbol{x}$ には教育支出の公的負担比率、調査年

表 7-1　記述統計量

	観測数	平　均	標準偏差	最小値	最大値
μ	156	56.134	9.005	34.766	83.352
λ	156	10.413	2.752	1.858	16.869
教育支出指標 1	153	14828.387	3961.346	6254.361	32400.811
教育支出指標 2	153	1.014	0.166	0.603	1.440
公財政支出比率	148	91.801	5.922	76.160	100.000

ダミー変数（2000 年，2003 年，2006 年，2009 年）が含まれる。表 7-1 は分析で用いる変数の記述統計量である。

1.3　分析結果
1.3.1　水準を産出とする確率的フロンティアモデル

　水準 μ を被説明変数とする確率的フロンティアモデルの分析結果について、図 7-1 は推定された関数 g、表 7-2 に各パラメータの事後分布統計量を、表 7-3 は各国の効率性の推定値を示している。

　図 7-1 は、x については平均値に固定し、教育支出変数 e_{it} を最小値から最大値に変化させたときの μ の点推定値（実線）と 90%区間推定値（点線）を示している。左図が支出指標 1 を用いた場合、右図が支出指標 2 を用いた場合の関数である。図より産出 μ はどちらの指標で見ても概ね教育支出の増加関数となっており、支出の変動によって 20 ポイント程度変動することが分かる[6]。ただしいずれの指標でも逓減的な関数となっており、指標 1 では 10,000 ドル付近を境に、指標 2 では 0.8 を境に関数はなだらかになっている。言い換えれば、支出指標平均値の前後で産出 μ の限界的な増分は極端に小さくなっていく。この結果から内挿するならば、支出水準が平均的な日本において、支出を大幅に増加させたとしても対応する産出の増分は大きくは得られない一方で、支出削減は産出の大きな減少を招くと解釈できる。

　表 7-2 に示されたパラメータ推定値に着目すると、どちらの支出指標を用いても各パラメータ推定値は同様の傾向を示している。公的負担率の係数の点推定値（事後平均）は負値となっており、この結果の直感的な解釈は難しい

第7章 教育財政システムの生産性・効率性と制度・政策　*265*

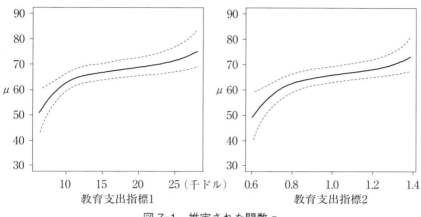

図 7-1　推定された関数 g

表 7-2　産出 μ に関する確率的フロンティアモデルの推定結果

支出変数：指標1	事後平均	標準誤差	90%CI 下限	90%CI 上限	$Pr(\theta>0\|D)$
公的負担比率	−0.132	0.220	−0.481	0.210	0.283
調査年 2000 年	0.216	0.030	0.167	0.264	1.000
調査年 2003 年	−0.001	0.029	−0.050	0.047	0.488
調査年 2006 年	0.071	0.029	0.024	0.120	0.992
調査年 2009 年	0.000	0.029	−0.047	0.046	0.503
σ	0.103	0.011	0.085	0.121	1.000
τ	0.223	0.046	0.159	0.309	1.000
M	24.993	11.655	10.155	47.047	1.000

$N=146$

支出変数：指標2	事後平均	標準誤差	90%CI 下限	90%CI 上限	$Pr(\theta>0\|D)$
公的負担比率	−0.186	0.222	−0.560	0.176	0.211
調査年 2000 年	0.204	0.029	0.156	0.253	1.000
調査年 2003 年	−0.003	0.029	−0.050	0.046	0.468
調査年 2006 年	0.061	0.028	0.016	0.109	0.985
調査年 2009 年	−0.007	0.029	−0.055	0.041	0.404
σ	0.105	0.011	0.088	0.122	1.000
τ	0.213	0.047	0.148	0.296	1.000
M	23.460	11.299	9.259	45.040	1.000

$N=146$

が、公的財政負担率は最小値と最大値の間で24%の相違があり、μを最大で2ポイント程度変動させることになる。非効率性のばらつきに関するパラメータτについては指標1の推定値の方が若干大きくなっている。

表7-3は各国の効率性の推定値である。υ_1は指標1で推定した場合の効率性、υ_2は指標2で推定した場合の効率性の事後平均値を示している。この効率性は所与の教育支出の下で達成可能な産出に対して、どの程度実現しているかを表している。2つの非効率性は非常に相関が高く（相関係数＝0.968）、同様の傾向が見いだせる。表より効率性の平均値は0.85前後であり、多くの国において非効率性は相当程度存在し、図7-1で推定された教育支出の増減による産出の増減幅と比較しても非効率性は大きいと言えよう。最も効率性が高く、ベストプラクティスに近いのはオランダであり、日本は3番目ないし4番目に効率性が高く、相対的には効率的と言える。ただし日本の現在の教育支出水準の下で改善できる余地は7%程度あり、これは教育支出を現在の水準から先進国最高水準に増額した時の増分以上の効果に匹敵するものであり、決して非効率性が小さいと言えるわけではない。

1.3.2 公平性を産出とする確率的フロンティアモデル

公平性$100/\lambda$を被説明変数とする確率的フロンティアモデルの分析結果については、図7-2に推定されたフロンティア関数gを、表7-4にパラメータ推定値、表7-5に非効率性の事後平均を示している。

図7-2は、xについては平均値に固定し、教育支出変数e_{it}を最小値から最大値に変化させたときの$100/\lambda$の点推定値（実線）と90%区間推定値（点線）を示している。図より、産出$100/\lambda$はどちらの指標で見ても平均値を大きく上回る支出水準のレンジ——指標1では2万ドル以上、指標2では1.3以上の水準——では教育支出の増加関数となっており、教育支出拡充が局所的な範囲で生徒間の成果の配分としての公平性に寄与していることが分かる。

表7-4に示されたパラメータ推定値に着目すると、どちらの支出指標を用いても各パラメータ推定値は同様の傾向を示していることが分かる。公的負担率の係数の点推定値（事後平均）は正の値となっており、教育支出が公的財政支出によって賄われる割合が高いほど、公平性に寄与することを意味する。推

表 7-3 産出 μ に関する効率性の推定結果

	$\exp(-v_1)$	$\exp(-v_2)$
オーストラリア	0.840	0.855
オーストリア	0.901	0.902
ベルギー	0.928	0.932
カナダ	0.912	0.926
チリ	0.736	0.743
チェコ	0.861	0.860
デンマーク	0.848	0.860
エストニア	0.897	0.896
フィンランド	0.918	0.918
フランス	0.897	0.900
ドイツ	0.861	0.863
ギリシャ	0.716	0.708
ハンガリー	0.804	0.814
アイスランド	0.772	0.805
アイルランド	0.807	0.840
イスラエル	0.815	0.832
イタリア	0.787	0.791
日本	0.936	0.927
韓国	0.950	0.940
ルクセンブルク	0.824	0.870
メキシコ	0.728	0.744
オランダ	0.952	0.959
ニュージーランド	0.876	0.884
ノルウェー	0.749	0.796
ポーランド	0.859	0.845
ポルトガル	0.872	0.836
スロヴァキア	0.897	0.907
スロヴェニア	0.851	0.836
スペイン	0.851	0.851
スウェーデン	0.812	0.824
スイス	0.914	0.914
トルコ	0.814	0.827
イギリス	0.819	0.825
アメリカ	0.796	0.806
平均	0.847	0.854

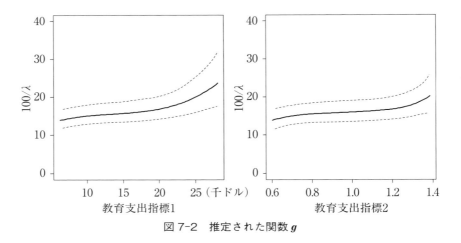

図 7-2 推定された関数 g

表 7-4 産出 λ に関する確率的フロンティアモデルの推定結果

支出変数：指標 1	事後平均	標準誤差	90%CI 下限	90%CI 上限	$Pr(\theta>0|D)$
公的負担比率	0.533	0.460	−0.192	1.346	0.875
調査年 2000 年	0.480	0.057	0.386	0.575	1.000
調査年 2003 年	−0.068	0.058	−0.165	0.026	0.118
調査年 2006 年	0.087	0.055	−0.004	0.176	0.943
調査年 2009 年	−0.039	0.054	−0.127	0.050	0.235
σ	0.205	0.020	0.176	0.240	1.000
τ	0.500	0.137	0.318	0.749	1.000
M	16.692	9.185	5.661	34.124	1.000

$N=146$

支出変数：指標 2	事後平均	標準誤差	90%CI 下限	90%CI 上限	$Pr(\theta>0|D)$
公的負担比率	0.580	0.475	−0.245	1.357	0.881
調査年 2000 年	0.481	0.059	0.385	0.578	1.000
調査年 2003 年	−0.039	0.057	−0.132	0.055	0.244
調査年 2006 年	0.086	0.055	−0.004	0.178	0.941
調査年 2009 年	−0.043	0.057	−0.137	0.048	0.230
σ	0.210	0.020	0.180	0.244	1.000
τ	0.522	0.143	0.327	0.787	1.000
M	15.672	8.755	5.209	32.321	1.000

$N=146$

第 7 章　教育財政システムの生産性・効率性と制度・政策　*269*

表 7-5　産出 λ に関する効率性の推定結果

	$\exp(-v_1)$	$\exp(-v_2)$
オーストラリア	0.610	0.610
オーストリア	0.584	0.569
ベルギー	0.589	0.578
カナダ	0.792	0.779
チリ	0.692	0.678
チェコ	0.537	0.522
デンマーク	0.627	0.616
エストニア	0.692	0.673
フィンランド	0.691	0.669
フランス	0.594	0.584
ドイツ	0.608	0.596
ギリシャ	0.623	0.591
ハンガリー	0.552	0.541
アイスランド	0.732	0.789
アイルランド	0.605	0.601
イスラエル	0.592	0.584
イタリア	0.769	0.744
日本	**0.641**	**0.619**
韓国	0.672	0.648
ルクセンブルク	0.663	0.674
メキシコ	0.962	0.954
オランダ	0.639	0.633
ニュージーランド	0.569	0.562
ノルウェー	0.566	0.592
ポーランド	0.598	0.572
ポルトガル	0.751	0.667
スロヴァキア	0.585	0.577
スロヴェニア	0.624	0.591
スペイン	0.759	0.735
スウェーデン	0.605	0.593
スイス	0.673	0.657
トルコ	0.676	0.659
イギリス	0.588	0.579
アメリカ	0.610	0.597
平均	0.649	0.636

定値から計算すると公的財源比率の最小値の国と最大値の国では1.3ポイント程度の相違が生じることとなる。

表7-5は各国の効率性の推定値（事後平均）である。v_1 は指標1で推定した場合の効率性、v_2 は指標2で推定した場合の効率性の値である。両指標で推定された効率性の相関は非常に高く（相関係数＝0.971）、指標の選択にかかわらず同様の結果が得られている。効率性の平均値は0.64程度であり、多くの国において非効率性が大きいことが分かる。日本における効率性については、先進国平均値よりもやや低い値となっている。

1.3.3 結合的産出に関する確率的フロンティアモデル

水準と公平性に関する2つの産出に関する非効率性 v_1 と v_2 の関係について見ておくと、支出指標1に基づく2つの非効率性の相関係数は -0.175、指標2に基づく相関係数は -0.216 となっており、弱い負の相関が見られる。カナダのように双方の産出において比較的効率的な国が存在するが、一方の産出においては効率的であり、他方の産出の面では非効率的となるような国も存在し、日本もその傾向にある。この事実は、常識的に考えれば、教育システムが単一の産出・価値を最大化するべく作動しているのではなく、複数の価値の間のトレードオフの下で選択を行っている可能性、また、ある産出の面から見た非効率性の縮減策が必ずしも他の産出における非効率性の縮減に結びつかない

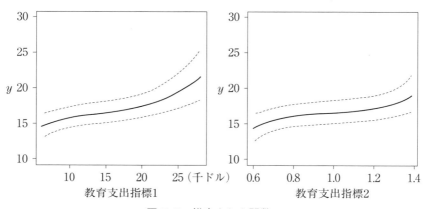

図7-3　推定された関数 g

可能性を示唆しており、複数の要素からなる結合的産出という視点から捉える
必要がある。

　式 (7.2) の結合的産出を被説明変数とする確率的フロンティアモデルの分
析結果として、図 7-3 に推定された関数 g を、表 7-6 にパラメータ推定値、
表 7-7 に効率性の事後平均を示している。図より、教育支出と結合的産出との
関係は、ほぼ線形に近い関係となっていることが分かる。この関数形は単一の
産出を仮定した図 7-1、図 7-2 とは異なる結果となっており、何を産出として
仮定するかが決定的に重要であることを物語っている。

表 7-6　結合的産出に関する確率的フロンティアモデルの推定結果

支出変数：指標 1	事後平均	標準誤差	90%CI 下限	90%CI 上限	$Pr(\theta > 0 \mid D)$
α_1	0.208	0.012	0.190	0.229	1.000
α_2	0.792	0.012	0.771	0.810	1.000
公的負担比率	−0.080	0.191	−0.367	0.249	0.341
調査年 2000 年	0.317	0.036	0.258	0.376	1.000
調査年 2003 年	−0.025	0.035	−0.084	0.033	0.235
調査年 2006 年	0.066	0.033	0.012	0.120	0.977
調査年 2009 年	−0.012	0.034	−0.067	0.043	0.354
σ	0.126	0.011	0.109	0.145	1.000
τ	0.198	0.048	0.135	0.286	1.000
φ	2.097	0.176	1.813	2.396	1.000
M	23.288	12.840	7.565	47.749	1.000

$N = 146$

支出変数：指標 2	事後平均	標準誤差	90%CI 下限	90%CI 上限	$Pr(\theta > 0 \mid D)$
α_1	0.209	0.012	0.190	0.229	1.000
α_2	0.791	0.012	0.771	0.810	1.000
公的負担比率	−0.173	0.260	−0.567	0.237	0.281
調査年 2000 年	0.314	0.037	0.254	0.375	1.000
調査年 2003 年	−0.003	0.035	−0.060	0.054	0.458
調査年 2006 年	0.063	0.035	0.007	0.121	0.966
調査年 2009 年	−0.013	0.035	−0.071	0.044	0.354
σ	0.130	0.011	0.113	0.149	1.000
τ	0.192	0.047	0.130	0.279	1.000
φ	2.066	0.184	1.791	2.384	1.000
M	23.503	12.952	7.934	48.167	1.000

$N = 146$

表 7-7　結合的産出に関する効率性の推定結果

	$\exp(-v_1)$	$\exp(-v_2)$
オーストラリア	0.834	0.845
オーストリア	0.871	0.872
ベルギー	0.892	0.897
カナダ	0.945	0.948
チリ	0.820	0.822
チェコ	0.827	0.824
デンマーク	0.854	0.864
エストニア	0.899	0.899
フィンランド	0.921	0.923
フランス	0.869	0.874
ドイツ	0.839	0.836
ギリシャ	0.771	0.759
ハンガリー	0.790	0.796
アイスランド	0.889	0.932
アイルランド	0.816	0.834
イスラエル	0.817	0.824
イタリア	0.889	0.888
日本	0.916	0.908
韓国	0.929	0.915
ルクセンブルク	0.852	0.881
メキシコ	0.960	0.959
オランダ	0.924	0.931
ニュージーランド	0.845	0.848
ノルウェー	0.757	0.808
ポーランド	0.848	0.835
ポルトガル	0.916	0.878
スロヴァキア	0.868	0.872
スロヴェニア	0.851	0.838
スペイン	0.904	0.902
スウェーデン	0.822	0.831
スイス	0.907	0.905
トルコ	0.846	0.848
イギリス	0.809	0.809
アメリカ	0.807	0.808
平均	0.862	0.865

第7章　教育財政システムの生産性・効率性と制度・政策　*273*

　また、表7-6より、変形弾力性に関するパラメータφの推定値はおよそ2であり、線形結合による完全な変形関係（φ＝1）ではないが、平均的水準と公平性の間にトレードオフ関係が成り立っていることが分かる。表7-7の各国の効率性の事後平均値を見ると、単一の産出を前提とした効率性との相関は高いものの、全体として、単一の産出を前提とした場合よりも、効率性の値が高くなり、ばらつきも小さくなっている。このことからも、各国の公教育システムは価値のトレードオフの下に、教育生産を行っていることが確認できる。その中で、日本は比較的高い効率性を示している。

2. 国レベルの効率性と制度・政策

　前節で非効率性の存在および国間の相違を明らかにしたが、それらは何に起因しており、また、非効率性の縮減はどの程度可能なのか。非効率性を規定する要因は潜在的には無数にありうるが、ここでは第2章で示した2つの政策的・制度的な要因について考察を進める。

　1つは教員人件費の配分パターンである。教育財政支出の7割近くを占める教員人件費は経常的経費であるが、その配分には少なからぬ政策的裁量の余地が存在する。第1章で見たように、員数−給与水準間には経験的にはトレードオフの関係があり、同じ教育支出水準の国間で支出パターンにおいて相違が生じうる。また、給与総額の配分に関してもその運用は多様であり、教員給与の配分がもっぱら経験年数に応じて決定されるのか、能力・業績などの要素を加味するのかは各国で異なっており、これらの人件費配分パターンは入職時および入職後の教員の質の向上を促す政策的企図の濃淡を反映している。このような政策に起因する人件費配分パターンと非効率性の間の関係について明らかにする。

　もう1つはアカウンタビリティに関する制度的要因である。第2章で検討したようにインセンティブ構造を規定する教育行財政制度としては、報酬システム、統治構造に関わるものなどが考えられるが、こと学校組織の自律性と評

価に関する制度は重要である。日本では、臨時教育審議会答申以降、学校レベルの意思決定に基づく効率的な学校運営の方策として学校組織の自律性強化が唱えられてきた。特に1990年代後半以降は、「今後の地方教育行政の在り方について」(1998年)、「新しい時代の義務教育を創造する」(2005年)などの中央教育審議会の答申においても学校組織に関する課題認識として予算・人事面で裁量の乏しさが指摘されてきた。また、アメリカ等のアングロサクソン諸国ではアカウンタビリティシステムの採用に関連づけて、教育生産関数研究の文脈において評価制度とともに制度的な学校組織の自律性の強化を要素とする改革パッケージが着目されてきた。Wößmann (2003a)、Fuchs & Wößmann (2007) などの先行研究ではそうしたアカウンタビリティシステムの採用を支持する知見を得ているものの、それらの分析には実質と手続きの双方において難がある。本節の分析では先行研究を批判的に検討した上で、学校組織の自律性と評価制度の効率性への作用を再考する。

2.1 教員人件費配分に関わる政策的要因

　教員人件費配分に関わる政策的要因として、員数−給与水準に関する配分パターンと入職後の教員の質に応じた給与配分の仕組みの2変数を得る。

　まず、教員人件費配分における教員数−給与水準に関する支出パターンに関する指標を2000年、2003年、2006年、2009、2012年時点のOECD加盟国の前期中等教育における生徒教員比と教員給与水準（15年経験教員給与対1人当たりGDP比）データの主成分分析によって得る。2変数の相関係数は0.466であり、第1主成分によって2変数の分散の73%が説明される。第1主成分得点は生徒教員比と教員給与水準の双方に正の相関があることから、値が大きくなるほど給与水準を重視する支出パターン、値が小さくなるほど児童・生徒数に対する教員数を重視した支出パターンと解釈できる。主成分得点の平均、分散はそれぞれ0、1である。5時点の平均値を各国の支出パターンの値とする。日本の値は0.481であり、員数よりも給与水準に傾斜した支出パターンに属す。

　次に教員の質に応じた給与配分政策に関する指標を、OECD加盟国の教員

給与・手当の決定方式に関するデータから項目反応理論によって得る。OECD
加盟国の教員給与・手当の決定方式のデータについては2003年以降のものに
関しては同一フォームで与えられているため、2003年、2006年、2009、2012
年時点のデータを用いる。指標の推定に用いるのは、次の6項目についての基
本給・手当への反映の有無に関するデータである[7]。

1) 採用要件を超える学位の修得

2) 採用要件を超える資格・免許の取得

3) 顕著な教育業績

4) 職能向上に関する研修の修了

5) 資格試験における優秀な成績

6) 複数教科における資格・免許の取得

　これらの項目について多くの項目で基本給・手当へ反映されていれば、より
教員の質に対して配分が行われていることを意味する。項目反応理論による各
国の母数の推定値（平均＝0、分散＝1）について、4時点の平均値を教員の質
に応じた給与配分政策の指標とする。日本の値は−1.036であり、教員の質に
報いる給与配分の仕組みは弱い。

　これらをふまえて、教員人件費配分に関する政策の非効率性への寄与を考察
する。1. で推定した非効率性に関するパラメータ v の対数を被説明変数とし、
下式（7.6）の線形モデルによって回帰分析を行う。x は説明変数の行ベクトル
であり、誤差項には外れ値に対して頑強である t 分布を仮定する。

$$\ln(\hat{v}_i) = \boldsymbol{x}_i \beta + \epsilon_i \tag{7.6}$$
$$\epsilon_i \sim \mathcal{T}(0, \sigma^2, w_i)$$
$$w_i \sim \mathcal{G}(\xi/2, \xi/2)$$

　実際の推定に際して、各 ξ パラメータの事前分布については式（7.7）のよ
うに設定し、推定はMCMC法によって行う[8]。

$$\beta \sim \mathcal{MVN}(0, 100^2 I) \tag{7.7}$$

$$\sigma^{-2} \sim \mathcal{G}(0.1, 0.1)$$
$$\zeta \sim \mathcal{G}(1, 0.1)$$

以下の分析では支出指標2による3種類の非効率性に関わる推定値——υ_1：水準を産出変数とした時のυの事後平均、υ_2：公平性を産出変数とした時のυの事後平均、υ_3：結合的産出を産出変数とした時のυの事後平均——を用いる[9]。

表7-8は各パラメータの推定結果を示している。推定結果から、非効率性υ_1は人件費配分パターンに規定されており、パラメータの点推定値および区間推定値が負であることから、給与水準を重視した配分パターンにおいて非効率性が縮減されることが分かる。点推定値の値は-0.141であり、このことは支出パターンの値が1標準偏差増えた時に非効率性υ_1が約0.87倍（$=\exp(-0.141)$）に縮減されることを意味する。一方で質に応じた給与配分に関するパラメータは正値であり、非効率性縮減に寄与していないことを示している。

非効率性υ_2に関する回帰分析では、給与水準を重視した人件費配分パターンと質に応じた給与配分のパラメータがともに負の値となっており、非効率性縮減に寄与していることが分かる。人件費配分パターンの係数の点推定値は-0.101であり、配分パターンの値が1標準偏差上昇した時に非効率性υ_2は0.9倍（$=\exp(-0.101)$）になる。

また、結合的産出における非効率性υ_3に関する回帰分析では、上記の分析と同様に、給与水準を重視した人件費配分パターンが非効率性縮減に寄与しており、配分パターンの値が1標準偏差上昇した時に非効率性υ_3は0.83倍（$=\exp(-0.183)$）になる。

これらから教員人件費配分に関する政策的要因は非効率性を左右していると結論づけられる。特に、員数－給与水準間の人件費配分は水準と公平性に関する非効率性の双方に影響を与えており、定数改善と給与水準向上というトレードオフの制約下では、後者を通じた教職参入者の質の確保の方が教員増員よりも高い効率性に資する政策となる。

第 7 章　教育財政システムの生産性・効率性と制度・政策　*277*

表 7-8　人件費支出パターンの寄与に関する *t* 分布回帰モデルの推定結果

被説明変数：$\ln(v_1)$	事後平均	標準誤差	90%CI 下限	90%CI 上限	$Pr(\theta>0\mid D)$
定数	−1.969	0.088	−2.114	−1.826	0.000
人件費配分パターン	−0.141	0.129	−0.351	0.072	0.135
質に応じた給与配分	0.063	0.119	−0.129	0.260	0.701
σ	0.455	0.071	0.349	0.580	1.000
ξ	23.432	19.506	4.261	63.522	1.000

$N=34$

被説明変数：$\ln(v_2)$	事後平均	標準誤差	90%CI 下限	90%CI 上限	$Pr(\theta>0\mid D)$
定数	−0.730	0.043	−0.806	−0.664	0.000
人件費配分パターン	−0.101	0.058	−0.198	−0.011	0.034
質に応じた給与配分	−0.030	0.057	−0.124	0.063	0.288
σ	0.196	0.045	0.134	0.278	1.000
ξ	3.338	2.311	2.069	5.818	1.000

$N=34$

被説明変数：$\ln(v_3)$	事後平均	標準誤差	90%CI 下限	90%CI 上限	$Pr(\theta>0\mid D)$
定数	−1.993	0.076	−2.119	−1.868	0.000
人件費配分パターン	−0.183	0.087	−0.324	−0.037	0.023
質に応じた給与配分	−0.022	0.099	−0.181	0.141	0.414
σ	0.410	0.059	0.322	0.515	1.000
ξ	27.626	22.204	4.872	72.005	1.000

$N=34$

2.2　アカウンタビリティシステム

　第 2 章で検討した Wößmann（2003a）、Fuchs & Wößmann（2007）など
の実証分析は、教育生産関数研究の枠組みの中で学校組織の自律性や評価など
の制度的要因に着目した稀有なものであるが、先述のようにそれらの研究には
少なくとも 2 つの点で問題がある。

　まず、第 1 は、暗黙に制度的要因の作用を学力の水準に限定して考察してい
るという点である。幾度も述べるように、仮に教育活動の産出として、学力面
だけに着目するとしても政策的な目標は単一ではなく、複数の観点から評価さ
れる必要がある。

　第 2 は、制度変数データの精度である。学校組織の自律性については

PISA、TIMSS の学校レベルデータが用いられているが、それらのデータは、本来システミックな変数でありながら学校の裁量・権限に関する調査校の校長の認識による回答に基づいており、PISA については調査対象の生徒の所属する学校段階（前期中等教育か後期中等教育か）が国間あるいは国内で統一されていない。これらの帰結として、同一の枠組み、説明変数を用いているにもかかわらず TIMSS と PISA のデータを用いた分析ではまったく異なる結果を得ており、知見の頑健性に欠けるという点で問題がある。また「外部試験」のデータについても実際に用いられている変数は中等教育機関の修了試験の有無であり、成果の可視化という仕組みに関する変数としては非常に限定的である。

　本項の分析では、第1の点については1. で推定した水準と公平性に関する2つの非効率性を被説明変数とすることによって、第2の点については先行研究で用いられたものとは別のデータを用いることで、制度的要因の作用について改めて検証する。

2.2.1　項目反応理論による制度変数の情報縮約

　本項の分析で用いる学校組織の自律性と評価に関する制度変数の各国の値については、複数の離散的な制度データから項目反応理論（段階反応モデル）によって推定する。学校組織の自律性については OECD 加盟国すべてをカバーする統一的なデータベースは存在しないため[10]、次善の策としてこれらの情報が得られるヨーロッパ諸国および日本に対象を限定して分析を行う。データは、すべて European Commission（2005）による。この European Commission（2005）のデータは、ヨーロッパ諸国に限定されるが、義務教育段階（初等教育、前期中等教育）の制度に関して詳細な情報を含んでおり、またデータの多くは2002〜2003年時点のものであり、時期的に整合し、管見の限り最も有用なものである[11]。

　European Commission（2005）に記載されているヨーロッパ各国のうち、OECD 加盟23カ国のデータを用いる[12]。データでは、各国の義務教育段階の公立学校の44項目における意思決定権限を「学校に権限なし」、「部分的に権限あり」、「権限あり」の3段階で評価し[13]、校長、教員、学校理事会・協議会のいずれかに権限が属す場合に、学校に権限があると判断する。44項目は

以下の 6 領域に分類される。

1) 授業日数・時間数（7 項目）

年間授業日数、年間授業時数、週当たり授業時間数、各科目授業時間数、単位授業時間、学期の日数、始業・終業日

2) 教育内容とプロセス（8 項目）

教科書、授業方法、教育内容、選択科目、最低基準を超える必修科目、生徒の成績評価、生徒の進級、修了試験の内容

3) 規則・組織編制（4 項目）

校則、退学・停学の基準設定、入学者受け入れの基準設定、学級編制

4) 財政的・物的資源（7 項目）

学校予算全体の配分、経常費の配分、教材の入手、コンピュータ設備の整備、不動産の入手、動産の入手、維持修繕

5) 人的資源（10 項目）

校長の任命、教員数の設定、新規教員の採用、欠員教員の補充、教員の解雇、業績給、超過勤務手当、教員の担当授業時数、労働時間、研修

6) 私的資金（8 項目）

寄付金の募集、資金調達、貸付金、私的資金の経常費への流用、私的資金による動産入手、私的資金による事務職員雇用、私的資金による不動産入手、私的資金による教員雇用

ヨーロッパ 23 カ国のデータに加え、日本についても教育法規における規定を参照しながら同様のデータを作成した。項目反応理論による推定値は、平均 0、標準偏差 1 に標準化されている。日本の総合的な自律性の値は −1.099 であり、ヨーロッパ各国との比較において自律性は低い部類に属す。また領域別の値は、授業日数・時間数で 0.931、教育内容・プロセスで 0.339、組織編制で −1.141、物的・財政的資源で −2.252、人的資源・労務管理で −1.714、私的資金運用で −0.016 である。授業日数・時間数の設定、教育内容・プロセスに関しては、日本は比較的高い部類に入るのに対して、規則・組織編制、物的・財政的資源、人的資源については相対的にかなり低く、特に学校経営の基幹となる物的・財政的資源、人的資源に関する自律性は最低となっている。また、6

280

領域の自律性間の相関係数を求めると、その値は 0.199（授業日数・時間数と組織編制）～ 0.684（物的・財政的資源と人的資源）の範囲にあり、各領域の自律性間の相関は高いとは言えず、どの領域における自律性が非効率性縮減に関わっているかという観点からも分析を行う必要が示唆される。

次に評価制度に関しては、OECD（2007）の OECD 加盟国の前期中等教育の公立学校評価制度に関する調査データ（2004 年時点）を用いる。データは以下の 12 項目の有無に関するものであり、項目反応理論によって整備状況に関する一元的なスコアを得る[14]。

1) 国レベルの試験
2) 国レベルのアセスメント
3) 生徒の追跡調査に関する統計の整備
4) 定期的な査察
5) 定期的な内部評価
6) 視学官による査察
7) 中央政府による評価
8) 評価情報の公表
9) 親など特定集団の評価情報の利用
10) 学校選択のための評価情報の利用
11) 評価に連動した賞罰
12) 支援に関する意思決定への活用

項目反応理論による日本の推定値は－1.649 であり、フィンランドと並んで最も低い数値を示している。特に 12 項目のうち「定期的な内部評価」に関して該当制度が存在するのみであり、潜在変数の数値が最も低いものとなっている[15]。

2.2.2 *t*分布回帰モデルによる分析

先の支出配分パターンに関わる分析と同様に誤差項に*t*分布を仮定した線形回帰モデルによって非効率性の要因分析を行う。説明変数は学校の自律性、評価制度、学校の自律性と評価制度の交差項である。第2章で議論した仮説では、効率的な教育資源の運用に関して、現場レベルでの意思決定を可能とする組織的自律性はその必要条件であり、本人・代理人論関係における本人たる家庭の情報取得コストを極小化する環境でよりその効果が大きくなるという関係を想定している。すなわち、2つの制度の単独の効果（主効果）のみならず、2つの制度の双方が揃うことによって表れる相互作用も検証の対象となる。1項の分析と同様の事前分布を用い、MCMC法によって推定を行った。

表7-9は、対数化した非効率性v_1を被説明変数とした*t*分布回帰の推定結果である。まず2つの制度変数の単独の効果（主効果）に着目すると、学校組織の自律性と評価制度の係数の点推定値は値自体が小さく、また区間推定値は正負に大きく跨っており、その効果を判断することは難しい。学校組織の自律性と評価制度の交互作用項について見ると、点推定値は負値であり、また90%以上の確率で負値となっている。このことは、学校組織の自律性の効果が評価制度に依存しており、評価制度が整備されている状況ほど、非効率性の縮減効果が大きくなることを示している。例えば、評価制度が整備されていない状況（−1）、平均的状況（0）、整備されている状況（+1）、のそれぞれで学校組織の自律性が1増加した時の効果を算出すると、評価制度が整備されていない状況では非効率性は1.105倍（＝exp(−0.077×1−0.225×1×−1)）に、評価制

表7-9 非効率性v_1に関する*t*分布回帰モデルの推定値

	事後平均	標準誤差	90%CI 下限	90%CI 上限	$Pr(\theta>0|D)$
定数項	−1.914	0.123	−2.116	−1.715	0.000
自律性（総合）	−0.077	0.149	−0.326	0.165	0.303
評価制度	0.048	0.134	−0.174	0.261	0.654
自律性×評価制度	−0.225	0.163	−0.494	0.044	0.081
σ	0.459	0.110	0.298	0.653	1.000
ξ	12.056	9.709	2.607	31.915	1.000

$N=20$

表 7-10 非効率性 v_1 に関する t 分布回帰モデルの推定値（自律性領域別）

	事後平均	標準誤差	90%CI 下限	90%CI 上限	$Pr(\theta>0|D)$
定数項	−1.936	0.111	−2.121	−1.757	0.000
自律性（授業日数・時間数）	−0.195	0.127	−0.400	0.016	0.062
評価制度	−0.073	0.145	−0.312	0.163	0.302
自律性×評価制度	0.324	0.164	0.050	0.585	0.970
σ	0.429	0.102	0.281	0.613	1.000
ξ	10.936	9.057	2.637	28.795	1.000

$N = 20$

	事後平均	標準誤差	90%CI 下限	90%CI 上限	$Pr(\theta>0|D)$
定数項	−1.952	0.129	−2.166	−1.747	0.000
自律性（プロセス・内容）	−0.168	0.140	−0.391	0.064	0.110
評価制度	0.062	0.144	−0.181	0.286	0.681
自律性×評価制度	0.187	0.210	−0.158	0.529	0.823
σ	0.472	0.107	0.321	0.665	1.000
ξ	11.793	9.560	2.766	30.180	1.000

$N = 20$

	事後平均	標準誤差	90%CI 下限	90%CI 上限	$Pr(\theta>0|D)$
定数項	−1.876	0.118	−2.074	−1.687	0.000
自律性（組織編制）	0.027	0.130	−0.192	0.234	0.595
評価制度	0.069	0.134	−0.156	0.278	0.714
自律性×評価制度	−0.208	0.156	−0.463	0.049	0.088
σ	0.455	0.114	0.284	0.654	1.000
ξ	10.840	9.407	2.554	29.907	1.000

$N = 20$

	事後平均	標準誤差	90%CI 下限	90%CI 上限	$Pr(\theta>0|D)$
定数項	−1.918	0.118	−2.114	−1.730	0.000
自律性（財政的資源）	−0.081	0.136	−0.309	0.138	0.277
評価制度	0.022	0.135	−0.204	0.233	0.576
自律性×評価制度	−0.204	0.128	−0.415	0.00	0.051
σ	0.459	0.106	0.305	0.647	1.000
ξ	12.560	10.220	2.696	32.772	1.000

$N = 20$

	事後平均	標準誤差	90%CI 下限	90%CI 上限	$Pr(\theta>0|D)$
定数項	−1.879	0.128	−2.088	−1.674	0.000
自律性（人的資源）	−0.099	0.158	−0.364	0.154	0.261
評価制度	0.063	0.146	−0.182	0.301	0.677
自律性×評価制度	−0.187	0.140	−0.412	0.043	0.090
σ	0.476	0.104	0.324	0.663	1.000
ξ	13.099	10.293	2.946	34.022	1.000

$N = 20$

	事後平均	標準誤差	90%CI 下限	90%CI 上限	$Pr(\theta>0|D)$
定数項	−2.000	0.130	−2.215	−1.791	0.000
自律性（私的資金）	−0.103	0.134	−0.320	0.118	0.215
評価制度	0.013	0.139	−0.216	0.234	0.543
自律性×評価制度	−0.294	0.191	−0.600	0.022	0.060
σ	0.453	0.103	0.300	0.640	1.000
ξ	11.528	9.044	2.677	29.769	1.000

$N = 20$

度が平均的な状況では非効率性は 0.926 倍（＝exp(−0.077×1)）程度に縮減し、整備されている状況では非効率性は 0.776 倍（＝exp(−0.077×1−0.225×1×1)）となる。これらの結果は、本人・代理人論に基づく仮説——代理人の活動の成果に関する情報収集コストが低いときに、代理人における自律性は本人の利害に沿うよう方向づけられる——を支持している。

　さらに進んで、どのような種類の組織的自律性が効率的な資源の運用を促しているかという点について分析した結果が表 7-10 である。表は自律性の 6 領域ごとに t 分布回帰モデルのパラメータ推定結果を示しており、自律性の領域ごとの推定結果はかなり異なっていることが分かる。6 領域のうち、物的・財政的資源における自律性、人的資源における自律性、私的資金運用における自律性に関してその主効果、交互作用が大きくなっている。これらの結果は、予算と人事が学校組織経営の意思決定における基幹的領域であるという事実に合致している。授業日数・時間数決定における自律性、教育内容・プロセスにおける自律性に関しては、交互作用項の係数が正の値を示しており、本人・代理人論に基づく仮説と異なった結果となっている。すなわち評価制度が整備されている状況ではこれらの自律性の非効率性縮減効果は減退する。

　表 7-11 は、非効率性 υ_2 を被説明変数とした t 分布回帰の推定結果である。評価制度の主効果は信用区間が正負に大きく跨がっているものの、非効率性縮減に寄与していないことが分かる。交互作用項に関する係数も同様である。一方、自律性の領域別の結果を示した表 7-12 を見ると、自律性の主効果は財政的資源と人的資源に関するもので点推定値が正値となっており、自律性の拡大

表 7-11　非効率性 υ_2 に関する t 分布回帰モデルの推定値

	事後平均	標準誤差	90%CI 下限	90%CI 上限	$Pr(\theta>0|D)$
定数項	−0.734	0.070	−0.854	−0.623	0.000
自律性（総合）	0.067	0.071	−0.048	0.185	0.838
評価制度	−0.011	0.072	−0.128	0.107	0.432
自律性×評価制度	0.006	0.082	−0.125	0.142	0.523
σ	0.265	0.059	0.181	0.370	1.000
ξ	13.145	9.813	3.031	32.319	1.000

$N=20$

表 7-12　非効率性 v_2 に関する t 分布回帰モデルの推定値

	事後平均	標準誤差	90%CI 下限	90%CI 上限	$Pr(\theta>0|D)$
定数項	− 0.760	0.067	− 0.872	− 0.653	0.000
自律性（授業日数・時間数）	− 0.020	0.073	− 0.141	0.098	0.390
評価制度	− 0.56	0.080	− 0.189	0.076	0.230
自律性×評価制度	0.110	0.095	− 0.048	0.266	0.882
σ	0.257	0.058	0.174	0.363	1.000
ξ	12.203	9.676	2.908	31.196	1.000

$N=20$

	事後平均	標準誤差	90%CI 下限	90%CI 上限	$Pr(\theta>0|D)$
定数項	− 0.765	0.072	− 0.884	− 0.651	0.000
自律性（プロセス・内容）	− 0.012	0.076	− 0.136	0.111	0.432
評価制度	− 0.013	0.072	− 0.133	0.103	0.429
自律性×評価制度	0.092	0.112	− 0.091	0.275	0.805
σ	0.265	0.059	0.184	0.372	1.000
ξ	12.490	9.940	2.930	31.758	1.000

$N=20$

	事後平均	標準誤差	90%CI 下限	90%CI 上限	$Pr(\theta>0|D)$
定数項	− 0.754	0.070	− 0.870	− 0.643	0.000
自律性（組織編制）	− 0.019	0.078	− 0.141	0.113	0.392
評価制度	0.002	0.073	− 0.118	0.120	0.514
自律性×評価制度	0.035	0.092	− 0.113	0.186	0.657
σ	0.269	0.061	0.182	0.379	1.000
ξ	12.139	9.176	2.893	30.560	1.000

$N=20$

	事後平均	標準誤差	90%CI 下限	90%CI 上限	$Pr(\theta>0|D)$
定数項	− 0.739	0.063	− 0.844	− 0.637	0.000
自律性（財政的資源）	0.115	0.070	0.002	0.229	0.953
評価制度	− 0.007	0.069	− 0.120	0.107	0.458
自律性×評価制度	0.036	0.065	− 0.068	0.143	0.718
σ	0.254	0.054	0.177	0.349	1.000
ξ	14.045	10.450	3.140	34.472	1.000

$N=20$

	事後平均	標準誤差	90%CI 下限	90%CI 上限	$Pr(\theta>0|D)$
定数項	− 0.730	0.069	− 0.847	− 0.619	0.000
自律性（人的資源）	0.112	0.078	− 0.013	0.241	0.930
評価制度	− 0.043	0.075	− 0.165	0.078	0.275
自律性×評価制度	0.013	0.069	− 0.099	0.128	0.574
σ	0.254	0.056	0.175	0.357	1.000
ξ	13.016	9.956	3.070	33.492	1.000

$N=20$

	事後平均	標準誤差	90%CI 下限	90%CI 上限	$Pr(\theta>0|D)$
定数項	− 0.737	0.069	− 0.852	− 0.627	0.000
自律性（私的資金）	0.044	0.072	− 0.072	0.163	0.737
評価制度	0.004	0.071	− 0.111	0.121	0.516
自律性×評価制度	0.000	0.099	− 0.156	0.164	0.490
σ	0.266	0.060	0.180	0.372	1.000
ξ	11.716	9.049	2.794	29.894	1.000

$N=20$

は非効率性の増大に帰している。具体的には、自律性が 1 標準偏差高くなった時、非効率性は約 1.1 倍となる。

これらの結果は、v_1 を被説明変数として分析した結果と異なっており、本人・代理人論に基づく仮説を支持していない。すなわち、これらの学校経営において基幹となる予算と人事における自律性と評価制度の相乗効果は非効率性を増幅させる方向へ働いているのであり、生徒間の公平な教育成果の配分という面ではむしろ非効率性を増大させるということになる。この分析結果は、アカウンタビリティシステム改革を擁護する先行研究の知見を相対化する点で極めて重要である。

最後に、表 7-13 および表 7-14 は、結合的産出を産出変数とした時の非効率性 v_3 を被説明変数とした推定結果を示している。表の結果より組織的自律性、評価制度の双方が非効率性の増減に大きく寄与していないことが明らかであり、非効率性 v_2 に関する分析と併せて、本人・代理人論に基づく仮説が妥当する範囲が限定的であることを示している。

表 7-13　非効率性 v_3 に関する t 分布回帰モデルの推定値

	事後平均	標準誤差	90%CI 下限	90%CI 上限	$Pr(\theta>0\|D)$
定数項	-1.946	0.105	-2.121	-1.778	0.000
自律性（総合）	0.039	0.121	-0.162	0.231	0.633
評価制度	0.029	0.113	-0.155	0.214	0.609
自律性×評価制度	-0.125	0.137	-0.341	0.099	0.171
σ	0.403	0.087	0.279	0.560	1.000
ξ	12.591	10.062	2.943	32.573	1.000

$N=20$

表 7-14 非効率性 v_3 に関する t 分布回帰モデルの推定値

	事後平均	標準誤差	90%CI 下限	90%CI 上限	$Pr(\theta>0\|D)$
定数項	−1.990	0.090	−2.141	−1.842	0.000
自律性（授業日数・時間数）	−0.159	0.102	−0.326	0.009	0.059
評価制度	−0.105	0.115	−0.293	0.084	0.171
自律性×評価制度	0.318	0.132	0.103	0.533	0.990
σ	0.354	0.076	0.245	0.490	1.000
ξ	12.957	9.689	3.054	32.053	1.000

$N = 20$

	事後平均	標準誤差	90%CI 下限	90%CI 上限	$Pr(\theta>0\|D)$
定数項	−2.017	0.102	−2.182	−1.847	0.000
自律性（プロセス・内容）	−0.161	0.108	−0.335	0.017	0.068
評価制度	0.036	0.112	−0.151	0.215	0.640
自律性×評価制度	0.219	0.164	−0.051	0.481	0.911
σ	0.389	0.084	0.272	0.539	1.000
ξ	14.093	10.529	3.393	35.418	1.000

$N = 20$

	事後平均	標準誤差	90%CI 下限	90%CI 上限	$Pr(\theta>0\|D)$
定数項	−1.949	0.107	−2.123	−1.775	0.000
自律性（組織編制）	−0.034	0.119	−0.224	0.162	0.374
評価制度	0.051	0.121	−0.149	0.244	0.675
自律性×評価制度	−0.097	0.141	−0.326	0.137	0.235
σ	0.419	0.090	0.295	0.583	1.000
ξ	14.065	10.243	3.244	34.463	1.000

$N = 20$

	事後平均	標準誤差	90%CI 下限	90%CI 上限	$Pr(\theta>0\|D)$
定数項	−1.932	0.098	−2.096	−1.774	0.000
自律性（財政的資源）	0.111	0.110	−0.070	0.286	0.847
評価制度	0.027	0.111	−0.153	0.205	0.603
自律性×評価制度	−0.063	0.105	−0.234	0.106	0.265
σ	0.382	0.085	0.260	0.535	1.000
ξ	12.509	9.415	2.854	31.935	1.000

$N = 20$

	事後平均	標準誤差	90%CI 下限	90%CI 上限	$Pr(\theta>0\|D)$
定数項	−1.918	0.110	−2.104	−1.742	0.000
自律性（人的資源）	0.070	0.134	−0.150	0.287	0.706
評価制度	0.005	0.123	−0.191	0.206	0.515
自律性×評価制度	−0.078	0.115	−0.267	0.109	0.240
σ	0.399	0.090	0.268	0.558	1.000
ξ	12.599	9.957	2.747	32.312	1.000

$N = 20$

	事後平均	標準誤差	90%CI 下限	90%CI 上限	$Pr(\theta>0\|D)$
定数項	−2.001	0.107	−2.174	−1.826	0.000
自律性（私的資金）	0.003	0.115	−0.185	0.189	0.514
評価制度	0.031	0.112	−0.153	0.215	0.613
自律性×評価制度	−0.182	0.167	−0.450	0.096	0.132
σ	0.398	0.091	0.270	0.563	1.000
ξ	12.636	9.955	2.814	32.438	1.000

$N = 20$

3. 考　　察

本章では、マクロな制度・政策に由来する効率性に着目して教育生産関数の分析を行った。その知見は以下の3点に整理される。

まず第1は、教育支出拡充による効果は局所的であるという点である。本章の確率的フロンティアモデルによる結果は、生徒の学力を学校教育の成果とみなした時に、その水準および配分は教育支出拡充によって改善を図りうることを示している。ただし、水準に関する教育支出の効果については逓減的であり、特に支出平均付近を境にその傾向が著しくなる。教育支出拡充によって大きな改善が得られるのは、先進国平均を大きく下回るような支出水準が低い国においてであり、教育支出水準が平均以上である国々においてはベストプラクティスの下での改善幅は小さい。日本は初等中等教育においてOECD加盟国の中では平均的な支出水準にあり、支出の増加による産出の改善幅は小さい一方、支出が減少した場合には産出は大きく低化することになる。また公平性（生徒間の成果の配分）に対する明確な効果は先進国平均よりも大幅に高い国において見いだすことができる。これらの知見は、教育財政支出の拡充によって如何なる産出が改善されるかは、支出水準の範囲によって異なることを示している。

第2は、教育生産における国レベルの非効率性（ベストプラクティスからの乖離）は小さくないという点である。このことは教育支出の変動による産出の改善分と比較しても、あるいは、限界生産性の逓減という第1の知見に照らしても明白である。2つの産出において多くの国で教育資源の運用の非効率性が存在する。また日本について言えば、学力の水準という産出に焦点化した場合には非効率性は小さいと評価できるが、それでも非効率性の大きさ自体は無視できるものではない。また公平性を産出と考えた場合には非効率性の大きさは先進国平均値程度であり、現行の日本の初等中等教育の体制がベストプラクティスから乖離しており、現行の支出水準の下でも改善の余地が存在していることを意味する。

第3は、それらの非効率性は教員人件費支出の配分に関わる政策的要因とアカウンタビリティに関わる制度的要因に規定されているという点である。人件費支出の配分については、2つの産出に共通して、員数よりも給与水準を重視する配分の方が非効率性を縮減しており、効率性を高めている。それに対し、制度的要因についての分析結果は2つの産出の間で大きく異なっている。水準を産出とした時の非効率性に関しては本人・代理人論による仮説に合致するものであった。すなわち、学校の自律性が高い場合に非効率性が縮減されうること、またその作用は評価制度の存在に依存しており、より包括的な評価制度が伴うことでその非効率性の縮減効果が増幅される。しかし、一方で公平性を産出とした時の非効率性に関しては、本人・代理人論による仮説は支持されず、むしろ、学校組織の自律性の効果が効率性改善に関して負の方向に作用することが明らかとなった。

　そして、既存研究と相異なる本章の分析の重要な知見として次の2点が指摘できる。まず第1に、教育生産関数の推定ではセミパラメトリックモデルによる分析を行うことによって、非線形的な教育支出の効果を明らかにしたという点である。従来の教育生産関数の実証分析ではもっぱら線形モデルを用いており、いかなる投入水準の下でもその限界効果は一定であることを仮定しているが、本章の分析は、その仮定が不適切であることを示している。そして、本章の知見は、教育支出の限界的な生産性は逓減し、支出水準が平均以上の国において投入ベースアプローチは高くつくことを示唆しており、Hanushek（2003）による投入ベースアプローチの無効性の主張は、投入が一定水準を超えた状況における投入産出関係に適合すると解釈できる。

　第2に、効率性の改善において、既存研究が示唆する学校組織の自律性とアカウンタビリティシステムの強化が常に有効であるとは限らず、制度改革において価値選択の議論が付随することを示した点である。学校組織の自律性とアカウンタビリティシステムの相補的な作用を主張した Wößmann（2003a）には制度変数のデータの精度と産出の限定性の点で問題があり、2. ではこの点を改めた上で制度的要因が効率性に及ぼす作用を分析した。学校組織の自律性については2つの非効率性に対して相反する作用があり、学校経営の基幹とな

る予算と人事における自律性が公平性を追求する上で障壁となる可能性があることを示した。すなわち、分権的な意思決定はより教育活動の現場のニーズに沿った資源運用を可能にする側面がある一方で、「優秀な教員」などの有限な資源に関して学校・地域間での調整・配分を困難にする。またアカウンタビリティシステムは、制度デザインによっては、学校・教員が成果を向上させ難い児童・生徒へのコミットメントを削ぐことにも帰結すると考えられる。

　加えて、本章の分析から導かれる政策的含意について次のように言えよう。まず、一般的な含意としては非効率性の縮減策の重要性が挙げられる。教育支出の水準が極端に低い国の場合はともかくとして、先進国の中で平均的な支出水準にある日本の場合、現状の支出水準から先進国最高水準にシフトさせたとしても、水準においても公平性においても改善幅は小さく、一層の産出の改善には、教育財政支出拡充という投入ベースの政策のみならず制度改革等による非効率性の解消という2方向からのアプローチが採られる必要がある。あるいは、政治的プロセスにおいて教育財政の拡充を訴えるならば、現状が効率的フロンティアの近くにあることが政治的支持の条件となろう。こうした非効率性縮減の重要性をふまえて、政策面と制度面に関する具体的な含意として以下の点が挙げられる。

　政策としての教員人件費支出の配分について言えば、それは歴史的に形成された教員の労働条件であるとの見方もできるが、国・地方政府レベルでの作為として、一定程度の政策的裁量が存在している。すなわち、限界的な人件費支出の増減を員数の変動に振り分けるか、給与水準の変動に振り分けるかはトレードオフの関係にあり、政策選択の余地が存在する。日本の文脈で言えば、義務教育費国庫負担制度に関する総額裁量制の下で、財政的制約を背景とした教員の質・量のトレードオフの中で政策選択が行われうる[16]。本章の分析結果は、そうした質・量のトレードオフにおいて、量の重視策（定数維持・改善）よりも質の重視策（給与水準維持・改善）の方が望ましいことを示している。現行の総額裁量制は県費負担教職員人件費総額の範囲内で給与水準引き下げや雇用形態の多様化によって教員数を確保し、義務標準法に定める標準を下回る学級編制や少人数教育などを行うことを許容する一方で、その反対の方向

性の裁量を認めていないが、分析結果に基づくならば、むしろ「定数崩し」等による教員数確保策は必ずしも望ましい政策とは言えないことになる。無論、トレードオフ関係の中でどのような配分パターンが実現するかは政治的プロセスにも依存し、教員給与水準向上策をとることは容易ではないが、少なくとも積極的に質を犠牲にするような政策選択は首肯し難いというのが本章の分析から導かれる主張である。

　制度的要因に関して言えば、本章の分析結果は、学力における水準と公平性という2つの産出における非効率性は連動していないため、その処方箋も共通でありえないということを示している。特に、基礎自治体や学校組織への人事・予算の権限移譲策は、あらゆる面での教育生産における効率性を向上させるわけではなく、制度改変の前提としてどのような価値を重視するのかという点が問われなければならない。

　なお、本章の教育生産関数の実証分析において、所与の支出の下でのベストプラクティスからの乖離という意味での非効率性の所在と要因が焦点であったが、その知見に関しては、家計による学校外教育支出による投入を考慮していないという点で、その限界には注意が払われるべきである。本章の分析結果として、日本の教育財政システムは、学力の水準を産出として措定した場合には非効率性が比較的小さいことを明らかにしたが、このことは、日本の学校教育の効率性に基づくというよりも、学校外教育支出を無視し、投入を過小に見積もった結果である可能性も考えうる。周知のように日本において学校外教育は広く利用されており [17]、また、国単位では学校外教育利用と学校教育支出との間に代替関係が成立している [18]。

　これらから学校外教育支出という計測されない陰の投入の寄与によって、見かけ上、日本や韓国といった国が相対的に効率的なシステムとして析出された可能性もある。将来的には、こうした学校教育・学校外教育の双方の支出を包含し、その2セクター間の資源配分を射程に入れた総合的な教育システムを単位とした効率性の評価が求められる。

A. 計量分析補論
― セミパラメトリック確率的フロンティアモデルの推定 ―

この章におけるセミパラメトリック確率的フロンティアモデルは部分線形モデルとディリクレ過程混合分布モデルを組み合わせたものであり、以下のように示される。

$$y_{it} = \mathbf{X}_{it}\beta + f(z_{it}) + \epsilon_{it} - \upsilon_i \tag{7.A.1}$$
$$\epsilon \sim \mathcal{N}(0, \sigma^2)$$
$$\upsilon_i \sim G$$
$$G \sim \mathcal{DP}(M \cdot G_0)$$
$$G_0 = \mathcal{N}(0, \tau^2)$$

$\beta, f(z), \sigma$ の推定

第6章の分析と同様に $f(z)$ について B スプライン関数を用いて近似することにより、$\beta, f(z), \sigma$ に関する推定は、以下のように標準的な線形回帰モデルの推定に帰着する。

$$y_{it}^* = \mathbf{X}_{it}^*\alpha + \epsilon_{it} \tag{7.A.2}$$
$$y_{it}^* = y_{it} + \upsilon_i$$
$$\mathbf{X}_{it}^* = [\mathbf{X}_{it} \quad \mathbf{B}(z_{it})]$$
$$\alpha = \begin{pmatrix} \beta \\ \gamma \end{pmatrix}$$

υ, τ^2 の推定

MCMC 法の過程におけるパラメータ υ, τ^2 発生の方法は、ディリクレ過程混合分布を用いたセミパラメトリック階層線形モデルに関する Kleinman & Ibrahim（1998）、ディリクレ過程混合分布モデルを用いたセミパラメトリック確率的フロンティアモデルに関する Griffin & Steel（2004）の基底測度を半正規分布に変更したものである。

v_i の条件付き事後密度関数は以下のように書ける。

$$p(v_i|v_{-i}, y_i, \mathbf{X}_i^*, \alpha, \sigma^2, \tau^2) = w_{i0} \cdot f_{TN} + \left(v_i \middle| \frac{-\sum_{t=1}^{T_i}(y_{it}-\mathbf{X}_{it}^*\alpha)}{\sigma^{-2}T_i+\tau^{-2}}, \frac{1}{\sigma^{-2}T_i+\tau^{-2}} \right)$$

$$+ \sum_{j=1, j\neq i}^{N} w_{ij}\delta_{vj}(v_i) \tag{7.A.3}$$

$$w_{ij} = \begin{cases} \dfrac{M \cdot \int f(y_i|v_i,\mathbf{X}_i^*, \alpha, \sigma^2)g_0(v_i|\tau^2)dv_i}{M \cdot \int f(y_i|v_i,\mathbf{X}_i^*,\alpha,\sigma^2)g_0(v_i|\tau^2)dv_i+\sum_{j\neq i}f(y_i|v_j,\mathbf{X}_i^*,\alpha,\sigma^2)} & (j=0 \text{ の時}) \\[2em] \dfrac{f(y_i|v_j,\mathbf{X}_i^*,\alpha,\sigma^2)}{M \cdot \int f(y_i|v_i,\mathbf{X}_i^*,\alpha,\sigma^2)g_0(v_i|\tau^2)dv_i+\sum_{j\neq i}f(y_i|v_j,\mathbf{X}_i^*,\alpha,\sigma^2)} & (j\neq 0 \text{ の時}) \end{cases}$$

ただし、$\delta_{vj}(v_i)$ は、$v_j=v_i$ の時に 1 を、そうでない時に 0 となる関数である。τ^2 の条件付き事後分布は

$$\tau^{-2}|\{\theta\}_{j=1}^J \sim \mathcal{G}\left(\frac{v_{0\tau}+J}{2}, \frac{\lambda_{0\tau}+\sum_{j=1}^J\theta_j^2}{2} \right) \tag{7.A.4}$$

となる。ただし、θ は v のうちの異なる J 個の値、$v_{0\tau}$, $\lambda_{0\tau}$ は事前分布に関するパラメータである。

　v および τ^2 は、MCMC 法の過程で、式（7.A.3）および（7.A.4）の条件付き事後分布から繰り返し乱数を発生させることで、系列を得ることができ、β, γ, σ と合わせて乱数の系列から事後分布統計量を算出する。

注
1)　TIMSS は総参加国が多いが、先進国による参加・不参加は調査ごとに一定していない。
2)　PISA2000、PISA2003、PISA2006、PISA2009、PISA2012 の生徒レベルのデータファイルのうち分析に用いた変数は、数学的リテラシースコアについては"pv1math""pv2math""pv3math""pv4math""pv5math"、学年については"st01q01"、総合的 SES 指標については"escs"である。PISA2000 のデータには"escs"は含まれていないため、OECD（2005a:Ch17）に従って、主成分分析により指標を構成する必要がある。PISA2000、PISA2003、PISA2006、PISA2009、PISA2012 のデータにおいて推定に用いたケース数はそれぞれ、85,813、213,442、239,569、283,589、279,226 である。

第 7 章 教育財政システムの生産性・効率性と制度・政策　*293*

3) ただし、関数形については単調性制約を課す。

4) ディリクレ過程混合モデルの説明と MCMC 法による推定法の詳細については中妻（2003：第8章）などを参照。確率的フロンティアモデルへの応用としては Griffin & Steel（2004）がある。なお、本章のモデルは Kleinman & Ibrahim（1998）の変量効果モデルの基底測度を半正規分布の確率密度関数に変え、部分線形モデルに組み込んだものである。

5) 各年のデータについて 2012 年時点の額に換算した。

6) パーセンタイルスコアの標準偏差は約 28.9 であり、20 ポイント分の変動は 0.7 標準偏差程度の変動と解釈することができる。パーセンタイルスコア変換前のスコアを用いて分析した場合、教育財政支出によってもたらされる変動は 0.5 標準偏差程度であり、本章の手続きは財政支出の影響を大きく評価する方向に作用する。

7) 2006、2009、2012 年データでは、各項目に関して、基本給、手当、一時支給金に細分化した上でその有無のデータが与えられているが、2003 年分に関してはこの区分が設けられていないため、基本給・手当を合併したデータを用いる。

8) 推定の詳細は中妻（2003：第6章）を参照。

9) 支出指標1による推定値で分析を行ってもほぼ同じ結果が得られるため、その分析結果については割愛する。

10) 学校組織の裁量・権限に関しては、PISA2000、PISA2003 において参加国の学校レベルのデータがあり、Fuchs & Wößmann（2007）で分析が行われているが、これらのデータは本節では使用しない。PISA は OECD 加盟国をカバーしているが、対象となる学校の段階が前期中等教育のものと後期中等教育のものとが混在しており、比較可能性の点で問題がある。

11) European Commission によるデータとして、European Commission（2009, 2012）があるが、それらのデータは簡素化され、意思決定権限に関する項目が少ないため、European Commission（2005）のデータのみを用いる。

12) OECD 加盟 23 カ国は、オーストリア、ベルギー、チェコ、エストニア、デンマーク、フィンランド、フランス、ドイツ、ギリシャ、ハンガリー、アイスランド、アイルランド、イタリア、ルクセンブルク、オランダ、ノルウェー、ポーランド、ポルトガル、スロヴァキア、スロヴェニア、スペイン、スウェーデン、イギリスである。European Commission（2005）のデータにおいて、ベルギーについてはフラマン語圏とフランス語圏の2地域のデータが、イギリスについてはイングランド、スコットランド、ウェールズ、北アイルランドの4地域のデータが存在する。ベルギーについては2地域のデータを推定に用い、項目反応理論による潜在変数については2つの値の平均値をとって、ベルギーの値とした。イギリスについては4地域のデータの平均を推定に用いる。

13) 意思決定権限が地方教育行政機関に委任されうるというケースは、「部分的に自律性あり」に含めた。

14) OECD（2011）にも 2009 年時点のアカウンタビリティに関わる制度データが収録されているが、項目が少なく、また、欠損値が多いため、本節では使用しない。

15) このデータは 2004 年時点のものであり、その後、日本においては全国学力・学習状況が導入され、2007 年の学校教育法、学校教育法施行規則改正によって、幼、小、中、高、中等教育学校などにおける自己評価（内部評価）、当該学校の保護者および関係者による評価およびそれらの情報の公表の義務化がなされている。

16) あるいは教員人件費を司る自治体が財政的制約から免れているとしても、補償賃金としてトレードオフが生じる可能性がある。Hanushek & Luque（2000）は、労働経済学における補償賃金仮説 —— 雇用主は劣悪な労働条件を埋め合わせるために、相対的に高い給与をオファーする —— に基づいて学級規模と給与水準の関係を分析し、教員給与と教員数がトレードオフの関係にあることを明らかにしている。

17) 例えば、文部科学省の「子どもの学習費調査」（2012 年度）によれば、公立学校在学者の学習塾支出者率は小学 6 年、中学 3 年、高校 3 年でそれぞれ 53.8%、80.1%、37.3%、支出者年間平均額は 222 千円、328 千円、296 千円となっている。また、家庭教師費等支出率については 33.5%、32.3%、14.4%、支出者年間平均額は 60 千円、98 千円、101 千円である。

18) 2012 年時点の国単位のデータで学校外教育利用率と生徒 1 人当たり学校教育支出の相関係数を算出すると −0.428 となる。各国の学校外教育の利用率については、PISA2012 の個票データから算出した。PISA2012 では、正規の授業以外の活動に関する設問（ST57）で、1 週間当たりの利用時間を尋ねている。利用がある者の割合を国ごとに求め、「学校外教育利用率」として算出した。設問文は、「平均して、以下のことにどれくらいの時間を使っていますか」であり、a）学校の教員による宿題や他の課題、b）学校の教員以外による補習、c）家庭教師による指導、d）学習塾での授業、e）家族との学習、f）コンピュータによる学校の課題についての学習、の 6 項目について平均時間を回答するようになっている。c）または d）について、利用がある者の割合を国ごとに求めた。日本の利用率については、「子どもの学習費調査」の結果との乖離が大きいため、相関係数を算出する際には、日本のデータは除外した。

終　章

教育財政における民主性と効率性

1.　本書の知見

1.1　民主性と効率性の評価とその条件

　本書は、現代の教育財政における政治・経済を対象とした実証分析である。その問題意識の核心は、教育財政を有限な資源をめぐる民主的決定と効率的運営として捉えることにあり、呼応して、財政支出を伴う公教育供給の過程を2種類の委任過程として理解することを議論の端緒としている。1つは有権者から政治家に対する委任を伴う間接民主主義政治による決定過程である。もう1つは非専門家から専門家に対する委任を伴う教育行政・経営による運営過程である。資源の有限性の制約という現実が伴う限り、それらの委任過程における民主性と効率性という手続き的価値の実現が焦点となる。そこで本書が答えるべき問いとして設定したのは、第1に、それらの価値が日本の教育費をめぐる政治・政策で実現されてきたのか、第2に、実現されていないならばそのための条件は何か、という点であった。

　これらの問いは極めて単純であり、第1の問いについては、それ自体が大方の結論の方向性を含んでいる。しかし、そうした表面的な単純さと裏腹に答えに至る考察の過程はそうではない。というのも、本書の議論は、教育財政をめぐるわが国の学術的研究が分析・評価や構想のための道具立てを欠いてきたこと自体への批判という根本的な議論を含んでいるからである。すなわち、前提となる事実認識、教育財政の位置づけ、民主性と効率性という鍵概念の理解・

定義、分析枠組み、参照すべき理論、分析手法にまで遡及した上で、問いと答えの組みを提示しているのである。それゆえ「民主性と効率性は十分に達成されていない」という結論を既存研究と潜在的に共有したとしても、どのような意味での民主性・効率性が、どのような点で、どの程度十分でないのか、という認識・評価を違えることになる。そしてこのことは第2の問いの答えにも反映されるのである。以下、得られた知見を要約する。

　まず第1章では、本書の出発点として、過小支出論と教育投資論という2つの教育財政に関わる政治的言説を批判的に検討した。財政的制約を前提とした政治・経済を回避する論理としてのこの2論が政治的言説として人口に膾炙することによって、有限な資源をめぐる民主的決定と効率的運営という教育財政の現代的な課題に関する考察は等閑にされてきた。前者については、人口構成と教育の労働集約的性質を考慮して教育支出の共時的・通時的実質化の上で比較を行い、過少支出論の妥当する範囲が限定的であることを、後者については、既存の人的資本論の理論・実証研究および筆者による分析の知見に照らして検討し、それらの知見は論理的・経験的に政治的主張としての教育投資論を裏書きするものではないこと示した。とりわけ、後者の含意は本書において極めて重要である。というのも、政治的主張としての教育投資論の否定は教育財政の必要性の否定ではなく、教育財政の存在事由だからである。すなわち、教育に関する公財政支出が正当化されるのは、それが投資だからではなく、むしろ、投資ではなく、政府が支出しなければ成立しないからである。この点こそが、なぜ民主性と効率性が問われなければならないのかという「そもそも論」への応答であり、それゆえ教育的価値の実現のための有限な資源をめぐる政治・経済として教育財政を位置づけた上で、民主性と効率性に関する理論的・実証的考究が不可欠となるのである。この予備的考察を経て、第2章では実証分析のための枠組みと仮説を検討した。

　続く第3、4、5章では、教育財政をめぐる意思決定における民主性に関して、教育費政策の政策過程を対象として虫瞰・鳥瞰双方の視点から実証分析を行った。具体的には、日本の国政における1970・80年代の教育財政（第3章）、1970年代以降の先進国の教育財政支出（第4章）、2000年代の地方政治

終　章　教育財政における民主性と効率性　*297*

における教育財政（第5章）を対象とした。これらの政策過程分析の焦点は、非選出部門に対する選出部門の統制の所在であり、その民主的統制はどの局面・経路で作動するのか、すべきなのかという点にある。

　教育財政制度確立期を対象とした教育財政制度史研究は、その成立過程における省庁間の競合関係を明らかにし、以後の時期の政策過程を扱った教育政策過程研究は、省庁間の競合に加えて、自民党の一党優位の下での族議員の台頭という政治レベルでの割拠現象に着目してきた。こうした政治・行政双方の割拠性への着目に拠って立つ下位政府論は、70年代の教育財政拡充を教育下位政府アクターの相対的な強さに見いだしたのであり、この点に関する実証的検討と再解釈が第3章の作業課題であった。第3章の事例分析で明らかにしたのは、70年代における与野党伯仲と党内派閥力学が教育下位政府の要求の実現を有利にした局面はあるものの、大局的には、教育下位政府の教育財政拡充の要求の実現度は省庁間の相互抑制に制約され、またその割拠性の克服は執政中枢にある政治アクターの政策選好とその統合作用に大きく依存したという点である。このことは、従来の下位政府論に基づく政策過程像が自民党文教族議員らの活動量から政策出力への影響力を類推したに過ぎないことを意味している。予算政治の局面に関して言えば、自民党文教族議員は政策分野間の優先順位づけではなく、教育政策内部での優先順位づけに寄与したに過ぎないのであり、その結果が、70年代における義務教育費の中核たる教員人件費（給与と教職員定数）と私学助成の拡大、80年代の他の政策経費削減の是認と引き換えにしたそれらの削減・一般財源化圧力からの死守だったのである。

　第3章の考察は、方法的には通時的・記述的な事例分析に基づくものであり、もっぱら関係アクターの選好・行動に焦点化したのに対し、第4章では、空間的方向に広がりを持つlarge-Nデータの分析によって教育財政支出の変動に対する構造的要因の作用を浮き彫りにすることに力点を置いた。その構造的要因として代議制民主主義における非時変的な政治制度に着目し、政策過程に対する作用を明らかにした。政治制度は政策決定における諸アクターの権力へのアクセス構造を司るものであり、議院内閣制の枠組みの中では政権政党あるいはその党首＝首相という核への権力の集中・分散を規定する。計量的実証分

析では、議会内関係、政府内関係に関わる政治制度の権力集中度について検証し、権力集中型の政治制度において、教育支出に対する政権政党の政策選好と政策出力との結びつきが強固となることを示した。特に、政府内の権力集中の作用は大きく、その反対の権力分散型の民主主義制度においては、政権交代あるいは政党の政策方針の通時的変動が政策出力としての教育財政支出へ反映されにくいという一般的関係を見いだした。また同時に、日本の政策過程の特質として、教育財政支出をめぐる政治的作為による変動は他の先進国と比較して小さく、政治制度から予測される変動と比べても実際の変動は小さいことを見いだした。

　第3章と第4章の分析は、従来の研究が考慮してこなかった要素を政策過程の記述・分析に反映させることで、下位政府論を相対化し、教育財政をめぐる政策過程を再解釈するものであった。一方で第5章の分析は、そもそも下位政府論が射程としていなかった地方政治を対象に加えることで、教育財政の政策過程の全体像の描出を補完するものである。2000年代の教育財政関係の法制度改変によって教育財政をめぐる意思決定は複層化し、地方政治に教育財政が関連づけられることとなった。そして日本の地方議会制度は権力分立の原理に基づく二元代表制でありながら執政府の長である首長の制度的権力は大きく、特に、知事選挙および知事の政策実現のための政治的関与は教育政策過程の最も重要な局面をなす。教育政策に関わる地方政治として観察されたのは、少人数学級・指導などの一部の教育・子育て関連政策の政治争点化であったが、それは、財政・雇用などの社会経済的環境と知事・知事選候補者の当選・再選戦略の複合的産物として発現した。その政策過程において、本人たる有権者は、中央政府の政策的不確実性とともに、情報の非対称性に起因する代理人たる政治家の機会主義的行動の起こりうる中で、政策選択・負託の機会に直面したのであり、その間接民主主義における委任過程は健全に作動していたとは評価し難いものだった。

　これらの政策過程分析の知見は、教育財政に関わる政策変動が、分立を前提とした教育政策領域内の「小政治」=「非政治」ではなく、政策領域間の「大政治」を通じて生じ[1]、またその民主的統制も後者の場面を通じて達成されう

ること、そして、規範論としても、その「大政治」の場面を如何に統制するかが肝要であることを意味している。日本の教育財政をめぐる政策過程について評価するならば、70年代の教育財政拡充期とその後の抑制期の政策過程で教育費政策の政策出力を決定づけたのは、下位政府論が示唆するような自律した非選出部門の利益集約・表出作用ではなく、選出部門から形成される執政中枢の選好と統合作用である。その点において民主性の1つの要件としての選出部門の非選出部門に対する優位を一定程度見いだすことができよう。しかし、一方で予算制約の範囲で政策間の優先順位を決め、政策出力に反映させるという意味での財政民主主義は不完全であったのであり、その達成のためには、強力な統合作用を必要とする。そして、この統合作用の強さは政治制度の関数であり、政治制度改革という外生的な変動に依存する。

　こうした知見は、民主的統制の条件としてアクター・制度における権力集中の作用の重要性を導くが、その一方で、第5章で扱った地方政治という題材は民主的統制のための権力の規律についての洞察を与えるものである。2000年代の教育財政に関する意思決定の複層化を導く制度改変を地方分権の進展と捉えるならば、それは、理念的には地方分権改革推進の論理が語るように、より身近なレベルでの将来期待・業績評価投票と自治体間の「善政競争」によって首長の権力を規律づけ、民主的統制が促されることが期待できよう。しかし、現実の政策過程においてそうしたメカニズムは不全であり、有権者に対して意味のある政策的選択肢が提供された上での民主的統制が成立していたとは言い難い。それは中央政府の経済・財政政策や社会経済的環境といった外生的な要因による不確実性のみならず、教育政策特有の情報の非対称性にも起因している。すなわち、教員数や学級規模という情報は本人たる有権者に可視的である一方、そうした政策変数に関わる実現手段やその長期的帰結に関する情報は不可視であり、代理人である政治家が機会主義的ないし近視眼的な業績誇示行動をとる余地が生じたのである。

　この事実から導かれる含意は、「大政治」における政治主導の規律づけ＝有権者から政治家への委任プロセスの健全化である。有権者から政治家への健全な委任関係は、政治家の提示する政策的選択肢が実現可能かつ妥当なものに絞

り込まれ、その選択肢間の競争・評価によって成立するのであり、個別政策領域の専門性がこのプロセスにおいて発揮・統合されることが民主的統制の重要な基盤をなすのである。この点は、政策形成上の資源の結節点たる政党組織が弱い地方政治において特に重要であると思われる。あるいは、一定の政党の凝集性を前提とした議員内閣制を採用する国政についても、社会保障政策などと異なり、政策選択肢の情報が政党ラベルや党派性に統合されておらず、政策的妥当性や受益・負担に関する情報が有権者に低コストかつ予期可能な形で得られない教育政策領域においてこそ、この点はより重要となるのである。

　一方、領域専門家への委任過程における効率性の考察に関しては、第6章と第7章で教育財政支出の政策分析として、教育生産関数に関する実証分析を行った。これらの分析では投入・産出間の一般的関係である生産性のみならず、個別組織単位の効率性について評価し、どのような経営的・制度的・政策的環境においてベストプラクティスが達成できるのかという点についてミクロ（第6章）・マクロ（第7章）の双方の面から考察した。分析の焦点は、効率性・非効率性の評価、および組織間の効率性の相違についての政策・制度・経営的要因の解明にある。

　第6章の分析では、学校組織を単位としたミクロレベルの効率性・非効率性に着目し、産出として学力面・非学力面の複数の成果を、投入として要素的政策変数である学級規模を措定した。多産出確率的フロンティアモデルによる分析では、財政支出を伴う学級規模縮減の効果は従来的な学力水準のみに焦点化した効果よりも大きいことを析出する一方で、その投入の変動による寄与に対して効率性改善の寄与が大きいこと、また、教育行財政研究で古くから言及されてきた学校経営と地方教育行政の規模が効率性を規定していることを明らかにした。この効率性と行政・経営規模との関係は必ずしも単調増加・減少関係になく、また、学校規模に関しては、現行法における標準、すなわち適正規模が必ずしも教育組織としての最適規模となっていないという知見を得た。そうした点で本書の分析結果は、行政・経営における規模の経済・優位や適正規模論に再考を迫るものである。

　第7章の分析では、国を単位としたマクロレベルの効率性に焦点を当て、そ

終　章　教育財政における民主性と効率性　*301*

の効率性・非効率性の推定およびその多寡を左右しうる制度的・政策的要因の作用を検証した。学力における水準と公平性を産出変数として措定した多産出確率的フロンティアモデルによる分析は、教育支出拡充がこれらの産出を改善するものの、その効果はモデレートもしくは局所的であること、非効率性は多くの国において――学力水準という一部の産出において相対的に効率的な日本も含めて――相当程度存在することを示した。そして、その効率性の国間の相違は、人件費支出配分に関わる政策とアカウンタビリティシステム（自律的学校組織と評価制度）によって規定されることを明らかにした。すなわち、前者については、給与水準（教員の質）を重視した人件費配分に関わる政策が水準と公平性の双方の産出に対して斉一的に効率性を改善する点を、後者については、アカウンタビリティシステムは、学力水準という単一の産出における効率性を改善するものの、公平性あるいはそれを含む複合的産出の面では、非効率性を増大させる方向へ作用する両刃の剣となる点を指摘した。

　これらの政策分析の知見は、効率性の観点から以下のように整理できる。まず第1は、日本の教育財政に関して効率性改善の余地は小さくないという点である。その大きさについての絶対的な判断基準は存在しないが、少なくとも、教育支出拡充による教育成果の改善余地と非効率性の縮減による改善余地と比較した場合には後者の方が大きいという点は第6章と第7章に共通する分析結果である。このことは、投入ベースの改善という政策に一定の効果が認められるとしても、その政治的実現には、同時に効率的な資源運用を促す政策・制度によって補完される必要があることを示唆している。また、教育支出水準が高くなるに伴い、相対的に非効率性の縮減は重要な課題となる。

　第2は、教育生産のプロセスにおける効率性の評価とその条件の追求は、制度・政策工学としての単なる技術的問題ではなく、価値選択との整合性を問われる問題だという点である。本書では米欧の先行研究と異なり、効率性の実証分析において多産出モデルを用いたが、それは教育上の成果が単一ではなく、資源配分上のトレードオフが起こりうると想定するゆえである。教育成果として想定される産出が複数存在する場合、効率性の程度の評価自体が何を産出変数として含めるかに依存し、それ自体価値の選択を伴う。また、このことは同

時に、効率性を規定する要因の影響する方向性も産出変数の選択に依存し、効率性の改善策においても価値の選択が付随する局面があることを意味している。実際に、教員人件費配分に関わる政策は、学力に関わる水準と公平性の双方の産出における効率性を斉一に規定する点で価値のトレードオフを免れる一方で、あらゆる産出の構成に照らして効率的となるような単一の最適経営規模やアカウンタビリティに関する制度配置は存在しない。そうした点で、本書の示す効率性の条件は価値選択に条件づけられている。

1.2　民主性と効率性の相補的関係

　これらの政策過程分析と政策分析の個々の知見は、本書の冒頭で提示した民主性と効率性に関するそれぞれの評価・条件に関する問いと対応関係を成すものである。本論では、民主性と効率性について独立に議論してきたが、一連の考察は、教育財政をめぐる政治と経済、それらに付随する民主性と効率性という価値が独立していること、あるいは、独立に展開されるべきことを前提にしているのではない。むしろ、それらは相互に関連し、分析の上では個別に議論したとしても、実証的知見から含意を得る上では、統合的に議論されるべきものである。

　序章に述べたように、教育財政が民主主義的な政治過程に服すならば、それに対する有権者の支持の調達は、公教育供給のために割り当てられた資源が効率的に運用されているか否かという有権者の認識に依存している（Duncombe *et al.* 2003）。すなわち、教育財政をめぐる政治的意思決定の当否は、教育財政の効率性に左右されるのであり、効率性の達成なしには民主的正当性は付与されない。

　加えて、本書の政策過程分析・政策分析の知見は、効率性がその実現における政治過程にも依存する側面も示唆している。既に述べたように、教育経営上の産出が複数の要素から構成されるならば、効率性の程度に関する評価と改善方策は価値の選択に依存するのであり、それは政治的意思決定の民主的正当性に立脚する。また、第7章の、学力の水準と公平性の双方の産出における効率性に関して、教員人件費の配分政策が斉一に作用するという知見は政策過程に

おいて価値のトレードオフを伴わないという点で、本書の効率性に関する知見の中でも最も強い政策的含意となろう。しかし、同時にこの政策的処方箋は、政治過程の面では困難に直面する。第5章で見たように、教員数あるいは学級規模は有権者にとって可視的な指標である一方、教員の質やそれを支える労働条件はそうではなく、政治家には当選・再選戦略として、そうした教員の質に関わる政策変数を犠牲にして可視的な政策変数（教員数）の確保を優先する誘引が存在する。効率性の実現には、そのための政策的・制度的方策のみならず、その方策の存在自体を民主主義政治過程において認知・周知させるメタ政策・制度が必要となるのである。

このように教育財政における民主性と効率性に関する課題は、現実には相補的関係をなしており、それらの実証的知見は統合的に議論されてはじめて実際的な意味を持つのである。

2. 本書の貢献

上述の教育財政に関する政策過程分析・政策分析の知見の学術的貢献は、以下の4点に整理できる。

第1は、教育政策過程分析における下位政府論の相対化である。下位政府論は政策過程の専門分化という観察に立脚するが、本書では、日本における1970年代の教育財政拡充が政策過程の専門分化や政策共同体の自律化の帰結としてではなく、執政中枢による統合作用の帰結として実現したことを明らかにした。また政策過程における教育下位政府、他政策領域の下位政府、執政中枢という三極関係や与野党関係は制度的環境の面から理解され、制度的相違の観察される共時的データを用いた分析は、アクターの選好・行動あるいはパーソナリティといった属人的な要素に還元する議論では明らかにしえない構造的作用を浮き彫りにした。そして、低成長経済において、教育財政支出の拡充を含む政策出力の変動は、強い教育下位政府が存在しうる権力分散的な政策過程の下ではなく、権力集中的な政策過程の下でしか達成されず、その前提の上で

民主的統制のあり方を構想する必要性を示した。

第2は、第1の点と関連して、教育政策過程を比較政治学・比較公共政策論の観点から分析対象としたことである。比較政治学において経済・財政、福祉などの政策分野に関しては既に多くの研究蓄積が見られるのに対し、教育政策が分析対象として注目を浴びたのはごく最近に過ぎない（Busemeyer & Trampusch 2011; Jakobi *et al.* 2010）。そうした意味で第4章の分析・考察は教育学、政治学の双方の文脈において新しい試みに属す。教育政策を対象とした既存研究との相違は、政治制度の影響の経路として、それ自体が与える作用ではなく、政策過程の多様性を生み出す作用に焦点を当てた点にある。このことは実証分析の結果の解釈の整合性という上でも、事例分析の知見を補完する上でも意義がある。

第3は、日本の教育財政研究の文脈の中で、明示的に効率性という視点から実証分析を展開したことである。効率性ないし能率性という問題自体は日本の教育行財政研究において古くから認識されていたものの、その概念に対する明確な操作的定義は与えられず、そして、しばしば、議論自体が忌避されてきた。本書では教育生産における効率性・非効率性を操作可能な形で定義した上で計量的に評価し、また、政策・制度・経営的要素に帰する効率性改善の寄与を明示化することを可能にした。本書で着目した効率性（Farrell の産出指向の技術的効率性）はありうる操作的定義のうちの1つのものでしかないが、そうした選択の妥当性についての検討の可能性も含めて、後続の教育財政研究に対して参照点を形成したと言えよう。

第4は、計量的実証分析における方法的貢献である。第6章および第7章の効率性・生産性の実証分析で用いた確率的フロンティアモデルと呼ばれる手法は、米欧の教育政策・教育経済学の既往の実証研究に適用例を見いだすことはできるが、本書で用いたモデルは既存研究のものに比較して仮定の現実性において利点がある。産出に関して複数要素の結合的産出を仮定することによって、学力水準以外の産出を含む包括的な効率性を評価したが、これは、学校・教員が学習指導以外の活動に大きく関与している日本の文脈では不可欠の分析上の仮定であると同時に、効率性に関わる政策・制度選択への含意においても

非常に重要な仮定である[2]。また、生産関数の関数形に強い制約を課さないセミパラメトリックモデルを用いたことで、投入の作用の非線形性を明らかにした。非線形性の仮定の実質上の含意は投入の変動域のどの区間において効果が存在するのか・高いのかを明らかにする点にあり、その点で本書は、投入変数の係数が統計的に有意か否かをめぐって"Star Wars"に終始する線形モデルを基調とした従来の実証研究とは一線を画す[3]。非線形性に関わる知見は、財政的投入の増加に伴って効率性改善がより重要な課題となるという実質的含意を提示するに至っている。

3. 今後の展望と課題

　最後に本書の知見をふまえた教育財政・政策の展望と付随する政策上の論点および研究課題を述べて、本書の締めくくりとしたい。

　まず、第1は教育費をめぐる政策の長期的な政治的環境に関するものである。2009年9月の民主党政権の誕生は、政策の内容面での自民党政権との断絶と、政策の過程面での連続を意味するものであり、この民主党政権の誕生は90年代以降の政治制度改革で目指されたイギリス型（権力集中型）の政権選択による民主主義政治のひとまずの完成であった──しかし、その後、「政権交代可能な二大政党制」は大きく後退した。第4章の実証分析の結果に従えば、権力集中型の民主主義は政権政党による政治的意思の貫徹を促すものであり、今後の教育政策は政権政党の政策選好により大きく依存し、事前的な総合調整による一貫した政策パッケージの形成の重要性は高まるであろう。

　第3章で見たように、有限資源の配分たる予算政治には統合作用を伴わざるを得ないが、政策過程のどの段階でどのアクターがそれを担うかという点が問題となる。90年代の政治制度改革は内閣の総合調整機能の強化を目指したものであったが、その後の政策過程をつぶさに見る限り、政策分野間で利害の衝突する場面でトップダウンの総合調整は現実に行われていたとは言い難い。「強い首相」と呼ばれた小泉純一郎首相の在任期における、予算の重点配分[4]、三

位一体改革における国庫負担金・補助金の一般財源化の対象決定[5]、歳出削減方針策定[6] はその例証である。これらは首相指示・裁断というタテの総合調整の様式をもってしても、歳出構成を変更することが容易ではなかったことを意味する。また、民主党は 2009 年の衆議院選挙において整合性と財源の面で明らかに問題のある公約を掲げて勝利したが、結局は事後的な調整の負荷を高めることとなり、公約不履行に至った。財政健全化を目指しつつ、政治的意思を政策出力に貫徹させるに及んで調整の負荷は、各々の政党が予算制約内で整合性を持つ政策パッケージを掲げ、選挙での有権者の選択によって負託が行われるという民主的正当性によって軽減せざるをえない。政策の妥当性を担保する各政策領域の専門知もこの政策公約策定という事前過程において統合される必要があり、費用・効果に関するエビデンスに基づいて現実的かつ妥当な政策的選択肢群を政治的アクターに提供することが教育政策領域の専門知の重要な役割となる。権力集中型の民主主義の政治過程を前提とした時に、領域的専門知の実際的な関与の余地を考察することは、個別領域政策研究としての教育政策過程研究における重要な研究課題となろう。

　そして、教育政策の政策過程の政治的環境として重要なのは、政治制度や政治アクター間関係の変化だけではない。長期的な有権者構成の変化も同様に、あるいは、それ以上に重要である。特に第 4 章で言及したように有権者構成の長期的変動が及ぼす影響は無視できないものであり、また、それは中央地方間、地方間で少なからぬ相違が観察されるであろう。こうした有権者構成変動に不均質な影響が顕在化した時に、教育財政・政策を支える民主性、機会均等といった規範概念の内容自体も再考が迫られるのかもしれない。

　第 2 は、教育財政とそれに連動した教育システムの統治の包括的方向性である。本書で教育費として考察の対象としたのはもっぱら学校教育支出であるが、学校教育支出への視野の限定は構造的問題を看過する可能性を孕む。第 7 章で述べたように、学校教育支出と学校外教育支出との間には代替関係が存在し、学校教育 ― 学校外教育セクター間の教育支出の配分問題は効率性に関する学校教育セクター内部の統治構造に連動する。すなわち、政府部門が大きい国々では家計の可処分所得は小さく、学校外の教育機会が限られ、教育要求の

終　章　教育財政における民主性と効率性　*307*

実現のための制度的装置として学校教育内に参加、選択、評価等を伴うアカウ
ンタビリティシステムを発達させざるをえない。一方で日本を含む東アジアの
ように学校外教育の利用機会が広範に存在する国ではその圧力は小さく、学校
教育で実現しない教育要求は学校外教育という私的領域によって不均等に解決
される。アカウンタビリティシステムの成否は教育サービスの受益者たる家庭
の「退出」オプション（Hirschman 1970=2005）の利用可能性に依存する。

　初等中等教育に関して言えば、日本は、教育支出の２つの座標軸上におい
て、平均的な学校教育支出と多額の学校外教育支出という位置にあるが、今後
の教育費政策として、このような支出構成の座標上の位置からどの方向に移行
するか（あるいは留まるのか）が重要な政策選択となる。すなわち、学校教育
セクターの効率性を高めることを前提に学校教育支出を拡充するのか、学校外
教育機関を教育・福祉の実施主体と位置づけ、学校外教育費をカバーする直接
給付を重視するのかという選択である。我々が、積極的にせよ消極的にせよ、
前者を選択するならば、その実現が可処分所得あるいは家庭による教育へのコ
ミットメントについて減少を伴う限り、学校教育セクターの効率性追求への社
会的関心・圧力はより高まるであろう。

　その効率性の規定要因として本書で考察した政策・制度・経営的要因は考え
うる多くのものの一部でしかない。政策的要因については、近年では、学校の
教職員構造の転換、特に教員以外の専門スタッフの配置増が議論となっている
が、これは本書で扱った人件費配分に関わる政策に位置づくものであり、今後
取り組むべき新たな論点である[7]。制度的要因については、本人・代理人の理
論枠組みにおける事前的システムと事後的システムの統合的な考察が必要とな
り、加えて、分権化、選択・競争、評価という NPM 的な制度改革パッケージ
に代替する、教育分野独自の効率化方策が存在しうるかという問いも重要な課
題である。

　第３は、学知と政治の関係である。民主主義政治、とりわけ、本書が扱っ
た有限な財政資源をめぐる政治的意思決定の過程において、明確な政策間の優
先順位づけが不可欠となるが、そのために必要となる政策の受益・負担の情報
は現実的には各政策領域の専門家に依存する。そこで問題となるのは、現状認

識や課題発見といった情報創出過程において各政策領域の専門家である下位政府アクターが政治化し、「問題」と「解決策（政策）」の因果関係の認識に関する固有の信念・ドクトリンを発信することである。教育財政に関する議論では常に教育投資論の如き論理が主張されてきたが、このように下位政府アクターが「先行投資」や「成長戦略」と称して利益表出を行うのは教育分野に限ったことではない。近時の「少子化対策」はその端的な例であり、形を変えた予算政治でもある（堀江 2009）。

　こうした政策共同体としての領域的専門家による認知的次元での政治に対する、研究者共同体の学知が果たす役割の理想（の１つ）は、「エビデンスに基づいた政策（形成・決定）」という原理を掲げ、資源配分にまつわる政治を中立的に裁定することであろう。しかし、現実的にはこの理想の基盤は脆弱であり、むしろエビデンスは政治の先鋭化さえももたらしうる。それは個別専門領域の研究者が第４の政策共同体アクターとなることによって、あるいはそうでなくとも、政策共同体アクターによるエビデンスの「つまみ喰い」や「伝言ゲーム」に起因して生じうる。そうした意味で、教育政策研究（者）には、質の高い実証的政策分析・政策評価によるエビデンスとそれに基づいた政策的選択肢の供給だけでなく、民主主義政治における政治・社会と研究との相互作用、エビデンスの流通のコントロールの局面についてのメタレベルの視点からの実証的な政策過程分析、その知見に基づいた制度構想も要求されるのである。

注

1)　「小政治」／「大政治」の区分は、小川（2010a：13）の用法に拠る。
2)　この実証分析上の仮定を置くことと、日本において学校・教員が学習指導以外の活動に多くの時間・労力を割いている現実への規範的評価は別問題である。
3)　内生性への対処に大きなウェイトが置かれている近年の政策評価・実証分析の文脈では、技術的問題から線形モデルが用いられている。この点に関する経済学での批判的議論としてSims（2010）など。そこで扱われている例は少人数学級の施策評価である。
4)　教育財政に関わる点では、小泉政権が発足した当初の、2001 年の経済財政諮問会議では、2002 年度概算要求基準をめぐって、旧来型の公共事業などから５兆円を削減し、そのうちの

終　章　教育財政における民主性と効率性　*309*

2兆円を、教育を含むなど重点7分野に配分するという決定を下した。しかし、そのような首相・諮問会議のトップダウンによる歳出構成の変更は影を潜めることとなった。

5)　2002年から2005年にかけて行われた三位一体改革では、2003年の秋の時点における国庫補助負担金の1兆円削減の指示、2004年5月の諮問会議における指示（三位一体改革の全体像を明らかにする、3兆円の税源移譲、地方公共団体に対する国庫補助負担金の具体案の取りまとめの要請）など三位一体改革の重要な局面で首相指示が決定的な影響を与えたが、小泉首相が強いコミットを示したのは歳出削減に関わる大枠の数字についてのみであり、どの補助・負担金を削減するかという点に関する裁断は控えられた。補助・負担金削減の実質的な調整は自民党政務調査会に委ねられたのである（『朝日新聞』2004年11月27日：清水2005：282-292）。当初、義務教育費国庫負担金は削減したとしても裁量拡大の余地が少ないため、地方自治体にとっても削減要望の優先順位は高くなく、「ラストバッター」の扱いだったと言われている。義務教育費国庫負担金8,500億円分が削減対象となった背景としては、地方自治体が望んでいた公共事業費補助は財務省によって削減しても税源移譲の対象とならないとされたこと、また自治体側においても知事会が市町村と歩調を合わせるために公共事業関係は対象外としたこと（北村2009）、3兆円の削減を実現するには義務教育費国庫負担金への切り込みが必要であると同時に、2兆5,000億円の義務教育をすべて廃止対象とすれば他のものが削減できなくなるという事情があった。

6)　2005年10月に発足した第3次内閣では、小泉首相は財政政策一般において大枠として歳出削減の方針を示したものの、やはりどの分野を削減するかという各論についてはイニシアティブを採らなかった。むしろ経済財政諮問会議と自民党政調会との協調関係を築き、歳出削減という点で方針が一致する上げ潮派の中川秀直政調会長と財政タカ派の与謝野馨経済財政担当大臣を各族議員に対峙させ、歳出削減にあたらせた。そしてその結果は「骨太方針2006」、行革推進法に反映されたのである。

7)　教育関係の国際比較データが収録されている *Education at a Glance* には、教育財政支出に関する内訳として、教員と非教員スタッフの人件費構成比のデータが国間で比較可能な形で収録されている。しかし、日本のデータに関しては欠損しているため、本書の実証分析では教員／非教員の構成については扱わなかった。

文　献

〈和文〉

相沢英之, 1960, 『教育費』, 大蔵財務協会.

――, 2007, 『予算は夜つくられる』, かまくら春秋社.

青木栄一, 2004, 『教育行政の政府間関係』, 多賀出版.

――, 2013, 『地方分権と教育行政』, 勁草書房.

青木薫, 1983, 「アメリカ教育行政学の成立過程に関する研究Ⅱ：科学的管理を中心に」『兵庫教育大学研究紀要』第 1 分冊, 学校教育・幼児教育・障害児教育, 4:151-163.

――, 1987, 「アメリカ教育経営学の系譜」『兵庫教育大学研究紀要』, 第 1 分冊, 学校教育・幼児教育・障害児教育, 8:49-62.

阿曽沼明裕, 2003a, 「国立大学に対する政府財政支出の構造変化」『国立学校財務センター研究報告』, 8:192-216.

――, 2003b, 『戦後国立大学における研究費補助』, 多賀出版.

天川晃, 1982, 「新憲法体制の整備 ― 内閣法制局と民政局の対応を中心にして ―」『年報近代日本研究 4　太平洋戦争 ― 開戦から講和まで ―』, 山川出版社.

荒井英治郎, 2006, 「私立学校振興助成法の制定をめぐる政治過程 ―― 自民党文教族の動きに着目して ――」『日本教育行政学会年報』, 32:76-93.

――, 2007, 「私学助成の制度化をめぐる政策過程 ― 人件費補助の制度化と日本私学振興財団法の制定に着目して ―」『国立教育政策研究所紀要』, 137:199-215.

安藤博, 1987, 『責任と限界：赤字財政の軌跡（下）』, 金融財政事情研究会.

飯尾潤, 1995, 「政治的官僚と行政的政治家」『年報政治学 1995：現代日本政官関係の形成過程』, 岩波書店.

伊ヶ崎暁生・三輪定宣, 1980, 『教育費と教育財政』, 総合労働研究所.

五十嵐顕, 1951, 「教育財政」, 城戸幡太郎編『教育学研究入門』, 福村書店.

石井正弘, 2005, 「地方分権改革の焦点としての義務教育制度改革」『法律文化』, 17（11）:8-11.

石原信雄, 1979, 「赤字財政と民主主義」『地方財政』, 10 月号, 4-10.

市川昭午, 1963, 「『教育投資論』を批判する ―― 教育白書批判」『教育』, 13（5）:68-84.

――, 1967, 「教育行政における能率化の機能」伊藤和衛編『教育行政と学校』, 明治図書出版.

――, 1976, 「教育行政評価論 ― 能率化と効果測定」伊藤和衛編『教育行政過程論』, 第一法規出版.

――, 1978, 「教育支出の実質化と要因分析」国立教育研究所現代教育経済研究会（編）『教育

における最適資源配分に関する基礎的研究』，国立教育研究所.

――，1981，「教育費と我が国の教育水準」『文部時報』，1252:30-35.

――，1982，「学校経営の経済学」市川昭午・菊池城司・矢野眞和『教育の経済学』第一法規.

――，2000a，『高等教育の変貌と財政』，玉川大学出版部.

――，2000b，「市町村教育委員会の事務処理体制の充実」西尾勝・小川正人編『分権型社会を創る10　分権改革と教育行政　教育委員会・学校・地域』，ぎょうせい.

――，2010，『教育政策研究五十年：体験的研究入門』，日本図書センター.

――・林健久，1972，『教育財政』，東京大学出版会.

――・皇晃之・高倉翔編，1978，『講座教育行政　第5巻　教育経済と教育財政学』，協同出版.

市村英彦，2010，「ミクロ実証分析の進展と今後の展望」『日本経済学会75年史』，275-361.

井戸正伸，2004，「医療保険削減と政党、資本主義類型、拒否権プレイヤー」『選挙研究』，19:51-59.

伊藤和衛，1956，『学校財政：その理論と實態』，有斐閣.

――，1963，『学校経営の近代化入門』，明治図書.

――，1965，『教育の機会均等：義務教育費の財政分析を中心として』，世界書院.

――，1976，『教育行政過程論』，第一法規出版.

稲正樹，1991，「私立学校振興助成法の立法過程」『岩手大学教育学部附属教育実践研究指導センター研究紀要』，1:1-48.

井上義比古，1984，「教育秩序における支配と抵抗」大嶽秀夫編『日本政治の争点』，三一書房.

井深雄二，2002，『近代日本教育費政策史：義務教育費国庫負担政策の展開』，勁草書房.

岩井奉信・猪口孝，1987，『「族議員」の研究：自民党政権を牛耳る主役たち』，日本経済新聞社.

内沢達，1984，「教育条件基準と教育財政制度・改革試論」日本教育法学会教育条件整備法制研究特別委員会編『教育条件法制研究』.

内山昭，2006，『現代の財政』，税務経理協会.

大石眞，2001，『議会法』，有斐閣.

大崎仁，1999，『大学改革1945～1999』，有斐閣.

大村華子，2012，『日本のマクロ政体 ── 現代日本における政治代表の動態分析』，木鐸社.

岡田彰，1994，『現代日本官僚制の成立』，法政大学出版局.

尾形憲，1979，「私学助成のあゆみと思想」国庫助成に関する全国私立大学教授連合『私学助成の思想と法』，勁草書房.

小川正人，1991，『戦後日本教育財政制度の研究』，九州大学出版会.

――，2002，「教育行政研究における教育政策過程研究とレビューと課題設定」『東京大学大学院教育学研究科教育行政学研究室紀要』，21:117-125.

――，2008，「国の教育経営手法の変化と自治体教育経営の課題」小川正人・勝野正章『教育

経営論』，放送大学出版会．

――，2010a，『教育改革のゆくえ ―― 国から地方へ』，ちくま新書．

――，2010b，『分権改革下の自治体教育行政 ― 北海道・沖縄のインタビュー記録 ― 』（日本学術振興会科学研究費補助金基盤研究 C 課題番号：20530720）．

荻田保，1952，「地方財政における『法律と予算の関係』」『ジュリスト』，1952 年 8 月 1 日号，24-26．

荻原克男，1996，『戦後日本の教育行政構造 ― その形成過程 ― 』，勁草書房．

奥健太郎・河野康子，2015，『自民党政治の源流　事前審査制の史的検証』，吉田書店．

奥野誠亮，2002，『派に頼らず、義を忘れず：奥野誠亮回顧録』，PHP 研究所．

嘉治元郎，1970，『教育と経済』，第一法規出版．

梶原晶，2012，「地方財政制度改革の成否と地方政府のコミットメント認識：第一次分権改革と三位一体革命における補助金改革問題の比較研究」『神戸神戸法學雜誌』，61（3）：19-57．

金子敬一，1977，「教職員賃金の実態と課題 ― 日教組」，氏原正治郎他編『産業別賃金の実態（1）』，社会思想社．

兼子仁，1984，「教育条件基準立法案をめぐる法制的前提問題の検討」日本教育法学会教育条件整備法制研究特別委員会編『教育条件法制研究』．

川人貞史，2005，『日本の国会制度と政党政治』，東京大学出版会．

官僚機構研究会，1978，『文部省残酷物語：霞ケ関の "御殿女中" と呼ばれる文部官僚の保身と陰謀』，エール出版社．

木田宏編，1987，『証言戦後の文教政策』，第一法規出版．

北岡伸一，1995，『自民党：政権の 38 年』，読売新聞社．

北村亘，2007，「三位一体改革と全国知事会」『大阪市立大学法学雑誌』，54（2）：913-960．

――，2009，『地方財政の行政学的分析』，有斐閣．

木原佳奈子，1995，「政策ネットワーク分析の枠組み」『アドミニストレーション』，2（3）：1-37．

熊谷一乗，1973，「教育政策の形成過程に関する研究」『社会学評論』，24（3）：36-58．

――，1974，「教育政策の立法過程に関する社会学的研究 ― 大学臨時措置法と教頭職法案の事例」『創価大学文学部論集』，3（1）：107-24．

――，1975，「教育政策の立案と背景」市川昭午編『戦後日本の教育政策』，第一法規．

――，1983，「現代教育政策の力学と日教組」青井和夫・新堀通也編『日本教育の力学』，東信堂．

黒羽亮一，2001，『戦後大学政策の展開：新版』，玉川大学出版部．

桑原敏明，2002，『学級編制に関する総合的研究』，多賀出版．

国立教育研究所，1974，『日本近代教育百年史 2：教育政策（2）』，国立教育研究所．

斎藤諦淳，1984，『文教行政にみる政策形成過程の研究』，ぎょうせい．

――，1990，『文教予算の編成』，ぎょうせい．

財務省財務総合政策研究所財政史室，2004，『昭和財政史　昭和 49 〜 63 年度　2 巻予算』，東洋経済新報社．

佐久間亜紀，2007，「教職とはどんな職業か —— データに基づいた教師教育改革のために ——」『BERD』，No.10：8-13．

佐藤功，1955，「内閣法制定の経過」『法律のひろば』，20394 号：17-23．

佐藤誠三郎・松崎哲久，1986，『自民党政権』，中央公論社．

清水真人，2005，『官邸主導　小泉純一郎の革命』，日本経済新聞社．

──，2007，『経済財政戦記　官邸主導　小泉から安倍へ』，日本経済新聞社．

──，2009，『首相の蹉跌』，日本経済新聞社．

下村博文，2016，『教育投資が日本を変える』，PHP 研究所．

自由民主党，1987，『自由民主党党史　証言・写真編』，自由民主党．

新川敏光，1992，「政策ネットワーク論の射程」『季刊行政管理研究』，59：12-19．

人事院，1998，『人事行政五十年の歩み』，大蔵省印刷局．

曽我謙悟・待鳥聡史，2007，『日本の地方政治 — 二元代表制政府の政策選択』，名古屋大学出版会．

高木英明，1995，『地方教育行政の民主性・効率性に関する総合的研究』，多賀出版．

竹中治堅，2006，『首相支配』，中央公論社．

──，2010，『参議院とは何か 1947 〜 2010』，中公叢書．

建林正彦，1999，「新しい制度論と日本官僚制研究」『年報政治学』，50：73-91．

──，2005，『議員行動の政治経済学：自民党支配の政治分析』，有斐閣．

徳久恭子，2008，『日本型教育システムの誕生』，木鐸社．

刀根薫，1995，「DEA のモデルをめぐって — 再論—」『オペレーションズ・リサーチ：経営の科学』，40（12）：681-685．

外谷英樹，1995，「経済成長における高等教育のシグナル機能と政府教育支出の役割」『日本経済研究』，29：163-196．

──，1998，「クロスカントリーにおける人的資本と経済成長の実証分析」『フィナンシャル・レビュー』，1998 年 7 月号．

内藤誉三郎，1949，『教育財政論』，時事通信社．

──，1982，『戦後教育と私』，毎日新聞社．

永池正直，1992，『文教の旗を掲げて：坂田道太聞書』，西日本新聞社．

中谷彪，2005，『1930 年代アメリカ教育行政学研究：ニューディール期民主的教育行政学の位相』，晃洋書房．

中妻照雄，2003，『ファイナンスのための MCMC 法によるベイズ分析』，三菱経済研究所．

中野晃一，2003，「比較政治と国家機構の分析 — 政策ネットワーク論を中心に —」『社会科学研究』，54（2）：27-43．

文　献　*315*

西尾勝, 1990, 『行政学の基礎概念』, 東京大学出版会.

――, 2007, 『地方分権改革』, 東京大学出版会.

西岡晋, 2004, 「福祉国家再編のメゾ・レベル分析に向けて ― 政策ネットワーク論からのアプローチ ―」『早稲田政治公法研究』, 75:199-235.

西本裕輝, 2007, 「学級規模が授業に与える影響に関する実証的研究 ― 小学校における教員調査を中心に ―」『琉球大学法文学部紀要』, 19:67-82.

二宮祐, 2006, 「産学連携の政策過程 ― 技術科学大学設立を事例として ―」『公共政策研究』, 6:136-146.

日本経済新聞社, 1983, 『自民党政調会』, 日本経済新聞社.

日本経済調査協議会編, 1972, 『新しい産業社会における人間形成 ―― 長期的視点から見た教育のあり方 ――』, 東洋経済新報社.

日本私学振興財団, 1980, 『日本私学振興財団十年史』, 日本私学振興財団.

日本私立大学協会五十年史編纂委員会編, 2004a, 『私学振興史：半世紀の挑戦本編』, 日本私立大学協会.

――, 2004b, 『私学振興史：半世紀の挑戦　資料編』, 日本私立大学協会.

日本私立大学連盟五十年史編纂・発行プロジェクト, 2003, 『日本私立大学連盟五十年史』, 日本私立大学連盟.

パーク, ヤン, 1983, 「教育行政における自民党と文部省」青井和夫・新堀通也編『日本教育の力学』, 東信堂.

塙武郎, 2012, 『アメリカの教育財政』, 日本経済評論社.

原田久, 1998, 「政策・制度・管理 ― 政策ネットワーク論の複眼的考察 ―」『季刊行政管理研究』, 81:22-30.

韓相俊, 2004, 「教育政策過程研究における「政策ネットワーク論」の可能性」『東京大学大学院教育学研究科教育行政学研究室紀要』, 23:37-49.

――, 2005, 「韓国地方教育行政システムの整備と教育政策過程 ― 私学政策ネットワークのアクター間関係分析 ―」『東京大学大学院教育学研究科教育行政学研究室紀要』, 24:33-47.

平河卓, 1989, 『森喜朗・全人像』, 行研出版局.

藤井宣彰・水野考・山崎博敏, 2006, 「学校・学級規模と授業方法が授業に与える影響」『広島大学大学院教育学研究科紀要』, 55:93-98.

――, 2006, 「学校・学級規模が児童生徒の学校生活に与える影響」『広島大学大学院教育学研究科紀要』, 55:99-104.

藤波孝生, 1976, 『教育の周辺』, 雪書房.

堀和郎, 1996, 「書評：高木英明編著『地方教育行政の民主性・効率性に関する総合的研究』」『教育行財政研究』, 23:53-58.

――, 柳林信彦, 2008, 「自治体レベルにおける教育改革と人口規模 ― 教育委員会設置単位論

の実証的考察のために ―」『教育学論集』, 4:1:26.

保利茂, 1975, 『戦後政治覚書』, 毎日新聞社.

堀江孝司, 2009, 「少子化問題と専門知」久米郁男編『専門知と政治』, 早稲田大学出版部.

前田健太, 2014, 『市民を雇わない国家:日本が公務員の少ない国へと至った道』, 東京大学出版会.

前田英昭, 1996, 「国会の先例は語る ― 34 - 義務教育費国庫負担法の制定 ―― 議員立法と予算をどう考えるか」『国会月報』, 573:76-79.

牧原出, 2004, 「戦後日本の「内閣官僚」の形成」『年報政治学』, 55:47-66.

増山幹高, 2003, 『議会制度と日本政治:議事運営の計量政治学』, 木鐸社.

――, 2007, 「議会研究 ― 権力の集中と分散」『レヴァイアサン』, 40:212-223.

丸山和昭, 2007, 「『人材確保法』の成立過程 ―― 政治主導による専門職化の視点から ――」『東北大学大学院教育学研究科研究年報』, 56 (1):123-138.

三輪定宣, 1970, 「賃金」中内俊夫・河合章編『日本の教師 3・職場の仕組み』, 明治図書.

――, 1974, 「教員の給与法制史の変遷 ―― 義務教育諸学校教員の給与負担法制を中心に」有倉遼吉教授還暦記念論文集刊行委員会編『教育法学の課題』, 総合労働研究所.

村松岐夫, 1981, 『戦後日本の官僚制』, 東洋経済新報社.

文部省調査局, 1962, 『日本の成長と教育 ― 教育の展開と経済の発達 ―』, 帝国地方行政学会.

安井健悟・佐野晋平, 2009, 「教育が賃金にもたらす因果的な効果について ― 手法のサーヴェイと新たな推定 ―」『日本労働研究雑誌』, 588:16-33.

保田芳昭, 1979, 「私立学校振興助成法の成立過程」国庫助成に関する全国私立大学教授連合『私学助成の思想と法』, 勁草書房.

山口二郎, 2007, 『内閣制度』, 東京大学出版会.

山崎博敏, 2005, 「公立小中学校の学級規模の法制と現実の諸類型」『広島大学大学院教育学研究科紀要』, 54:1-10.

――・世羅博昭・伴恒信・金子之史・田中春彦, 2001, 「学級規模の教育上の効果 ― 教員調査を中心に」『教科教育学研究』, 19:255-273.

――・――・――・――・――, 2002, 「学級規模の教育上の効果:児童生徒調査を中心に」『教科教育学研究』, 20:107-124.

山田寛, 1979, 『人材確保法と主任制度』, 教育社.

渡部蓊, 2007, 「私立学校振興助成法の成立の政治的ダイナミズム」『日本教育行政学会年報』, 33:81-97.

〈英文〉

Acemoglu, Daron and Joshua Angrist, 2000, "How Large are Human-Capital Externalities?: Evidence from Compulsory Schooling Laws," *NBER Macroeconomics Annual*, 15:9-59.

——, Francisco A. Gallego and James A. Robinson, 2014, "Institutions, Human Capital and Development," *Annual Review of Economics*, 6:875-912.

Aigner, Denis J., C. A. Knox Lovell and Peter Schmidt, 1977, "Formulation and Estimation of Stochastic Frontier Production Functions," *Journal of Econometrics*, 6 (1):21-37.

Akerhielm, Karen, 1995, "Does Class Size Matter?," *Economics of Education Review*, 14 (3):229-241.

Albert, James H., 1992, "Bayesian Estimation of Normal Ogive Item Response Curves Using Gibbs Sampling," *Journal of Educational Statistics*, 17 (3):251-69.

Angrist, Joshua D. and Victor Lavy, 1999, "Using Maimonides' Rule to Estimate the Effect of Class Size on Scholastic Achievement," *Quarterly Journal of Economics*, 114 (2):533-75.

Ansell, Ben W., 2010, *From the Ballot to the Blackboard: The Redistributive Political Economy of Education*, Cambridge: Cambridge University Press.

Antoniadis, Anestis, Gérard Grégoire and Ian W. McKeague, 2004, "Bayesian Estimation in Single-Index Models," *Statistica Sinica*, 14:1147-1164.

Asadullah, M. Nizaz, 2005, "The Effect of Class Size on Student Achievement: Evidence from Bangladesh," *Applied Economic Letters*, 12 (4):217-221.

Baker, David P., Motoko Akiba, Gerald K. LeTendre and Alexander W. Wiseman, 2001, "Worldwide Shadow Education: Outside-School Learning, Institutional Quality of Schooling, and Cross-National Mathematics Achievement," *Educational Evaluation and Policy Analysis*, 23 (1):1-17.

Ball, J. Stephen, 2008, "New Philanthropy, New Networks and New Governance in Education," *Political Studies*, 56:747-765.

Barnett, Richard R., J. Colin Glass, Roger I. Snowdon and Karl S. Stringer, 2002, "Size, Performance and Effectiveness: Cost-Constrained Measures of Best-Practice Performance and Secondary-School Size," *Education Economics*, 10 (3):291-311.

Bawn, Kathleen and Frances Rosenbluth, 2006, "Coalition of Parties versus Coalitions of Parties: How Electoral Agency Shapes the Political Logic of Costs and Benefits," *American Journal of Political Science*, 50, (2):251-60.

Becker, Gary S., 1964, *Human Capital: A Theoretical and Empirical Analysis, with Special Reference to Education*, Chicago: Chicago University Press.(=1976, 佐野陽子訳『人的資本　教育を中心とした理論的・経験的分析』東洋経済新報社.)

—— and Guity Nashat Becker, 1997, *The Economics of Life*, New York: McGraw-Hill.(=1998, 鞍谷雅敏・岡田滋行訳『ベッカー教授の経済学ではこう考える』東洋経済新報社.)

Benhabib, J. and M. Spiegel, 1994, "The Role of Human Capital in Economic Development: Evidence from Aggregate Cross-Country Data," *Journal of Monetary Economics*, 34 (2):143-

174.

Bessent, Authella M. and E. Wailand Bessent, 1980, "Determining the Comparative Efficiency of Schools through Data Envelopment Analysis," *Educational Administration Quarterly*, 16 (2):57-75.

Betts, Julian R., 1996, "Is There Link between School Inputs and Earnings?: Fresh Scrutiny of Old Literature," in Burtless, Gary ed., *Does Money Matter?: The Effect of School Resources on Student Achievement and AdultSuccess*, Washington D.C.: Brookings Institutions Press.

Bils, Mark and Peter J. Klenow, 2000, "Does Schooling Cause Growth?," *American Economic Review*, 90 (5):1160-1183.

Bishop, John H., 1996, "Signaling, Incentives, and School Organization in France, the Netherlands, Britain, and the United States," in Eric A. Hanushek and Dale W. Jorgenson eds., *Improving America's Schools: The Role of Incentives*, Washington D.C.: National Academy Press.

Blankenau, William F., Nicole B. Simpson and Marc Tomljanovich, 2007, "Public Spending on Education, Taxation and Growth: Linking Data to Theory," *American Economic Review, Paper and Proceedings*, 97 (2):393-397.

Bonesrønning, Hans, 2003, "Class Size Effects on Student Achievement in Norway: Patterns and Explanations," *Southern Economic Journal*, 69 (4):952-965.

Boozer, Michael and Cecilia Rouse, 2001, "Intraschool Variation in Class Size: Patterns and Implications", *Journal of Urban Economics*, 50 (1):163-189.

Borland, Melvin V., Roy M. Howsen and Michelle W. Trawick, 2005, "An Investigation of the Effect of Class Size on Student Academic Achievement", *Education Economics*, 13 (1):73-83.

Bosworth, Ryan, 2014, "Class Size, Class Composition, and the Distribution of Student Achievement," *Education Economics*, 22 (2):141-165.

Bressoux, Pascal, Francis Kremerz and Corinne Prost, 2009, "Teacher's Training, Class Size and Students' Outcomes: Learning from Administrative Forecasting Mistakes," *Economic Journal*, 119 (536):540-561.

Brown, ByronW. and Daniel H. Saks, 1975, "The Production and Distribution of Cognitive Skills within Schools," *Journal of Political Economy*, 83 (3):571-93.

Budge, Ian, Hans-Dieter Klingemann, Andrea Volkens, Judith Bara and Eric Tanenbaum, 2001, *Mapping Policy Preferences: Estimates for Parties, Electors, and Governments 1945-1998*, Oxford: Oxford University Press.

Busemeyer, Marius R., 2007, "Determinants of Public Education Spending in 21 OECD Democracies, 1980-2001," *Journal of European Public Policy*, 14 (4):582-610

———, 2013, "Education Funding and Individual Preferences for Redistribution," *European*

Sociological Review, 29 (6) : 1122-1133.

—— and Chrirtine Trampusch, 2011, "Review Articles: Comparative Political Science and the Study of Education," *British Journal of Political Science*, 41 (2) : 413-443.

—— and Torben Iversen, 2014, "The Politics of Opting Out: Explaining Educational Financing and Popular Support for Public Spending," *Socio-Economic Review*, 12 (2) : 299-328.

Callahan, Raymond E., 1962, Education and the Cult of Efficiency, Chicago: Chicago University Press. (=1997, 中谷彪・中谷愛訳『教育と能率の崇拝』教育開発研究所.)

Campbell, John Creighton, 1977, *Contemporary Japanese Budget Politics*, Berkeley: University of California Press. (=1984, 小島昭・佐藤和義訳『予算ぶんどり : 日本型予算政治の研究』サイマル出版会.)

Card, David and Alan B. Krueger, 1992, "Does School Quality Matter? Returns to Education and the Characteristics of Public Schools in the United States," *Journal of Political Economy*, 100 (1) : 1-40.

Carneiro, Pedro, Karsten T. Hansen and James J. Heckman, 2003, "Estimating Distributions of Treatment Effects with an Application to the Returns to Schooling and Measurement of the Effects of Uncertainty on College Choice," *International Economic Review*, 44 (2) : 361-422.

—— and Sokbae Lee, 2011, "Trends in Quality-Adjusted Skill Premia in the United States, 1960-2000," *American Economic Review*, 101 (6) : 2309-2349.

Carpentar, Dick M. and Scott L. Noller, 2010, "Measuring Charter School Efficiency: An Early Appraisal," *Journal of Education Finance*, 35 (4) : 397-415.

Cater, Douglas, 1964, *Power in Washington: A Critical Look at Today's Struggle to Govern in the Nation's Capital*, New York: Randome House. (=1964, 大前正臣訳『ワシントンの権力』弘文堂.)

Caselli, Francesco, Gerardo Equivel and Fernando Lefort, 1996, "Reopening the Convergence Debate: A New Look at Cross-Country Growth Empirics," *Journal of Economic Growth*, 1 (3) : 363-389.

Castles, Francis G., 1989, "Explaining Public Education Expenditure in OECD Nations," *European Journal of Political Research*, 17 (4) : 431-48.

—— and Peter Mair, 1984, "Left-Right Political Scales: Some "Expert" Judgments," *European Journal of Political Research*, 12 (1) : 73-88.

Cattaneo, Alejandrea M. and Stefan Wolter, 2009, "Are the Elderly a Threat to Education Expenditures?," *European Journal of Political Economy*, 25 (2) : 225-236.

Charnes, A., W. W. Cooper and E. Rhodes, 1978, "Measuring the Efficiency of Decision Making Units," European *Journal of Operational Research*, 2 : 429-444.

Chib, Siddhartha and Edward Greenberg, 2013, "On Conditional Variance Estimation in Nonparametric Regression", *Statistics and Computing*, 23 (2):261-270.

Chingos, Matthew M., 2012, "The Impact of a Universal Class-Size Reduction Policy: Evidence from Florida's Statewide Mandate," *Economics of Education Review*, 31 (5):543-562.

Cho, Hyunkuk, Paul Glewwe and Melissa Whitler, 2012, "Do Reductions in Class Size Raise Students' Test Score? Evidence from Population Variation in Minesota's Elementary Schools," *Economics of Education Review*, 31 (1):77-95.

Ciccone, Antonio and Giovanni Peri, 2006, "Identifying Human-Capital Externalities: Theory with Applications," *Review of Economics Studies*, 73 (2):381-412

Cohen, Daniel and Marcelo Soto, 2007, "Growth and Human Capital: Good Data, Good Results," *Journal of Economic Growth*, 12 (1):51-76.

Coleman, James S., E. Campbell, C. Hobson, J. McPartland, A. Mood, R. Weinfeld and R. York, 1966, *Equality of Educational Opportunity*, WashingtonD.C.: Government Printing Office.

——, 1968, "Equality of Educational Opportunity: Reply to Bowlesand Levin," *Journal of Human Resources*, 3 (2):237-246.

Cooper, William W., Lawrence M. Seiford and Kaoru Tone, 2006, *Data Envelopment Analysis: A Comprehensive Text, Models, Applications, References and DEA-Solver Software*, New York: Springer.

Corcoran, Sean P., William N. Evans and Robert M. Schwab, 2004a, "Changing Labor-Market for Women and the Quality of Teachers 1957-2000," *American Economic Review*, 94 (2):230 -235.

——, —— and ——, 2004b, "Women, the Labor Market, and the Declining Relative Quality of Teachers," *Journal of Policy Analysis and Management*, 23 (3):449-470.

Crepaz, Markus, 1998, "Inclusion versus Exclusion: Political Institutions and Welfare Expenditures," *Comparative Politics*, 31 (1):61-80.

——, 2002, "Global, Constitutional, and Partisan Determinants of Redistribution in Fifteen OECD Countries," *Comparative Politics*, 34 (2):169-88.

—— and Ann W. Moser, 2004, "The Impact of Collective and Comparative Veto Points on Public Expenditures in the Global Age," *Comparative Political Studies*, 37 (3):259-85.

Cunha, Flavio and James J. Heckman, 2008, "Formulating, Identifying and Estimating the Technology of Cognitive and Noncognitive Skill Formation," *Journal of Human Resources*, 43 (4):738-782.

Datar, Ashlesha and Bryce Mason, 2008, "Do Reductions in Class Size" "Crowd Out"

Parental Investment in Education?," *Economics of Education Review,* 27 (6) : 712-723.

Dearden, Lorraine, Javier Ferri and Costas Meghir, 2002, "The Effect of School Quality on Educational Attainment and Wages," *Review of Economics and Statistics,* 84 (1) : 1-20.

Deller, Steven C. and Edward Rudnicki, 1993, "Production Efficiency in Elementary Education: The Case of Maine Public Schools," *Economics of Education Review,* 12 (1) : 45-57.

Denison, Edward, 1964, "Measuring the Contribution of Education," in The Economics of Education, Study Group ed., *The Residual Factor and Economic Growth,* Paris: OECD.

Dewey, James, Thomas A. Husted and Lawrence W. Kenny, 2000, "The Ineffectiveness of School Inputs: A Products of Misspecification," *Economics of Education Review,* 19 (1) : 27-45.

Ding, Weili and Steven F. Lehrer, 2010, "Estimating Treatment Effects from Contaminated Multiperiod Education Experiments: The Dynamic Impacts of Class Size Reductions," *Review of Economics and Statistics,* 92 (1) : 31-42.

Dobbelsteen, Simone, Jesse Levin, and Hessel Oosterbeek, 2002, "The Causal Effect of Class Size on Scholastic Achievement: Distinguishing the Pure Class Size Effect from the Effect of Changes in Class Composition," *Oxford Bulletin of Economics and Statistics,* 64 (1) : 17-38.

Dolton, Peter J., 1990, "Economics of UK Teacher Supply: The Graduate's Decision," *Economic Journal,* 100 (400) : 91-104.

Döring, Herbert ed., 1995, *Parliaments and Majority Rule in Western Europe,* New York: St. Martin Press.

Dowding, Keith, 1995, "Model of Metaphor? A Critical Review of the Policy Network Approach," *Political Studies,* 43 (1) : 136-158.

Duncombe, William, Jerry Miner and John Ruggiero, 1997, "Empirical Evaluation of Bureaucratic Models of Inefficiency," *Public Choice,* 93 (1) : 1-18.

——, Mark Robbins and Jeffrey Stonecash, 2003, "Measuring Citizen Preferences for Public Services Using Surveys: Does A "Gray Peril" Threaten Funding for Public Education?," *Public Budgeting and Finance,* 23 (1) : 45-72.

Dunleavy, Patrick and Roderick A. W. Rhodes, 1990, "Core Executive Studies in Britain," *Public Administration,* 68 (1) : 3-28.

Durlauf, Steven N., Paul A. Johnson and Jonathan R. W. Temple, 2005, "Growth Econometrics," in Aghion, P. and S. N. Durlauf eds., *Handbook of Economic Growth, Volume 1A,* Amsterdam: North-Holland.

——, Andros Kourtellos and Artur Minkin, 2001, "The Local Growth Model," *European Economic Review,* 45 (4) : 928-940.

Dustmann, Christian, Najma Rajah and Arthur van Soest, 2003, "Class Size, Education, and Wages," *Economic Journal,* 113 (485) : F99-F120.

Easterly, William and Sergio Rebelo, 1993, "Fiscal Policy and Economic Growth An Empirical Investigation," *Journal of Monetary Economics*, 32 (3):417-458.

Eisenhaur, Philipp, James J. Heckman and Edward Vytlacil, 2015, "The Generalized Roy Model and Cost-Benefit Analysis of Social Programs," *Journal of Political Economy*, 123 (2):413-443.

Ehrenberg, Ronald G. and Dominic J. Brewer, 1994, "Do School and Teacher Characteristics Matter?: Evidence from High School and Beyond," *Economics of Education Review*, 13 (1):1-17.

European Commission, 2005, *Key Data on Education in Europe 2005*, Brussels: Office for Official Publication of European Communities.

――, 2009, *Key Data on Education in Europe 2009*, Brussels: Office for Official Publication of European Communities.

――, 2012, *Key Data on Education in Europe 2012*, Brussels: Office for Official Publication of European Communities.

Farré, Lídia, Roger Klein and Francis Vella, 2010, "A Parametric Control Function Approach to Estimating the Return to Schooling in the Absence of Exclusion Restrictions: An Application to NLSY," *Empirical Economics*, 44 (1):11-133.

Farrell, M. J., 1957, "The Measurement of Productive Efficiency," *Journal of the Royal Statistical Society, Series A*, 120:253-281.

Ferguson, Ronald F., 1991, "Paying for Public Education: New Evidence on How and Why Money Matters," *Harvard Journal on Legislation*, 28 (2):465-498.

――, and Helen F. Ladd, 1996, "How and Why Money Matters: An Analysis of Alabama Schools," in Helen F. Ladd ed., *Holding Schools Accountable: Performance-based Reform in Education*, Washington D.C.: Brookings Institutions Press.

Fernández, Carmen, Gary Koop, and Mark Steel, 2000, "A Bayesian Analysisof Multiple-Output Production Frontiers," *Journal of Econometrics*, 98 (1):47-79.

Figlio, David N., 1997, "Teacher Salaries and Teacher Quality," *Economics Letter*, 55 (2):267-271.

――, 1999, "Functional Form and the Estimated Effects of School Resources," *Economics of Education Review*, 18 (2):241-252.

Finn, Jeremy D. and Charles M. Achilles, 1990, "Answers and Questions about Class Size: A Statewide Experiment," *American Educational Research Journal*, 27 (3):557-577.

――, Jayne Boyd-Zaharias, Charles M. Achilles and Susan B. Gerber, 2001, "The Enduring Effects of Small Classes," *Teachers College Record*, 103 (2):145-183.

――, Susan B. Gerber and Jayne Boyd-Zaharias, 2005, "Small Class in the Early Grades,

文　献 *323*

Academic Achievement, and Graduating from High School," *Journal of Educational Psychology*, 97（2）:214-223.

Flyer, Frederick and Sherwin Rosen, 1997, "The New Economics of Teachers and Education," *Journal of Labor Economics*, 15（1）:104-139.

Foy, Pierre and John F. Olsen eds., 2009, *TIMSS 2007 User Guide for the International Database Supplement 1*, Chestnut Hill, MA: TIMSS & PIRLS International Study Center, Boston College.

Fox, J. P., 2005, "Multilevel IRT Using Dichotomous and Polytomous Response Data," *British Journal of Mathematical and Statistical Psychology*, 58（1）:145-72.

Franzese, Robert J., 2002, *Macroeconomics Policies of Developed Democracies*, Cambridge: Cambridge University Press.

Fredriksson, Peter, Björn Öckert and Hessel Oosterbeek, 2013, "Long-Term Effects of Class Size," *Quarterly Journal of Economics*, 128（1）:249-285.

Friedman, Milton, 1962, *Capitalism and Freedom*, Chicago: University of Chicago Press. (=2008, 村井章子訳『資本主義と自由』日経 BP 社).

Fuchs, Thomas and Ludger Wößmann, 2007, "What Accounts for International Differences in Student Performance? A Re-Examination Using PISA Data," *Empirical Economics*, 32（2）:434-464.

Funkhouser, Edward, 2009, "The Effect of Kindergarten Classroom Size Reduction on Second Grade Student Achievement: Evidence from California," *Economics of Education Review*, 28（3）:403-414.

Glass, Gene and Mary L. Smith, 1979, "Meta-Analysis of Research on Class Size and Achievement," *Educational Evaluation and Policy Analysis*, 1（1）:2-16.

Goldberg, Jessica and Jeffrey Smith, 2008, "The Effects of Education on Labour Market Outcomes," in Edward Fiske and Helen Ladd eds., *Handbook of Education Finance and Policy*, New York: Routledge.

Goldstein, Harvey, Min Yang, Rumana Omar, Rebecca Turner, and Simon Thompson, 2000, "Meta Analysis Using Multilevel Models with Application to the Studyof Class Size Effects," *Journal of the Royal Statistical Society, Series C*, 49（3）:399-412.

Greenwald, Rob, Larry V. Hedges and Richard D. Laine, 1996, "The Effect of School Resources on Student Achievement," *Review of Educational Research*, 66（3）:361-396.

Griffin, Jim E. and Mark F. J. Steel, 2004, "Semiparametric Bayesian Inference for Stochastic Frontier Model," *Journal of Econometrics*, 123（1）:121-152.

Griffith, Ernest S., 1939, *The Impasse of Democracy*, New York: Harrison-Hilton Books.

Grob, Ueli and Stefan C. Wolter, 2007, "Demographic Change and Public Education

Spending: A Conflict between Young and Old?," *Education Economics,* 15 (3):277-292.

Gronberg, Timothy J., Dennis W. Jansen, Lori L. Taylor and Kevin Booker, 2004, *School Outcomes and School Costs: The Cost Function Approach,* Texas Joint Select Committee on Public School Finance.

——, —— and ——, 2012, "The Relative Efficiency of Charter Schools: A Cost Frontier Approach," *Economics of Education Review,* 31 (2):302-317.

Grosskopf, Shawna, K. Hayes, Lori L. Taylor and William L. Weber, 1997, "Budget-Constrained Frontier Measures of Fiscal Equality and Efficiency in Schooling," *Review of Economics and Statistics,* 79 (1):116-124.

——, ——, —— and ——, 1999, "Anticipating the Consequences of School Reform: A New Use of DEA," *Management Science,* 45 (4):608-620.

—— and Chad Moutray, 2001, "Evaluating Performance in Chicago Public High Schools in the Wake of Decentralization," *Economics of Education Review,* 20 (1):1-14.

——, Lori L. Taylor and William L. Weber, 2001, "On the Determinants of School District Efficiency: Competition and Monitoring," *Journal of Urban Economics,* 49 (3):453-478.

Haelermans, Carla, Kristof De Witte and Jos L. T. Blank, 2012, "On the Allocation of Resources for Secondary Schools," *Economics of Education Review,* 31 (5):575-586.

Haggard, Stephan and Mathew D. McCubbins, 2001, *Presidents, Parliaments, and Policy,* Cambridge: Cambridge University Press.

Hanushek, Eric A., 1979, "Conceptual and Empirical Issues in the Estimation of Educational Production Functions," *Journal of Human Resources,* 14 (3):351-388.

——, 1986, "The Economics of Schooling: Production and Efficiency in Public Schools," *Journal of Economic Literature,* 24 (3):1141-1177.

——, 1989, "The Impact of Differential Expenditures on School Performance," *Educational Researcher,* 18 (4):45-65.

——, 1994, "Money Might Matter Somewhere: A Response to Hedges, Laine, and Greenwald," *Educational Researcher,* 23 (4):5-8.

——, 1997, "Assessing the Effects of School Resources on Student Performance: An Update," *Educational Evaluation and Policy Analysis,* 19 (2):141-164.

——, 1999, "Some Findings from an Independent Investigation of the Tennessee STAR Experiment and from Other Investigations of Class Size Effects," *Educational Evaluation and Policy Analysis,* 21 (2):143-163.

——, 2003, "The Failure of Input-Based Schooling Policy," *Economic Journal,* 113 (485): F64 -F98.

——, 2006, "School Resources," in Hanushek, Eric A. and Finis Welch eds., *Handbook of the*

Economics of Education, Volume2, Amsterdam: North Holand.

――, and John F. Kain, 1972, "On the Value of 'Equality of Educational Opportunity' as a Guide to Public Policy," in Mosteller, Frederick and Daniel P. Moynihan eds., *On Equality of Educational Opportunity,* New York: Random House.

――, and Dennis D. Kimko, 2000, "Schooling, Labor Force Quality, and the Growth of Nations," *American Economic Review,* 90 (5): 1184-1208.

――, and Javier A. Luque, 2000, "Smaller Classes, Lower Salaries?: The Effects of Class Size on Teacher Labor Markets," in S. W. M. Laine and J. G. Ward eds., *Using What We Know : A Review of the Research on Implementing Class-Size Reduction Initiatives for State and Local Policymakers,* Oak Brook: North Central Regional Education Laboratory.

――, and ――, 2003, "Efficiency and Equity in School around the World," *Economics of Education Review,* 22 (5): 481-502.

Harris, Douglas N., 2007, "Diminishing Marginal Returns and the Production of Education: An International Analysis," *Education Economics,* 15 (1): 31-53.

Heckman, James, Anne Layne-Farrar and Petra Todd, 1996, "Does Measured School Quality Really Matter?: An Examination of the Earnings-Quality Relationship," in Burtless, Gary ed., *Does Money Matter? : The Effectof School Resources on Student Achievement and Adult Success,* Washington D. C.: Brookings Institutions Press.

――, and Peter Klenow, 1998, "Human Capital Policy," in Boskin, Michael ed., *Policies to Promote Capital Formation,* Stanford: Hoover Institution.

――, Lance J. Lochner, and Petra E. Todd, 2006, "Earning Functions, Rate of Return and Treatment Effects: The Mincer Equation and Beyond," in Eric A. Hanushek and Finis Welch eds., *Handbook of Economics of Education, Volume 1,* Amsterdam: North Holland.

Hedges, Larry. V., Richard. D. Laine and Rob Greenwald, 1994, "Does Money Matter?: A Meta-Analysis of Studies of the Effects of Differential School Inputs on Student Outcomes," *Educational Researcher,* 23 (3): 5-14.

Heinesen, Eskil, 2010, "Estimating Class-Size Effects Using within School Variation in Subject-Specific Classes," *Economic Journal,* 120 (545): 737-760.

Henderson, Daniel J., Solomon W. Polachek and Le Wang, 2011, "Heterogeneity in Schooling Rates of Return," *Economic of Education Review,* 30 (6): 1202-1214.

Henig, Jeffrey R., 2008, *Spin Cycle: How Research Is Used in Policy Debates: The Case of Charter Schools,* New York: Russel Sage Foundation.

Hirschman, Albert O., 1970, *Exit, Voice, and Loyalty: Responses to Decline in Firms, Organizations, and States,* Cambridge: Harvard University Press. (=2005, 矢野修一訳『離脱・発言・忠誠――企業・組織・国家における衰退への反応』ミネルヴァ書房.)

Howlett, Michael and M. Ramesh, 2003, *Studying Public Policy: Policy Cycles and Policy Subsystems,* 2nd edition, Don Mills: Oxford University Press.

Hoxby, Minter Caroline, 2000, "The Effects of Class Size On Student Achievements: New Evidence from Population Variation," *Quarterly Journal of Economics,* 115 (4):1239-1285.

Hsiao, Cheng, M. Hashem Pesaran and Kamil Tahmiscioglu, 1999, "Bayes Estimation of Short-Run Coefficients in Dynamic Panel Data Models", in Hsiao, C., K. Lahiri, L. F. Lee and M. H. Pesaran eds., *Analysis of Panels and Limited Dependent Variables: A Volume in Honour of G. S. Maddala,* Cambridge: Cambridge University Press.

Huber, Evelyne, Charles Ragin and John D. Stephens, 1993, "Social Democracy, Christian Democracy, Constitutional Structure, and the Welfare State," *American Journal of Sociology,* 99 (3):711-49.

Iacovou, Maria, 2002, "Class Size in the Early Years: Is Smaller ReallyBetter?," *Education Economics,* 10 (3):261-290.

Islam, Nazrul, 1995, "Growth Empirics: A Panel Data Approach," *Quarterly Journal of Economics,* 110 (4):1127-1170.

Iversen, Jon Marius Vaag and Hans Bonesrønning, 2013, "Disadvantaged Students in the Early Grades: Will Smaller Classes Help Them?," *Education Economics,* 21 (4):305-324.

Iversen, Torben, 2005, *Capitalism, Democracy, and Welfare,* Cambridge: Cambridge University Press.

—— and David Soskice, 2006, "Electoral Institutions and Politics of Coalitions: Why Some Democracies Redistribute More than Others," *American Political Science Review,* 100 (2):165 -181.

—— and John D. Stephens, 2008, "Partisan Politics, the Welfare States, and Three Worlds of Human Capital Formation," *Comparative Political Studies,* 41 (4-5):600-637

Jackson, Erika and Marianne E. Page, 2013, "Estimating the Distributional Effects of Education Reforms: A Look at Project STAR," *Economics of Education Review,* 32 (1):92-103.

Jakobi, Anja P., Kerstin Martens and Klaus Dieter Wolf, 2010, *Education in Political Science: Discovering a Neglected Field,* London: Routledge.

Jakubowski, Maciej and Pawel Sakowski, 2006, "Quasi-Experimental Estimates of Class Size Effect in Primary School in Poland," *International Journal of Education Research,* 45 (3):202- 215.

Jencks, Christopher, 1972, *Inequality: A Reassessment of the Effect of Family and Schooling in America,* New York: Basic Books. (=1978, 高木正太郎・橋爪貞雄訳『不平等：学業成績を左右するものは何か』黎明書房.)

Jepsen, Christopher and Steven Rivkin, 2009, "Class Size Reduction and Student Achievement: The Potential Tradeoff between Teacher Quality and Class Size," *Journal of Human Resources*, 44 (1): 223-250.

Jordan, A. Grant, 1990, "Sub-governments, Policy Communities and Networks: Refilling the Old Bottles?," *Journal of Theoretical Politics*, 2 (3): 319-338.

Kalaitzidakis, Pantelis, Theofanis P. Mamuneas, Andreas Savvides and Thanasis Stengos, 2001, "Measures of Human Capital and Nonlinearities in Economic Growth," *Journal of Economic Growth*, 6 (3): 229-254.

Kelley, Sean, 2004, "An Event History Analysis of Teacher Attrition: Salary, Teacher Tracking, and Socially Disadvantaged Schools," *The Journal of Experimental Education*, 72 (3): 195-220.

Kirjavainen, Tanja and Heikki A. Loikkanen, 1998, "Efficiency Differences of Finnish Senior Secondary Schools: An Application of DEA and Tobit Analysis," *Economics of Education Review*, 17 (4): 377-394.

Klein, Roger and Francis Vella, 2010, "Estimating a Class of Triangular Simultaneous Equations Models without Exclusion Restrictions," *Journal of Econometrics*, 154 (2): 154-164.

Kleinman, P., Ken and Joseph G. Ibrahim, 1998, "A Semiparametric Bayesian Approach to the Randome Effects Model," *Biometrics*, 54 (3): 921-938.

Klingemann, Hans-Dieter, Andrea Volkens, Judith Bara, Ian Budge, and Michael McDonald, 2006, *Mapping Policy Preferences II: Estimates for Parties, Electors, and Governments in Eastern Europe*, European Union and OECD 1990-2003, Oxford: Oxford University Press.

Konstantopoulos, Spyros, 2008, "Do Small Classes Reduce the Achievement Gap between Low and High Achievers?: Evidence from Project Star," *Elementary School Journal*, 108 (4): 275-291.

Kontopoulos, Yianos and Roberto Perotti, 1999, "Government Fragmentation and Fiscal Policy Outcomes: Evidence from OECD Countries," in Poterba, James M. and Jürgen von Hagen eds., *Fiscal Institutions and Fiscal Performance*, Chicago: The University of Chicago Press.

Krassel, Karl Fritjof and Eskil Heinesen, 2014, "Class-Size Effects in Secondary School," *Education Economics*, 22 (4): 412-426.

Krueger, Alan B., 1999, "Experimental Estimates of Education Production Functions," *Quarterly Journal of Economics*, 114 (2): 497-532.

——, 2003, "Economic Considerations and Class Size," *Economic Journal*, 113 (485): F34-F63.

—— and Mikael Lindahl, 2001, "Education for Growth: Why and For Whom?," *Journal of Economic Literature*, 39 (4): 1101-1136.

Kumbhakar, Subal C. and C. A. Knox Lovell, 2000, *Stochastic Frontier Analysis,* Cambridge: Cambridge University Press.

Leamer, Edward E., 2010, "Tantalus to the Road to Asymptopia," *Journal of Economic Perspectives,* 24 (2):31-46.

Lakdawalla, Darius, 2006, "The Economics of Teacher Quality," *Journal of Law and Economics,* 94 (1):285-329.

Laver, Michael and W. Ben Hunt, 1992, *Policy and Party Competition,* London: Routledge.

Lavy, Victor, 2002, "Evaluating the Effect of Teachers' Group Performance Incentives on Pupil Achievement," *Journal of Political Economy,* 110 (6):1286-1317.

Lee, Myoung-Jae, 2005, *Micro-Econometrics for Policy, Program, and Treatment Effects,* Oxford: Oxford University Press.

Leuven, Edwin, Hessel Oosterbeek and Marte Rønning, 2008, "Quasi-Experimental Estimates of the Effects of Class Size on Achievement in Norway," *Scandinavian Journal of Economics,* 110 (4):663-693.

Levin, Jesse, 2001, "For Whom the Reductions Count: A Quantile Regression Analysis of Class Size and Peer Effects on Scholastic Achievement," *Empirical Economics,* 26 (1):221-246.

Li, Mingliang and Justin L. Tobias, 2011, "Bayesian Inference in a Correlated random Coefficients Model: Modeling Causal Effect Heterogeneity with an Application to Heterogeneous Returns to Schooling," *Journal of Econometrics,* 162 (2): 345-361.

Lijphart, Arend, 1984, *Democracies: Patterns of Majoritarian and Consensus Government in Twenty-One Countries,* New Haven: Yale University Press.

——, 1999, *Patterns of Democracy: Government Forms and Performancein Thirty Six Countries,* New Haven: Yale University Press. (=2005, 粕谷祐子訳『民主主義対民主主義 : 多数決型とコンセンサス型の 36 ヶ国比較研究』勁草書房.)

——, 2012, *Patterns of Democracy: Government Forms and Performance in Thirty Six Countries, 2nd edition,* New Haven: Yale University Press.

Lindahl, Mikael, 2005, "Home versus School Learning: A New Approach to Estimating the Effect of Class Size on Achievement," *Scandinavian Journal of Economics,* 107 (2):375-394.

Mankiw, N. Gregory, David Romer and David N. Weil, 1992, "A Contribution to the Empirics of Economic Growth," *Quarterly Journal of Economics,* 107 (2):407-437.

Manski, Charles, 1987, "Academic Ability, Earnings, and the Decision to Become a Teacher: Evidence from the National Longitudinal Study of the High School Class of 1972", in David A. Wise ed., *Public Sector Payrolls,* Chicago: University Chicago Press.

Marsh, David, 1998, *Comparing Policy Networks,* Buckingham: Open University Press.

文　献　*329*

Martin, Michael O. ed., 2005, *TIMSS 2003 User Guide for the International Database Supplement 1,* Chestnut Hill, MA: TIMSS & PIRLS International Study Center, Boston College.

McCubbins, Mathew D. and Gregory W. Noble, 1995a, "The Appearance of Power: Legislators, Bureaucrats, and the Budget Process in the United States and Japan," in Peter Cowhey and Mathew McCubbins eds., *Structure and Policy in Japan and United States,* New York: Cambridge University Press.

—— and ——, 1995b, "Perceptions and Realities of Japanese Budgeting," Peter Cowhey and Mathew McCubbins eds., *Structure and Policy in Japan and United States,* New York: Cambridge University Press.

McMeekin, Robert, 2003, *Incentives to Improve Education: A New Perspective,* Cheltenham, UK: Edward Elgar.

Milesi-Feretti, Gian M., Roberto Perotti and Massimo Rostagno, 2002, "Electoral System and Public Spending," *Quarterly Journal of Economics,* 117（2）:609–57.

Mincer, Jacob, 1958, "Investment in Human Capital and Personal Income Distribution," *Journal of Political Economy,* 66（4）:281–302.

——, 1974, *Schooling, Experience, and Earnings,* New York: National Bureau of Economic Research.

Mizara, Alejandra, Pilar Romaguera and Darío Farren, 2002, "The Technical Efficiency of Schools in Chile," *Applied Economics,* 34（12）:1533-1542.

Moffitt, Robert, 2008, "Estimating Marginal Treatment Effects in Heterogeneous Popula-tions," *Annales d'Économie et de Statistique,* 91/92:239–261.

Mosteller, Frederick and Daniel P. Moynihan, 1972, *On Equality of Educational Opportunity,* New York: Randome House.

Murnane, Richard J. and Randall J. Olsen, 1990, "The Effects of Salaries and Opportunity Costs on Length of Stay in Teaching: Evidence from North Carolina," *Journal of Human Resources,* 25（1）:106–124.

——, Judith D. Singer, John B. Wilett, James J. Kemple, and Randall J. Olsen, 1991, *Who Will Teach?: Policies That Matter,* Cambridge: Harvard University Press.

Nandram, B. and Ming-Hui Chen, 1996, "Reparameterizing the Generalized Linear Model to Accelerate Gibbs Sampler Convergence," *Journal of Statistical Computation and Statistics,* 54（1 –3）:129–144.

Nelson, Richard R. and Edmund S. Phelps, 1966, "Investment in Humans, Technological Diffusion, and Economic Growth," *American Economic Review, Paper and Proceedings,* 51(1/2):69 –75.

Newman, Mark, Zoe Garrett, Diana Elbourne, Steve Bradley, Philip Noden, Jim Taylor and

Anne West, 2006, "Does Secondary School Size Make a Difference? A Systematic Review," *Educational Research Review*, 1 (1) : 41-60.

Nye, Barbara, Larry V. Hedges and Spyros Konstantopoulos, 2002, "Do Low-Achieving Students Benefit More from Small Classes? Evidence from the Tennessee Class Size Experiment," *Educational Evaluation and Policy Analysis*, 24 (3) : 201-217.

OECD, 2005, *PISA2003 Technical Report*, Paris: OECD.

――, 2007, *Education at a Glance 2007: OECD Indicators*, Paris: OECD.

――, 2011, *Education at a Glance 2011: OECD Indicators*, Paris: OECD.

――, 2014, *Education at a Glance 2014: OECD Indicators*, Paris: OECD.

――, 2015, *Education at a Glance 2015: OECD Indicators*, Paris: OECD.

Park, Yung Chul, 1986, *Bureaucrats and Ministers in Contemporary Japanese Government*, Berkeley and Los Angels: University of California Press.

Perotti, Roberto and Yianos Kontopoulos, 2002, "Fragmented Fiscal Policy," *Journal of Public Economics*, 86 (2) : 191-222.

Persson, Torsten and Guido Tabellini, 2003, *The Economic Effects of Constitutions*, Cambridge: MIT Press.

Pierson, Paul, 1993, "When Effect Becomes Cause: Policy Feedback and Political Change," *World Politics*, 45 (4) : 595-628.

Podgursky, Michael, Ryan Monroe and Donald Watson, 2004, "The Academic Quality of Public School Teachers: An Analysis of Entry and Exit Behavior," *Economics of Education Review*, 23 (5) : 507-518.

Pong, Suet-ling and Aaron Pallas, 2001, "Class Size and Eighth-Grade Math Achievement in the United States and Abroad," *Educational Evaluationand Policy Analysis*, 23 (3) : 251-273.

Poterba, James M., 1997, "Demographic Structure and Political Economy of Public Education," *Journal of Public Policy and Management*, 16 (1) : 48-66.

――, 1998, "Demographic Change, Intergenerational Linkages, and Public Education," *American Economic Review*, 88 (2) : 315-20.

Powell, G. Bimgham, 2000, *Elections as Instruments of Democracy: Majoritarian and Proportional Visions*, New Haven: Yale University Press.

Primont, Daine F. and Bruce Domazlicky, 2006, "Student Achievement and Efficiency in Missouri Schools and the No Child Left Behind," *Economics of Education Review*, 25 (1) : 77-90.

Pritchett, Lant, 2001, "Where Has All the Education Gone?," *World Bank Economic Review*, 15 (3) : 367-91.

――, 2006, "Does Learning to Add Up Add Up?: The Return to Schooling in Aggregate Data,"

文　献　*331*

in Eric A. Hanushek and Finis Welch eds., *Handbook of Economics of the Education: Vol.1*, Amsterdam: North-Holland.

Psacharopoulos, George and Harry Anthony Patrinos, 2004, "Returns to Investment in Education: A Further Update," *Education Economics*, 12 (2):111-134.

――, 2006, "The Value of Investment in Education: Theory, Evidence and Policy," *Journal of Educational Finance*, 32 (2):113-136.

Ram, Rati, 1995, "Public Educational Expenditures in the United States: An Analytical Comparison with Other Industrialized Country," *Economics of Education Review*, 14 (1):53-61.

Ramseyer, J. Mark and Frances McCall Rosenbluth, 1993, *Japan's Political Marketplace*, Cambridge: Harvard University Press. (=1995, 川野辺裕幸・細野助博訳『日本政治の経済学：政権政党の合理的選択』弘文堂.)

Rapp, Geoffrey C., 2000, "Agency and Choice in Education: Does School Choice Enhance the Work Effort of Teachers?," *Education Economics*, 8 (1):37-63.

Rattsø, Jøhn and Rune J. Sørensen, 2010, "Grey Power and Public Budgets: Family Altruism Helps Children, but Not the Elderly," *European Journal of Political Economy*, 26 (2):222-234.

Raudenbush, Stephen W. and Anthony S. Bryk, 2002, *Hierarchical Linear Models: Applications and Data Analysis Methods*, 2nd edition, Thousand Oaks, California: Sage Publications.

Rhodes, Roderick A.W., 1997, *Understanding Governance: Policy Networks, Governance, Reflexivity and Accountability*, Buckingham: Open University Press.

――, 1999, *Control and Power in Central-Local Government Relations*, 2nd edition, Aldershot: Ashgate.

Richards, Craig E. and Tian Ming Sheu, 1992, "The South Carolina School Incentive Reward Program: A Policy Analysis," *Economics of Education Review*, 11 (1):71-86.

Rivkin, Steven G., Eric A. Hanushek and John F. Kain, 2005, "Teachers, Schools and Academic Achievement," *Econometrica*, 73 (2):826-852.

Ruggiero, John, 2007, "Measuring the Cost of Meeting Minimum Educational Standards: An Application of Data Envelopment Analysis," *Education Economics*, 15 (1):1-13.

Saeki, Manabu, 2005, "Systematic, Political, and Socioeconomic Influences on Educational Spending in the American States," *Review of Political Research*, 22 (2):245-256.

Schoppa, Leonard James, 1991, *Education Reform in Japan: A Case of Immobilist Politics*, London: Routledge. (=2005, 小川正人監訳『日本の教育政策過程：1970 ～ 80 年代教育改革の政治システム』三省堂.)

Schultz, Theodore W., 1960, "Capital Formation by Education," *Journal of Political Economy*, 68 (6):571-583.

―――, 1963, *The Economic Value of Education*, New York: Columbia University Press.（=1981, 清水義弘・金子元久訳『教育の経済価値』日本経済新聞社.）

Shapson, Stan. M., Edgar N. Wright, Gray Eason and John Fitzgerald, 1980, "An Experimental Study of the Effects of Class Size," *American Educational Research Journal*, 17（2）:141-152.

Shugart, Mathew Sorberg and John M. Carey, 1992, *Presidents and Assemblies: Constitutional Design and Electoral Dynamics*, Cambridge: Cambridge University Press.

Simon, Herbert Alexander, 1997, Administrative Behavior: A Study of Decision-Making Processes in Administrative Organizations, 4th edition, New York: Free Press.（= 2009, 二村敏子他訳『経営行動：経営組織における意思決定過程の研究』ダイヤモンド社.）

Sims, Christopher A., 2010, "But Economics Is Not as Experimental Science," *Journal of Economic Perspectives*, 24（2）:59-68.

Sims, David P., 2009, "Crowding Peter to Educate Paul: Lessons from a Class Size Reduction Externality," *Economics of Education Review*, 28（4）:465-473.

Slavin, Robert, 1989, "Class Size and Student Achievement: Small Effects of Small Classes," *Educational Psychologist*, 24（1）:99-110.

Solow, Robert M., 1956, "A Contribution to the Theory of Economic Growth," *Quarterly Journal of Economics*, 70（1）:65-94.

―――, 1957, "Technical Change and the Aggregate Production Function," *Review of Economic and Statistics*, 39（3）:312-320.

Strøm, Kaare, 2000, "Delegation and Accountability in Parliamentary Democracy," *European Journal of Political Research*, 37（3）:261-89.

―――, Wolfgang C. Müller, and Torbjörn Bergman, 2003, *Delegation and Accountability in Parliamentary Democracies*, Oxford: Oxford University Press.

Swank, Duane, 2002, *Global Capital, Political Institutions, and Policy Change in Developed Welfare States*, Cambridge: Cambridge University Press.

Tavits, Margit, 2004, "The Size of Government in Majoritarian and Consensus Democracies," *Comparative Political Studies*, 37（3）:340-359.

Teddlie, Charles and David Reynolds, 2000, *The International Handbook of School Effectiveness Research*, New York: Falmer Press.

Topel, Robert, 1999, "Labor Markets and Economic Growth," in O. C. Ashenfelter and David Card eds., *Handbook of Labor Economics, Vol.3C*, Amsterdam: North-Holland.

Tsebelis, George, 1999, "Veto Players and Law Production in Parliamentary Democracies," American Political Science Review, 93（3）:591-608.

―――, 2002, *Veto Players : How Political Institutions Work*, New York: Russell Sage Foundation.（= 2009, 眞柄秀子・井戸正伸訳『拒否権プレイヤー：政治制度はいかに作動するか』早稲田大学

出版部.)

—— and Eric C. C. Chang, 2004, "Veto Players and the Structure of Budgets in Advanced Industrialized Countries," *European Journal of Political Research,* 43 (3): 449–476.

Urquiola, Miguel, 2006, "Identifying Class Size Effects in Developing Countries: Evidence from Rural Bolivia," *Review of Economics and Statistics,* 88 (1): 171–177.

Verner, Joel G., 1979, "Socioeconomic Environment, Political System, and Educational Policy Outcomes: A Comparative Analysis of 102 Countries," *Comparative Politics,* 11 (2): 165–87.

Volkens, Andrea, Judith Bara, Ian Budge, Michael D. McDonald and Hans-Dieter Klingemann, 2013, *Mapping Policy Preferences from Texts III: Statistical Solutions for Manifesto Analysts,* Oxford: Oxford University Press.

Waldo, Staffan, 2007, "On the Use of Student Data in Efficiency Analysis —— Technical Efficiency in Swedish Upper Secondary School," *Economics of Education Review,* 26 (2): 173–185.

Wayne, Andrew J. and Pete Youngs, 2003, "Teacher Characteristics and Student Achievement Gains: A Review," *Review of Educational Research,* 73 (1): 89–122.

West, Martin R. and Ludger Wößmann, 2006, "Which School Systems Sort Weaker Students into Smaller Classes?: International Evidence," *European Journal of Political Economy,* 22 (4): 944–968.

Wößmann, Ludger, 2003a, "Central Exit Exams and Student Achievement: International Evidence," in Peterson, Paul. E. and Martin R. West eds., *No Child Left Behind?: The Politics and Practice of School Accountability,* Washington D. C.: Brookings Institutions Press.

——, 2003b, "Schooling Resources, Educational Institutions, and Student Performance: The International Evidence," *Oxford Bulletin of Economics and Statistics,* 65 (2): 117–170.

—— and Martin R. West, 2006, "Class-Size Effects in School Systems Around the World: Evidence from Between-Grade Variation in TIMSS," *European Economic Review,* 50 (3): 695–736.

Wolf, Alison, 2002, *Does Education Matter?: Myths about Education and Economic Growth,* London: Penguin Books.

Woo, Jaejoon, 2003, "Economic, Political, and Institutional Determinants of Public Deficits," *Journal of Public Economics,* 87 (3-4): 387–426.

Wooldridge, Jeffrey M., 2002, *Econometric Analysis of Cross Section and Panel Data,* Cambridge: MIT Press.

Worthington, Andrew C., 2001, "A Empirical Survey of Frontier Efficiency Measurement Techniques in Education," *Education Economics,* 9 (3): 245–268.

Yildirum, Nurtac, Hulya Deniz and Aycan Hepsag, 2011, "Do Public Education Expenditures

Really Lead to Economic Growth?: Evidence from Turkey," *International Research Journal of Finance and Economics*, 65 (1):12-24.

Zhu, Joe and Wade D. Cook eds., 2007, *Modeling Data Irregularities and Structural Complexities in Data Envelopment Analysis*, New York: Springer.

あ と が き

　序章冒頭に引用した、市川昭午・皇晃之・高倉翔編『講座教育行政　第5巻 教育経済と教育財政学』（1978年）の「まえがき」の文章は、本書の問題意識 の核心を過不足なく直截的に表現しており、続く筆者による記述は蛇足の如き 感もある。そして、その問題提起は、敢えて残念ながらと言うべきか、今なお 新しい。教育財政研究としての本書のタイトルに「現代の」を冠したのは、こ うした問題状況を反映してのことである。

　もっとも、筆者が教育財政を対象とした研究を始めた2000年代半ば以降の、 教育財政をめぐる政策の展開とその政治環境の変化は目まぐるしいものであっ た。しばしば、自分の研究が現実の変化から取り残されていくのではないかと いう焦燥感に駆られた。本書で主たる対象とした初等中等教育だけでなく、就 学前教育・高等教育段階に関わる政策も国内外で重要な政治的争点をなしてき たのであり、ファクトの後追い的な把握だけでも難儀した。また、同様に、研 究の文脈でも、米欧の社会科学において日進月歩で発展する計量的手法に不断 のキャッチアップを強いられる状況にあった。新手法・知見を学ぶ興奮と、い つか関連する研究が理解できなくなるのではないかという不安感とが常に相半 ばし続けてきた。研究を続ける中で果たしてこうした焦燥・不安が払拭された のかは自分でも判断しかねるところだが、本書の主題たる民主性と効率性の問 題は、現実の教育費をめぐる政策・政治と研究上の文脈の双方において、普遍 的な重要性を持つと信じている。

　そうした確信を研究の原動力としつつも、研究への取り組みに関して、時 に困難や孤独感を感じないわけではない。しかし、幸いにして、最近では、教 育政策・行財政という研究分野を同じくする若手研究者とのフォーマル・イン フォーマルな議論の中で、問題意識や研究手法について共感を覚え、刺激を受 ける機会も増えてきた。改めて集団的営為としての研究の重要性を認識し、研 究者共同体への自身の貢献を期する次第である。

本書は 2010 年 11 月に東京大学より博士学位を授与された博士論文に、その後に関連して行った研究の成果を加えた上で再構成したものである。本書執筆にあたっては、既発表研究に関して、表現・事実誤認等に関わる修正のみならず、加筆と圧縮、データの更新・分析手法の洗練とそれに伴う再分析を施したため、原型をとどめないものとなっている。以下に各章の初出を記す。

序章　書き下ろし

第 1 章

・橋野晶寛，2009，「教育支出の共時的・通時的比較における問題」『東京大学大学院教育学研究科教育行政学論叢』28：41-54.

・橋野晶寛，2012，「人的資本論の教育財政における含意」『北海道教育大学紀要　教育科学編』62（2）：239-252.

第 2 章

・橋野晶寛，2007，「教育政策過程分析における『比較』の理論と方法」『東京大学大学院教育学研究科紀要』46：431-440.

・橋野晶寛，2013，「教育行財政研究における『効率性』概念の考察 — 米国における概念・手法の史的展開と到達点 — 」『日本教育行政学会年報』39：115-132.

第 3 章

・橋野晶寛，2012，「教育財政の拡充と抑制における政策過程（I）」『北海道教育大学紀要　教育科学編』63（1）：177-191.

・橋野晶寛，2013，「教育財政の拡充と抑制における政策過程（II）」『北海道教育大学紀要　教育科学編』63（2）：125-141.

第 4 章

・橋野晶寛，2014，「教育財政における政策過程の計量分析 — 比較制度論からの考察 — 」『北海道教育大学紀要　教育科学編』64（2）：261-275.

・橋野晶寛，2015，「変容する有権者構成と教育財政をめぐる政治」『北海道教育大学紀要　教育科学編』66（1）：87-99.

あとがき　*337*

第5章

・橋野晶寛，2015,「地方教育政策の政治化と民主的統制」『北海道教育大学紀要　教育科学編』65（2）:1-15.

第6章

・橋野晶寛，2011,「準実験的方法による学級規模効果研究のメタアナリシス」『東京大学大学院教育学研究科教育行政学論叢』30:49-60.

・橋野晶寛，2016,「教育政策評価における多産出モデルの検討」『北海道教育大学紀要　教育科学編』67（1）:29-40.

第7章

・橋野晶寛，2009,「教育支出における生産性と効率性 ― セミパラメトリック確率的フロンティアモデルによる計量的実証 ― 」『教育社会学研究』84:185-205.

・橋野晶寛，2010,「教育支出における効率性の測定と要因分析」『公共政策研究』9:109-119.

終章　書き下ろし

　本書を刊行するにあたり、これまで非常に多くの方々に有形無形のご支援を頂いた。そのすべての方々のお名前を挙げることは到底できないが、特にお世話になった方々について、以下に記しておきたい。

　まず、学部・大学院を通じて指導教員を務めてくださった小川正人先生には、的確に謝意を表す言葉も見つからないが、積年の感謝の念を申し上げたい。学士、修士、博士のそれぞれで学位論文のテーマが異なるような移り気で非効率極まりない筆者は、間違いなく手のかかる指導生であった。それにもかかわらず、自由闊達な議論を促す研究運営されつつ長きにわたって辛抱強くご指導くださり、また博士学位取得後は常に本書の刊行を気にかけていただいた。本書のテーマである教育財政は、先生のなされてきた研究の1つの柱であり、同時に筆者のこれまでの研究人生の中で最も多くの時間と労力を注いで取り組んだものである。遅ればせながら刊行された本書と今後の研究によって、先生の築かれてきた浩瀚な業績の上に少しでも新たな貢献を積み重ね、学恩に

報いることができればと願うのみである。

　同じく長い間ご指導くださり、また、博士論文審査の主査をも務めてくださった勝野正章先生にも多大なる感謝を申し上げたい。筆者が修士課程在学時に、東京大学と（当時先生が勤務されていた）お茶の水女子大学の双方で開講された先生の演習を受講して以来、折りに触れて研究に関する議論の相手となってくださり、様々な局面で多くのことを学ばせていただいた。取り留めのない筆者の議論の論点を即座に整理し、筆者の思い至らぬ点をご指摘くださったことは数知れない。初めてお会いした頃の先生の年齢に達した現在においてこそ、それらのことはより鮮明に思い出され、また、自身の力量のなさをより痛感する。これから筆者なりに愚直に研究に取り組み、成果を発表し続けることで少しでも先生に御恩返しができればと思う。

　学部・修士課程の在学時においては、浦野東洋一先生から講義・演習を通して教育法、教育行政、学校経営の分野にわたり多くのことを教えていただいた。博士課程在学時には、増山幹高先生（政治学）に計量政治学の方法論を体系的に教えていただく機会に恵まれ、また、日本学術振興会特別研究員（PD）の期間においては、畑違いの筆者の受け入れの労もとっていただいた。

　博士論文の審査の際には、小川・勝野両先生の他に、大桃敏行先生、影浦峡先生、金子元久先生、橋本鉱市先生より有益なコメントをいただいた。

　2011年4月より、筆者は北海道教育大学旭川校に勤務することとなった。教員養成大学における教育・校務に関して戸惑うことも少なくなかったが、これまで、研究活動に充てる時間を持ち、細々ながらも成果を継続的に発表することができたのは、教育発達専攻の同僚の先生方の築いてこられた、研究を尊重する文化によるものである。

　先生方には改めて御礼を申し上げたい。

　また、上記の先生方のご指導ご支援のみならず、研究分野を同じくする先輩・後輩の方々との交流によって筆者の研究は形作られてきた。多くの方々との議論によってインスピレーションを授けられたが、とりわけ、学年の近い先輩であり、学部学生時代から現在に至るまで親しくしていただいている川上泰彦、村上祐介の両氏にはここに記して御礼を申し上げたい。博士論文の完成を

あとがき　*339*

目指して切磋琢磨した日々は追憶の彼方となり、両氏の博士論文の出版からも大分間が空いてしまったが、本書が両氏の研究に対し、多少なりとも刺激を与えられることになれば幸いである。

　本書は筆者にとって初めての単著書であるが、こうして出版にこぎつくことができたのは、大学教育出版の佐藤守氏と中島美代子氏のご尽力によるものである。遅れがちな校正作業のみならず、数々の問い合わせにも丁寧に対応していただいた。また、出版作業の最終局面では、学部学生の板垣玲央さんと山口智義さんに、卒業論文執筆最中の貴重な時間を割いて索引作成にご協力いただいた。筆者の不手際ゆえに過大な負担をおかけしたことを詫びつつ、改めてこの場において謝意を述べたい。

　そして、最後に、これまでの筆者の全人生を支援してくれた父雅春と母けい子への感謝の言葉を書き留めておきたい。言うまでもなく、筆者の今日に至る研究人生は、十数年前に、教育投資として成立しないであろう大学院への進学を、彼らが文句も言わず許してくれたことに端を発している。筆者が現任校に勤務するために北海道に移ってからは年に数回顔を合わせるのみだが、彼らが老齢に達してもなお変わらず健やかな日々を送り、帰省のたびに温かく迎え入れてくれるという何気ない現実を、時の経過とともに益々有難く感じるようになってきた。普段素直に口に出して言えぬ感謝の意を、これからもこうして幾度となく伝えられるよう、一層研究に邁進する所存である。

　2016 年 12 月

橋野晶寛

〈付記〉

本書を構成する各研究の遂行にあたって、以下の科学研究費補助金による助成を受けた。

・「政府教育支出の研究 ― 規定要因と政策的帰結に関する実証分析 ― 」（2007 ～ 2009 年度　特別研究員奨励費　課題番号：194100　研究代表者：橋野晶寛）
・「財政的制約下における義務教育教員人件費政策の過程と帰結に関する実証的研究」（2012 ～ 2014 年度　若手研究 B　課題番号：24730645　研究代表者：橋野晶寛）
・「教育政策における首長関与の強化とその影響に関する理論的・実証的研究」（2014 ～ 2017 年度　基盤研究 B　課題番号：26285180　研究代表者：荻原克男）

また、本書の刊行にあたって、科学研究費補助金（研究成果公開促進費）による助成を受けた。

事項索引

A～Z

DEA（Data Envelopment Analysis）→
包絡分析法

large-N　10, 67, 297

MCMC 法 → マルコフ連鎖モンテカルロ法

NPM（New Public Management）　91,
307

OECD（Organisation for Economic Co-
operation and Development）　20-22,
28, 30, 31, 44, 45, 48, 156, 160, 164, 178,
185, 230, 260, 261, 274, 275, 278, 280,
287, 292-294

PISA（Programme for International Stu-
dent Assessment）　91, 232, 260, 261,
278, 292-294

SES（Socio-Economic Status）→ 社会経済
的背景

STAR（Student/Teacher Achievement
Ratio）　83, 84, 99, 256, 257

TIMSS（Trends in International Mathe-
matics and Science Study）　91, 101,
232, 233, 236, 237, 240, 257, 258, 260,
278, 292

ア行

アカウンタビリティ　14, 65, 66, 80, 91,
92, 94, 96, 97, 167, 168, 186, 197, 217,
259, 260, 273, 274, 277, 294, 301, 302,
307

「新しい時代の義務教育を創造する」
274

育英事業費　104-107, 142

意思決定　3-5, 7, 10, 72, 168, 189, 190,
280, 281, 293, 302

── 権限　278, 293

── の複層化　72, 189, 190, 219, 299

異質性　8, 32, 35-39, 41, 71, 86, 92, 153-
156, 159, 178, 185, 225, 256, 257

イシューネットワーク　58

一般行政　52, 110, 195-197, 205, 207, 215,
216, 218-220

一般財源化　15, 135, 144, 146, 191, 219,
297, 306

委任

── 関係　60, 96, 179, 219, 299

── の連鎖　53, 60, 64, 167, 178

イモビリズム　56, 206

因果的推論　225

因子分析　64, 87, 97

員数　19, 22, 26, 93, 201, 274, 289, 303

インセンティブ構造　89-91, 94, 273

ウェストミンスターモデル　65, 96, 180,
199

エビデンス　308

応答性　68

大蔵原案　121, 122, 132, 137, 142, 149

大蔵省　8, 94, 109, 111, 114, 122, 125, 127
-137, 140

── 主計局　137

オペレーションズリサーチ　78, 79

カ行

回帰不連続デザイン　83, 226, 240, 241

概算要求基準　137, 151, 308

下位政府

　——アクター　　10, 62, 69, 104, 140, 143, 145, 179, 185, 308

　——論　　10, 57, 59-62, 69, 71, 103, 136, 197, 297-299

　教育——　　10, 69, 103, 130, 136, 141, 143-145, 297, 303

階層モデル　　86, 157, 171, 174

概念史　　11, 73

外部性　　32, 35, 46, 48

科学技術研究費　　105, 106

科学的管理法　　74, 75, 97

閣議　　112, 128, 133, 134, 137, 141, 149, 151, 167, 168, 186

　——決定　　18, 112, 134, 151, 192, 234

学習指導　　150, 224, 251, 304, 308

学習到達度調査 → PISA

確率的フロンティアモデル　　78-80, 243, 245-247, 262-266, 270, 271, 291

　セミパラメトリック——　　254, 290

　多産出——　　247, 250, 300

閣僚折衝　　111, 114

学力　　13, 35, 87, 91, 232-235, 237, 239, 241 -243, 246-252, 257, 259, 260, 277, 300- 302

過小支出論　　12, 17, 20, 25, 30, 42, 296

学級規模 → 規模

割拠性　　14, 297, 303

学区　　52, 80, 81, 85, 89, 100, 236

学校外教育　　290, 294, 306, 307

学校規模 → 規模

学校教育の水準の維持向上のための義務教育諸学校の教育職員の人材確保に関する特別措置法（人材確保法）　　56,

69, 107, 108, 110, 112, 113, 115, 138, 140, 141, 143, 146-148, 191, 192, 216

学校教育法　　114, 294

　——施行規則　　89, 115, 234, 294

学校施設の耐震化　　200, 201

学校選択　　90, 280

学校統廃合　　234

学校の効果　　81, 82, 86, 92, 98

可変係数モデル　　35-41

監視　　61, 65, 91, 165, 168, 190, 219

関数形　　86, 92, 101, 231, 232, 238, 242, 256, 262, 263, 271, 292, 305

官僚優位論　　54-56, 60-62

議員

　——提出法案　　137

　——立法　　125, 136, 137, 143

　文教族——　　10, 12, 56, 59, 62, 69, 103, 104, 108, 113, 124, 125, 133, 136, 137, 140-143, 145, 147, 297

議院内閣制　　10, 12, 61, 66, 71, 95-97, 138, 167, 179, 180, 186, 189, 198, 297

機会均等　　1, 6, 14, 32, 306

機会主義　　13, 90, 91, 298, 299

議会内関係　　164-166, 168, 170, 171, 173, 179

機関補助　　119, 120, 145

規模

　——の経済　　13, 224, 235, 236, 248, 300

　学級——　　13, 15, 19, 22, 33, 82-86, 98 -101, 192, 218, 223-233, 238-244, 246- 253, 256-258, 294, 299, 300

　学校——　　89, 223, 234, 235, 238, 242, 243, 245, 248-251, 257, 300

　経営——　　11, 13, 89, 232-251, 300, 302

最適——　13, 227, 235, 300

自治体——　223, 234, 236, 238-240, 243, 245, 247-251

適正——　89, 223, 234-236, 300

標準——　238, 245, 248, 249

義務教育諸学校等の施設費の国庫負担等に関する法律施行令　89, 234, 238

義務教育等教員特別手当　114, 116, 192

義務教育費国庫負担金　15, 18, 104-106, 111, 135, 144, 192, 208, 210, 219, 289, 309

義務教育費国庫負担法　118, 119, 127, 192

義務標準法 → 公立義務教育諸学校の学級編制及び教職員定数の標準に関する法律

給食費の無償化　199-201

給特法 → 公立の義務教育諸学校等の教育職員の給与等に関する特別措置法

給与水準　22, 85, 93, 107, 108, 197, 207-209, 215, 216, 218, 274, 276, 289

給与特別措置法 → 公立の義務教育諸学校等の教育職員の給与等に関する特別措置法

教育委員会　15, 80, 89, 189, 192, 198, 208, 216, 221, 234, 235, 252

　　—— 事務局職員　216

教育下位政府 → 下位政府

教育機会　6, 32, 35, 36, 306

教育基本法　1, 6, 7, 45, 56

教育行政学　74, 97

教育経済学　18, 89, 98, 100, 227, 304

教育公務員特例法　93, 119, 183, 191, 192, 197, 208, 209

教育財政

　　—— 研究　6, 8, 9, 13, 15, 53, 72, 234, 304

　　—— 制度史研究　53, 297

教育財政支出

　　—— 対 GDP 比　20, 21, 48

　　—— 対一般政府支出　21

　　—— の実質化　23-28

　　1 人当たり——　19, 21, 37

教育自治　52

教育条件　1, 7, 8, 32, 36, 37, 39-41, 47, 59, 177, 218, 234

教育振興基本計画　44, 45

教育振興助成費　104-106, 121

教育生産関数　11, 19, 51, 82, 85, 86, 92, 98, 223, 231-233, 259, 260, 274, 277, 287, 288, 290, 300

教育長　112, 115, 128, 131, 216, 221, 234, 235

教育投資論　1, 9, 12, 17, 30, 33, 36, 41, 42, 46, 296, 308, 311

教育費　2, 5-9, 15, 18, 103-107, 111, 118-120, 127, 135, 149, 192, 309

　　—— 政策　56, 141, 178, 296, 299, 307

教員

　　—— 給与　10, 22, 26, 28, 82-85, 107-116, 138-141, 273-275

　　—— 人件費　11, 44, 93, 191, 192, 216, 273-276

　　—— の非正規化　209, 216, 222

共産党　107, 112, 134, 141, 147, 150, 200, 206

教職員定数　6, 104-106, 126-135, 138-140

　　—— 等に関する小委員会　131

教職員定数改善

　——計画　15, 131, 132, 134, 135, 138
　-140, 150

　第2次——　128-130

　第3次——　130

　第4次——　130

　第5次——　135

教職調整額　109

行政改革　91, 144, 160-162, 180, 183, 187,
191-193, 195, 205-208, 213, 215, 217, 219

　——推進法　191, 192

行政管理論　73

教頭職　114, 141, 147, 313

拒否権

　——構造　67, 206

　——プレーヤー　64, 66, 67, 96, 97, 160,
206

距離関数　77, 81, 98

緊急雇用対策　183, 191, 210-212, 215

勤務評定　93

経営規模 → 規模

経済財政諮問会議　308, 309

経済成長　1, 2, 17, 32, 34, 35, 42, 46, 47,
103, 143, 156, 157, 185

警察官　131, 148, 197, 208, 215, 216, 219

警察刷新会議　197, 219

計量経済学　78, 79

研究者共同体　308

憲法　1, 6, 7, 51, 55, 63, 165, 167, 186

権力

　——集中度　166-170, 175, 179, 298

　——の集中　12, 63, 70, 71, 154, 164,
165, 167, 170, 175, 178, 297

　——の分散　12, 63, 70, 71, 154, 164,

165, 167, 170, 175, 178, 297

　制度的——　139, 167, 168, 175, 186,
190, 197, 298

公共事業　104, 105, 145, 207, 208, 209, 214,
219, 308, 309

高校の統廃合見直し　200, 201

高校標準法 → 公立高等学校の設置、適正
配置及び教職員定数の標準等に関する
法律

校長　91, 109-112, 114, 118, 119, 128, 146,
147, 154, 232, 278, 279

購買力平価　19, 21, 23, 24, 45, 48, 263

公平性　75, 87, 91, 216, 260-262, 266, 270,
273, 276, 278, 287-289, 301, 302

公明党　112, 141, 150, 152

項目反応理論　87, 164, 166, 168, 184, 185,
258, 261, 275, 278-280

公約　8, 72, 103, 160, 164, 181, 190, 198
-206, 208-210, 212, 214, 215, 218, 220,
306

公立義務教育諸学校の学級編制及び教職員
定数の標準に関する法律（義務標準法）
93, 126-130, 183, 191, 192, 197, 209, 216,
289

公立高等学校の設置、適正配置及び教職員
定数の標準等に関する法律（高校標準
法）　118, 155, 197, 216

効率性

　技術的——　76-79, 81, 88, 89, 98, 238,
262, 304

　産出指向の——　234

　投入指向の——　234

　配分的——　74, 76-78

効率的運営　11, 296

公立の義務教育諸学校等の教育職員の給与
等に関する特別措置法（給特法）　109
コールマン報告　80, 100
国際学力調査　91, 238
国際数学・理科教育動向調査 → TIMSS
国立学校運営費　104, 106
個人補助　36, 119, 120, 145
子育て新税　212-214
5段階賃金　112, 147
固定効果モデル　100, 185, 226, 228, 231,
233, 257
子どもの学習費調査　294
雇用創出　205, 210, 211, 214, 215, 220,
221
「今後における学校教育の総合的な拡充整
備のための基本政策について」　110
「今後の地方教育行政の在り方について」
274

サ行

財源
　移転──　189, 206, 210, 217
　自主──　52, 53
歳出削減　3, 59, 133, 144, 206-209, 213,
306, 309
最小二乗法　32
財政
　──危機　114, 131, 138, 150, 193
　──再建　2, 132-134, 141, 144, 191,
193, 198, 207-209
　──民主主義　51, 52, 182, 299
財政審 → 財政制度審議会（財政制度等審
議会）

財政制度等審議会（財政制度審議会）
18, 130, 132, 234, 257
最適化　7, 79, 87, 232
財務省　18, 21, 104-106, 127, 136, 140,
148, 151, 219, 309, 313
最尤法　79
サブシステム　56-59, 95, 185
差分の差分法　83, 226, 228
三位一体改革　3, 15, 146, 191, 198, 217,
219
三役折衝　109, 125, 134
私学助成プロジェクトチーム　125
識別戦略　228, 231, 241, 242, 257
支出パターン　273, 274, 277
事前審査　136, 137
自然増　105, 106, 127, 130, 177
持続可能性　4, 11, 145
自治省　108, 115, 125, 128, 130, 131, 135,
137, 138, 193, 194
自治体規模 → 規模
自治庁　8, 10, 127, 136
実員実額制　127-129
実験　33, 83, 84, 99, 100, 225, 226, 229,
256
　準──　83, 99, 225, 226
実現手段　72, 190, 205, 215, 218, 219, 222,
299
執政中枢　12, 59, 62, 70, 103, 117, 136,
138, 140, 143, 144, 145, 154, 178, 179,
299, 303
自民党 → 自由民主党
事務次官折衝　114
社会経済的背景　82, 237-239, 245, 247,
250, 261

社会党　108, 113, 115, 116, 119, 128, 129, 141, 147, 150

収益率　31-33, 35, 37-41, 46-48, 83, 84, 100

修学年数　31, 32, 35-38, 46-48

自由民主党（自民党）

　——政務調査会　150, 180, 309

　——総務会　62, 69

　——文教制度調査会　119, 121

　——文教族議員 → 族議員

　——文教部会　120, 122, 146

首相　45, 103, 111-114, 120, 121, 132, 138-144, 167, 168, 176, 179, 186, 187, 305, 309

　——主導　56, 103

主成分分析　274, 292

首長　179, 189, 197, 198, 218, 219, 298, 299

主任

　——制　107, 115, 116, 148, 149

　——手当　115, 116

省間協議　137

小規模校　234, 235, 238, 239, 245, 247-251

昇給短縮　115, 138, 148

小選挙区制　63, 113, 180, 187

唱導連合　56

小児医療費無料化　200-202

常任委員会　136, 165, 186

少人数学級　33, 47, 72, 83, 84, 99, 192, 198-206, 208-210, 212, 214-216, 218, 220, 222

情報の非対称性　13, 168, 218, 219, 298, 299

将来世代　3, 11, 52, 68

除外制約　241

処置効果　226, 241, 242, 254, 256

私立学校

　——振興会　121, 122, 139

　——振興助成法　117, 123, 125, 126, 144

　——振興方策の改善について　119

　——の経常費助成　10, 56, 69, 104, 105, 117, 119, 120-126, 139, 140, 149

私立高等学校振興対策委員会　118

自律性

　学校組織の——　91, 92, 94, 260, 273, 274, 277, 278, 281, 287, 288

　組織的——　90, 91, 281, 283

私立大学懇話会　118

事例研究　10, 69

人確法 → 学校教育の水準の維持向上のための義務教育諸学校の教育職員の人材確保に関する特別措置法

人件費　11, 22, 25, 44, 93, 117-124, 189, 191, 195, 206-210, 215-219, 273-277, 289, 301

　——配分　11, 13, 14, 22, 71, 93, 189, 273-277, 301, 302, 307

人口　4, 20, 21, 34-37, 48, 155-157, 240, 296

人材確保法 → 学校教育の水準の維持向上のための義務教育諸学校の教育職員の人材確保に関する特別措置法

人事　6, 56, 95, 96, 108-116, 130, 137, 148, 149, 274, 283, 285, 289

人事院　6, 108-116, 137, 148, 149

新自由クラブ　115, 141, 142, 152

人的資本論　9, 30, 31, 33, 36, 41, 46, 47, 296

政策

—— 過程　4-13, 51-73, 94, 103, 106, 110, 117, 119, 123, 126, 136-138, 143, 153, 164, 177-180, 189, 215, 217, 297-299, 302-306

—— 協定　204, 206

—— 共同体　8, 57, 58, 68, 219, 303, 308

—— 形成　56, 57, 59-61, 94, 103, 132, 138, 198, 300

—— 決定　9, 55, 58, 62, 63, 71, 95, 154, 164, 165, 177, 189, 297

—— 出力　4, 10, 12, 13, 63, 67, 69, 71, 153, 159, 164, 172, 175, 177-179, 197, 198, 297-299, 303, 306

—— 選択　13, 52, 93, 190, 199, 200, 289, 298, 300, 307

—— 的選択肢　180, 299

—— ネットワーク　56-59, 62, 95, 144

—— 分析　4, 5, 6, 9, 11, 13-15, 51, 73, 81, 82, 93, 223, 225, 300-303, 308

政策選好

—— の反映度　154, 169, 172, 175

政党の——　12, 159, 162, 164, 172, 175, 177-179, 305

知事の——　198

有権者の——　68, 154, 181, 183

生産性　4, 47, 101, 223, 231, 252, 259

政治資金規正法　70

政治主導　6, 70, 107, 180, 299, 316

政治制度　10, 11, 62-71, 96, 97, 153, 154, 164, 169, 172, 177-180, 297-299, 304-306

—— 改革　11, 180, 299, 305

政治折衝　114

成長回帰　33, 34

制度　4-15, 51-53, 62-72, 88-97, 121, 136,

153, 154, 164, 167-180, 187, 197, 216-219, 259, 273, 274, 278, 280-290, 298

生徒指導　205, 224, 251, 257

政府内関係　164, 166-168, 179, 298

セクショナリズム　53, 54, 57, 69

セミパラメトリックモデル　232, 238, 288

ゼロ査定　111, 124, 128, 132, 134

選挙公報　199

線形計画法　79

線形モデル　31, 101, 183, 227, 229-231, 252

先行投資　30, 42, 45, 308

全国学校法人幼稚園連合会（学法幼）　124

全国高等学校長協会　112

全国公立学校教頭会　112

全国公立幼稚園長会　112

全国市町村教育委員会連合会　112

全国知事会　215

全国連合小学校長会　109, 112

選出部門　4, 12, 53, 57, 60-63, 68, 145, 154, 185, 297, 299

善政競争　190, 217, 299

漸増主義　96, 156

全日本中学校長会　109, 112

漸変主義　54, 62, 71, 155, 158, 159, 169, 170, 172, 175, 177-179, 185

専門性　13, 56, 59, 66, 90, 110, 189, 219, 221, 300

専門知　306

専門知識　55, 57, 61, 103

専門分化　56, 59, 71, 136, 179, 185, 303

総額裁量制　93, 183, 192, 216, 289

相互依存　55, 58

相互抑制　206, 207, 217, 297

操作変数法　32, 46, 83, 100, 226, 228, 233, 240, 257

相補性　91

総務省　136, 193-196, 198, 215, 219

総与党　204, 206, 218

タ行

大学紛争　117, 121, 139, 151

待機児童解消　199, 200

第2次臨時行政調査会　59, 135, 144

第2臨調 → 第2次臨時行政調査会

代表性　52, 66-68, 97

多元主義　55

多産出モデル　247, 249, 250, 301

脱イデオロギー化　204, 215

地域雇用対策　211, 214

知事

　——選挙　13, 198, 200, 202, 204, 205, 208, 210, 220, 298

　改革派——　198, 217, 219

　現職——　198, 215

地方教育行政　89, 92, 235, 236, 274, 293, 300

地方交付税　3, 25, 118-120, 122-124, 140, 149, 191, 193, 194, 208, 210, 211, 217, 220

地方公務員法　93, 212

地方財政　7, 114, 115, 117, 127, 131, 133, 137, 140, 141, 143, 145, 150, 151, 190, 193, 194, 198, 214, 219

　——危機　131, 150, 193

地方財政委員会　127

地方政治　13, 71, 72, 189-222, 296, 298-

300

地方分権　67, 70-72, 97, 180, 183, 187, 189, 191, 198, 199, 205, 209, 217, 299

　——改革　70, 71, 183, 187, 189, 191, 198, 199, 205, 209, 217, 299

中央教育審議会　45, 110, 116, 146, 147, 215, 234, 257

　——第27特別委員会　110, 147

中教審 → 中央教育審議会

中選挙区制　55, 60, 61, 69

超過勤務　108, 109, 146, 279

定員実額制　128-130

定数崩し　93, 192, 209, 216, 290

t分布回帰モデル　277, 280-286

適切性　81

手続き的価値　4, 5, 295

鉄の三角形　56, 61

デフレーター　19, 22, 25, 45

統計学　49, 79

統合

　——作用　70, 159, 297, 299, 303, 305

　政策の——　10, 62, 138, 144

当選・再選戦略　198, 204, 214, 218, 298, 303

投入産出比　75

党派性　30, 67, 161, 164, 167, 202-204

独自課税　206, 212

都道府県教育委員長協議会　112, 128, 131

都道府県教育長協議会　112, 131

トレードオフ　22, 68, 75, 270, 289, 290, 294, 301-303

ナ行

内閣
—— 委員会　112, 115, 116, 149
—— 官房副長官　112, 140, 152
—— 機能　70
—— 主導　61
—— 府　70
—— 法制局　69
内生性　86, 100, 226, 231, 240-243, 308
内務官僚　54, 140
内務省　8, 10
二元代表制　72, 189, 197, 218, 298
日教組 → 日本教職員組合
日本教職員組合（日教組）　109
日本高等学校教職員組合（日高教）　112
日本私学振興財団法　123
日本私立小学校連合会（日私小連）　119
日本私立大学協会　125, 149, 151
日本私立大学連盟　118, 150
日本私立中学高等学校連合会（日私中高連）
　118, 119
日本私立幼稚園連合会（日私幼）　124
能率化運動　76, 98

ハ行

比較政治学　64, 153, 164, 169, 304
比較政治制度論　62, 63, 66-68, 70
非効率性　13, 86, 88, 91-93, 223, 231, 238,
　245, 248, 251, 260, 262, 266, 270, 273,
　276, 280-290
非常勤講師　210, 211, 221
非線形性　35, 231, 233, 305
非線形モデル　101, 230, 231, 252, 253,
　256

非選出部門　4, 53, 57, 60-62, 68, 145, 297,
　299
評価制度　90, 92, 260, 274, 280-286,
　288, 301
標準化スコア　87
比例尺度　23, 77, 87, 101, 237
付加価値　31
不確実性　72, 217, 298, 299
不均一分散　241, 242, 254, 255
付帯決議　113, 118, 126, 147
負担率　6, 104, 106, 107, 135, 146, 192,
　198, 264, 266
復活折衝　122, 124, 125, 133, 137, 141
部内均衡　137, 197
部分線形モデル　35, 48, 263, 291, 293
部門間競合　215
フロンティア　76-80, 86, 243-247, 254,
　262-266, 270, 271, 290,
文教委員会
　参議院——　113, 147
　衆議院——　113, 123, 126, 131
文教関係費　104, 105
文教施設費　104-107
ベストプラクティス　79, 92, 231, 262,
　266, 287, 300
変形弾力性　237, 252, 273
変量効果モデル　43, 227, 254, 293
俸給表　108, 109, 114, 147, 148
報酬システム　90
包絡分析法　78, 79, 87-90, 98, 101
本人・代理人論　3, 60-62, 64, 69, 90, 95,
　96, 281, 283, 285, 288

マ行

マニフェスト　220

マルコフ連鎖モンテカルロ法　38, 43, 157, 170, 184, 185, 202, 229, 240, 254, 255, 263, 275, 281, 291-293

民社党　112, 113, 115, 126, 141, 149, 152

民主主義

　——の類型　63

　間接——　4, 53, 189, 205, 219, 295, 298,

　見識に基づく——　13

　権力集中型の——　181, 306

　権力分散型の——　179, 298

　合意主義的——　63, 64, 66

　代議制——　51, 63, 199, 297

　多数主義的——　63, 65

民主性　4, 5, 10, 12-14, 17, 42, 43, 51-53, 68, 70, 73, 103, 144, 179, 189, 190, 295, 296, 299, 302, 303, 306

民主的

　——決定　11, 295, 296

　——統制　13, 60, 72, 73, 145, 153, 178, 189, 190, 205, 217-219, 297-300, 304

民主党　111, 112, 160, 180, 204, 211, 220, 305, 306

無党派　199, 215

メタアナリシス　98-100, 223-231, 252,

253

文部科学省　18, 45, 192, 209, 294

文部省　9, 54, 56, 94, 108-110, 114-118, 128-136, 141-144, 149, 150

ヤ行

有限な資源　3, 14, 17, 295, 296

予算

　——政治　42, 53, 61, 94, 96, 145, 153, 155, 177, 178, 297, 305

　——編成　54, 94, 96, 114, 131-133, 137-139, 141, 142, 151, 156, 178

与野党逆転委員会　135, 141

与野党伯仲　55, 141, 142, 144, 297

40人学級　56, 94, 126, 130-135, 141, 142, 248

ラ行

ラスパイレス指数　195, 197

利益

　——集約　10, 59, 62, 69, 70, 103, 136, 179, 299

　——表出　12, 59, 308

臨教審 → 臨時教育審議会

臨時教育審議会　274

労働経済学　30, 31, 227, 294

人名索引

A～Z

Becker, Gary S.　30, 31

Busemeyer, Marius R.　67, 97, 182, 187, 304

Callahan, Raymond E.　74, 97

Campbell, John Creighton　53, 61, 94, 96, 156, 159, 178,

Coleman, Jamse S.　9, 80, 82, 85, 98, 100

Farrell, M. J.　76-80, 87, 304

Fuchs, Thomas　44, 91, 274, 277, 293

Grosskopf, Shawna　81, 98, 101

Hanushek, Eric A.　44, 80-82, 85, 90, 99, 100, 232, 233, 256, 288, 294

Heckman, James J.　46, 48, 101

Henig, Jeffrey R.　13

Krueger, Alan B.　32, 33, 35, 46, 47, 83, 99, 100, 228

Lijphart, Arend　63-66, 97, 169

Mankiw N. Gregory　35, 47

McCubbins, Mathew　61, 96, 155

Mincer, Jacob　31

Murnane, Richard J.　84, 85

Park, Yung Chul　56, 62

Pritchett, Lant　46-48

Ram, Ratti　23-24, 45, 263

Ramseyer, J. Mark　60, 69, 95

Rhodes, Roderick A. W.　95, 140, 144

Rosenbluth, McCall　60, 67, 69, 95

Schoppa, Leonard J.　56, 59, 62, 94, 103, 104, 159

Schultz, Theodore W.　30, 47

Sims, Christopher A.　231, 308

Strøm, Kaare　60, 63-66, 96, 97, 167, 168

Taylor, Fredrick W.　74

Tsebelis, George　63-67, 160

Wößmann, Ludger　44, 91, 101, 233, 241, 274, 277, 288, 293

ア行

相沢英之　15, 111, 151

愛知揆一　111, 147, 152

青木栄一　107, 205, 209, 230

浅野史郎　209, 210, 220

荒木萬壽夫　128, 129

五十嵐顕　15, 73

池田勇人　128, 151

石井正弘　215, 217

市川昭午　1-4, 9, 15, 22, 25, 44, 46, 74, 88, 89, 127, 183, 235

伊藤和衞　15, 73, 75, 89, 97, 98, 221, 235

稲正樹　117, 137, 150, 152

今村武俊　115, 124, 148, 150

内山昭　52

大平正芳　114, 132, 138-142, 144, 152

小川正人　8, 9, 15, 57, 126, 127, 183, 189, 222, 308

荻田保　151

奥野誠亮　111-113, 117, 122, 124, 140, 147-149, 152

カ行

海部俊樹　115, 149

片山善博　　210

嘉田由紀子　　208, 209

川人貞史　　137, 167

北村亘　　150, 151, 193, 219, 309

熊谷一乗　　54, 56, 94

小泉純一郎　　146, 180, 187, 193, 305, 308, 309

後藤田正晴　　112, 133, 140, 141, 150, 151

サ行

斎藤諦淳　　53, 54, 94, 146

坂田道太　　108, 112, 117, 120-122, 139, 140, 147, 152

佐藤栄作　　117, 120, 121, 138, 139, 149, 151, 152

佐藤誠三郎　　55

下村博文　　46

タ行

高橋はるみ　　206

田中角栄　　111-113, 128, 138-140, 142, 149

寺田典城　　212-214, 221

徳久恭子　　9, 127

ナ行

内藤誉三郎　　18, 132

永井道雄　　115, 148

中曽根康弘　　103

西岡武夫　　112, 124, 125, 140, 142, 147, 150

西尾勝　　74, 187

ハ行

塙武郎　　52, 94

林健久　　4, 9, 15, 22, 25, 44, 46, 127, 183

平井伸治　　210, 220

福田赳夫　　122, 138, 139, 141, 142, 143

藤波孝生　　125, 126, 147, 150

堀和郎　　74, 235

マ行

槙枝元文　　113, 132, 134

三木武夫　　114, 125, 137, 138, 139, 142

村松岐夫　　54-55

■著者紹介

橋野　晶寛　（はしの　あきひろ）

北海道教育大学旭川校准教授
東京大学教育学部卒業（2001 年 3 月）
東京大学大学院教育学研究科博士課程単位取得退学（2007 年 3 月）
教育学博士（東京大学）
主な論文
「学校選択制における不確実性の考察」『教育学研究』，72 巻 1 号，
2005，41-52 頁.
「教育財政と『エビデンスに基づいた政策』」『日本教育行政学会年報』，
42 号，2016，69-85 頁.
「教育政策研究から見た教育経済学」『教育学研究』，83 巻 3 号，2016，
27-35 頁.

現代の教育費をめぐる政治と政策

2016 年 12 月 28 日　初版第 1 刷発行

■著　　　者──橋野晶寛
■発 行 者──佐藤　守
■発 行 所──株式会社 大学教育出版
　　　　　　　〒 700-0953　岡山市南区西市 855-4
　　　　　　　電話（086）244-1268　FAX（086）246-0294
■印刷製本──モリモト印刷

ⒸAkihiro Hashino 2016, Printed in Japan
検印省略　　落丁・乱丁本はお取り替えいたします。
本書のコピー・スキャン・デジタル化等の無断複製は著作権法上での例外を除き禁じられ
ています。本書を代行業者等の第三者に依頼してスキャンやデジタル化することは、た
とえ個人や家庭内での利用でも著作権法違反です。
ISBN978 - 4 - 86429 - 423 - 2